그리스 로마 사회의 갈등 해소 모델 연구
—설득과 수사학을 중심으로—

"이 저서는 2005년 정부(교육인적자원부)의 재원으로
한국학술진흥재단의 지원을 받아 수행된
연구임"(KRF-2005-079-AS0036)

이 도서의 국립중앙도서관 출판시도서목록(CIP)은 e-CIP홈페이지
(http://www.nl.go.kr/ecip)에서 이용하실 수 있습니다.

그리스 로마 사회의 갈등 해소 모델 연구

—설득과 수사학을 중심으로—

박규철 김은중 김혜련 최양석 김덕천 著

동과서

그리스 로마 사회의 갈등 해소 모델 연구

찍은날 / 2008년 8월 15일
펴낸날 / 2008년 8월 20일

지은이 / 박규철 외
펴낸이 / 궁리나
디자인 / 북토리
편 집 / 황웅 김선아 강진만

펴낸곳 / 도서출판 **동과서**
410-330
경기도 고양시 일산동구 풍동 숲속마을 402-105
등록번호 / 제22-405호

D.K.S. Publishing Co.
402-105 Supsok-Maul, Pung-Dong, Ilsandong-Gu,
Goyang City, Gyunggi-Do, Korea 410-330

전화 / (02)333-7533
팩스 / (02)6280-2353
이메일 / philculture@hanmail.net
홈페이지 / www.book-dks.com

값 20,000원

ISBN 978-89-87304-98-4 (93100)

서문 : 수사학의 시원

수사학은 고대 그리스와 로마에서 정치연설이나 법정에서의 변론에 효과를 올리기 위한 화법의 연구에 기원을 두고 있다. 고대의 수사학은 의회에서의 연설, 재판에서의 논쟁, 나아가 일상적 쇄남에서 청중의 마음을 움직이고 사로잡으며 상대를 설득하는 기술 art de persuader의 연구가 주된 것으로 사라쿠사의 코락스 Corax에서 출발했다.

수사학이 본격적으로 발전한 시기는 기원전 5세기경인데, 이 시기에 그리스 사회에서는 인간의 언어활동을 이론화하고 체계화하려는 최초의 시도가 행해지는데, 그 결과 수사학이 탄생했다. 이 시기에 출현한 프로타고라스와 고르기아스 같은 소피스트들이 수사학의 지도를 담당했으며 또한 시민생활에 계몽성을 불어넣었다.

이후 수사학은 아리스토텔레스에 의해 체계화됐는데, 그는 담론 oration을 하나의 정언으로 받아들이고 그 유형을 다섯 가지 조작행위로 분류했다. 조작행위들은 주제설정 (말할 바를 발견하다), 배열 (발견된 것을 배열하다), 표현 (단어들로 장식하다), 실연 (행위하다), 기억 (기억에 명령하다) 등이다. 그는 담론의 현상과 관련된 두 개의 글을 남겼는데, 그것들은 <작시술 Technè poiétikè>과 <수사술 Technè rhétoriké>이다. 수사술은 일상적인 대화술과 공개석상의 담론을 취급하고 있으며, 사고에서 사고로 나아가는 담론의 진행을 규칙화한 것이다. 이 글은 후일 『수사학 *Ars rhetorica*』이라는 이름으로 정리된다.

로마 시대의 키케로는 전인교육의 기초로서의 수사학의 기틀을 마련했다. 물론 그가 웅변술에 대해 숙고했던 것은 사실이나, 그보다는 수사학의 법칙과 이론들보다는 완벽한 웅변가가 되기 위해 필요한 개인적 능력들에 초점을 맞추고, 그 동안에 축적된 풍부한 정치적·법률적 경험을 바탕으로 실제성이 떨어지고 편협하며 경직성을 면치 못하는 당대 교사들의 가르침에 일침을 가했다. 키케로의 이런 노력은 중세로 이어져 대학의 7개 교과목에 수사가 포함된다. (음악·산술·기하·천문·문법·논리·수사)

그런데 수사학의 시원은 기원전 1,200년경부터 기원전 600년경까지의 그리스인들의 삶의 모습으로부터 찾을 수 있다. 이를 위해서는 그리스의 역사를 고찰할 필요가 있다. 그리스어를 사용하는 인도-유럽어족의 한 종족이 그리스 본토에 정착한 때는 기원전 2,000년경이다. 이때부터 그리스에는 크레타 및 미케네라는 이름으로 불리는 문명이 시작된다. 고대의 국가는 동서를 막론하고 일차적으로는 늘 전제 군주가 지배하는 체제였다. 그리스 역시 기원전 900년경까지는 군주 지배 체제였다. 좀 더 구체적으로 서술하면, 기원전 15세기경에 그리스 본토에 세워진 미케네 문명이나 기원전 16세기경 바다를 중심으로 세워진 크레타 문명은 모두 전제 군주가 지배하는 사회였다. 이 문명은 청동을 기반으로 했다.

크레타 섬은 크노소스의 왕에 의해 통치되었는데, 크노소스의 왕은 동시에 제사장이었으며 신격을 가진 존재였고 백성들에게 무조건적인 복종과 충성을 요구했다. 미케네 문명권의 왕 역시 마찬가지였는데, basileus 또는 wanax라는 칭호를 가진 왕은 전제 군주였으며, 신이었고 모든 경제 활동을 조직하고 통제하는 역할까지 했다. 아울러 군사적, 종교적 생활에서도 절대적인 권위를 행사했다. 그러니까 크레타 섬이나 그리스 반도의 미케네 왕국들은 모두 신권 정치, 절대군주제, 경제 활동에 대한 왕실의 통제 등의 특징을 가지고 있었다.

그러나 기원전 1,200년경 북으로부터 내려온 또 다른 그리스 민족인, 철기를 사용하는 도리아인들의 그리스 반도 침입으로 미케네 문명은 멸망한다. 도리아인들은 핀도스 산맥 너머 그리스 북부 지방에 살던 사람들인데 미케네 왕국으로 내려와서 무력으로 왕국을 점령했다. 이들은 말과 전투용 경전차, 그리고 철제무기 등을 이용하라 수 있었던 호전적인 집단이었다. 그들은 미케네를 파괴했고 무역로를 교란시켰으며 창의적이고 예술적인 이오니아 족들을 몰아냈지만, 새로운 문명을 건설할 만한 능력은 오랫동안 결여하고 있었다. 트로이아도 같은 시기에 아카이아인에 의해서 파괴되었다.

도리아인의 침입으로 기원전 12세기에 풍성했던 미케네의 청동기 문명은 결정적인 타격을 입었다. 미케네·티린스, 그리고 펠로폰네소스 반도에 있던 여타의 도시들은 파괴되었으며 인구도 감소했다. 금과 청동으로 된 보석들 그릇, 가정용품 등의 생산은 사실상 중단되었으며 상업적 관계들도 끊겼다. 대규모 무역은 물물교환과 자급자족으로 대체되었다.

그 결과 기원전 800년경까지 약 400년 동안 그리스 본토는 혼돈기로 머문다. 그것은 역사가들이 종종 지적하듯이 그리스의 중세였다. 당시 도리아인들의 우두머리를 basileia라고 불렀는데, 이는 바실레우스와 같은 어원을 가지는 단어이지만 바실레이아의 권위는 예전의 전제 군주와는 전혀 달랐다. 바실레이아는 부족의 이주를 주도하던 군사령관과 같은 지위를 가지고 있었으며 반유목생활에서 농업으로 경제 구조가 바뀌던 무렵에 질이 좋은 토지를 독점한 자들이었다. 이 당시 그리스 반도에서는 바실레이아들을 구심점으로 하는 사회가 구성되었고 바실레이아는 평민의회를 주도하는 부족의 유력자들로 구성된 고문위원회의 보좌를 받았다. 당시 평민의회는 아무런 권한도 갖지 못했지만 후일 폴리스 시대로 접어들면서 출현하는 의회의 모습을 예고하고 있다.

이 시기를 조금 더 기술하자면 군사령관의 지위를 가지고 있던 바실레이아가 폴레마르코스 polemarchos라는 군사령관이 출현하면서 군사적 권위를 상실한다. 또한 행정장관이라고 번역되는 아르콘 archon 제도가 등장하면서는 통치권도 상실한다. 이처럼 바실레이아의 권위들이 분산돼 전문화된 행정장관들에게 분배됨으로써 바실레이아는 이제 그 이전 미케네나 크레타 문명의 군주들이 소유했던 초월적인 힘을 상실하는 것이다. 그리고 그 땅에 살던 사람들은 절대적으로 복종해야 하는 대상을 상실한 것이 된다. 나아가 대립되는 집단들 사이의 불화, 상충하는 특권들 사이의 조정, 근본적으로 상이한 사회 계급 사이의 공동생활의 어려움 같은 문제들을 드러낸다. 바로 이런 문제들이 제대로 해결되지 않았기 때문에, 호메로스의 왕국이라고 불리는 조그만 왕국들로 분할된 기원전 1,200년경부터 800년경까지 400년간의 그리스 사회를 혼란기 또는 암흑기라고 부른다.

암흑시대가 끝나가는 BC 8세기를 전후하여 그리스에서는 토지의 사유화 경향이 뚜렷해진다. 대토지 소유자인 귀족이 군사적·정치적 권력을 장악함으로써 미케네 시대의 왕정이 완전히 무너졌을 뿐만 아니라 아테네와 스파르타의 변천 과정에서도 잘 나타나고 있듯이 왕위가 계속된 다른 곳에서도 왕권은 점차 쇠퇴했다. 그 결과 경제적·군사적으로 이해를 같이하는 각 부락의 귀족층은 지배와 집단방위를 위해 아크로폴리스와 같은 편리한 곳을 골라 집주를 시작했고, 여기서 마침내 폴리스가 세워지기 시작한다.

폴리스의 성립은 당시의 전투에서 불가결했던 전차와 말을 소유한 귀족들의 지배권이 확립되었음을 의미하는 것이다. 아테네에서도 왕권이 서서히 제한되어 종교적 지도자로 전락된 반면, 귀족의 지배권은 크게 강화되어 기원전 683년부터는 임기 1년인 아홉 명의 집정관이 나와 행정 ·사법 ·군사의 대권을 장악하고 귀족의 지배권을 확립했다.

이런 사회 환경과 더불어 군사적으로 중요한 두 가지 변화가 나타났다. 하나는 말의 사육과 관계된 것인데, 우리가 호메로스의 『일리아드』를 통해 보게 되는 말이 끄는 전차는 미케네 시절에는 궁중의 소유였다. 군사를 장악한 와낙스가 각종 군사 장비들도 소유하고 있던 셈이었는데, 이런 군사 장비의 소유가 당시로서는 힘과 권위의 발현이었던 것 같다. 그런데 도리아 시대에 접어들면서는 힘과 권위가 약해진 바실레이아가 전차를 소유할 수 없게 되었다. 대신 말을 소유한 자들과 사육하는 자들이 나타나게 되었는데, 이들은 말을 소유하고 사육하는 것에 대한 특권에 따라 전투 기술의 습득, 토지를 소유하는 권리, 정치에 참여하는 권리도 함께 가지게 된다.

또 기원전 800년경부터는 귀족 출신 기사들만으로 자체 방어가 불가능해짐에 따라 비교적 부유한 농민들을 무장시킨 hoplites라는 부대가 편성되는데, 이들은 중무장보병부대라고 부를 수 있을 것이다. 당시에 만들어진 도자기의 그림은 기원전 700년 직후의 보병들을 보여주고 있는데 이들이 바로 보다 가볍고 값이 싼 가죽제 갑옷을 입고 기다란 창으로 무장한 중무장보병이다. 중무장보병들은 자신들의 돈으로써 장비를 준비해야 했다. 이런 의무로 인해 이 부대에 편성된 농민 출신의 보병들은 자기들 몫의 권리를 주장하고 나서는데 그 권리는 정치적인 것이었다. 그들은 민회의 구성을 요구했고, 민회에서 연설을 통해 자기의 몫에 대해 주장했다. 자기 몫이란 예전부터 내려오던 moira의 정당한 회복이었다. 달리 말하자면 군대 내에서 중무장보병의 지위가 향상되고 이것은 동시에 사회에서 평민들의 지위가 향상되는 결과로 나타난다.

결국 이 두 가지 군사적 변화가 그리스 사회에서 평민의 사회적 지위를 향상시키는 결과를 초래한다. 전쟁에 참여하게 된 일반 농민들은 자신도 국가의 방위에 직접 참여하는데 또 세금을 내야하는가 하는 등의 신분질서에 대한 회의를 가지기 시작했으며, 참정권을 요구하기 시작했다. 여기서 우리가 알게 되는 사실은 이런 두 가지 군사적 변화가 평민들을 귀족들과의 경쟁의 장으로 이끌었다는 것이다. 여기에 덧붙여 한 가지 더 얘기하자면 농민들의 지위 향상이 실현되기 이전 농민들이 주로 살던 데모스는 늘 귀족들의 압제로 시달리고 있었다. 귀족들과 평민들 간에 무수한 갈등과 충돌이 있었는데, 이런 갈등은 결국 평민들의 승리로 끝났다. 결국 초월적인 신적 권위 밑에서 거의 노예 상태로 살던 평민들이 초월적인 신적 권위가 사라지고 자신들의 사회적 중요도가 더해짐에 따라 서서히 사회적 권리들을 확장하는 것이 약 400년간의 그리스 사회에서 일어난 현상이다.

경쟁은 평민들이 귀족들을 상대로 해서만 일어나는 것은 아니었다. 뚜렷한 강자가 없는 현실에서 각 귀족 가문들은 그들 나름대로 경쟁 agon을 벌였다. 이런 경쟁으로부터 정치가 출현함으로써 정치는 웅변적 경쟁이 되며 동시에 쟁론의 형태를 띠게 되었다. 웅변적 경쟁이 일어나는 장소는 agora이다. 귀족들의 웅변적 경쟁은 평등을 전제로 했다. 곧 어느 특정 가문에게 기득권이 주어지지 않았다. 그럼으로써 그리스 사회에서는 논쟁에 참여하는 자들이 모두 평등한 상태로 참여하는 기틀이 마련되었다.

한편 고대 그리스 특히 아테네인들을 중심으로 무역이 성행하기 시작했다. 아마도 아테네 지방의 척박한 토지가 이들을 무역으로 이끌었을 것인데, 그들은 국내의 인구증가와 더불어 귀족들이 비옥한 토지를 대부분 차지했기 때문에 귀족과 일반 평민사이에 정치적 긴장을 수반하는 경제적 위기와 사회적 소요를 촉발했다. 아리스토텔레스가 "아테네인의 국가체제"에서 기술했듯이, 또한 앞에서 서술했듯이 귀족과 민중은 오랫동안 내적으로 갈등했다. 왜냐하면 빈민과 그의 가족들은 예속상태에 있었고 아무런 정치적 권리도 가지고 있지 못했기 때문이다. 이러한 그리스 사회 내부의 긴장은 대다

수 인구에 압력을 가하여 도시를 떠나고 해외지역에 공통체를 새로 만들도록 했다. 그러나 이런 압박은 동시에 도약이기도 했다. 그리스인들에 의해서 발전된 거대한 규모의 상업은 그들을 페니키아인·이집트인·에트루리아인·이탈리아인 등 지중해의 여타 민족들 및 북서 유럽의 갈리아인들과 접촉하도록 만듦으로써 지중해에 최초의 거대한 시장을 형성했던 것이다.

그리스인들이 식민지를 건설하는 동안 노동의 "국제적인" 분업이 발생했다. 각 지역은 그곳의 특성에 맞는 생산물을 제조했다. 또한 과거에는 굳게 닫혀 있었던 경제도 개방되었다. 시대에 뒤진 폐쇄적인 물물교환은 상업을 저해하는 것이었다. 이런 현상에 따라 기원전 700년 무렵에는 세계역사상 처음으로 화폐가 유통되었다. 동전들이 처음 유통되기 시작한 곳은 소아시아의 리디아였지만, 국지적인 통용범위를 넘어 실용화하고 국제 거래용 화폐로 만든 곳은 이오니아의 그리스 폴리스들이었다. 화폐의 이용은 여기서부터 여러 유럽 민족들로 확산됐다. 화폐경제는 화폐자본이 토지자본에 비해 더 큰 중요성을 가지는 도시사회에서의 생활 조건을 급격히 변화시켰다. 이 경제적 변화는 그리스 도시들의 사회적·정치적 무게 중심을 토지귀족으로부터 상업과 수공업에 종사하는 새로운 계급인 시민계급, 곧 부르주아들에게 옮겨 놓았다.

이런 역사적 과정을 거치면서 기원전 800년을 기점으로 해서는 polis라는 새로운 체제가 자리를 잡는다. 폴리스의 출현과 함께 사회적 생활과 인간의 관계들이 새로운 형식을 띠기 시작했으며, 그리스인들은 폴리스가 이전의 정치 체제들과는 다른 독창적인 무엇을 가지고 있다는 사실에 대해 충분히 알게 되었다. 폴리스의 특징 가운데 하나는 사회 통합적이라는 점이다. 폴리스에서는 가장 빈곤한 사람들까지도 평민의회에 참여할 수 있는 권리가 열려 있었다. 폴리스의 정신은 평등이며 이성에 대한 언어의 호소이며 사회통합이다.

귀족으로부터 평민에 이르기까지 폴리스에 참여하는 사람들이 사용한 수단은 연설이다. 연설은 폴리스 안에서 훌륭한 정치적 도구였으며 타인에 대한 명령의 수단이었고 동시에 지배의 수단이기도 했다. 그들은 정치술이 언어의 경영이라고 생각했고 토론이 공공제도를 구성하고 이들 제도를 효율적으로 가동시키는 최선의 수단이라는 신념을 가지고 있었다. 연설은 이전의 종교적 행사에서 행해지는 딱딱한 주문이 아니라 생기 있는 토론이었으며 논의였고 또 논쟁이었다. 우리가 보듯 플라톤의 저술은 『아폴로기아 *Apologia*』 한 편을 제외하고는 모두 토론의 형식을 띠고 있는데 symposion이라고 불리는 토론은 그리스인들에게 일상사와 같은 것이었다. 이런 환경 아래서 그리스인들은 연설과 논쟁에 대한 탁월함을 소유하게 되었고 이것이 그리스 수사학과 철학을 출발시키는 모태가 되는 것이다.

여기에서 중요한 것은 논쟁에서의 승자를 누가 결정하느냐라는 것이다. 아니 이전에 논쟁이 없었던 시기에 인간을 지배하는 모든 결정은 인간 개개인의 능력과는 아무 관계 없이 내려졌다. 절대적 권위를 가진 군주, 귀족, 행정장관들의 명령이 바로 결정이었다. 그들은 평민들의 관심사에 대해 그들의 자의적인 판단으로써 결정을 내린 것이다. 이른바 올바름 dike을 누가 결정하는가의 문제인데 이전에는 계급적으로 지배하는 자들에 의해 결정되었으나 이제는 그 논쟁을 지켜본 청중들에 의해 결정되기 시작했다. 이는 참과 거짓, 타당함과 부당함의 판단 기준을 인간 스스로 가진다는 의미가 있다. 결국 폴리스 안에서의 명령과 복종은, 절대적인 두 개로서 역전될 수 없는 서로 반대되는 것이 아니라, 언제라도 역전될 수 있으며 하나의 관계성 안에 놓여 있는 두 개의 나눌 수 없는 긴장된 대립이었다. 그리고 이런 입장은, 시민들이 다른 시민들과 자유롭고 속박 받지 않는 상호 접촉을 통하여 설득하기도 설득당하기도 할 수 있는 합리적 능력을 가지고 있다는 전제에 기초하고 있었다. 그리고 이런 과정을 겪으면서 그리스의 수사학과 철학은 태동한다.

결국 왕정으로부터 귀족정으로 그리고 민주정으로 이행하는 과정에는 자기의 몫에 대한 주장과 연설의 활성화라는 중대한 사회적 변화가 있었던 것이다. 그리고 그 사회적 변화의 주체는 초월적 권위가 아니라 그 사회를 살았던 데모스들이었다. 그리스인들은 도리아인의 침입으로 절대 왕권이 붕괴하고 그 결과 자칫 멸망할 수도 있었으나 새로운 정치 시스템을 창안하고 언어를 통한 경쟁으로써 그 시스템을 성숙하게 만들었다.

이렇게 볼 때 그리스 수사학 아니 그보다 앞서 수사술은 기원전 800년경부터 특화된 개인들이 평등한 위치에서 토론과 논쟁을 통해 승자가 되려는 노력을 기울였고 그런 문화가 축적된 지 약 200년 정도 지나서 수사학이라는 보편석 형태를 띠게 된 것이다. 따라서 우리는 수사학이란 개인이 자신의 이익을 확장하는 전략이며 나아가 동시에 개인의 정당화의 전략이라고 말할 수 있을 것이다. 물론 거기에는 늘 공동체로서의 폴리스라는 전제가 수반된다.

이 책은 저자들이 한국학술진흥재단으로부터 연구비를 지원받아 2005년부터 2006년까지 수행한 <고대 그리스-로마의 정치수사학> 연구의 결과물이다. 수사학이 말에서 출발해 글로 옮겨가면서 정치수사학은 문예수사학으로 이어졌다. 그러나 수사학에서 여전히 소홀히 할 수 없는 분야는 정치수사학이다. 멱살을 잡기보다는 “칼을 빼지 말고 말로 그를 꾸짖도록 하라.”는 아킬레우스를 향한 테티스의 가르침을 새기는 것은 오늘날 우리가 겪고 있는 공동의 선을 향한 지향의 위기를 해소하는 데 어느 정도 도움이 될 수 있을 것이다.

2008년 8월 1일

박규철, 김은중, 김혜련, 최양석, 김덕천

차 례

아가멤논과 아킬레우스의 갈등과 화해의 수사학

김 은 중

Ⅰ. 서양 사유의 시원으로서의 『일리아스』의 정치수사학

수사학(修辭學, ῥήτωρ, rhêtôr, orator, teacher)은 일반적으로 구술적인 언어, 시각적인 언어, 문어적인 언어를 사용하여 설득하는 기술로 쓰인다. 최초의 수사학은 아카이아에서 정치 연설이나 법정에서의 변론을 승리로 이끌기 위한 화법의 개발이었다. 따라서 수사학, 웅변술, 설득술 등은 동일한 기술에 대한 상이한 이름이라고 할 수 있다.

아카이아의 웅변술과 수사학은 서구의 언어기술과 사고, 그리고 규범의 원천이다. 그 원천은 이천육백 년이라는 시간의 힘으로 서구를 단순히 지배하는 것이 아니라 웅변술과 수사학이 끼친 영향의 심오함에 뿌리를 내리고 있다. 인간의 삶을 규정하는 전 영역에서 구사된 아카이아의 언어는 인간들 사이의 관계를 규정하고 갈등을 조정하며 공동의 가치를 지향하는 등 중요한 역할을 수행했으며, 나아가 타자를 설득하는 기술인 웅변술 또는 설득술, 행위와 사고의 관계를 다루는 수사학의 기틀을 마련했다.

아카이아 수사학은 기원전 5세기에 탄생했다. 그러나 아카이아 수사학의 탄생은 기원전 5세기보다 훨씬 더 오래 되었다. 말을 잘 하는 방법을 가르치면서 수사학 교사들은 호메로스의 『일리아스』, 아이스킬로스의 『복수의 여신』, 아리스토파네스의 『구름』, 에우리피데스의 작품들, 헤로도토스와 투키디데스의 작품들을 주로 사용했는데[1], 이 가운데 가장 오래된 것은 호메로스의 『일리아스』이다. 따라서 『일리아스』는 그리스어로 쓰인 가장 오래된 수사학 교과서가 된다. 특히 『일리아스』의 발단인 아가멤논과 아킬레우스의 갈등은 현존하는 정치수사학의 시원이다. 특히 개체의 주장을 정당화하는 근거로서 명예를 내세우고, 자신의 행위의 정당화를 위해 이른바 보편자를 끌어들임으로써[2] 『일리아스』는 정치수사학의 차원을 넘어서 존재론과 논리학의 영역까지 올라가는 서양 사유의 시원을 보여준다.

II. 『일리아스』의 전개
—아가멤논과 아킬레우스의 갈등과 화해

『일리아스』는 트로이아의 별명인 일리오스(Ilios)에서 유래했는데, '일리오스의 이야기'라는 뜻이다. 아카이아가 트로이아를 공격한, 10년에 걸친 전쟁에 대해 이야기하고 있으며[3], 마지막 해에 일어난

---

1) Guerrero, J.A.H., Tejera, M. del C., *Historia Breve de la Retorica*, 강필운 옮김, 『수사학의 역사』, 서울; 문학과 지성사, 2001, p.16.

2) 물론 보편자를 끌어들이는 방식은 아카이아 시대 이외에도 수메르 시대의 사유방식이나 구약성서에서의 서술방식에서도 찾아볼 수 있다. 생각하건대 수메르 시대의 사유, 구약성서에서의 사유, 아카이아적 사유가 각자 독립된 사유의 방식이 아니라 서로 연관된 사유의 방식이라고 볼 수 있을 것이나 여기서는 이 점에 대해 논하지 않는다.

사건들을 노래한 것이다. 아카이아군의 아킬레우스와 오디세우스, 트로이아군의 헥토르와 아이네아스 등 여러 영웅들과 신들이 얽혀 10년 동안 계속된 이 전쟁은 오디세우스의 계책에 힘입어 아카이아군의 승리로 끝났다.[4] 트로이아 전쟁을 기록한 수많은 서사시들이 있었으나 대부분이 전해지지 않으며, 전해지는 작품들 가운데에서는 기원전 900년경의 작품으로 추정되는 호메로스의 『일리아스』와 『오디세이아』가 백미로 평가되고 있다. 『일리아스』는 아카이아 시대의 다른 비극과 마찬가지로 하나의 사건에 집중하여, 트로이아 공방 50일 동안의 이야기 속에 10년의 전망을 담았으며, 과거를 뒤돌아보고 미래를 암시함으로써 비극성을 강조한다. 아울러 여러 가지 비유로 자연계와 인간계의 관계를 특색 있게 묘사한다.

『일리아스』는 9년 동안 일어난 일들을 단 50일 동안의 사건을 통해 그리고 있다. 역병이 만연하던 9일, 올림포스의 신들이 아이티오피아인들의 잔치에 가 있던 12일, 아킬레우스가 헥토르의 시신을 모욕하던 12일, 헥토르의 화장을 위해 장작을 준비하던 9일을 빼고

---

3) 트로이아 전쟁의 발단은 이렇다. 바다의 님프 테티스와 펠레우스의 결혼식에 초대받지 못한 불화의 여신 에리스가 남긴 황금 사과를 두고 헤라와 아프로디테(비너스), 아테나가 서로 다툰다. 이 다툼에 대해 트로이아의 왕자 파리스가 심판으로 등장해 아프로디테를 주인으로 결정한다. 아프로디테는 자신을 주인으로 결정해준 대가로 세상에서 가장 아름다운 여인을 파리스의 아내로 맞게 해 주겠다고 약속했는데, 스파르타의 왕비인 헬레네의 사랑을 얻도록 해 주었다. 아내를 빼앗긴 스파르타의 왕 메넬라오스는 분노하여 형 아가멤논과 함께 트로이아 원정에 나서게 되고 10년간의 전쟁이 시작된다. 트로이아 전쟁에 대한 고고학적 발굴은 하인리히 슐리만에 의해 1870년부터 이루어졌다. 1930년대에 미국의 블레겐이 트로이아 유적에 대한 과학적인 재조사를 시행한 결과, 트로이아 전쟁이 사실성을 갖는다면 9층으로 이루어진 유적 가운데 기원전 1250년의 것으로 추정되는 제7층 A가 여기에 해당한다고 주장했다. 따라서 트로이아 전쟁은 기원전 1250년경에 일어난 사건으로 추측할 수 있다.

4) 아카이아군은 거대한 목마를 남기고 철수하는 위장 전술을 폈는데, 여기에 속아 넘어간 트로이아군은 목마를 성 안으로 들여 놓고 승리의 기쁨에 취한다. 새벽이 되어 목마 안에 숨어 있던 오디세우스 등이 빠져 나와 성문을 열어 주었고 아카이아군이 쳐들어와 트로이아성은 함락된다.

나면 실제로 사건이 일어난 시간은 단 며칠로 압축된다. 9년 동안 싸우다 남은 50일에서 신들과 제우스가 놀러간 11일과 헥토르가 죽어 장례를 치른 9일을 제외한 나머지 4일 동안의 싸움 이야기가 『일리아스』의 전부이다. 그래서 아리스토텔레스는 『시학』에서 말하기를 "호메로스는 트로이아 전쟁을 전부 다 취급하려고 하지 않았다……그는 전체에서 한 부분만 취하고 그밖에 많은 사건들은 삽화로 이용하고 있다."고 했다. 그러니까 『일리아스』는 트로이아 전쟁 전체를 다룬 게 아니라 9년째 되던 해에서 50일간의 사건을 다루고 있는데, 구체적으로는 아킬레우스와 아가멤논의 불화로부터 화해를 거쳐 헥토르의 죽음까지를 기록했다.

따라서 『일리아스』가 트로이아 전쟁을 다루고 있긴 하지만 주제는 매우 간단하다. 트로이아의 왕자인 파리스가 스파르타왕 메넬라오스의 왕비인 절세미인 헬레네를 유혹해 데려가자 아카이아인들은 총사령관 아가멤논의 지휘로 1,000척의 배를 거느리고 트로이아를 공격한다. 하지만 트로이아성은 함락되지 않는다. 지루한 전쟁이 지속되던 중 아트레우스의 아들이자 미케네의 왕인 아가멤논과 펠레우스왕과 바다의 여신 테티스의 아들인 아킬레우스[5] 사이에 다음과 같은 연유로 불화가 발생한다.

트로이아에게 승리를 거두지 못한 아카이아군은 이웃 동맹국들을 공략한다. 아가멤논은 크뤼세이스라는 여자 포로를 차지한다. 그런데 크뤼세이스는 아폴론의 사제인 크뤼세스의 딸이다. 크뤼세스는 몸값을 가지고 아가멤논을 찾아가 딸을 방면해 줄 것을 요구하나 거절당한다. 화가 난 크뤼세스는 아가멤논이 자기 딸을 내놓을 때까지 아카이아군을 괴롭혀 달라고 아폴론에게 탄원한다. 아폴론은 소원을 들어주어 역병을 아카이아군 진영에 퍼뜨린다. 예언자 칼카

5) 아킬레우스는 아가멤논 왕에게 충성을 해야 할 이유도, 헬레네 부부의 안위를 수호하겠다는 맹세도 하지 않은 상황에 그는 오직 자신의 용기에 부응하기 위해 트로이 전쟁에 참가한다. 그리스인들이 자신을 신처럼 떠받들 것과 명예 획득, 크나큰 영광을 기대하기 때문이다.

스가 그들의 재난이 크뤼세이스를 억류한 데 기인한다고 말하자 아킬레우스는 아가멤논에게 크뤼세이스를 돌려줄 것을 권유한다.[6)]

아가멤논은 예언자 칼카스를 저주하고 크뤼세이스를 돌려주라는 것에 대해 분노했으나[7)] 결국에는 그녀를 석방하는 데 동의한다. 그 대신 전리품을 나눌 때 아킬레우스의 차지가 된 브리세이스를, 자신이 크뤼세이스를 되돌려준 데 대한 보상으로 자기에게 양도하라고 요구한다.[8)]

그러자 아킬레우스는 자신이 전쟁에서 쌓은 공로와 그것으로부터 얻은 명예에 대한 모욕이라고 생각하고 분노한다.[9)] 브뤼세이스는 아킬레우스 자신이 점령한 도시에서 데려온 여인으로서, 아킬레우스가 리르네소스의 왕 에티온을 죽이고 손에 넣은 미인이기 때문이다. 하지만 아가멤논이 아킬레우스와 격론을 벌인 끝에 기필코 브

6) *Ilias*, 1.122-127. "가장 영광스러운 아트레우스의 아들이여, 욕심 또한 가장 많은 그대여, 기상이 늠름한 아카이아 인들이 어떻게 그대에게 선물을 줄 수 있겠고? 우리는 공동 재산이 많이 쌓여 있는 곳을 알지 못하오. 함락한 도시들에서 노획한 전리품들은 이미 분배가 끝났으며 그것을 백성들에게서 도로 거두어들인다는 것은 옳지 못한 짓이오. 아무튼 지금은 그 여인을 신에게 내주시오."

7) *Ilias*, 1.116-119. "신과 같은 아킬레우스여, 그대 비록 용감하기로 이렇게 꾀로 나를 속일 생각은 마시오. 나를 속여 넘기거나 설득하지 못할 테니까요. 그래 그대 자신은 선물을 갖고 있으면서 나는 내 것을 빼앗기고도 가만히 앉아 있기를 바라는 것이오? 그리고 그대는 나에게 그 여인을 돌려주라고 명령하는 것이오?" *Ilias*, 1.131-136. "허나 그렇게 하는 것이 더 좋다면 내 기꺼이 그녀를 돌려주겠소. 나는 백성들이 죽기보다 살기를 바라니까요. 다만 그대들은 나를 위해 지체 없이 명예의 선물을 마련하도록 하시오. 아르고스인들 중에서 나만 홀로 선물을 받지 못한대서야 말이 되겠소."

8) *Ilias*, 1.137-139. "기상이 늠름한 아카이아인들이 내 소원대로 손실을 보상해 줄 만한 명예의 선물을 준다면 좋소. 하나 만약 그들이 주지 않는다면, 그때는 내 몸소 가서 그대의 것이든, 아이아스의 것이든, 오디세우스의 것이든 가져가겠소. 그 때는 내가 찾아가는 자에게 노여움이 남게 될 것이오."

9) *Ilias*, 1.158-160. 아킬레우스는 말하기를 "그대 파렴치한 철면피여, 우리가 그대를 따라 이곳에 온 것은 메넬라오스와 그대를 위하여 트로이아인들을 응징함으로써 그대를 기쁘게 해주기 위함이었소."

뤼세이스를 데려가겠다고 고집하자 아킬레우스는 마지못해 자신의 친구인 파트로클로스로 하여금 브뤼세이스를 아가멤논의 병사들에게 내주도록 허락한다.[10)]

브뤼세이스를 빼앗긴 아킬레우스는 격분하여 부하들과 같이 자기 함선에 틀어박혀 싸움터에 나가지 않는다.[11)] 그가 군사를 이끌고 전장에서 물러나자 아카이아군은 계속 패배한다. 아킬레우스의 어머니인 바다의 여신 테티스는 제우스에게 간청하기를 신들이 양쪽 군대를 원조하지 말도록 해달라고 청원했고 제우스가 이를 받아들임으로써 아카이아군을 패배케 했기 때문이다. 패배한 아카이아군의 참상을 좌시할 수 없어 아킬레우스의 친구 파트로클로스는 아킬레우스의 갑옷과 전차를 빌려 그의 군대를 이끌고 출전하여 적을 패주시키나 그는 트로이아의 장수 헥토르에게 살해된다. 이 소식에 접한 아킬레우스는 복수하기 위하여 아가멤논과 화해한 뒤, 헤파이스토스가 특별히 만들어준 갑옷을 입고 출전하여 헥토르를 살해하고 시신을 욕보인다. 헥토르의 아버지 프리아모스왕이 신들의 비호를 받아 야음을 틈타 아킬레우스의 막사를 찾아가 헥토르의 시체를 받아 가지고 돌아오는 것으로 『일리아스』는 마무리된다.

III. 아가멤논과 아킬레우스의 갈등과 화해의 다섯 장면

10) *Ilias*, 1.337-338. "자, 제우스의 후손인 파트로클로스여, 소녀를 데리고 나와 이들이 데려가도록 내주도록 하게나."

11) *Ilias*, 1.488-493. "제우스의 후손인 펠레우스의 아들 준족 아킬레우스는 빨리 달리는 함선들 앞에 앉아 여전히 노여워하고 있었다. 그는 남자의 영광을 높여 주는 회의장에도 싸움터에도 나가지 않고 이렇게 자기 처소에 틀어박혀 혼자 애태우며 전쟁과 함성을 그리워하고 있었다."

이런 줄거리에서 보듯이 『일리아스』의 발단은 아가멤논과 아킬레우스 사이의 갈등에서 비롯되며, 파트로클로스의 전사로부터 아킬레우스가 아가멤논과 화해함으로써 갈등이 해소된다. 그 과정에서 두 영웅은 상대에 대해 그리고 여러 장수와 부하들에게 자신의 행위를 정당화하는 말과 연설을 한다.

따라서 아가멤논과 아킬레우스라는 두 영웅 사이에 어떻게 갈등이 형성되고 어떻게 화해가 이루어지는지를 파악하는 것이 『일리아스』를 이해하는데 중요하다. 그런 갈등과 화해 속에서 두 영웅이 어떻게 말솜씨를 발휘하는지를 파악하는 것이 수사학의 시원, 특히 수사학의 시원으로서의 정치수사학을 이해하는 밑거름이다.

아가멤논과 아킬레우스 사이의 갈등과 화해의 장면은 보는 이에 따라 차이가 있겠으나 다음의 다섯 장면을 지정하는 것이 타당한 것이다. 그 장면들은 첫째, 아가멤논이 마지못해 크뤼세이스를 돌려주기로 결심하는 장면, 둘째, 아가멤논이 아킬레우스로부터 브뤼세이스를 빼앗는 장면, 셋째, 아킬레우스가 브뤼세이스를 빼앗기고 분개하는 장면, 넷째, 아가멤논이 브뤼세이스를 돌려주고 변명하는 장면, 다섯째, 아킬레우스가 화해하는 장면 등이다.

1. **아가멤논이 마지못해 크뤼세이스를 돌려주기로 결심하는 장면**

아킬레우스는 아카이아군의 진중에 역병이 도는 원인을 규명하기 위해 예언자·사제·해몽가 등에게 역병이 도는 원인에 대해 묻는다. 예언자 칼카스는 아폴론 왕이 노여워하는 까닭이 서약이나 제물 때문이 아니라 아가멤논이 아폴론의 사제 크뤼세스의 딸인 크뤼세이스를 돌려주지도 않을 뿐더러 크뤼세스가 몸값을 주고 딸을 데려가겠다고 해도 이를 거절하기 때문이라고 설명한다.

이에 아가멤논은 자신이 자신의 아내인 클뤼타임네스트라보다도 그녀를 더 좋아한다고 말한다. 하지만 아가멤논은 말하기를 "그렇게 하는 것이 더 좋다면 내 기꺼이 그녀를 돌려주겠소. 나는 백성들이 죽기보다 살기를 바라니까요."[12]라고 한다. 그러나 아가멤논은 자신을 위해 지체 없이 명예의 선물을 마련하도록 하라고 명령한다. 그의 말인즉 아르고스인들 가운데 자신만 선물을 받지 못하는 것은 이치에 합당하지 않다는 것이다.

두 영웅 사이의 갈등은 여기서 시작된다. 아킬레우스는 "기상이 늠름한 아카이아인[13]들이 어떻게 그대에게 선물을 줄 수 있겠소? 우리는 공동 재산이 많이 쌓여 있는 곳을 알지 못하오. 함락한 도시들에서 노획한 전리품들은 이미 분배가 끝났으며 그것을 백성들에게서 도로 거두어들인다는 것은 옳지 못한 짓이오. 아무튼 지금은 그 여인을 신에게 내주시오."라고 재촉한다. 하지만 아킬레우스는 이어서 말하기를 "언젠가 제우스께서 튼튼한 성벽으로 둘러싸인 트로이아시를 함락케 해주시면 그 때는 아카이아인들이 그대에게 세 배 네 배의 보상을 해 줄 것이오."[14]라고 한다.

아킬레우스의 거절에 심기가 불편한 아가멤논은 아킬레우스는 선물을 갖고 있으면서 자신은 자신의 선물을 빼앗기고도 가만히 앉아 있기를 바라는 것에 대해 분노를 표방한다. 그는 아카이아인들이 자신의 소원대로 손실을 보상해 줄 만한 명예의 선물을 준다면 좋다고 말한다. 하지만 "만약 그들이 주지 않는다면, 그 때는 내 몸소 가서 그대의 것이든, 아이아스의 것이든, 오딧세우스의 것이든 가져가겠소."[15]라고 말한다.

---

12) *Ilias*, 1.113-115.

13) 원래 아카이아는 펠로폰네소스 북안의 지방을 가리키며 아르고스와는 떨어져 있다. 아카이아는 일반적으로 호메로스의 시에서는 그리스인에 대한 호칭의 하나로 사용된다. 따라서 아킬레우스가 아카이아인이라고 말할 때 이는 그리스인을 가리킨다.

14) *Ilias*, 1.122-127.

15) *Ilias*, 1.135-139.

이 부분에서 주목할 점은 네 가지이다. 첫째 아가멤논이 크뤼세이스를 데려온 것은 자신의 명예에 대한 보상이다. 둘째, 그럼에도 불구하고 아가멤논이 크뤼세이스를 돌려주기로 결정한 까닭은 자신이 백성들의 죽음이 아니라 삶을 원하기 때문이다. 셋째, 그 대신 아카이아인들이 아가멤논의 명예를 보상해줄 선물을 주어야 한다. 넷째, 트로이아 전쟁에서 이기는 이유는 아카이아군이 훌륭해서가 아니라 제우스가 트로이아를 함락케 해주는 것이다.

첫째와 셋째 항목은 명예와 연관돼 있으며 넷째 항목은 세계의 운동과 변화의 원인에 대한 설명이다. 이에 대해서는 나중에 살피기로 하고, 둘째 문제와 관련해 아가멤논이 크뤼세이스를 돌려주기로 결심한 까닭이 백성의 삶을 위해서라고 말함으로써 아가멤논은 자신의 결정의 대의명분을 극대화한다. 그는 아킬레우스의 설득에 굴복했기 때문에 크뤼세이스를 돌려주는 것이 아니다. 곧 그의 결정의 배경에는 백성들이 있다. 『일리아스』는 영웅들이 결정의 배경으로써 백성을 드는 첫 번째 기록이다.

2. 아가멤논이 브뤼세이스를 빼앗는 장면

앞의 장면은 갈등의 일단계이다. 다음 단계의 갈등은 아가멤논이 브뤼세이스를 빼앗는 장면에서 노출된다. 아가멤논이 다른 명예의 선물을 요구하자 아킬레우스는 이를 거부하면서 자기가 왜 트로이아 전쟁에 참가한 까닭은 메넬라오스와 아가멤논을 위하여 트로이아인들을 응징함으로써 아가멤논을 기쁘게 해주기 위함이었다고 말한다. 아킬레우스는 이렇게 말함으로써 아가멤논과의 대립 구도에서 우위에 서려고 시도한다. 아킬레우스는 자신의 폴리스인 테살리아의 이익 또는 그 자신의 이익을 위해 참전한 것이 아님을 명확히 한다. 하지만 자신은 트로이아인들의 번화한 도시를 함락할 때마다 그에 합당한 선물을 받아본 적이 없다고 말한다.[16] 이어서 아킬레

우스는 아가멤논에게 참전을 멈추고 고향으로 돌아가겠다고 경고한다.[17]

아킬레우스는 테살리아의 프티아 국왕인 펠레우스와 바다의 여신인 테티스 사이에서 태어났다. 테살리아는 그리스 반도 중북부에 위치한다. 아가멤논은 아르고스의 왕으로서 아트레우스의 아들이다. 아르고스는 펠로폰네소스 반도에 있다. 따라서 아가멤논과 아킬레우스의 나라는 다르며 많이 떨어져 있다. 트로이아 전쟁의 발단이 된 사건, 곧 트로이아의 파리스가 스파르타의 왕비인 헬레네를 훔쳐 간 사건과 관련해 헬레네는 아가멤논의 동생인 메넬라오스의 아내이다. 이런 연유로 아가멤논은 동생의 아내를 훔쳐간 트로이아의 왕자 파리스에게 복수하기 위해 트로이아 전쟁을 일으키는 것이다. 이런 연유로 볼 때 아가멤논과 메넬라오스의 전쟁에 아킬레우스가 참가할 이유는 없어 보인다.

아울러 그는 자신은 한 번도 아가멤논과 동등한 선물을 받아본 적이 없다고 말하는데 이는 자기가 최소한 아가멤논과 동등한 지위를 갖고 있음에도 선물을 받을 때는 늘 아가멤논에게 미치지 못하는 선물을 받았고 이는 결과적으로 자신의 전공이 과소평가됐음에 대한 증거라고 생각한다. 특히 이런 설명은 아가멤논이 크뤼세이스를 빼앗아가려는 것이 부당하다는 역설이기도 하다. 곧 아킬레우스는 아가멤논을 위해 전쟁에 참가했지만 아가멤논이 그것을 이해하지 못한 채 자신의 여자를 빼앗아가려 한다고 공박하는 것이다. 그리고는 자신은 철수하겠다고 배수의 진을 친다. 이에 대해 아가멤

16) *Ilias*, 1.158-168. "아카이아인들이 트로이아인들의 어떤 번화한 도시를 함락할 때마다 나는 한 번도 그대와 동등한 선물을 받아본 적이 없소. 치열한 전투의 노고를 감당해내는 것은 내 팔인데도 분배할 적이면 그대의 선물은 월등히 더 컸으며 나는 지치도록 싸운 뒤 보잘 것 없는 물건을 소중히 간직하고는 함선으로 돌아가곤 했소."

17) *Ilias*, 1.169-171. "이제는 프티아로 돌아가겠소. 부리처럼 휜 함선을 타고 고향으로 돌아가는 편이 훨씬 낫겠소. 여기서 모욕을 받아가며 그대를 위하여 부와 재물을 퍼줄 생각은 추호도 없소이다."

논은 아킬레우스가 아니더라도 자신의 명예를 높여줄 사람이 얼마든지 있고 또 제우스가 조언을 해주므로 아킬레우스가 돌아가는 것에 대해 만류하지 않겠다는 뜻을 분명히 한다.[18] 아가멤논과 아킬레우스의 갈등은 이 부분에서 최고조에 이른다.

아가멤논과 아킬레우스 사이의 갈등의 원인은 각자의 명예에 대한 자부심이다. 아킬레우스는 자신의 여자를 빼앗기는 데 대해 자신의 명예가 손상된다고 생각하고 있으며 아가멤논 역시 브뤼세이스를 되돌려준 것의 명예훼손에 대해 아킬레우스의 여자를 빼앗음으로써 가장 큰 명예를 갖고 있다고 생각되는 아킬레우스의 명예 위에 자신의 명예를 놓아두려고 하는 것이다.

여기서 주목할 것은 조언자 제우스가 있다는 아가멤논의 위안이다. 아가멤논은 제우스가 전쟁을 이기도록 해줄 것이므로 아킬레우스라는 유능한 장수가 돌아간다고 해도 전쟁의 승패가 바뀌지 않을 것이라는 믿음을 갖고 있는데 이 점에 대해서는 나중에 설명하겠다.

3. 아킬레우스가 브뤼세이스를 빼앗기고 분개하는 장면

아킬레우스의 경고에도 아가멤논은 막무가내이다. 그는 자신이 직접 아킬레우스의 막사에 가서 브뤼세이스를 데려가겠다고 통고한다.[19] 자존심이 상한 아킬레우스의 분노, 즉 브리세이스를 빼앗긴 분노는 거의 살인적이다. 아킬레우스는 아가멤논을 죽일 것인가, 아니면 분노하고 말 것인가를 고민하며 칼집에서 칼을 빼어든다. 그것을 본 헤라가 아테네를 아킬레우스에게 보낸다. 아킬레우스는 아

18) *Ilias*, 1.173-176. "나도 군이 나를 위하여 여기 머물러 달라고 간청하지 않겠소. 내 곁에는 그대가 아니더라도 내 명예를 높여줄 사람이 얼마든지 있고 특히 조언자 제우스께서 계시오."

19) *Ilias*, 1.184-185. "내 몸소 그대의 막사에 가서 그대의 명예의 선물인 볼이 예쁜 브리세이스를 데리고 갈 것이오."

테네에게 아가멤논의 교만함을 보기 위해 왔는지를 묻고 아가멤논은 교만 때문에 죽을 것이라고 말한다.

이에 아테네는 칼을 빼지 말고 말로 그를 꾸짖도록 하라며 지금의 모욕으로 말미암아 세 배나 네 배의 선물이 아킬레우스에게 돌아갈 것이라고 달랜다. 아테네의 이 말은 힘에 의한 대결이 아니라 언어에 의한 대결을 주문하는 것이다. 세 배나 네 배의 선물이 주어진다는 말의 의미는, 아킬레우스가 아가멤논보다 훨씬 우수한 장수임을 말하는 것이며, 아킬레우스의 명예가 아가멤논의 명예보다 세 배나 네 배 더 높다는 뜻이다. 아킬레우스는 아테네의 권유를 받아들여[20] 칼을 도로 칼집에 밀어 넣고 아테네의 명령에 따르기로 한다.

하지만 아킬레우스는 아직도 분노를 삭이지 못한 채 아가멤논에게 저주를 퍼붓는다. 그는 아가멤논이 아카이아의 장수들과 함께 용기를 낸 적이 한 번도 없었으며 다만 아카이아인들의 진영에서 선물을 뺏는 일에만 몰두했다고 비난한다. 이것은 자신의 명예는 드높이지 못한 채 남의 명예를 빼앗는 일에만 몰두했음을 비난하는 것이다.

그리고는 아카이아인들의 아들들이 모두 자기를 아쉬워할 날이 반드시 올 것이라며 전쟁에 참여하지 않을 것임을 발표한다. 사태가 이렇게 흐르자 네스토르가 일어나 아가멤논에게는 아킬레우스에게 내려진 명예의 선물을 빼앗지 말 것을, 아킬레우스에게는 아가멤논이 아킬레우스보다 더 위대하니 노여움을 거둘 것을 간청한다. 하지만 네스토스의 이 중재를 두 사람 모두 거절한다. 아가멤논은 자신의 명예를 양보할 뜻이 없으며, 아킬레우스는 아가멤논보다 자신이 더 위대하다는 생각을 바꾸지 않는다.

---

20) *Ilias*, 1.216-218. "그대들 두 분의 말씀이라면 여신이여 마음속으로 아무리 화가 나더라도 복종해야 되겠지요. 그렇게 하는 것이 더 나으니까요. 신들에게 복종하는 자의 기도는 신들께서도 기꺼이 들어주시는 법이거든요."

우여곡절을 겪은 끝에 두 사람은 각자의 막사로 되돌아갔으며, 아가멤논의 명령을 받아 브뤼세이스를 데리러 온 그의 부하들에게 아킬레우스는 파트로클로스를 시켜 브뤼세이스를 내어준다.[21] 그는 아가멤논의 부하들에게 자기에게 잘못을 저지른 것은 부하들이 아니라 아가멤논이라고 말한다. 그럼으로써 그는 자신이 비난하는 대상이 누구인지를 명확하게 드러낸다.

아킬레우스는 어머니인 테티스에게 기도하면서 자신이 단명하도록 낳아준 것은 어쩔 수 없다고 해도 제우스가 자신에게 명예만이라도 주었어야 했으나 작은 명예도 주지 않았다고 말하며 눈물을 흘린다. 아킬레우스의 기도를 듣고 나타난 테티스에게 아킬레우스는 제우스가 트로이아인들을 돕고 도륙당하는 아카이아인들을 바닷가의 뱃고물들 사이에 가두도록 해줄 것을 간청한다. 아킬레우스의 말을 들은 테티스는 제우스에게 간청하겠다고 말하면서 아킬레우스에게는 전쟁에 일절 관여치 말라고 한다. 아킬레우스는 테티스의 말을 수용해 이후 회의장에도 싸움터에도 나가지 않고 자기 막사에 틀어박힌다. 테티스는 제우스를 통해 아킬레우스의 명예를 되찾게 해주려 한다. 테티스는 제우스를 찾아가 전쟁에서 아카이아군을 지원하지 말아달라고 부탁한다.[22]

4. 아킬레우스가 파트로클로스의 죽음에 마음을 바꾸는 장면

21) 아킬레우스가 브뤼세이스를 내어줄 수밖에 없었던 이유는 트로이아 전쟁이 아가멤논과 메넬라오스가 트로이아와 벌이는 전쟁이기 때문일 것이다. 곧 전쟁의 주연은 아가멤논·메넬라오스 형제이며 자신은 그 전쟁에 동맹군으로서 초대받은 것이다.

22) *Ilias*, 1.503-507. "내 아들의 명예를 높여 주소서. 그 애는 모든 인간들 중에서 가장 요절할 운명을 타고났나이다. 하지만 지금 인간들의 왕 아가멤논이 그 애를 모욕하여 그 애의 명예의 선물을 몸소 빼앗아 가졌나이다."

테티스의 부탁을 받은 제우스는 아가멤논의 군대에 시련을 내려 보낸다. 아가멤논은 제우스가 결국 자신을 속였다고 생각하며[23] 패배를 인정하고 장수들에게 돌아가자고 제안한다. 그는 아킬레우스와 싸운 것을 후회한다. 이를 알아챈 네스트로는 사기 진작을 위해 잔치를 벌이고 아킬레우스를 달래자고 제안한다. 아가멤논은 성대한 선물을 제시하여 아킬레우스의 명예를 되돌려 주려고 한다. 그는 아킬레우스에게 왕위 계승권을 주고 브뤼세이스도 돌려주겠다고 제안한다. 또한 트로이아가 망하면 선물을 먼저 고르고, 트로이아 여인들도 스무 명을 먼저 가질 것을 제안한다. 그러나 아킬레우스는 전쟁에 참가하지 않으면 명예는 떨어지겠지만 오래살 수 있으니[24] 이를 택해 아카이아로 떠나겠다고 하면서 아가멤논의 모든 선물에 대한 제안을 거절한다.

아카이아 군대가 열세에 처하자 네스트로는 아킬레우스의 친구인 파트로클로스를 찾는다. 그는 파트로클로스에게 아킬레우스를 설득

---

23) 제우스는 남의 아내를 빼앗은 파리스와 헬레네의 무모한 행동에 분노하였고 그들을 보호해준 트로이아인들에 대해서도 죄의 대가를 요구했다. 트로이아 원정은 제우스의 호의로 순조롭게 진행되고 있었으며 제우스는 트로이에 대한 보복을 위해 그의 정의를 수행하는 대리인으로서 아가멤논을 원했다. 따라서 아가멤논은 제우스의 정의를 수행하는 자로서 또는 복수의 사자로서 트로이 원정을 감행하게 된 것이다. 아울리스 항구에서 아가멤논이 자신의 딸 이피게니아를 희생하든 그렇지 않든 간에 헬레네의 약탈에 대한 보복으로 아가멤논은 제우스이 뜻에 따라 트로이 출정을 감행할 수밖에 없는 운명에 처해 있었다. 제우스는 아가멤논의 의지를 강조하면서 한편으로는 아테를 보내 아가멤논의 판단력을 상실하게 만들고 그로 하여금 다른 행동을 취하지 못하도록 한다. 모든 일은 제우스의 명령이며 제우스가 트로이 원정을 결정했을 때 아가멤논은 따를 수밖에 없었다.

24) 어머니 테티스는 아들을 사랑하여 그의 몸을 불사신으로 만들고자 스틱스 강물에 발목을 잡고 넣는다. 그때 이 아이의 발목 아래만 젖지 않아 이 부분만 불사의 힘을 얻지 못한다. 아킬레우스에겐 비극적 운명이 있는데 이 운명은 아킬레우스가 트로이 전쟁에 참가 하여 전사하게 되면 그의 명성은 불멸의 것이 되겠지만 생환하게 되면, 그 명성은 사라지나 수명이 길어질 것이라는 이 운명 앞에 아킬레우스는 명성을 택하게 되어 한 신과 한 인간에 의해 전사할 운명을 갖게 된다.

하거나 아킬레우스의 무구를 입고 대신 출전하여 아카이아군의 사기를 올려주고, 트로이아군을 공포에 떨게 할 것을 제안한다. 파트로클로스는 아킬레우스에게 무구를 빌려달라고 요청한다. 아킬레우스는 아폴론에 의해 트로이아군이 우세하니 싸우지 말라고 한다. 하지만 자신의 배 앞까지 트로이아군이 몰려오자 파트로클로스에게 스승 케이론이 준 창을 제외한 자신의 무구를 빌려주며 아카이아 진영에서만 싸울 것을 당부한다.

파트로클로스의 용맹과 제우스의 계획에 따라 트로이아군이 퇴각하는 것을 본 파트로클로스는 아킬레우스의 지시를 소홀히 한 채 그들을 추격한다. 이에 아폴론이 트로이아는 파트로클로스와 아킬레우스에 의해 함락되지 않을 것이라고 말하고 자신의 능력 이상으로 싸우고 있는 파트로클로스는 아폴론에 의해 그의 투구를 벗겨지고 가슴받이를 풀어지는 모멸감을 당한다. 부상당한 파트로클로스는 결국 헥토르에 의해 배가 찔려 죽음을 당한다.

파트로클로스가 죽자 테티스는 아킬레우스를 위로하면서[25] "백성들의 목자 아가멤논에 대한 노여움을 거두도록 하라"[26]고 권유한다. 아킬레우스는 테티스의 권유를 받아들여 회의장에서 자신이 어리석게 행동한 것을 사과하고 화해를 청한다. 그는 전사들을 모두 소집한 자리에서 이렇게 말한다. "아트레우스의 아들이여, 우리 두 사람은 한 소녀 때문에 마음이 상해 마음을 좀 먹는 불화 속에서 원한을 품었지만, 그것이 과연 우리 두 사람, 그대와 나를 위하여

25) *Ilias*, 19.8-9. "내 아들아 우리는 마음이 아프더라도 이 사람을 누워 있도록 놓아두자꾸나. 그는 애당초 신의 뜻에 따라 쓰러진 것이니까."

26) *Ilias*, 19.29-36. "내 아들아, 그런 것이라면 마음속으로 염려 말아라. 내 그에게서 싸움터에서 죽은 전사자들을 뜯어 먹는 잔인한 파리의 종족들을 쫓아 버리도록 하겠다. 한 해가 다 가도록 여기 누워 있어도 그의 살은 항상 온전할 것이며 지금보다 오히려 더 좋아질 것이다. 그러니 너는 아카이아의 영웅들을 회의장에 부르고, 백성들의 목자 아가멤논에 대한 너의 노여움을 거두노록 하여라. 그리고 진두를 위하여 신속히 무장하고 투지를 입도록 하여라."라고 말한다.

더 바람직했을까요?"[27] 아킬레우스는 계속해서 말한다. "아무리 괴롭더라도 지난 일은 잊어버리고 필요에 따라 가슴 속 마음을 억제하도록 합시다. 이제 나는 노여움을 거둘 것이오. 화해하지 않고 언제까지나 화를 낸다는 것은 내게 어울리지 않기 때문이오."[28]

이 대목에서 아킬레우스는 아가멤논에게 화해의 손길을 내민다. 여기서 주목되는 것은 아직 아가멤논은 아킬레우스가 되었든 또 다른 이가 되었든 누구에게도 사과를 하기 전이라는 것이다. 아킬레우스가 다시 전쟁에 참여한 까닭은 아가멤논이 사과했기 때문이 아니다. 이 대목은 화해는 사과에 의해 진행되는 것이 아니라 화해하고자 하는 사람의 마음 thymos이 움직임으로써 가능함을 보여준다. 그가 그런 결정을 내리도록 한 이는 어머니인 테티스이다. 곧 아킬레우스는 아가멤논의 설득에 의해 마음이 움직인 것이 아니다. 그의 마음이 움직인 계기는 친구인 파트로클로스의 죽음과 어머니인 테티스의 충고이다. 아킬레우스를 움직이는 이들은 헤라·아테네·테티스 같은 신들이다.

5. 아가멤논이 브뤼세이스를 빼앗은 것에 대해 해명하는 장면

아가멤논은 아킬레우스의 결정을 듣고 나서 자신이 아킬레우스의 여자를 빼앗아 온 까닭에 대해 다음과 같이 해명한다.

> "나는 아니오. 내가 이런 짓을 한 탓은 내게 있지 않고, 제우스와

---

27) *Ilias*, 19.56-62. "내가 뤼르넷소스를 파괴하고 그녀를 빼앗아 오던 날 아르테미스가 함선들 옆에서 화살로 그녀를 쏘아 죽였더라면 좋았을 것을! 그랬더라면 그토록 많은 아카이아인들이 나의 노여움으로 인해 적군의 손에 쓰러져 넓은 대지를 이빨로 깨물지는 않았을 텐데."

28) *Ilias*, 19.65-68.

나의 운명과 어둠 속을 헤매는 에리뉘스 Erinys[29]에게 있소이다. 내가 아킬레우스에게서 명예의 선물을 손수 빼앗던 그 날, 바로 그들[30]이 회의장에서 내 마음 속에 사나운 아테(ate)를 보냈기 때문이오. 신이 모든 일을 이루어 놓으셨는데 난들 어찌 하겠소? 아테는 제우스의 맏딸로 모든 사람의 마음을 눈멀게 하는 잔혹한 여신이오. 그녀의 발은 가벼워서 결코 땅을 밟는 일이 없소. 그녀는 사람들의 머리를 밟고 다니며 사람들을 넘어뜨리는데, 둘 중 하나는 걸려들게 마련이오."[31]

에리뉘스는 복수의 여신이다. 아테는 악과 재앙의 여신으로 신들과 인간에게 선과 악, 해로움과 이로움의 구별을 할 수 없게 하여 무분별한 행동을 저지르게 한다. 아가멤논은 제우스와 에리뉘스가 보낸 아테에 감염돼 아킬레우스의 여인을 빼앗는 것에 대한 선악의 판단을 할 수 없었다고 해명한다. 그는 자신뿐 아니라 제우스도 한때 마음이 눈먼 적이 있었다며 자신의 행위를 옹호한다.[32] 아가멤논은 말하기를 헥토르가 뱃고물들 옆에서 아르고스인들을 도륙했을 때 먼지 자신의 마음을 눈멀게 한 미망의 여신인 아테를 잊을 수가 없다고 말하고 자신의 마음이 눈멀고 제우스가 자신의 지혜를 빼앗

29) 그녀는 포세이돈과 곡물 및 대지의 여신인 데메테르(로마신화의 케레스 Ceres, 크로노스와 레아의 딸이면서 제우스의 누이) 사이에서 태어났다. 데메테르가 페르세포네를 찾아 헤매다 펠로포네소스 반도의 산악 지역 아르카디아 지방을 지날 때, 포세이돈이 데메테르에게 정욕을 느꼈다. 그럴 기분이 아니었던 데메테르는 말로 변신해 마침 그곳을 지나는 말의 무리에 숨었다. 눈치 빠른 포세이돈은 수말로 둔갑해 욕심을 채웠다. 이들 사이에서 태어난 딸이 에리뉘스이다. 에리뉘스는 화난 여인이라는 뜻인데, 엘레우시스 비교에 입교하지 않은 사람들에게는 비밀이었다. 후에 화가 풀린 데메테르가 강에서 몸을 씻어 정결을 되찾자 에리뉘스의 이름을 루시아 Lousia (목욕한 여인)로 바꿔주었다.

30) 제우스와 에리뉘스

31) *Ilias*, 19.88-94. "제우스께서도 한때 마음이 눈먼 적이 있었소. 알크메네가 훌륭한 성벽으로 둘러싸인 테베에서 강력한 헤라클레스를 낳게 되어 있던 날, 한낱 여자에 불과한 헤라가 간계로 그분을 속였던 것이오."

32) *Ilias*, 19.95-99.

으셨으니 이를 바로 잡기 위해 많은 보상금을 내놓겠다고 제안한다.[33] 그러나 아킬레우스는 아가멤논의 제의를 받아들이는 대신 지금은 선물보다 전쟁이 중요하다고 말한다.[34] 아킬레우스가 판단할 때 명예의 선물은 스스로의 전공에 의해 획득되는 것이지 아가멤논이 명예의 선물에 대한 시상자는 아님을 은연중에 내비치는 것이다.

아가멤논은 아킬레우스에게 브뤼세이스를 돌려주면서 말하기를 "나는 브뤼세이스에게 결코 손댄 적이 없으며 그녀에게 동침이나 그밖에 다른 일을 요구한 적도 없다"[35]라고 한다. 그 말을 듣고 아킬레우스는 "아버지 제우스여, 그대는 인간들에게 엄청난 아테들을 주시나이다. 그렇지 않았던들 아트레우스의 아들은 내 가슴 속 튀모스 thymos를 불러일으키지 않았을 것이며, 내 뜻을 거슬러 완고하게 소녀를 데려가지도 않았을 것이오."[36]라며 자신의 행위가 미망 때문이었다는 아가멤논의 변명에 대해 동의한다.

이 장면에서 아가멤논과 아킬레우스 사이를 갈라놓았던 갈등과 불화는 소멸되고 두 영웅의 화해는 마무리된다. 아킬레우스가 화해를 청한 시점은 아가멤논이 브뤼세이스를 돌려주기 이전이다. 아킬레우스로서는 명예의 선물인 브뤼세이스를 돌려받는 것보다 자신의 친구인 파트로클로스의 죽음을 위로해야 하는 것이 더 중요함을 이 장면은 보여준다. 따라서 이 장면에서의 화해는 아가멤논의 사과와 아킬레우스의 수용으로 마무리된 것이 아니라 아킬레우스의 반성과 아가멤논의 해명으로 마무리된다.

아가멤논과 아킬레우스 사이의 갈등과 화해에 영향을 미치는 두 요소는 명예와 신들의 뜻이다. 두 영웅은 명예 때문에 갈등했고 자

33) *Ilias*, 19.134-138.

34) *Ilias*, 19.147-149. "선물들은 마음이 내키시면 적당히 주든가 아니면 간직하시든지 그대가 알아서 할 일이오. 지금은 서둘러 전의를 생각합시다."

35) *Ilias*, 19.261-262.

36) *Ilias*, 19.270.

신들의 행위를 신에게 의존한다. 두 영웅의 발언들의 배경에는 명예와 신이 자리하고 있다. 명예와 신은 영웅들의 행위를 정당화하는 근거이며 남을 설득하는 명분이기도 하다. 명예와 신은 수사적 기술을 이끄는 중심이기도 하다.

IV. 수사적 기술의 명분으로서의 명예와 인정투쟁

아가멤논과 아킬레우스의 다툼과 갈등은 '명예'를 둘러싼 경쟁이다. 사람들이 크뤼세이스를 돌려주라고 요구한 것에 대해 아가멤논이 분노한 까닭은 자신의 명예가 손상되었다고 판단했기 때문이다. 그것은 아킬레우스도 마찬가지이다. 아가멤논이 크뤼세이스를 돌려준 대가로 아킬레우스의 여인인 브뤼세이스를 데려가겠다고 하자 아킬레우스 역시 자신의 명예가 손상되었다고 판단한다. 두 영웅에게 명예는 매우 소중한 것으로 비쳐진다. 두 영웅뿐 아니라 그리스의 모든 신들과 다른 영웅들에게도 명예는 소중한 가치로 추앙된다.

그리스 영웅들에게 명예가 소중한 연원은 이미 크로노스에서 시작된다. 제우스는 타이탄 족들과의 싸움에서 자기편을 든 신들에게 '명예의 선물'(geras)을 빼앗지 않고 그들이 누리던 '명예'(timē)를 그대로 유지하게 할 것이라고 약속하고는[37] 승리를 거둔 후에 그들에게 '선물'(aphenos)[38]과 '명예'(timē)[39]를 나누어주었다.[40] 제우스와 올림푸스에 사는 신들은 우리에게 "좋은 것들을 주는 신들"(theoi

37) *Theogony*. 393.
38) *Theogony*. 112.
39) *Theogony*. 885.
40) *Theogony*. 885.

doteres eaon)[41]로서 이들은 그 이전의 '무서운'[42] 신들과는 구분된다. 그러나 제우스의 아버지이자 타이탄인 크로노스도 자신의 지배시대에는 "왕의 명예"[43]를 지니고 있었다. 그러므로 그리스인에게 명예는 신들의 지배에 주어지는 특권과 위엄을 의미하는 것으로 보인다.

헤시오도스에 따르면 우라노스의 지배시기로부터 크로노스의 지배시기에로의 이행, 크로노스의 지배시기로부터 제우스의 통치시기에로의 이행을 역사적으로 실행되어야 할 것이 행해지지 않았다는 의미에서 불의가 행해졌기 때문에 정의가 실현되어야 한다.[44] 특히 제우스는 타이탄 족의 막내이자 자신의 아버지인 '가장 무서운'[45] 크로노스와는 달리 '정의'(dike[46])를 구현하는 신이다.[47] 그러므로 제우스의 패권 장악 이후의 명예 개념은 불가분 신적인 '정의'에 근거한 명예 개념이다.

당시의 아카이아인들에게 명예와 영광은 모두 제우스로부터 기인한다. "제우스로부터 명예와 영광이 나온다."[48] 아킬레우스가 지적하는 것인데, 아가멤논의 강력함도 제우스에게서 나온다. "그대가 매우 강력하기로 그것도 역시 신이 주신 것이 아니겠소."[49] 왜냐하면 트로이아 원정의 전 과정을 처음부터 끝까지 지배하는 것은 제우스이기 때문이다. 따라서 『일리아스』 1권의 첫 문장에 나오는 "제우스의 뜻"[50]이 무엇인지를 추적하는 일은 의미 있는 작업이다.

---

41) *Theogony*. 46, 111.
42) *Theogony*. 137.
43) *Theogony*. 462.
44) *Theogony*, 154-156, 453-455.
45) *Theogony*, 137.
46) *Theogony*, 901 아래.
47) *Theogony*, 886.
48) *Iliad*. 17.251.
49) *Iliad*. 17.177.
50) *Iliad*. 1.5.

이 작품에서 제우스의 뜻은 테티스의 청을 받아들여 아킬레스의 명예를 높이는 일이며, 그러기 위해 아킬레우스가 등장하기 전까지는 트로이아인들이 힘을 얻고 있어야 한다. 출전을 하지 않고 있다가 전세가 불리할 때 출장을 하겠다는 아킬레우스의 태도는 위험부담을 안고 있다. 더욱이 만약 아킬레우스 없이 아카이아인들이 트로이아를 점령하거나 또는 메넬라오스가 일대일 대결에서 파리스에게 승리를 거둔 후 협약에 따라 헬레네와 보물을 가지고 떠났다면, 아킬레우스의 행위는 어떤 명예도 얻지 못하는 무의미한 결과를 초래한다. 그러나 그런 일이 벌어지지 않고 아킬레우스가 결과적으로 불멸의 명예를 얻었다는 것은 그것이 바로 제우스의 뜻이기 때문이다. 그래서 호메로스는 사후에 그것이 바로 제우스의 뜻이었다고 노래하는 것이다. 그렇다면, 비록 신들의 도움이 있었다고는 하지만, 어떻게 이 세상에서 아킬레우스가 불멸의 명성을 획득할 수 있었는지 그 과정을 구체적으로 알아볼 필요가 있다.

그리스의 영웅들은 구체적으로 주어진 정치·사회·문화적인 문맥에서 명예를 위한 생사의 인정투쟁을 벌인다. 인정투쟁이란 각 개인이나 집단이 자신들의 '차이'를 인정받아야 한다거나 존중받아야 한다는 규범적인 생각을 일컫는다. 또한 사회적 인정이라는 것이 단지 물질적 재화의 공정하고 정의로운 분배를 통해서만 측정되는 것이 아니며, 오히려 정의에 대한 우리의 이해는 본질적으로 주체들이 서로를 어떻게, 무엇으로 인정하고 있느냐 하는 점과도 결부된다.

따라서 아가멤논이 브뤼세이스를 되돌려줄 때 느끼는 감정, 아킬레우스가 크뤼세이스를 아가멤논에게 빼앗길 때 느끼는 감정은 단순히 한 여자를 잃는다는 차원이 아니라 자신이 아카이아 군의 막사에서 인정을 받느냐, 받지 못하느냐의 차원으로 전개된다. 개별적인 주체들이 심리적 체험의 세계가 발생하는 순간은, 주체가 행위수행에서 난점에 봉착함으로써 지금까지 객관적으로 입증된 자신의 상황 해석이 타당성을 잃어버리고, 단순한 주관적 표상으로 변질되어 여타의 현실로부터 유리될 때라는 호네트의 설명은 영웅이 인정투쟁에 매달리는 이유를 잘 설명한다.[51)]

인정투쟁을 이론화한 이는 헤겔이다.[52)] 헤겔은 예나대학에 재직하던 시기에 인간들 사이의 모든 갈등은 인정받고자 하는 욕망에서 비롯한다고 생각했다. 인정 욕망을 충족시킴으로써 자기 정체성을 확립한다고 본 것이다. 따라서 헤겔은 초기 연구를 결산하는 『정신현상학』에서 정신 발전의 중요한 고리로 '인정 이론'을 집어넣었다. 인정받고자 하는 욕망은 사람들을 생사를 건 영웅적 투쟁으로 이끌어간다. 그러나 승리한 영웅은 자기의 승리를 인정해줄 대상을 없애버림으로써 인정받을 기회를 박탈당한다. 헤겔이나 호네트의 설명은 아킬레우스가 아가멤논에게 브뤼세이스를 빼앗기자 전투를 거부하고 자신의 막사에 머무는 행위를 잘 설명한다.

프랜시스 후꾸야마 Francis Fukuyama는 『역사의 끝과 최후의 인간 *The End of History and the Last Man*』에서 주장하기를 인류의

---

51) A. Honneth, *Kampf um Anerkennung*, 문성훈 옮김, 『인정투쟁』, 서울: 동녘, 1996, p.131.

52) 인정투쟁 이론은 하겔에서 시작돼 푸코, 하버마스, 호네트로 이어지면서 체계화된다. 호네트는 푸코의 이론을 '투쟁모델'로, 하버마스의 이론을 '의사소통모델'로 규정하면서 이 둘을 통해 '의사소통적으로 정초된 사회적 투쟁모델'로 인정투쟁을 발전시키려 한다. 인정투쟁에서 거론되는 또 한 인물은 미드인데, 그는 사회심리학적 관점에서 인정투쟁을 설명한다. 인정투쟁의 핵심은 사회적 투쟁이 상호인정이라는 상호주관적 상태를 목표로 한다는 주장에 있다. 또한 '인정'은 인간이 자신의 삶을 성공적으로 실현할 수 있는 사회적 조건이자 각 개인이 자신에 대한 긍정적인 관계, 즉 긍정적인 자기의식을 가지게 하는 심리적 조건이기도 하다. 이런 점에서 인정투쟁은 호네트에게 인간학적 문제에 대한 대답이다. 예나 시대 헤겔은 사랑, 법적 권리, 사회적 연대라는 세 가지 인정관계의 사유모델을 언급하는데, 헤겔의 이런 모델은 미드의 사회심리학을 통해 재정립된다. 호네트는 미드의 사회심리학을 통해 개인의 '자기 정체성 형성 과정'에 대해 주목한다. 그에 따르면 '주격 나'는 타인이 나에 대해 가지고 있는 어떤 인상이나 기대를 인지하면서 '목적격 나'에 대한 심상을 얻게 된다. 따라서 자기 관계는 나에 대한 타인의 관점이 나에게 내면화됨으로써 가능하다.

길고 긴 역사 속에서 두 가지 동기가 인류사를 발전시켜 왔다고 지적하는데, 첫째는 물질적으로 좀 더 잘 살아보겠다는 '물질적 동기'이며, 둘째는 타인으로부터 '인정받고자 하는 동기'이다. 후꾸야마는 이를 '인류의 인정투쟁'이라고 표현한다. 사람들은 본성상 타인으로부터 인정받을 때에 삶의 보람을 느끼고 행복감을 느낀다는 것이다. 반대로 인정받지 못할 때에 불행을 느끼고 의기소침하게 되며 삶에 대한 의욕마저 잃게 된다. 그래서 인류는 어떻게 하면 개인과 공동체로부터 인정받으며 살 수 있을까에 대해 투쟁의 길을 걸어 왔다.

인정과 투쟁의 관계는 인정의 유보나 불인정의 상태를 염두에 둘 때 더욱 분명하게 드러난다. 즉, 자유로운 정서적 욕구의 분출과 충족을 가로막는 신체에 대한 폭행, 법적 권리의 유보나 불인정, 사회적 연대에서의 배제는 해당 당사자에게 '무시'나 '모욕'으로 이해되며, 이는 '분노'라는 심리적 반작용을 일으키는 데 그치는 것이 아니라, 사회적 투쟁을 추진하는 심리적 동기가 된다는 것이다.[53)]

그리스의 영웅들에게 명예에 대한 인정은 자신이 그 사회 안에서 어떤 지위를 갖고 있으며 그 사회에 어떤 기여를 했는지에 대한 척도이다. 따라서 정치수사학의 견지에서 자신을 정당화하기 위한 수단으로서 명예와 인정을 내거는 것이다. 크뤼세이스를 돌려줌, 브뤼세이스를 빼앗김은 나의 여자를 돌려주고 빼앗기는 것이 아니라 나의 명예를 돌려주고 빼앗기는 것이다. 여자를 돌려주고 빼앗긴다는 것에는 설득력이 없다. 그러나 명예를 돌려주고 빼앗긴다는 데에서는 대중의 공감을 불러일으킬 수 있다. 왜냐하면 명예에 대한 인정은 대중이 공감하고 있는 소재이기 때문이다.

호메로스의 서사시 세계는, 시인의 언어에 의해서 신화적으로 재현되어 있다고 하더라도, 문명의 특정한 시기에 여러 조건과 함께 명예와 수치가 중요한 기능을 하는 세계이다. 물론 거기에는 특정

---

53) A. Honneth, 앞의 책, p.14.

한 정치·사회·문화적 조건이 전제로 되어 있다. 이런 조건들 속에서 명예와 수치가 경쟁과 인정을 근간으로 하는 정치공동체를 배경으로 어떻게 순기능을 할 수 있었는지가 중요하다.

『오디세이』에서 호메로스는 "땅위에 사는 모든 사람들 사이에서 시인들은 명예와 수치에 참여하고, 그 때문에 무사 여신은 그들에게 노래를 선사하고 시인들의 무리를 친애하였다"[54]고 한다. 이 말은 시인들 자신이 명예로운 일이나 수치스런 일을 행하는 데 직접 참여한다는 뜻이 아니라, 영웅들이나 여타의 인물들이 명예로운 일이나 수치스런 일을 행했을 때 그의 행적을 노래함으로써 명예나 수치에 참여한다는 뜻이다. 그리고 영웅들이 보통의 인물들과 달리 영웅인 이유도 바로 명예로운 일들을 행했다는 데 있다. 그런데 당시의 시인들이 하는 일이란 바로 이와 같은 선조들의 업적을 명예와 수치의 관점에서 평가하고 노래하는 것이었으며, 그것이 그만큼 시인들에게 본질적인 일이었기에 "그 때문에 무사 여신은 그들에게 노래를 선사했고 시인들의 무리를 친애했다"고 호메로스는 말한다. 이런 관점에서 볼 때, 호메로스의 서사시 세계는 근본적으로 영웅들에 의해 특징이 주어지는 세계이며, 그들이 영웅인 이유는 그들 자신이 명예를 추구하기 때문이다. 이와 같은 점은 『일리아스』의 전체 구성을 이끌어가는 아가멤논과 아킬레우스의 다툼과 갈등에서도 명백히 나타난다.

갈등의 원인이 된 '명예의 선물' geras이 물질적인 보상으로서의 가치만을 갖는 것이 아니라는 것은 거의 확실하다. 전공(戰功)의 대가로 분배된 '명예의 선물'이 일차적으로 물질적 소유의 성격을 지닌다는 것은 맞는 말이다. 그러나 아가멤논에 대한 아킬레우스의 비난에서 엿볼 수 있듯이 '명예의 선물'은 각자의 지위에 따라 상이하게 분배되었으며,[55] 그렇기 때문에 명예의 선물은 단지 물질적

---

54) *Odysseus*, 8.479-481.

55) *Iliad*. 1.164-8.

소유의 성격만을 지니고 있는 것이 아니라 받는 자의 위상에 관계된 것이다.

언뜻 보기에는 아킬레우스의 명예의 선물에 대한 집착은 브뤼세우스라는 아름다운 여자에 대한 집착처럼 보일 수 있다. 그러나 명예의 선물이 어떤 도시를 함락했을 때 획득한 "전리품을 분배하기 전에 따로 왕에게 바치는 명예의 선물"로서 왕을 다른 전사들과 "구별하는 징표"로 사용되었다는 점을 고려하면, 그것이 아름다운 여인에 대한 집착이 아니라 오히려 자신의 지위와 명예와 자존심에 대한 집착이라는 것을 알 수 있다. 그러므로 그것을 빼앗겼을 때는 자존심이 상하고 명예가 실추되고 지위가 위협받게 되는 것이다. 명예의 선물을 빼앗기는 영웅은 자신이 이룩한 공적이 제대로 평가를 받지 못하고 무시된다고 생각할 수밖에 없다.

여기에서는 자신의 지위에 걸 맞는 명예를 추구하는 인간의 주어진 사회에서의 존재 기반 자체가 문제시된다. 그러나 아킬레우스와 같은 영웅에게는 무엇보다도 명예를 추구하는 일이 중요했기에 그는 고향 땅으로 돌아가 별일 없이 오래 살 수 있었음에도 불구하고 죽음으로써 불멸의 명성을 얻고자 결심할 수 있었던 것이다.

아킬레우스가 불멸의 명성을 얻게 된 데에는 일정부분 시인의 공적이 있다. 그 사건을 노래함으로써 시인은 그 사건을 노래가 그치지 않은 한 끝임 없이 반복하는 불멸의 사건으로 만들었기 때문이다. 그러나 시인들이 그렇게 할 수 있었던 데에는 선조들의 업적을 기리는 구전문화의 전통이 있었다. 그리고 이와 같은 구전문화의 전통이 형성된 것은 마땅히 기려야 할 선조들의 업적이 있었기 때문일 것이다.

『오디세이』에서 "시인들은 명예와 수치에 참여한다."는 호메로스의 말은 바로 이러한 전통을 반영하는 말일 것이다. 그런데 문제는 그 기릴만한 선조들의 업적이라고 하는 것이 어떤 조건에서 어떻게 나왔냐는 것이다. 이때 많은 사람들이 아키이아의 '경쟁'agon 문화를 지적한다. 부크하르트나 에렌베르크처럼 호메로스적인 사회에 경쟁 문화가 있었는지에 대해 회의적인 사람들도 있지만 호이징가와 같은 이들이 올바로 지적하듯 『일리아스』 23권에서 파트로클로스의 죽음을 추모하기 위해 벌이는 경기는 agon 이외에 다른 것이 아니다.

여기서 아킬레우스는 등급별로 상품을 내걸고 경기의 승자들에게 그것을 가져가도록 했다. 이들이 이러한 경기를 벌이는 이유는 당연히 파트로클로스의 '명예'geras[56]를 기리기 위해서였다.

그러나 이와 같은 경쟁은, 현대사회의 몰염치한 생존경쟁과는 달리 우호적인 공동체를 전제로 하는 경쟁이다.[57] 말하자면 여기에서는 우호적인 공동체를 전제로 해서 명예를 둘러싼 생사를 건 인정투쟁이 문제가 된다는 것이다. 그런 가운데 아킬레우스의 불멸의 명성은 마치 제우스와도 같이 묘사된 헥토르를 죽임으로써 위기에 빠진 아카이아인들을 구하고 그 자신은 죽음을 선택하면서까지 명예를 고수하였다는 데에 성립한다. 물론 이런 경쟁적 명예 문화를 이상화하고 신격화한 데에는 시인의 노래가 일정부분 기여한 바가 있다고 봐야 할 것이다.

호메로스와 같은 서사시인이 한 일은 이들의 행적을 명예와 수치의 관점에서 노래로 보존하는 것이다. 그러나 서사시가 이들의 행위를 서술자의 관점에서 서술한다면, 비극은 '드라마' 로서 사건의 진행을 행위자들의 '행위'를 통해서 전개한다. 그로부터 명예의 개념도 비극에서는 서사시에 비해 좀더 '행위' 연관적으로 규정된다.

예를 들어 소포클레스의 『오이디푸스 왕』의 경우, 오이디푸스 왕이 테베에서 명예를 얻게 된 것은 그의 행위, 스핑크스의 수수께끼를 풀고 스핑크스를 죽여 테베의 시민들을 괴수로부터 해방시켰기

56) *Iliad*. 23.9, 274.

57) J. M. Redfield, M. Finkelberg, R. Seaford 등 최근의 학자들이 이렇게 주장한다.

때문이다. 그가 탄원자들의 탄원을 받아들여 자신의 출생을 밝히면서 비극적인 상황에 이르게 되는 것도 그와 같은 행위에 의해 얻어진 자신의 명예를 지키기 위해서이다. 『안티고네』의 경우에도 안티고네가 자신의 오라버니를 국법에 반해 신법에 따라 묻어주는 명예로운 행위는 명예가 바로 안티고네의 행위에 의해 비로소 획득되는 것임을 보여준다. 이런 점은 단지 소포클레스의 경우에만 그런 것이 아니라 아이스킬로스나 에우리피데스에서도 마찬가지이다. 에우리피데스의 『히폴리투스』에서 파이드라는 "그러나 내게는 이 일이 명예를 가져다주겠지요."[58]라고 말한다. 그리고 파이드라가 죽으면서까지 지키려고 하는 것은 자식들과 자신의 '명성'eukleeis[59] eusthle doxa[60]이다. 그러나 비극에서도 명예는 여전히 '정의'dike에 근거한다. 그렇기에 『히폴리투스』에서 테세우스는 "내 명예를 더럽힌 그를 디케의 몽둥이가 어떻게 쳤느냐?"[61]고 물을 수 있었다. 그리고 순결한 히폴리투스가 죽어서도 자신의 경건함과 순결함을 통해 얻는 것은 불멸의 명예이다. 그래서 "그대에게는, 오오 가련한 자여, 그대의 불행에 대한 대가로 트로이아젠 시에서 가장 큰 명예를 부여할 것이다."[62]라고 외칠 수 있다.

이런 연유로 그리스의 영웅들은 자신의 행위와 발언을 정당화하면서 명예를 거론한다. 그리고 명예와 인정투쟁을 통한 수사적 기술은 삼천년 가까이 이어져 오늘날의 서구 사회에서도 여전히 유용한 기술로 이용된다. 그것은 한 개인이 자신의 욕망을 은폐한 채 경쟁자보다 우위를 차지할 수 있는 유용한 전략이다.

---

58) *Hippolytus*, 329.
59) *Hippolytus*, 423.
60) *Hippolytus*, 432.
61) *Hippolytus*, 1172.
62) *Hippolytus*, 1423-5.

V. 영웅들의 행위에 대한 책임으로서의 신의 aitia

아가멤논은 제우스와 에리뉘스가 아테를 자신에게 보냈다면서 자신의 행위를 해명한다. 따라서 아킬레우스의 여인을 자신이 빼앗아 간 것에 대해 자신은 책임이 없고 그 책임은 제우스와 에리뉘스에게 있다는 식으로 얘기한다. 그리고 아킬레우스는 여기에 동조한다. 보는 이에 따라서는 매우 비겁하게 보일 수도 있겠으나 그런 사고방식은 그리스 이래 서구사회가 지녀온 고유한 방식이다.

호메로스에 따르면 트로이아 전쟁은 제우스의 기획이다. 비단 트로이아 전쟁의 원인이 제우스일 뿐 아니라 영웅들의 일거수일투족은 궁극적으로 제우스에 의해 조종된다. 인간은 몸 안에 psyche, thymos, nous, autos 등을 가지나 이 기관들은 스스로의 의지에 따라 행동하지 못한다. 그것은 영웅들도 마찬가지여서 단지 바깥에서 오는 명령을 따를 뿐이다. 이런 구도는 호메로스의 작품에서 쓰인 aitia를 주목하면 이해할 수 있다.63)

"토아스여, 내가 알기로는 지금 aitia를 받아야 할 사람은 아무도 없소이다."64)

"하나 그 aitia는 나에게 있지 않고 제우스와 운명의 여신과 어둠 속을 헤매는 복수의 여신에게 있소이다."65)

"아버지, 이것은 다른 사람의 aitia가 아니라 제 aitia예요."66)

"가인들에겐 아무 aitia가 없어요. Aitia가 있다면 제우스에게 있겠지요."67)

---

63) 이하의 aitia에 관한 부분은 필자의 "호메로스의 영웅들의 행위를 통해 본 자유와 책임"(『가톨릭철학』 제6권, 2006)의 한 부분을 수록한 것임.

64) *Ibid.*, 13.222.

65) *Ibid.*, 19.86.

66) *Odyssey*, 22.154.

"그것은 다른 누구의 aitia가 아니라 제우스의 aitia요. 그분께서는 고생하는 인간들 각자에게 마음 내키는 대로 베푸시니까요."[68]

"아트레우스의 아들인 영웅 아가멤논이 준족인 펠레우스의 아들을 모욕하여 이 모든 불행의 aitia였음이 틀림없는 사실이라 해도 [···]"[69]

"그분은 용맹무쌍한 트로이아인들과 아카이아인들 곁을 지체 없이 떠나 올림포스에 와서는 큰 소란을 피우며 aitia가 있든 없든 우리를 차례차례 붙잡으실 테니 말예요."[70]

"하늘의 신들 가운데 어느 누구도, 거짓말로 나를 속이신 나의 어머니만큼 aitia를 가지지는 않았습니다."[71]

"그자는 잘 생기고 다리가 곧으나 나로 말하면 허약하게 태어났기 때문이지요. 그 aitia는 다른 이가 아니라 내 부모님께 있지요."[72]

"너에게는 aitia가 없다. 아카이아인들의 이 괴눈물 나는 전쟁을 내게 보내 준 신들에게 aitia가 있는 것이다."[73]

"나는 트로이아인들을 돕는 다른 자들처럼 aitia를 저지르지는 않았소."[74]

"그러나 이 모든 것에 aitia가 있는 사람은 이미 죽어 누워 있소. 안디노오스 말이오."[75]

"Aitia는 아카이아인들의 구혼자들에게 있지 않고 그대의 사랑하는 어머니에게 있소."[76]

"하지만 그 aitia는 우리에게 있지 않고 위대한 신과 강력한 운명에게 있소이다."[77]

---

67) *Ibid.*, 1.347.

68) *Ibid.*, 11.558. "그분께서 창수(槍手)들인 다나오스인들의 군대를 끔찍이도 미워하시어 그대에게 그런 운명을 지우셨기 때문이오."

69) *Iliad*, 13.111.

70) *Ibid.*, 15.135.

71) *Ibid.*, 21.275.

72) *Odyssey*, 8.310.

73) *Iliad.*, 3.164.

74) *Ibid.*, 21.370.

75) *Odyssey*, 22.48.

76) *Ibid.*, 2.87.

"트로이아의 장수들은 내게 아무런 aitia도 저지르지 않았으니 말이오."[78)]

호메로스의 문장에서 aitia는 책임과 잘못, 그리고 비난의 세 가지 뜻으로 사용된다. Aitia는 원래 어떤 것에 대해 "책임이 있는" 것을 가리킨다. Aitia의 유래어인 aiteo는 '묻다' '원인을 캐다' '청하다' '책임 지우다' '강청하다' '비난하다' '구걸하다' '송사하다' 등의 다양한 뜻을 가지고 있다. 또 aitiaomai는 '비난하다'의 뜻을 갖고 있으며 여기에서 파생된 추상명사 aitia는 우선 죄가 될 만한 근거 또는 원인을 말한다.[79)] 따라서 원래 aitia는 법정에서의 공격 방식을 뜻하는 법률 용어이기도 했다. 플라톤에게서 aitia는 Phaidon 95e부터 96a에 걸쳐 설명되고 있는데, 그도 aitia를 책임의 뜻으로 사용할 때가 있다.[80)] 플라톤은 aitia를 자신의 형상이론에 채택함으로써 세계에 대해 이전 철학자들과는 다른 새로운 접근을 시도한다.[81)] 아리스토텔레스는 자연을 인식하는 네 원인, 질료인, 형상인, 운동인, 목적인을 말하는데 이때 원인은 'aitia'이다. Aitia는 자연에 대한 공격 방식이다. 은으로 만들어진 잔이 제기로 쓰이게 되는 사태에 대해 은은 질료인으로서, 잔은 형상인으로서, 그리고 제사는 목적인으

---

77) *Iliad*, 19.410.

78) *Ibid.*, 1.153.

79) 『신약성경』 요한복음 4,10의 "네가 그에게 구하였을 것이요 그가 생수를 네게 주었으리라"에서 '구함', 사도행전 28,18의 "죽일 죄목이 없으므로"에서의 '죄목', 마태오 복음 19,3~12에서의 "또한 만일 사람의 연고가 아내에게 이같이 할진대"라고 할 때의 '연고' 등이 aitia이다. 여기서 연고는 남자가 여자에게 이혼을 요구할 수 있는 이유 또는 조건을 가리킨다.

80) *Phaidon* 116c7~8을 보면 "왜냐하면 당신은 누가 책임이 있는지를 알기 때문이다"라는 구절이 있는데, 이때 책임이 있다는 것은 aitious이다.

81) D.Gallop, *Plato: Phaedo*, Oxford, Oxford Univ. Press, 1983, p.169. 소크라테스의 입을 빌려 아낙사고라스에 실망했다고 말하는 것도 세계의 원인에 대한 플라톤의 생각을 잘 보여 준다. 플라톤은 책임의 주체가 물리적인 것이 되는 데 반대한다. 그가 생각하기에 책임의 주체는 마땅히 정신적인 것이어야 한다.

로서 능동인인 은장이에 의해 함께 책임을 진다. 은장이는 책임짐의 세 가지 방식들을 숙고하여 한 군데에 모음(legein, logos)으로써 비로소 하나의 은잔을 앞에 내보임(apophainesthai)에 대해 책임을 진다. 이와 같이 하나의 은잔을 만들 때 네 가지 것들의 책임짐이 어우러져 비로소 은잔은 앞에 놓여 그 자체로 있게 된다(hypokeisthai).

Aitia의 원뜻과 아리스토텔레스의 aitia의 의미를 종합해 우리는 고대 아카이아인들이 aitia라는 낱말에 담았던 의미는 "어떤 것을 그 자리에 없던 상태에서 그 자리에 있음으로 넘어가게 만드는 것을 야기하는 모든 poiesis, 즉 밖으로 끌어내어 앞에 내어 놓음"임을 알 수 있다. 어떤 사물이 생성된다는 것은 속성을 획득하는 것이다. 따라서 생성과 관련하여 원인을 탐구하는 것은 사물의 생성을 위한 원인을 탐구하는 것이거나 사물의 속성을 획득하기 위한 원인을 탐구하는 것 가운데 하나이다. 호메로스의 작품에 나타나는 aitia는 바로 poiesis의 의미를 가지고 있으며, 따라서 poiesis의 주체가 aitia를 떠안게 되는데 그런 사례가 다양하게 보인다.

아가멤논은 자신이 아킬레우스의 여자를 빼앗음으로써 전쟁에서 고전하게 되고 급기야는 아킬레우스의 친구인 파트로클로스가 죽게 된 것에 대해 자신이 아킬레우스의 여자를 빼앗은 것은 ate로 말미암은 것이었다고 하면서 외친 부분이다.

> "나는 아니오. 내가 이런 짓을 한 탓은 나에게 있지 않고, 제우스와 나의 운명과 어둠 속을 헤매는 에리뉘스(Erinys, 복수의 여신)에게 있소이다. 내가 아킬레우스에게서 명예의 선물을 손수 빼앗던 바로 그날, 바로 그들이 회의장에서 내 마음속에 사나운 ate를 보냈기 때문이오. 신이 모든 일을 이루어 놓으셨는데 난들 어찌하겠소?"[82]

아가멤논은 자신의 행위에 대한 aitia로서 세 동인을 열거한다. 제

---

82) *Iliad*, 19.86 이하.

우스와 모이라, 그리고 어둠 속을 헤매는 에리뉘스이다. 제우스는 신화적인 동인이며, 모이라는 사람들이 설명하기 힘든 어떤 개인적 재앙을 자기에게 주어진 몫이나 운명의 일부라고 이야기하는 데서 비롯되었고, 왜 그런 재앙이 일어났는지는 이해할 수 없지만 재앙이 일어났다는 이유 때문에 분명 "그럴 수밖에 없었다."는 것을 뜻할 뿐이다.

아가멤논이 아킬레우스로부터 브리세이스를 빼앗아 온 까닭은 제우스와 에리뉘스가 보낸 "사나운 ate" 때문이었다. Ate는 정상적인 의식이 잠시 흐려지거나 당혹감에 빠진 상태이다. 그것은 부분적이고 일시적으로 제정신이 아닌 상태이다. 또한 모든 제정신이 아닌 상태가 그러하듯이 ate도 신체적이거나 심리적인 원인들에 돌려지는 것이 아니라 외부에 있는 '신적인' 동인에 돌려진다. 따라서 아가멤논의 그 행위에 대한 aitia는 제우스와 에리뉘스에게 있게 된다.

또 다른 예를 보자. 『일리아드』에 나오는 전형적인 예는 전투에서 menos가 전해지는 것이다. 아테네는 자신이 보호해 주는 자인 디오메데스의 가슴에 세 배의 menos를 불어넣으며, 아폴론은 상처입은 그라우코스의 thymos에 menos를 불어넣는다.[83] 곧 아폴론이 그라우코스의 thymos에 menos를 불어넣고, 그라우코스는 menos로 충만한 thymos의 명령에 따라 행위한다. 호메로스에게서 menos는 변덕스러움이 아니라 인간의 arete를 마음대로 늘였다가 줄였다가 하는 신의 작용이다. 어떤 경우에 menos는 언어적 훈계를 통해 생길 수 있다. 다른 경우에 menos가 생기는 것은 "신이 영웅에게 이것을 불어넣었다"거나 "그의 가슴속에 이것을 심어 주었다"거나 혹은 한 군데에서 읽을 수 있듯이 "지팡이로 쳐서 접촉함으로써 이것을 보내 주었다"는 말을 통해서만 설명될 따름이다.

아가멤논이 아킬레우스에게 브리세이스의 인도를 요구했을 때, 아킬레우스는 자기의 칼에 손을 얹고 아가멤논을 향해 칼을 뽑아야

83) *Ibid.*, 5.125, 5.136, 16.529.

할지를 결단해야 할 상황에 처한다. 이때 아테네 여신은 아킬레우스의 등 뒤로 살며시 다가와 그의 머리카락을 움켜잡고는 말한다. "나는 너의 분노를 달래기 위해 하늘에서 내려왔다. 네가 내 말에 따를 작정이면, 싸움을 멈추고 칼에서 손을 떼어라." 아킬레우스는 확신을 갖고 "설령 인간이 당장은 아무리 분노했더라도 따르는 것이 좋겠지요."라고 대답한다.[84] 아킬레우스의 결단에는 바깥에서 주어진 아테네의 힘이 작용하고 있다. 물론 이때 아킬레우스는 아테네의 말을 따르지 않을 수도 있으며 반대로 따를 수도 있다. 아킬레우스는 아테네의 말을 따른다. 이 경우 아킬레우스의 선택은 그의 자유에 의한 것인가, 아니면 아테네의 명령에 의한 것인가가 문제로 제기된다.

메넬라오스의 경우에도 마찬가지였다. 그가 퇴각하지 못한 까닭은 명예의 실추와 아카이아 군의 분노 때문이었다. 그러나 그는 파트로클로스의 시신을 남겨 두고 퇴각한다. 이때 신성은 개입하지 않은 것으로 보인다. 그러나 그가 퇴각이라는 결정을 내린 까닭은 신의 후원을 받는 자와 싸우는 것은 불행을 자초하며, 따라서 신의 도움을 받는 헥토르와 싸울 수가 없었기 때문이었다. 즉 메넬라오스는 어쩔 수 없는 행위와 인간의 능력으로는 결단하기 어려운 상황에 처했을 때 자신의 결단을 정당화하기 위해 외부로부터의 힘에 의존한다.

아킬레우스와 메넬라오스의 경우를 볼 때, 호메로스의 인간들에는 두 개의 독립된 내면의 소리가 있으며, 이들 상호 간 불일치가 생기는 경우 신성이 개입함을 알 수 있다.[85] 메넬라오스는 파트로클로스의 시신을 눈앞에 두고 대단한 수의 트로이아 군에 직면해 딜레마의 괴로움에 빠진 채 이렇게 말한다. "내 thymos는 어쩌자고

---

84) *Ibid.*, 1.206~218.

85) E.R.Dodds, *The Greek and the Irrational*, Los Angeles, California University, 1951, p.18.

이렇게 나에게 말을 건네는가?"[86] 메넬라오스는 자신의 thymos에 묻고는 퇴각을 결정한다.

호메로스에게서 행위의 새로운 힘의 양이 어디로부터 온 것인가를 설명할 때에는 신이 그 힘을 주었다고 말할 수밖에 없을 것이다. 한 인간이 종래의 그의 태도에서 기대할 수 있었던 것보다 더 많은 것을 이루고 더 많은 것을 말하는 경우에, 호메로스는 언제라도 신의 개입으로 돌아갔다.[87] 호메로스에게서 인간은 스스로 결단하는 존재가 아니다. 따라서 등장인물들이 심사숙고하는 것에도 신들이 개입한다.

인간의 정신과 영혼에 대해 신성이 미친다는 것은 인간의 행위에 필수불가결한 요소이다. Thymos와 nous는 정신적 기관이긴 하지만 신체적 기관과 큰 차이를 가지지 못하므로 인간의 감성의 근원일 수 없다. 따라서 정신적이고 영혼적인 작용은 바깥으로부터 작용하는 힘에 의해 이루어진다. 이 힘은 신으로부터의 아주 자연스러운 선물이다.[88] 인간의 행위 역시 참된 독립적 발달을 그 자신 안에 가두고 있지 못하다. 계획되고 실행되는 모든 일은 신의 계획이고 행위이다. 인간 행위의 결말의 선택권은 그 인간이 아니라 신이 쥐고 있다.

호메로스는 인간의 행위와 감정을, 세계 안에서 움직이는 신적인 여러 힘에 의해 규정되는 것으로 보며, 또한 인간적으로 파악된 이 작용하는 힘에 대한 육체 기관의 반응으로 보고 있다. 곧 그는 모든 상황을 그것에 가해지는 모든 작용의 결과로 보고, 또한 그것을 새로운 작용의 원천으로 본다. 결국 nous와 thymos라는 정신적 기관은 독자성이 없는 기관으로 파악되고, 이렇게 될 경우 다른 신체

---

86) *Iliad*, 17.105.

87) H.Fränkel, *Dichtung und Philosophie das frühen Griechentums*, New York, C.H.Beck, 1993, p.92f.

88) 김재홍, 「호메로스의 시가를 통해 본 자아와 행위의 문제」, 『철학』 37집, 한국철학회, 1992, 144쪽.

적 기관과의 뚜렷한 차별성을 갖지 못하기 때문에 인간 감정과 행위의 참된 근원이 되지 못한다. 결국 정신적 작용과 영혼의 작용은 바깥으로부터 주어진 작용하는 힘에 의해 영향을 받으며, 인간은, 인간에게 침투할 수 있고 인간을 관통할 수 있는 여러 형태의 힘에 항상 열려 있게 된다.[89]

따라서 thymos와 nous는 독자적인 자유의 능력을 가지지 못한 채 신이 명령하는 신호를 받아 수행하는 기관이 된다. thymos와 nous가 인간 행위의 원천이 아니라는 사실은, 호메로스 시대에 인간은 자유로운 결정을 할 능력을 갖고 있지 못했음을 함축한다. 따라서 호메로스의 작품에 등장하는 영웅들은 참된 의미에서 스스로의 결단을 통해 행동하지 않는다. 부언하자면, 호메로스의 작품에는 '자아'에 해당하는 말이 없기 때문에 호메로스 시대의 영웅들은 자신의 행위의 주체가 되지 못하고, 외부로부터 주어진 힘, 곧 신성으로부터 인간의 행위가 이루어진다. 행위에 대한 의도와 결단은 행위자의 인식 능력에 기인한다. 인간에게 행위에 대한 주체적 결단을 이끌어 내는 기관이 결여돼 있다면, 한 인간의 행위는 자신의 인식 능력의 여부에 따라 결정되지 않는다는 귀결이 나온다.

스넬은 호메로스가 선택 행위나 결정 행위를 나타내는 단어를 가지고 있지 않다고 지적한 적이 있다.[90] 그러나 호메로스에게서 인간은 아직도 개인의 자유와 자기결정에 대한 의식을 가지지 않는다는 결론은 표현에서 오해의 소지가 있는 듯하다. 오히려 호메로스의 인간은 의지의 개념을 가지고 있지 않으며, 그러므로 자유의지의 개념도 가지고 있지 않다고 얘기해야 한다. 그렇다고 호메로스의 인간이 자아에서 비롯된 행위와 자신이 심리 개입으로 돌리는

89) 이런 까닭으로 호메로스의 작품에는 힘으로 해석되는 다양한 개념들이 출현한다. Menos, sthenos, bîe, kikus, is, kratos, alkê, dunamis 등이 그것들이다.

90) B. Snell, *The Discovery of the Mind: The Greek Origins of European Thought*, New York, Harper & Row, 1960, (김재홍 역, 『정신의 발견』, 까치, 1994) 49~50쪽.

행위를 구별하지 못하는 것은 아니다. 그러므로 아가멤논은 "내가 이런 짓을 한 탓은 나에게 있지 않고 제우스에게 있소"라고 말할 수 있다. 신들은 가장 명민한 자도 어리석게 만들 수 있고 느슨한 정신의 소유자도 지혜롭게 만들 수 있는 것이다.[91] "아카이아 사람들이 그를 만족하여 그를 찬미하고 영예를 선사할 때까지"[92] "제우스께서는 당신의 뜻에 따라 모든 인간에게 지위와 명예를 주고 계신다."[93] 호메로스의 인간이 신을 찬미하는 까닭은 바로 신들이 인간의 행위의 원천이기 때문이다. 그러나 호메로스의 인간들이 신의 명령에 따라 행위한다고 해서 결정론자냐 자유론자냐라고 묻는 것은 공상이나 다름없는 시대착오이다.[94] 그들에게 이런 물음은 결코 제기된 적이 없었을 뿐 아니라, 설사 제기됐다 해도 그것이 무슨 뜻인지 이해시키기란 지극히 어려운 일이다.

제우스가 보낸 아테로 인해 아가멤논의 판단력이 상실됐으며 있었다고 해도 선택할 권리를 행사할 수 없었는데 이것은 제우스의 절대권과 인간의 무력함을 상징하는 것이다. 제우스가 약탈자를 벌주고 정의의 원칙을 수립하기 위해 트로이 전쟁을 결정했기 때문에 이피게니아의 희생은 트로이 원정에 필요한 희생물인 동시에 제우스의 뜻일 수도 있다.

자아라는 말을 포괄적으로 가리키는 단어들은 psyche, thymos, nous 등인데, 이 말들은 각기 나름대로의 기능을 수행하는 상이한 기관들이다. 따라서 호메로스의 인간은 이런 상이한 기관의 결합체이다. 스넬에 따르면 호메로스의 인간에게는 이 기능들을 총괄하는 원리로서의 자아란 보이지 않고 이 자아의 역할을 하는 이가 신인 것이다.

호메로스 시대에는 인간의 행위와 결단에 관련된 인식이 인간의

---

91) *Iliad*, 12.254.
92) *Ibid.*, 1.510.
93) *Ibid.*, 17.251.
94) E.R.Dodds, op.cit., p.19.

고유한 자발성에 따라 이루어진다고 생각하지 않았다. 호메로스에게서 신체적이고 정신적인 힘의 증대는 외부로부터의 신성을 통해 생긴다. 인간으로 하여금 행위를 하도록 하는 힘의 원천은 늘 신으로부터 주어지며 인간 스스로의 참된 결단은 아직 존재하지 않는다. 따라서 인물들이 심사숙고하는 장면에서조차 신들의 개입이 중요한 역할을 한다.95) 호메로스의 작품에는 늘 신들의 천상의 세계와 인간의 지상의 세계의 이야기가 병존한다. 지상의 모든 사태는 신들 사이의 협의에 의해 결정된다.

스넬은 호메로스의 작품에서 자아에 해당하는 단어가 없다는 데에 착안해 호메로스적 인간에서 스스로의 자유에 따라 결단하는 행위는 없다고 주장한다.96) 곧 자아를 가리키는 단어가 없다는 것은 결단이나 선택의 행위를 나타내는 말이 없다는 것을 수반하며, 따라서 결론적으로 그들은 스스로의 결단이나 개인적 자유에 대한 그 어떤 의식도 가지고 있지 못하다는 주장이 자연스럽게 추론된다.

도즈는 "호메로스적 인간들은 의지의 개념을 갖고 있지 않았고 그에 따라 자유의지와 같은 개념을 소유할 수 없었다"라고 말한다.97) 이런 맥락에서 도즈는 그들에게 결정론자냐 비결정론자냐라고 묻는 것은 바람직하지 않으며 시대착오적인 발상이라고 지적한

---

95) 호메로스의 『일리아드』에서의 10년 전쟁의 발단은 신으로부터 시작된다. 『일리아드』는 아폴론 신이 역병을 보내는 것으로 시작한다. 아가멤논은, 아폴론의 분노를 가라앉히기 위해, 크리세스의 딸 크리세이스를 되돌려 주기를 권고받는다. 크리세이스를 돌려주는 대가로 그가 아킬레우스의 전쟁 포로 노예 여인인 브리세이스를 데려갔기 때문에 아킬레우스의 분노가 폭발한다. 『오디세이』에서도 신의 개입이 사건의 발단이 된다. 신들이 회의를 열고 오디세우스의 귀국을 결의한다. 『오디세이』에서는 아테네 여신의 도움을 받아 오디세우스가 그의 처의 구혼자들을 죽일 때까지 신들의 간섭이 계속된다.

96) 스넬(B.Snell), 앞의 책, 37쪽. 호메로스의 작품에 ego라는 단어가 등장하지만 그것은 자아를 의미한다기보다는 주어 또는 목적어를 의미하는 것으로 보아야 한다.

97) E.R.Dodds, op. cit., p. 20.

다. 그들에게는 그런 질문이 일어나지도 않았으며 만일 그들에게 그런 질문을 제기한다면 그것이 무슨 뜻인지 알지 못했을 것이라고 단언한다.[98]

호메로스의 영웅들에게 선택할 수 있는 자유가 없다면 그들에게는 자신들의 의도에 따른 자발적 결단은 없을 것이다. 호메로스에게 인간 정신의 자발성이라는 의식, 곧 인간 스스로의 의지 결단이나 일반적으로 감정의 움직임의 근원이 있다는 의식은 결여되어 있다. 서사시의 사건에 적합한 것은 동시에 인간의 지각, 사고, 의욕에 대해서도 마찬가지로 적합하다. 이것들은 그 발단을 신들에 두고 있다.[99] 호메로스의 인간들은 의지와 행동 사이에 어떤 갈등을 느끼는 일이 없으며, 또한 그의 의지 속에는 이미 행동이 포함돼 있다.

그러나 호메로스의 영웅들은 비록 행위의 주체는 아닐지라도 자신의 행위를 정당화하고 행위를 설명하는 분별력을 지니고 있었다고 보아야 한다. 아가멤논이 "하나 그 책임은 나에게 있지 않고 제우스와 운명의 여신과 어둠 속을 헤매는 복수의 여신에게 있소이다"[100]라고 말할 때, 이는 자신의 행위의 선택과 결단의 근거가 바깥의 힘에 있음을 말하면서도 한편으로는 그 행위의 결단에 행위자의 역할도 주어짐을 함축한다.

그러나 아무리 제우스의 뜻이 정해졌다고 해도 최종적인 판단은 아가멤논에 의해 결정된다. 책임이 뒤따르는 가혹한 선택의 기로에 놓인 아가멤논은 어떤 선택도 할 수 없는 운명이었지만 아가멤논은 둘 중의 하나를 선택해야만 했다. 선택의 딜렘마에 처한 아가멤논은 운명이라는 멍에의 굴레로 인해 마음의 변화를 강요받았으며 결국 자신에게 부과된 운명을 속수무책으로 수용했다. 이피게니아의

98) *Ibid*., p.7.
99) 스넬(B.Snell), 앞의 책, 62쪽.
100) *Iliad*, 19.86.

희생에 대한 아가멤논의 선택은 그 스스로 한 선택이므로 그의 자유의지에 따른 선택일 수도 있지만 그런 선택은 신에 의해 부여된 운명으로 인해 결정되는 것이다.[101]

아가멤논은 한 집안의 가장인 동시에 폴리스의 왕이다. 폴리스의 왕은 자신의 시민들을 파멸로 이끌지 모를 위험으로부터 그들을 구해야 할 책임이 있다. 그러나 아가멤논은 무모한 트로이 전쟁으로 인해 시민들의 생명을 희생시켰으며 결국 신의 분노를 사 자신과 시민 모두 파멸로 이끌었다.

제우스는 인간에게 고통을 통한 지혜를 부여함으로써 은총을 베풀었다. 하지만 이러한 은총은 힘을 행사하는 신께서 내려준 은총이다.[102] 인간이 이해하기 어려울지라도 이것이 제우스의 법이고 제우스의 정의이다. 그러므로 아가멤논에서 제우스의 정의는 강자의 권리로서 나타나는 독단적인 정의인 동시에 힘에 의해 뒷받침된 보복의 정의이다.[103]

영웅시대는 도덕적으로 수치문화가 지배하는 사회였다. 그런 사회에서는 어떤 희생을 치르더라도 명성과 지위를 유지해야 한다. 파리스가 헬레네를 강탈해감으로써 아트레우스의 두 아들은 분노와 심한 모욕을 느꼈다. 두 영웅은 자신들의 명성과 지위를 유지하기 위해서라도 트로이아 전쟁을 감행해야 했다. 헬레네를 구하는 것은 관심사 바깥에 있다. 오직 타인들에게 자신들의 용기와 명예를 보여주어야 하는 것이다. 만일 아가멤논이 출정하지 않는다면 영웅으로서의 굴욕과 불명예를 초래할 뿐 아니라 동맹국으로부터 비난을 들어야 하며 비겁함의 오명을 씻을 수 없게 된다. 그러므로 아가멤논이 출정을 중단함으로써 초래되는 불명예와 수치를 감당하기

---

101) A. Lesky, "Decision and Responsibility in the Tragedy of Aeschylus", pp.81-85.

102) *Agamemnon*, 182-183.

103) David Cohen, "The Theodicy of Aeschylus: Justice and Tyranny in the Oresteia", pp.133-134.

가 쉽지 않았기 때문에 아가멤논에게 트로이아에 대한 그의 응징을 삼가고 출정을 그만둔다는 것은 생각할 수 없는 일이다.

VI. 화해의 전략

명예와 아테 또는 신들의 뜻은 그리스의 영웅들이 자신의 행위를 정당화하기 위한 수단이다. 그러나 행위의 정당화만으로는 갈등이 수습되지는 않는다. 따라서 요청되는 것은 보복과 갈등의 수습이며 당사자들 간의 화해이다. 그런데 일리아스에서 보여주는 두 영웅의 화해는 갈등이 해소되었기 때문에 일어나는 것이 아니다.

전쟁을 거부하고 자신의 막사에 칩거했던 아킬레우스는 친구인 파트로클로스의 죽음과 어머니인 테티스의 권유로 다시 전장으로 나아간다. 그가 브뤼세이스를 빼앗기고 전쟁을 거부한 기간은 불과 며칠이었지만 그 와중에 파트로클로스가 전사한다. 아킬레우스는 그가 전쟁을 거부하면 아카이아군이 승리할 수 없음을 잘 알고 있다. 왜냐하면 테티스가 제우스에게 아카이아군이 고전하도록 해달라고 요청했음을 알고 있기 때문이다. 그러나 앞에서도 언급했듯이 그것은 도박이다. 제우스의 계획을 넘어서서 만약 메넬라오스가 전쟁을 승리로 이끈다거나 또는 파트로클로스가 전공을 세운다면 그 전쟁에서 아킬레우스가 이제까지 쌓아온 전공은 한 순간에 사라질 것이기 때문이다. 하지만 아킬레우스는 이런 위험을 무릅쓰고 전쟁을 거부했고 미처 예견하지 못했던 파트로클로스의 죽음에 직면했다.

이제 아킬레우스가 선택할 수 있는 최선의 길은 다시 전쟁에 나가 파트로클로스의 원수를 갚고 자신의 무공을 세우는 것이다. 따라서 아킬레우스는 아가멤논의 사과 여부와 상관없이 전쟁에 참여하게 되어 있다. 더 이상 전쟁에 나아가지 않으면 다른 장수들과 병사들의 비난에 직면할지도 모를 일이다. 전쟁이 아가멤논 형제의 힘으로는 어떻게 할 수 있는 것이 아님이 보인 그 순간은 아킬레우스가 자신의 마음을 바꿀 절호의 기회이다. 이렇게 본다면 아킬레우스의 결정은 갈등의 해소와는 관계가 없게 된다. 그리고 아가멤논의 사과를 받고 전쟁에 참가하는 것보다 스스로의 결정으로 전쟁에 참가하는 것이 그에게 더 큰 명분을 가져다준다.

아테를 빌어 자신의 행위를 정당화했지만 아가멤논의 입장에서도 그 지점에서 자신이 아킬레우스에게 사과할 필요는 없어 보인다. 왜냐하면 아가멤논 역시, 제우스가 자신을 배신했지만 그 전쟁은 아카이아군이 승리하도록 예정되어 있는 것이며 바로 그 이유 때문에 아킬레우스는 전장에 다시 나갈 수밖에 없음을 잘 알기 때문이다. 따라서 그는 제우스와 에리뉘스를 들이 자신의 행위를 해명하는 것 이외의 다른 방도는 없어 보인다. 자신의 행위에 대해 아킬레우스에게 사과하는 그 순간 그의 명예는 사라지고 자신의 모든 행위는 부정 당한다. 그런 점에서 볼 때 수사적 기술에 사과는 개입할 여지가 없어 보인다. 오직 정당화와 해명만이 있을 뿐이다.

하지만 아가멤논이나 아킬레우스가 내면적으로 공감하는 부분이 있다. 두 영웅은 개인적인 피의 보복으로는 조화로운 정의가 실현될 수 없음을 잘 알고 있다. 또한 아카이아의 공멸을 불러올 것임을 잘 알고 있다. 따라서 두 영웅은 개인의 이해관계를 떠나 아카이아의 폴리스들이 추구해야 하는 공동체의 정신을 지향하는 것으로 보아야 한다. 두 영웅 사이의 갈등은 해소되지 않았지만 그런 갈등 상황 속에서 개인의 이익을 최대화하고 한편으로는 공동체의 발전을 모색하려는 전략이 이들에게 보이는 것이다.

공동체의 발전을 지향하는 전략은 호메로스 시대 이후로 꾸준히 추구된다. 그리고 시인들도 이것을 추구한다. 한 예로 아이스킬로스는 자신의 삼부작 가운데 첫째 작품인 『아가멤논』에서 보여주었던 연쇄적인 보복과 갈등을 극복하고 마지막 작품인 『에우메니데스』에서는 화해를 통해 사회·정치적인 현안 문제에 대한 해결책을 제시하고 있다. 그는 정의로운 사회 구현을 위해서는 민주적인 새로운 가치관이 수용되어야 한다는 것을 암시한다. 아이스킬로스가 살았던 때는 기원전 525년부터 456년 정도로 추정되는데, 이는 호메로스가 살았던 기원전 800년에서 750년에 비해 약 300년 후의 시기이다. 그 시기 동안 그리스의 폴리스들은 폴리스의 사회질서 수호와 새로운 정치, 사회 문제를 해결하기 위해서는 법적 질서를 밟는 정의가 확립되어야 한다는 것을 깨닫게 된 것으로 볼 수 있다.104)

Ⅶ. 정당화와 명분으로서의 수사학

고대 그리스인이 추구한 도덕적 가치는 명예·정의·의무·공동의 선 같은 것들이었다. 두 영웅 사이의 갈등과 화해의 과정에서도 이런 도덕적 가치가 저변에 깔려 있다. 물론 그 가치들은 사적 이익의 추구와 함께 일어난다. 그럼으로써 수사학이 요청된다. 따라서 정치 수사학에서 가장 기본적인 전제는 개인주의이다. 수사학은 개인의 승리를 목표로 하기 때문이다.

호메로스의 작품들에는 개인을 상징하는 개념들이 등장하지는 않지만, 아가멤논과 아킬레우스의 갈등과 화해의 구도 저변에는 개인주의가 깔려있다고 보아야 한다. 두 영웅은 대립하면서 갈등하고 한편으로는 화해하면서 근접한다. 그러나 두 영웅이 갈등을 완전하게 해소하지 못했음은 보편 또는 전체에 흡수되지 못하는 개인이 존재함을 보여주며 그것이 이후의 그리스적 사유의 한 요소, 나아가 서구적 사유의 한 요소가 된다.

아가멤논과 아킬레우스는 명예와 신의 뜻을 고리로 자신의 주장

---

104) H.D.E.Kitto, *Greek Tragedy* (London, 1976), pp.91-95.

을 논증한다. 어찌 보면 명예의 선물을 고수하려는 것은 감정의 영역일 것이다. 하지만 그 감정의 영역을 명예와 신의 뜻으로 정당화하는 방식은 감정을 이성으로써 제어하는 것이다. 그럼으로써 수사학은 감정의 수사학이 아니라 이성의 수사학이 된다. 명예는 주관적 이익을 객관화한다.

아울러 신의 뜻은 논쟁의 승리자가 되기 위해 포착해야 하는 절대적 기준 또는 선이다. 신의 뜻은 그리스 사상이 보편자를 포착하려는 첫 시도였다고 하겠다. 물론 이전에도 사람들은 설명하기 어려운 문제들이 출현했을 때 그것을 신의 영역으로 돌렸을 것이다. 호메로스의 수사학은 지금 일어나고 있는 여러 현상들의 원인으로서 신을 끌어들인다. 그 신은 탈레스의 물을 거쳐 플라톤의 이데아로 형상화된다.

이소크라테스의 교육수사학과 범그리스주의의 이념

최 양 석, 박 규 철

I. 이소크라테스의 생애와 저서

이소크라테스의 생애에 대해서는 그가 82세 때인 B. C. 354년에 쓴 『안티도시스에 관해』에서 알 수 있다. 이 연설문은 그의 회고적인 자서전이라 할 수 있는데, 그는 여기서 자신의 가계, 재산, 교육활동 및 가치관을 소상하게 밝히고 있다.

이소크라테스는 아티카의 펜텔리콘산 남쪽에 위치한 에르키아에서 기원전 436년에 태어났다. 그의 아버지는 테오도로스(Theodoros)이고 어머니는 해뒤토(Hedyto)이었다. 그의 형제자매는 4남 1녀라고 하는데 이에 대해서는 별다른 정보가 없다. 아버지의 직업은 피리제조업자이었다. 그는 노예를 다수 거느리고 작업장을 운영한 것으로 전해진다. 그의 가문은 전형적인 귀족가문이 아니라 수공업 활동을 통해 부를 축적한 신흥부유층이었다.

부유한 집안에서 태어난 이소크라테스는 당시의 수준 높은 고등교육을 받을 수 있었다. 그는 직접 자신이 누구에게 교육을 받았는지 밝히지 않았다. 그러나 그의 청년시절 아테네에서 소피스트 교육이 활발히 이루어진 것으로 보아, 주로 소피스트 교육을 받았을 것으로 보인다. 그의 스승으로 언급되는 사람은 케오스의 프로디코스(Prodikos), 레온티니의(Leontini)의 고르기아스, 시라쿠사의 테이시아스, 그리고 테라메네스를 그의 스승으로 언급하기도 한다. 이들은 모두 보편적인 지식형태인 에피스테메의 가능성을 부인하고 그 대신 독사를 중시했다. 이들은 말을 정신문화의 대표적인 형태로 보고 수사학 교육에 평생을 바친 사람들이었다. 또 다른 전승은 소크라테스, 테라메네스, 고르기아스, 프로디코스를 지칭하기도 한다.

소크라테스가 이소크라테스의 스승이었는지는 명확하지 않다. 그러나 이소크라테스와 소크라테스가 서로 우호적인 관계였을 가능성은 많다. 이소크라테스가 그 자신의 글에서 소크라테스를 직접 언급한 적은 없지만 이소크라테스가 소크라테스의 죽음을 애도했다는 전승이 남아있다. 플라톤은『파이드로스』269a-b에서 소크라테스가 이소크라테스를 칭찬하고 있다.

그의 스승으로 언급된 사람들 중에서 테라메네스와 소크라테스를 제외하고는 모두 소피스트이다. 그러므로 이소크라테스의 스승으로 이야기할 수 있는 사람은 단연 소피스트들이다. 그는 플라톤과는 달리 소피스트에 대해 근본적인 부정을 하지는 않았다. 소피스트에 대해 그의 견해가 나타나 있는 소피스트들에 대해는 그의 동료교사들에 대한 고발문이라기 보다는 그들에게 현재의 방식을 개선시켜 세인의 편견을 극복하라는 권고문의 성격을 띠고 있다. 이소크라테스가 소피스트들에 대한 태도는 수사학 교사인 소피스트들의 교육적 영향이 아닌가 한다. 이처럼 이소크라테스가 소피스트 교육을 받았다는 것은 분명하지만 그가 실제로 누구와 사제관계를 맺었는지는 분명하지 않다.

이소크라테스는 고대 아테네의 유명한 연설문 작가이자 수사학 교사였고 정치평론가이었다. 그는 아테네에서 가장 인기 있는 선생이었다. 그리스 도처에서 청년들이 그의 학교에 몰려들었으며 그

중에는 후일 군주와 장군 수사학자 및 연설가로 성공한 유명 인사도 많았다. 이소크라테스의 생애(B.C. 436-338)는 펠로폰네소스 전쟁에서 카이로네이아 전투에 이르는 시기로 고전기 그리스의 쇠퇴기에 해당한다. 그는 고전기 그리스의 지식인 중에서 플라톤과 아리스토텔레스 못지않게 중요한 인물이었다. 그의 인식론적 토대 및 교육론은 소피스트적 전통을 이어받아 현실주의적이고 상대주의적 가치관을 추구했다. 이는 일원론을 강조한 플라톤과 대조된다. 플라톤이 추상적인 사변의 세계에서 절대지를 모색한 반면, 이소크라테스는 경험세계를 중시하고 다원론적 가치관을 제시했다.

플라톤보다 약간 나이 많은 이소크라테스가 개설한 강좌의 기본 교육과정은 수용된 윤리적 가치의 전달과 실제적이고 학구적인 문학연구에 근거를 두고 있었다. 그는 말의 기교만 가르치는 수사학 교사는 아니었다. 그는 수사학뿐만 아니라 인간의 윤리와 건전한 시민의식을 함께 교육함으로써 모범적이고 유용한 시민을 배출하고자 하였다. 그는 당시 그리스의 암울한 정치, 경제, 및 사회현실을 걱정하고 그에 대한 대안을 진지하게 모색하던 지식인이었다.

그는 당시의 수사학교육과 사변적인 이론교육을 비판하면서 실용성과 도덕성을 겸비한 자신의 필로소피아를 주장했다.

당시 아테네에서 이소크라테스 가문은 부유한 재산가 계층에 속했으며, 그는 부유한 상류가정에서 자라났다. 그런데 펠로폰네소스 전쟁의 와중에 집안은 모든 재산을 잃게 된다. 기원전 413년 스파르타 군이 데켈레이아를 점령했는데, 이 이후 아테네의 노예 2만 명이 데켈레이아로 대거 탈출 했다. 노예노동에 의존하던 그의 집안 역시 노예도주 때문에 생산을 중단했을 것이다. 가계가 곤궁해진 이소크라테스는 전쟁 뒤 10여 년 동안 번법 연설문 작가노릇을 하여 재산을 만회하고 기원전 390년경부터 학교를 열어 수사학 교사 노릇을 하게 된다. 그는 수사학 학교를 운영함으로써 전보다 더 많은 부를 획득한 것으로 보인다.

이소크라테스의 학교는 당시 아테네에서 크게 번성을 누렸다. 그의 교육은 기본적으로 수사학 교육이었다. 그는 제자들에게 모범을 보이기 위해서 또는 그의 생각을 그리스인이나 아테네인에게 전달하기 위해 활발한 저술활동을 벌였다. 그의 저술은 아테네뿐만 아니라 그리스 전역에 전파되어 널리 읽혔다. 기원전 380년경에 공포한 『파네귀리코스』는 그에게 큰 명성을 안겨주었다. 현재 그의 저술로 전해지는 이소크라테스의 작품은 연설문 21편과 서간 9편이다. 그의 연설문들은 주제의 성격에 따라 다음과 같이 분류될 수 있다. 즉 소송에 관계된 법정 연설문, 공적인 정치현안을 다룬 정치연설문, 교육과 수사학의 문제를 다룬 교육연설문, 자신의 수사학적 능력을 과시하기 위한 시범연설문이다. 이소크라테스는 철저하게 현실을 중요시한 사상가였다. 그는 자신의 저술에서 각기 그 당시의 아테네와 그리스의 정세를 반영한 주장을 펼쳤기 때문에 그의 논지를 충분히 파악하기 위해서는 그 저술배경과 의도를 파악할 필요가 있다.

이소크라테스의 초기 연설문은 법정연설문이었다. 그는 펠로폰네소스 전쟁 중에 많은 재산을 잃고 전쟁 후에 약 10년 동안 법정연설문을 써서 생계를 유지했던 것으로 알려져 있다. 물론 그가 법정연설문을 썼는지에 관해서는 논란의 여지가 있지만, 그의 법정연설문들은 그가 법정연설문 작가생활을 하던 시절에 쓴 것이다. 그 저술 시기는 모두 펠레폰네소스 전쟁 종전 직후부터 기원전 390년경까지의 기간에 속한다. 법정연설문은 『에우튀노스(Euthynos)에게』, 『로키테스(Lochites)에 대해』, 『칼라마코스(Kallimachos)에 대한 항변』, 『제우고스(Zeugos)에 관해』, 『트라페지티고스(Trapezitikos)』, 『아이기네티코스(Aiginetikos)』 등 6편이다. 이 중에서 『에우튀노스(Euthynos)에게』와 『트라페지티고스(Trapezitikos)』를 제외한 나머지 4개의 법정연설문은 위작으로 판정되고 있다. 『에우튀노스(Euthynos)』에게는 민주정이 회복된 403년 직후에 저술된 것으로 보인다. 『트라페지티고스(Trapezitikos)』는 내용상 언급된 역사적 사건과 인물들의 시기를 고려할 때, 기원전 393년경에 저술된 것으로 보인다. 이 둘의 저서는 이소크라테스 자신의 특별한 관념과 가치를 표현하기보다 고객의 입장을 대폭 반영하고 있는 것으로 보인다.

이소크라테스가 법정연설문 작가생활을 접고 교육가로서 활동을 벌인 것은 기원전 390년경이었다. 그는 아테네에서 수사학 학교를 열면서 자신의 교육이념과 수사학 교육에 대한 입장을 널리 알릴 필요가 있었다. 그는 기존 수사학자들의 교육과 논쟁술 학파의 교육을 비판하고 그에 대한 대안으로서 자신의 수사학 교육의 장점을 역설한다. 그 과정에서 작성된 교육연설문은 『소피스트들에 대해』, 『안티도시스에 관해』 등 2편이다. 그리고 시범연설문은 『헬레네(Helene)』, 『부시리스(Bousiris)』, 『에와고라스(Euagoras)』 등 3편이다.

정치연설문은 『파네귀리코스(Panegyrikos)』, 『아르키다모스(Archidamos)』, 『아레오파기티코스(Areopagitikos)』, 『평화에 관해』, 『필리포스(Philippos)』, 『판아테나이코스(Panathenaikos)』 등 7편이다.

개인연설문은 『니코클레스(Nikokles)에게』, 『데모니코스(Demonikos)에게』, 『니코클레스 혹은 퀴프로스인들』 등 3편이다.

서간은 <이소크라테스가 디오니시우스에게 인사드림>(서간 1), <필리포스에게 I-II>(서간 2-3), <안티파트로스(Antipatros)에게>(서간 4), <알렉산드로스(Alexandros)에게>(서간 5), <야손(Iason)의 자식들에게>(서간 6), <티모테오스에게>(서간 7), <뮈틸레네(Mytilene)의 지도자들에게(서간 8), <아르키다모스(Archidamos)에게>(서간 9) 등 9편이다.

이소크라테스의 저작의 진위에 대해서는 학자들마다 다양한 의견이 제시되어 논란이 많다. 이소크라테스의 저서로 전해오는 21개 연설문 중에서 4개의 법정 연설문 『로키테스에 대해』, 『칼리마코스에 대한 항변』, 『제우고스에 관해』, 『아이기네티코스』, 1개의 개인연설문 『데모니코스에게』의 경우 이소크라테스의 특유의 생각과 표현방식이 드러나지 않기 때문에 그의 저서로 단정할 만한 충분한 근거가 없다고 본다. 서간의 경우는 1, 2, 3, 5, 6, 7, 8 등이 그의 진짜 저술로 추정한다.

II. 이소크라테스의 시대상황

그가 살던 시기는 전통적인 폴리스 체제가 한계에 부딪치고 격동적인 변화기에 어울릴 새로운 질서를 모색하던 시기였다. 그는 그 전환기적 양상을 기록하고 그에 대한 해결책을 제시했다. 위기의 양상은 계속 발생하는 전쟁과 이에 의한 폴리스의 공존와해와 시민의식의 유대약화 등이었다.

이소크라테스가 살던 시대는 폴리스의 쇠퇴기였다. 폴리스체제는 그리스인의 전형적인 생활기반이였기 때문에 그 체제의 변질과 붕괴는 그리스의 정치뿐 아니라 경제, 사회, 문화 등 제반생활에 직접적인 영향을 초래했다. 폴리스 체제의 붕괴와 변질은 펠로폰네소스전쟁에서 카이로네이아전투에 이르는 시기에 대두했다. 이 시기는 그리스인의 삶과 역사에서 하나의 중대한 전환기였다.

이소크라테스의 글에는 당시 그리스 및 아테네의 위기적 상황이 잘 묘사되어 있다. 그가 당대의 폐해로 진단한 현상은 실로 다양하다. 해적의 창궐, 용병의 유행, 폴리스 내의 내분, 폴리스들간의 전쟁, 정체변동 등의 심각한 문제가 있었다. 그리고 농촌 및 도시의 파괴, 기존 법률의 폐지, 내분, 학살, 불법추방, 재산탈취, 부채폐지, 토지재분배 등이다. 그리고 당시의 빈민문제와 빈부격차의 증가에 대해서도 수시로 언급했다. 이러한 것은 기원전 4세기의 폴리스의 위기상황을 잘 보여준다.

폴리스체제의 변질과 쇠퇴를 촉발시킨 가장 직접적인 원인은 빈번한 전쟁과 그로 인한 폴리스 내부의 자원소모에서 찾을 수 있다.

펠로폰네소스전쟁(B.C. 431-404)에서 카이로네이아전투에 이르는 100여 년간의 그리스 역사는 폴리스들 간의 분쟁과 대립으로 점철된 시기였다. 30여 년 동안의 펠레폰네소스전쟁, 스파르타의 패권과 그에 대한 반발로 나타난 코린토스전쟁, 아테네 해상동맹의 결성과 그에 대한 견제, 스파르타와 테베의 패권대결, 델피지배를 위한 성전 등 소모적인 전쟁이 끊임없이 발생했다. 그 전쟁들의 원인은 대체로 강대국들의 패권추구나 크고 작은 폴리스들끼리의 지역적인 이해관계의 충돌 때문이었다. 특히 강국들의 패권정책은 강국들의 반목은 물론 그리스 전체를 분쟁의 소용돌이 속으로 끌어들였다.

펠레폰네소스전쟁에서 스파르타가 승리했지만, 스파르타는 특혜를 독점하고 자신의 패권을 강화하기 위해 그리스 국가들에 대한 억압적인 정책을 구사했다. 이에 스파르타의 동맹국이던 코린토스, 테베 등이 불만을 품고 패전국 아테네는 스파르타의 지배를 벗어나려고 하였다. 그리고 스파르타는 기원전 399에서 394년까지 계속 페르시아와 전쟁을 벌였다. 이에 페르시아는 스파르타에 반대하는 국가들을 지원하여 스파르타에 대한 전쟁을 일으키게 된다. 그것이 코린도스전쟁(B.C. 395-388)이었다. 코린도스인, 테베인, 아르고스인, 아테네인 등 주요 그리스 국가들이 연합하여 스파르타와 대적했다. 코린도스 전쟁은 그리스 국가들의 소모적인 전쟁으로 일관하다 기원전 388년 안탈키다스평화로 종결되었다.

안탈키다스평화 이후에도 스파르타의 강압적인 지배가 계속되자 다른 국가들의 불만이 증대했다. 기원전 379년 말에 테베인이 스파르타를 몰아내고 독립을 회복한 후 스파르타와 테베의 대결이 계속되었고, 기원전 371년 레욱트라전투로 스파르타의 패권시대는 종말을 고했다. 신흥강국 테베는 그리스 북부와 에게해 지역까지 세력을 확대하고 아테네와 대결하게 되었다. 기원전 362년 만티네이아전투로 테베가 패권을 상실한 후, 이제 그리스에는 더 이상 패권을 추구할만한 강대국이 존재하지 않았다.

기원전 4세기 후반 그리스의 국내상황은 마케도니아왕국의 급성장과 그로 인한 그리스 내부 질서의 재편이라는 양상을 보인다. 기원전 359년에 필리포스 2세가 마케도니아왕국의 왕이 되면서 그리스를 향한 팽창을 개시했다. 이제 마케도니아에 대적할 만한 그리스 국가는 어디에도 없었다.

III. 교육수사학

호메로스의 일리아스에는 헤파이스토스라는 장인이 아킬레우스에게 방패를 만들어 주는 장면이 나온다. 그런데 이 방패 한 곳에는 군인들이 칼과 창으로 전쟁을 벌이는 모습이 그려져 있다. 그리고 다른 한 곳에는 평화로운 시장 바닥에서 사람들이 논쟁을 벌이는 모습이 그려져 있다. 전쟁 중에는 칼로써 사람을 죽이지만 평화 시에는 혀로써 사람을 죽인다는 사실을 여실히 보여주는 대목이다. 평화 시에는 말할 것도 없고 심지어는 전쟁 중에도 칼이나 창 못지않게 혀가 중요한 무기로 사용된다. 이 서사시의 절반가량이 영웅들의 연설로 되어 있다는 사실은 이 점을 뒷받침한다. 일리아스에서 전쟁은 칼과 방패로 하는 것이 아니라 입과 혀로 한다고 주장하는 것은 바로 그 때문이다.

동서고금을 막론하고 말은 인간의 삶에서 아주 중요한 구실을 한다. 말을 잘 할 수 있다는 것은 그만큼 남을 설득할 수 있는 능력이 뛰어나다는 것을 뜻한다. 남을 설득할 능력이 있다면 얼마든지 자신의 입장을 유리하게 만들 수 있을 것이다. 말을 잘 할 수 있는 능력은 날 때부터 부여받은 재능이기도 하지만 후천적으로 끊임없이 갈고 닦은 결과이기도 하다. 그리스 시대의 웅변가인 이소크라테스는 웅변에서 무엇보다도 중요한 세요소로서 자질과 지식 그리고 숙련을 들었다. 이 가운데에서 자질만이 선천적 요소일 뿐 지식과 숙련은 후천적 요소에 속한다.

훈련받은 범인이 훈련받지 않은 천재를 실제로 대신하지 못한다. 정치에 대한 교육을 받는다고 해서 페리클레스 같은 사람이 되지 않으며, 교육에 대한 학위증이 있다고 해서 소크라테스 같은 사람이 되지는 않을 것이다. 시인과 달리 웅변가는 선천적인 요소보다 후천적인 요소의 영향을 훨씬 더 많이 받는다. 이소크라테스가 말하는 자질이라는 것도 뮤스 신의 영감과는 달리 논리적으로 생각하고 남을 설득하는 능력을 뜻한다. 아테네 같은 민주정 국가에서는 정치지도자가 되기 위해서 민회와 법정 등에서 동료시민들을 설득하여 자신의 주장을 관철시킬 수 있는 능력을 지녀야 했다. 말하자면 수사학은 당시 아테네 젊은이들에게는 성공과 출세를 위한 주요 수단이었다. 그리하여 이 무렵에도 요즘의 입시학원처럼 웅변을 가르치는 학교가 여기 저기 생겨났다.

이소크라테스는 기원전 390년경에 수사학 학교를 개설하여 50여 년 동안 학생들을 교육했다. 시기적으로는 플라톤의 아카데미아 설립보다 이른 것이니 그의 학교는 아테네 최초의 고등교육기관이었다. 그의 수사학 교육은 플라톤의 교육과 더불어 고대의 교육과 문화를 견인하는 중요한 역할을 담당했다. 그는 정치가로서 현실정치에 참여하는 것을 포기하고 교육과 저술을 통해 사회에 대한 비전을 제시하려고 했다.

이소크라테스가 자신의 교육이론을 체계적으로 제시한 것은 기원전 390년경의 소피스트들에 대해와 기원전 354년의 『안티도시스에 관해』이다. 그들 연설문에서 이소크라테스는 사변적이고 비실용적인 이론교육과 소피스트의 수사학 교육을 신랄하게 비판하고 자신의 필로소피아 교육을 대안으로 제시한다.

이소크라테스의 교육구상은 아테네의 교육풍토에 대한 비판으로 시작되었다. 그는 일반 아테네인들이 교육자를 경멸하고 악평한다는 현실을 잘 알고 있었다. 이소크라테스의 기존교육 비판은 두 가지 방향에서 이루어진다. 하나는 사변적이고 비실제적인 이론교육을 겨냥한 것이고 다른 하나는 도덕성이 결여된 수사학 교육을 향한 것이다. 전자의 경우는 논쟁학파의 교육과 플라톤의 아카데메이아 교육을 염두에 둔 것이었다. 이소크라테스는 그들이 논쟁을 위한 논쟁을 할 뿐이며 실생활과 유리된 공허한 사변을 교육한다고 비판했다. 이소크라테스가 언급한 논쟁학파는 특정집단을 이야기하는 것이 아니라, 실생활과 유리된 추론, 이론적이고 사변적인 논구, 논쟁을 위한 논쟁을 일삼는 사람들에게 부여한 명칭이다. 소피스트들에 대해서는 그들의 교육이 도덕이나 시민적 덕성의 함양과는 무관하게 탐욕과 사리사욕을 위한 교육에 그치고 있음을 비판했다. 그러나 그는 수사학 교육이 그릇되게 활용되는 현실을 비판한 것이지 수사학 교육 자체를 부정하지는 않았다. 그는 수사학 교육이 공익을 위한 대국적인 주제를 다루고 시민적 덕성을 함께 배려한다면 인간을 더욱 지혜롭고 유익한 존재로 만들 것이라 주장했다.

당시에는 수사학 교육에 대한 두 가지 측면에서 비판이 일고 있었다. 첫째로 인식론적인 측면에서 비판이다. 이는 특히 플라톤학파가 한 비판으로, 수사학의 상대주의적 인식론을 비판한 것이다. 플라톤은 『파이드로스』에서 소피스트들은 진리보다 개연적인 것을 더 중히 여기며, 말의 힘으로 작은 것을 크게 보이도록 만들며, 큰 것을 작게 보이도록 만들며 또 새로운 것은 옛것으로 그 반대의 것은 새롭게 보이도록 한다는 것이다. 플라톤은 여기서 수사학자들이 보편적인 진리가 아닌 개연적인 지식을 추구한다고 지적한다. 그에 따르면 수사학의 목적은 진실을 규명하는 데 있지 않고 단지 청중을 설득시키려는 데 있다. 그리고 수사학자들은 동일한 주제에 관해서도 서로 상반된 논지를 전개한다는 것이다. 더 나아가 플라톤은 어떤 주제의 본질에 관한 지식이 없으면 청중을 잘 설득할 수도 없다면서, 자신의 필로소피아 교육을 총해 진정한 지식을 얻을 것을 강조했다.

또 하나의 비판은 수사학의 비도덕성에 대한 비판이었다. 그것은 수사학은 도덕적 문제에 관심이 없다는 지적이었다. 수사학의 비도덕성은 나아가 수사학의 부도덕성의 문제로 비화했다. 플라톤은 수사학이 교육의 이상을 제시하지 않고 하나의 수단을 가르칠 뿐이며 그것은 부도덕한 목적을 이루기 위한 지적 도구를 제공하는 수단일 뿐이라고 공격한다. 수사학은 부도덕한 이익, 특히 법정에서의 부정한 이익을 얻는 수단으로서 교육된다는 것이었다. 이소크라테스는 첫 번째 비판에 대해서는 근본적으로 반대했고, 두 번째 비판에 대해서는 어느 정도 타당성을 인정했다. 우선 첫 번째 비판에 대해 이소크라테스는 본질에 대한 절대적인 지식은 회득될 수 없다고 반박했다. 그 대신에 현재를 살아가는 인간에게 필요한 것은 절대적이지 않더라도 상황에 따라 유용한 현실적인 지식을 습득하는 것이라고 보았다. 플라톤이 지식의 존재이유를 절대적인 진리성에 두고 있다면 이소크라테스는 실용성을 강조했다.

이소크라테스가 적극적으로 수사학을 비판한 것은 두 번째 측면이었다. 그는 당시 수사학 교육이 건전한 용도로 활용되지 못하고 법정에서 개인적인 사리사욕을 위한 수단으로 활용되고 있음을 비판했다. 그는 『소피스트들에 대해』에서 자신의 교육이념과 대치되는 교육사례로 논쟁학파와 이 법정연설 교사들을 들고 있다. 그는 당시에 법정에서 부정한 방법으로 이익을 얻도록 학생들을 가르치고 그로써 그들을 타락시키고 있다는 혐의를 받고 있었다. 이에 그는 자신이 법정연설과 관련된 활동이나 교육을 전연하지 않았다는 점이고, 다른 하나는 설사 수사학 교육을 받은 사람이 법정연설가 활동을 했더라도 그것은 그 학생 개인의 잘못이지 수사학 자체의 잘못은 아니라는 논지였다. 그는 당시 수사학 교육의 비도덕성에 대한 비판에는 동조했지만, 수사학 자체가 본질적으로 도덕과 무관하다고 생각하지는 않았다.

이소크라테스에 의하면 인간은 절대지를 알 수 없다. 『안티도시스』 271에서도 인간이 무엇을 해야 하고 무엇을 말해야 하는지를 알 수 있게 해주는 에피스테메를 얻기란 인간의 본성상 불가능하다. 다양하고 구체적인 것을 추상적 이론이나 규범으로 일원화하여 규정하는 불가능하다. 그는 자연 뿐 아니라 인간 생활만사가 다양하다고 보았다. 그에 의하면 인간이 얻을 수 있는 유일한 지식체계는 에피스테메가 아니고 독사였다.

플라톤은 인간의 지식을 구분할 때 흔히 에피스테메(episteme)와 독사(doxa)를 구분한다. 에피스테메는 실재하는 것을 인식대상으로 하는 확실한 지식이고, 독사는 확실치 않는 지식이다. 독사의 대상은 감각을 통해 접하는 물체인데, 그 물체는 일정하지 않고 특수하며 상대적이다. 독사는 진리성이나 불변성 가운데 어느 것도 보장받지 못하는 상태이다. 그것은 참일 수도 거짓일 수도 있다. 변할 수도 사라질 수도 있다. 반면에 에피스테메는 언제나 참이고 불변이다.

이소크라테스에게 독사는 무책임하고 신뢰받기 어려운 저열한 지식이 아니었다. 그것은 실제 경험에 기반을 둔 실용적인 이론 즉 인간사의 불확실한 사건을 해결하는 데 활용되는 판단 혹은 통찰력을 의미한다. 즉 독사는 실제적이고 경험적인 지식을 뜻한다. 그가 경험적인 지식인 독사를 존중하였다는 것은 그의 사고가 사변적인 이론세계가 아니라 실제적인 현실세계에 있음을 보여준다. 그의 독사는 추상적인 분석에 의거하는 에피스테메와 달리 실제적인 경험에 근거한 것이었다. 그것은 극단적인 상대주의로 흐르지 않고 실제적인 행동세계와의 연관을 통해 나름의 객관성을 확보한다. 그는 실제 소피스트의 상대주의를 극복한다.

그는 수사학 교육의 개선책으로 수사학과 윤리의 결합을 주창했다. 수사학 교육은 훌륭한 수사학자이면서 훌륭한 인간양성을 목표로 했다.

그가 수사학에 윤리적 요소를 부가하기 위해 구상한 방법은 수사학의 주제를 공익과 관련된 고상한 주제를 취급하는 것이었다. 그의 학교에서는 말의 형식 못지않게 내용 자체도 중시했다. 최상의 연설은 국가와 공익을 주제로 삼는 정치연설로 귀착된다. 그는 『안티도시스에 관해』 47에서 법정연설과 필로소피아를 대비한다. 필로소피아를 추구하는 사람 즉 대국적이고 공익적인 주제를 다루는 연설가들은 법정연설을 하는 사람보다 더욱 지혜롭고 더욱 유용한 일을 한다고 언급한다. 그는 자신의 필로소피아가 그리스의 문제, 제왕들의 문제 그리고 국가들의 문제를 다룬다. 이렇게 하여 그는 수사학의 비도덕성을 해결하려고 하였다.

이소크라테스와 플라톤은 같은 시대, 같은 장소에서 교육을 담당하면서도, 각기 다른 교육목표와 교육과정을 구상했다. 이소크라테스는 세속적인 출세와 이익을 갈망하는 청년들에게 그것을 위한 기술인 수사학을 교육했다. 이에 비해 플라톤은 철학자 양성이라는 지도자교육론을 통해 자신의 이상을 제시하고 철학교육에 치중했다. 이소크라테스는 주로 수사학과 관련된 직업을 양성했고 플라톤은 철학자 등 순수학문 연구자들을 양성했다.

이소크라테스의 필로소피아교육은 기존 소피스트의 수사학 교육과 플라톤의 필로소피아 교육의 중간적 위치를 차지하고 있다. 그는 자신의 가르침을 독사와 경험의 세계에 국한시키고, 인간으로서 가능한 최선의 상태를 지향한다. 이소크라테스는 철저하게 실제적인 문제를 자신의 학교 속으로 끌어들였다.

IV. 범그리스주의 이념

이소크라테스는 폴리스들의 공존과 단합을 위한 해법으로서 범그리스주의를 주창했다. 그것의 등장배경, 그의 구상, 이전의 범그리스주의와의 차이점, 범그리스주의의 주요 내용과 특징적인 성격, 그것의 실천을 위한 노력은 무엇인가? 그의 범그리스주의에 관한 주요 자료는 『파네귀리코스』, 『평화에 관해』, 『필리포스』이다. 그는 기원전 4세기 그리스에서 대두한 범그리스주의의 이념의 대표주자이였다.

이소크라테스는 전쟁의 재앙 속에서 고통 받는 폴리스들이 서로 공존하며 각기 고유한 자유와 자치를 누릴 수 있는 해결책을 구상했다. 그것이 바로 범그리스주의이다. 여기서는 이소크라테스의 핵심적인 정치사상인 범그리스주의를 다룬다. 먼저 그의 범그리스주의의 내용을 설명하고 그것을 실천하기 위한 그의 노력을 논의한다.

이소크라테스는 그리스인들 간의 끊임없는 소모전의 심각성을 잘 알고 있었다. 그리스 국가들이 상호간의 전쟁을 인해 서로의 국력을 낭비하고 있음을 통탄했다. 그는 『파레귀리코스』에서 그리스 국가들이 헤게모니아를 놓고 서로에 대해 무익한 전쟁을 벌이고 있음을 강력히 비난하였다. 그리스의 강대국인 아테네, 스파르타, 아르고스, 테베가 기원전 4세기 중반 이후 몰락한 이유를 빈번한 전쟁이라고 보았다. 『평화에 관해』에서 그는 전쟁은 국가를 가난과 혼란에 빠뜨리는 주범이라고 비난했다. 그는 그리스인이 전쟁을 멈추고 화합한다면 서로 간에 더욱 더 안전하고 신뢰를 가질 수 있으며, 만악의 근원인 빈곤에서 벗어날 수 있을 것이라 하였다.

전쟁이 폴리스의 존립에 악영향을 끼침을 잘 알고 있었던 그는 평생 동안 평화를 주장하며 전쟁의 중지를 적극 호소했다. 그의 전쟁혐오는 대개 그리스인들 간의 전쟁에 대한 것이었다. 그의 그리스 중심적인 통합성이 결국 타자에 대한 적대적인 배타성과 직결되어 있다. 그의 반전주장은 그리스인의 화합을 추구할 뿐 아니라 폴리스 내부의 단결을 위한 것이었다. 전쟁의 재앙 속에서 소농의 빈곤화, 소수 부자들에 의한 토지집중, 도시빈민의 증가가 이루어졌다. 빈곤화의 상징으로 부각된 것은 유랑민과 용병의 증가였다. 그리고 부자들은 점차 국가의 이익보다 자신의 이익을 먼저 생각하게 되었다. 빈곤은 친족 간의 유대나 나아가서 폴리스의 대내외적인 질서를 깨뜨리는 장본인으로 생각되었다.

이소크라테스는 기원 4세기의 폴리스 체제의 붕괴되는 상황을 타락으로 간주하고 폴리스 본연의 질서를 되살리기 위해 노력했다. 그가 생각한 폴리스의 위기 원인은 강국들의 전쟁과 공동체적 유대의 약화현상이었다. 고통 받는 폴리스들이 서로 공존하며 각기 고유한 자유와 자치를 누릴 수 있는 해결책을 구상하고 있었다. 그것이 바로 그의 범그리스주의였다. 이소크라테스가 그리스에서 최초로 범그리스주의를 주창한 인물은 아니었다. 그리스인들은 이미 기원전 776년 이래 시작된 오륌피아제전을 위시하여, 델포이의 피튀아제전, 코린도스의 이스트미아제전을 통해 그들의 공동체 의식을 축척해왔다. 이러한 범그리스적인 제전들이 그리스인들의 공동체의식을 결집시키는데 중요한 역할을 했다. 후일 고르기아스, 뤼시아스 및 이소크라테스가 그들의 범그리스주의를 선전하는 무대로 오륌피아제전을 택했다는 것도 이를 입증해준다. 이들은 오륌피아제전이 그리스인을 한곳에 결집시킴으로써 그리스인들 간의 우애를 결집시켰다. 그러나 그리스인들 간의 배타적인 공동체의식은 문화적 차원에 머물러 있었으며, 정치적인 동질의식에는 미치지 못하고 있었다.

범그리스주의 관념이 결정적인 전환을 맞이한 계기는 페르시아전쟁이었다. 즉 그리스 외부의 강력한 적인 페르시아인의 직접적인 위험에 처해 그리스인들이 보다 긴밀하게 단합했고, 전쟁 중 일시적이나마 범그리스적인 연합을 최초로 경험하게 되었다. 바로 이러한 경험에 의해 페르시아 전쟁 이후에 범그리스주의 단초가 마련되었다. 이제 그리스인들은 느슨하나마 이민족과 구분 대립되는 하나의 공동체적 단위로서 인식되었으며, 그리스 전체의 공동익을 모색하려는 관심이 대두되었다. 문화적 개념의 범주에 머물던 그리스인이 이제 정치적인 개념으로 발전된 것이다.

이소크라테스의 범그리스주의는 그리스인이 공동운명을 지닌 집단임을 인식하는 데서 출발한다. 그는 그리스가 그리스인의 공동의 조국이라는 것을 분명히 인식하고 있다. 범그리스주의가 그리스인들의 화합을 추구하는 주제로 본격 등장한 것은 기원 5세기 말이다. 이소크라테스의 범그리스주의 이념은 그의 개인적인 독창물이 아니라 선각자들의 생각을 이어받은 것이었다.

그 선구자들은 소피스트인 고르기아스와 아테네의 연설가 뤼시아스였다. 고르기아스는 그리스 각 지역을 순회하며 자신의 수사학을 교육하는 직업교사였다. 그 순회과정에서 그리스 도처에서 전쟁의 참상을 보다 생생하게 실감하였다. 그는 폴리스의 배타성을 극복할 필요를 절감하였다. 고르기아스는 그의 추도연설에서 범그리스주의를 보여주고 있다. 그는 그 연설에서 이민족에 대한 승리는 찬미하되 그리스인들에 대해 거둔 승리는 애도한다는 입장을 밝힌다. 거기에는 그리스인들 간의 소모적인 전쟁을 중단하고 민족적인 역량을 이민족 정복사업에 결집시키자는 소망이 있다. 그가 추도연설에서 역설한 내용, 즉 그리스인들 간의 화합과 이민족에 대한 그리스인의 공동원정이라는 두 가지 주제는 이후 기원전 4세기 범그리스주의 핵심요소가 되었다. 그리스인의 배타성과 페르시아인에 대한 우월의식에 기반을 둔 이소크라테스의 범그리스주의는 두 가지 기본적 행동계획을 가지고 있었다. 그것은 우리들 자신들간의 화합과 이민족에 대한 전쟁이었다. 그는 그리스인들 간의 싸움이야말로 제 국토를 파괴하고 동족을 파멸시키는 행위라고 규탄하였다.

범그리스주의 이념은 이들 연설가들의 전유물은 아니었다. 스파르타의 아게실라오스, 테베의 펠로피다스, 페라이의 참주 야손 등이 그에 속한다. 스파르타는 펠로폰네소스 전쟁 이후 그리스에 대한 억압적인 지배를 구상하면서도 자신의 정책과 지배를 이데올로기적으로 정당화하기 위해 범그리스주의적인 선전을 동원했다. 스파르타가 범그리스적인 선전을 과시한 것은 기원전 396-395년 아게실라오스왕의 아시아 원정 때였다. 당시 아게실라오스는 스스로 아가멤논의 역할을 자처하면서 자신의 아시아 원정이 범그리스주의적 사업임을 강조했다. 그러나 그 원정은 그리스 내 강국들의 지지를 끌어내지 못해 실패하였다.

이소크라테스는 기원전 390년경 저술된 것으로 추정되는 『헬레네』의 서두에서 당시의 수사학과 논쟁술을 비판하고 자신의 수사학 교육의 유용성을 역설한다. 그리고 기존의 헬레네 찬가의 결함을 지적한 후 본격적으로 자신의 헬레네 찬가를 풀어나간다. 연설문 말미에서 『헬레네』는 헬레네로 인해 그리스인 최초의 공동원정이 성공적으로 이루어졌음을 강조한다. 이소크라테스는 『헬레네』를 통해 그의 범그리스주의의 구상을 부각시키려 한 것이다. 『헬레네』는 처음으로 그의 범그리스주의 구상의 편린이 드러났다고 할 수 있지만, 범그리스주의를 체계적으로 표명한 것은 『파네귀리코스』이었다. 『파네귀리코스』는 이소크라테스의 대표적인 연설문으로 기원전 380년 올림피아제전에서 그가 발표했던 것으로 전해진다. 당시 그리스에서는 펠레폰네소스 전쟁의 참화를 겪고서도 여전히 폴리스들간의 반목과 대립은 그치지 않았고 그 틈에 그리스에 대한 페르시아의 영향력은 점차 증대하고 있었다. 폴리스들 간의 대립사례로는 스파르타의 그리스 지배권 장악, 그에 대한 대항으로서 코린도스 전쟁(B.C. 395-388), 페르시아의 지원을 받은 스파르타의 지배권회복 등을 들 수 있다. 페르시아의 세력증대 사례로는 안탈키다스(Antalkidas) 평화(B.C. 388)를 들 수 있다. 바로 이런 상황에서 이소크라테스는 『파네귀리코스』에서 그리스인의 화합과 이민족 원정을 주장하여 그의 범그리스주의적 구상을 최초로 공포하였다.

이소크라테스가 처음에 자신의 범그리스주의를 실현할 수 있는 적임자로 지목한 것은 그리스의 대표적인 폴리스인 아테네와 스파르타였다. 그는 모든 그리스 국가들이 그 두 국가에 의존해 있는 상황에서 그리스인의 행동통일을 위해 두 국가의 우호가 반드시 필요하다고 판단했다. 그래서 그는 이 두 국가들이 서로 동등하게 그리스의 지도권을 나누어 갖는 것이 타당하다고 보았다. 그가 아테네인과 스파르타인의 제휴를 적극 독려하고 두 국가가 함께 페르시아 원정을 지도하도록 요청하는 입장은 『파네귀리코스』 도처에 드러나고 있다.

그러나 이소크라테스의 희망과는 달리 그리스는 여전히 계속되는 전쟁에 시달렸고 페르시아의 정치개입도 여전했다. 그의 주장이 그리스 내에서 큰 방향을 불러일으킨 것은 사실이지만, 범그리스주의 이념을 구체적으로 실천하려는 국가는 나타나지 않았다. 그가 그리스의 공동지도국이 되어주기를 요청했던 아테네인과 스파르타인도 모두 범그리스주의의 이념을 외면하고 자국중심의 패권정책을 추진했다. 그러던 중 기원전 371년 레욱트라 전투 이후 스파르타가 그 지도국 위치를 상실했고, 아테네도 제국정책의 강화를 통해 동맹국들의 거센 반발을 받게 되었다. 이들 국가는 범그리스주의를 실현할 수 있는 현실적인 역량과 명망을 잃고 말았다. 이제 이소크라테스가 기대를 걸만한 강력한 폴리스는 사라지고 없었다. 그는 예전과 다른 방식으로 실천가를 찾아 나섰다.

이소크라테스는 『파네귀리코스』와 같은 대중연설 방식으로는 별 효과가 없음을 깨닫고 자신의 이념을 실현할 수 있는 강력한 권력을 지닌 개인을 찾아 직접 호소하는 방식을 택했다. 그는 당대의 권력자를 선택하여 그들에게 자신의 이념을 주도적으로 실천해주도록 요청했다. 이소크라테스가 범그리스주의 이념을 실현시킬 인물로 지목한 사람은 야손, 디오니쉬우스, 필리포스였다.

이소크라테스는 먼저 페라이의 권력자 야손을 주목했다. 기원전 374년 야손은 페르시아원정에 나서겠다는 계획을 시사했다. 이는 이소크라테스의 범그리스주의 구상과 매우 흡사했다. 그러나 야손이 기원전 370년에 암살당하자 이소크라테스의 기대는 물거품이 되었다.

이소크라테스는 기원전 368년경에 쉬라쿠사이의 디오뉘시오스 1

세에게 서간을 보냈다. 그는 디오뉘시오스에게 중대한 일들에 관해 말하기 위해라고 밝히고 그리스인들의 안전을 위해 조언을 하겠다고 하였다. 그러나 이 서간은 단지 서문만 남아있기 때문에 '중대한 일들' 이나 '그리스인들의 안전을 위해 조언'의 구체적인 내용을 정확히 알기는 어렵다. 아마도 그의 범그리스주의 이념이 담겨져 있었을 것이며, 디오뉘시오스에게 그리스인의 통합과 이민족원정을 위해 주도적인 역할을 해주기를 요청했을 것이다.

디오뉘시오스는 기원전 368년에 카르타고와의 전쟁에서 승리하였다. 그리고 기원전 368년과 367년에는 아테네와 디오뉘시오스 사이에 우호적인 동맹 관계를 맺고 있었다. 그러나 디오뉘시오스 1세가 기원전 367년 봄에 죽고 말아 그의 희망은 다시 무너지고 말았다.

기원전 340년대의 그리스 최대문제는 마케도니아왕국의 급성장과 그로인한 그리스 내 질서의 재편성이었다. 동맹국 전쟁 이후 아테네의 해상지배권이 약화되고 대표적인 육군국가이던 스파르타와 테베도 과거의 권력과 영광을 상실한 채 이류 국가로 전락하고 말았다. 이제 그리스에서 스스로 패권을 추구할만한 강력한 국가가 없어진 셈이었다. 이러한 권력공백을 틈타 북방의 마케도니아 왕국이 그리스의 신흥강국으로 부상한다. 마케도니아의 필리포스는 성전(B.C. 355-346)에 개입하여 그리스 내에서의 영향력을 확립하였고 그리스 북부지방을 정복하는 과정에서 아테네와 충돌하였다. 특히 암피폴리스를 놓고 아테네와 10 여 년 동안 줄다리기를 하였다. 결국 기원전 346년 필로크라테스(Philokrates) 평화를 맺어 영토 분쟁을 타결했다. 그러나 마케도니아는 그리스 내의 최강세력으로 성장했다.

마지막으로 이소크라테스가 범그리스주의 이념을 실천하기 위한 지도자로서 설정한 인물은 마케도니아의 필리포스왕이었다. 그는 기원전 346년에 필리포스에게 쓴 『필리포스』에서뿐 아니라 서간 2와 서간 3에서도 계속 필리포스를 범그리스주의적인 지도자로 주목했다. 그 중 필리포스에 대한 그의 기대가 가장 체계적으로 표현된 것은 『필리포스』였는데, 거기서 그는 과거 『파네귀리코스』에서 보여준 범그리스주의적인 구상을 재차 역설했다. 그는 그리스인의 화합과 이민족 원정을 지고의 가치 있는 과업으로 부각시켜 필리포스를 설득하고자 했다. 또한 그는 당시 그리스의 국내 사정이나 페르시아의 허약한 국력, 그리고 선인들의 성공사례를 들면서 그 과업이 실제로 실현가능하다고 적극 강조했다. 『필리포스』는 『파네귀리코스』와 더불어 이소크라테스의 범그리스주의 구상이 체계적으로 묘사된 대표적인 작품에 속한다. 두 연설문의 차이는 그 구상을 실현할 지도자로 아테네와 스파르타가 거론되고 전자에서는 그들 대신 필리포스가 지도자로 등장한다.

이소크라테스는 새로운 강국 마케도니아에게서 그리스의 희망을 찾았다. 기원전 340년대의 그의 저술은 대부분 마케도니아의 지배자들, 특히 필리포스에 대한 것이었다. 그의 연설문 『필리포스』, 서간 <필리포스에게 I> 및 <알렉산드로스에게>는 모두 이 시기에 쓴 것이었다.

마케도니아와 필리포스에 대한 이소크라테스의 관심은 그것으로 끝나지 않았다. 그는 나중에 필리포스와 그의 아들 알렉산드로스에게 각각 서간을 보냈다. 그는 <필리포스에게 I>에서 이민족과의 전쟁 중에 다친 필리포스를 격려하면서, 아테네인들의 호의를 얻고 그리스인을 이민족의 원정으로 이끌라고 요청한다. 그리스인의 지배자가 되지 말고 그들의 은인이나 혹은 그리스인의 화합을 위한 중재자가 되라고 충고했다. <알렉산드로스에게>에서는 알렉산드로스의 교육을 거론하는데, 그가 논쟁술뿐만 아니라 수사학을 배우려 하는 것을 자못 대견스럽게 여기며 그를 독려한다. 이 두 서간은 342년경에 저술되었을 것으로 추정된다.

필로크라테스평화 이후에도 아테네와 마케도니아 간의 긴장관계는 지속되었다. 그러다가 필리포스가 약속을 어기고 다시 아테네를 침입하다 아테네에서는 반마케도니아 분위기가 고조되고, 필리포스에 온정적인 이소크라테스도 공격을 받게 되었다. 이소크라테스는 아테네인과 필리포스가 서로 우호의 관계를 맺어 그리스의 현안문제를 해결해야 한다고 주장한 대표적인 친필리포스 인물이었다. 그에 대한 비난은 그의 친마케도니아적인 성향뿐만 아니라 그의 교육 자체도 문제가 되었다. 그는 자신의 교육과 특히 조국에 대한 자신의 충정을 아테네인들에게 설명해야 할 필요성을 느낀다. 이러한 생각을 담아 쓴 글이 『판아테나이코스』였다.

그는 먼저 자신의 수사학과 교육의 정당성을 밝히고 아테네의 영광스러운 과거를 열렬하게 찬미한다. 그는 아테네인 조상들이 그리스인의 화합을 추구하고 이민족에 대한 적대적인 태도를 견지했다는 점을 지적하며 자신의 범그리스주의적 구상을 다시 부각시킨다. 이 연설문은 범그리스주의적 구상보다 아테네 중심적인 찬사를 더욱 부각시킨다. 그리고 마케도니아에 대한 특별한 입장을 표명하지 않았다. 이 연설은 기원전 342년에 쓰기 시작하여 기원전 399년에 완성하였다. 그는 자신이 94세 되는 해에 집필을 시작하여 3년 동안 병으로 중단한 뒤 97세에 완성했다고 언급하고 있다. 그가 마지막 연설문 『판아테나이코스』를 어렵게 완성한 지 1년 후에 마침내 카이로네이아 전투가 벌어지고 아테네와 테베 연합군은 필리포스의 군대에 무너졌다. 그것은 고전기 그리스의 종말을 의미했다.

그는 서간 <필리포스에게 II>에서 자신의 범그리스주의적 구상을 마지막으로 역설하면서, 필리포스에게 그리스인을 화해시키고 그들을 지도하여 이민족원정에 나설 것을 요청한다. 이 서간은 카이로니아전투 직후에 썼다. 이 서간을 쓴 지 얼마 지나지 않아 기원전 388년 세상을 떠났다.

이소크라테스의 범그리스주의는 그가 당대의 주요 폐해로 지적했던 현상, 즉 그리스인들 간의 끊임없는 전쟁 및 빈곤화 현상과 연관되어 있다. 전자의 폐해를 막기 위해 그리스인의 동족성을 내세우며 그리스인의 화합을 중시했고, 후자의 폐단을 막기 위해 이민족 원정을 제시했다. 이민족의 땅을 점령 식민하여 토지 없는 빈민들에게 토지를 제공하고 그로써 폴리스 내부의 안정을 도모할 수 있었다. 고르기아스가 이민족과 전쟁을 명분으로 소아시아 그리스인들의 해방이나 그리스인들의 자유를 제시한 데 비해, 이소크라테스는 그것을 당시 그리스의 현실과 결부시켜 주장했다.

이소크라테스는 평생 동안 자신의 범그리스주의 이상의 구현을 위해 온갖 노력을 다하였다. 그러나 이소크라테스가 생존한 시대에는 그가 주장한 범그리스주의 이념이 구체적으로 실현된 사례는 보이지 않는다. 그가 자신의 계획을 실현시킬 수 있는 지도자로 주목한 국가나 개인들 중 어느 누구도 그의 호소에 귀를 기울이지 않았다. 후일 필리포스의 아들 알렉산드로스가 페르시아를 정복하여 이소크라테스가 바라던 소망이 실현되긴 했다. 그러나 그 과업은 폴리스체제를 통해 이루어진 것이 아니었다. 그것은 폴리스를 자신의 왕권 하에 통합시킨 거대한 왕국의 지배자가 한 일이었다.

소피스트 계몽주의와 '정치적 로고스(politikos logos)'로서의 수사학

박 규 철

의사와 수사학자를 놓고 군중들 앞에서 의사를 뽑으라고 하면 수사학자를 의사로 뽑을 것이다. 『고르기아스』 456b-c

I. 서론

최근의 철학적 흐름 중 가장 주목할 만한 경향은 소피스트 복원 운동이다. 헤겔에 의해서 시작되고 현대의 많은 연구가들(Gagarin, Guthrie, Kennedy, Kerferd, Poulakos, De Romilly, Schiappa, Sprague, Vickers)[1]에 의해서 활발하게 논의되고 있는 이 운동은, 한 편으로

1) Gagarin, Michael (1997). On the not-being of Gorgias's On Not-Being (ONB). Philosophy and Rhetoric, 30 (1), 38-40. Gurthrie, W. K. C., *A History of Greek Philosophy III*, Cambridge 1975. Kennedy, George A. (1991). Aristotle, on rhetoric: A theory of civic discourse. Oxford: Oxford University Press. Kerferd, G. B. (1981). The sophistic movement. Cambridge: Cambridge University Press. Schiappa, Edward, *Protagoras and Logos*, South Carolina, 1991. Sprague, Rosamond Kent (1972). The older sophists. Columbia: University of South Carolina Press. Poulakos, T. (1991). Speaking for the polis:

는 플라톤 이후 부정적으로 인식되어 온 역사적 인물들로서의 소피스트들에 대한 부정적인 이미지를 일소하는 방향으로 전개되고 있으며, 또 다른 한 편으로는 그리스 문화의 황금기에 그들이 제시한 정치적 기술로서의 수사학이 지금 현재 어떠한 의미를 지니고 있는지를 천착하는 방향으로 전개되고 있다. 다분히 소피스트들의 수사학과 그들의 철학적 사유를 긍정적·적극적으로 복원하자는 이 운동은 플라톤과 아리스토텔레스 이후 부정적으로 인식되어 온 소피스트 운동사에 대한 전면적인 반성을 요구하며, 특히 소크라테스와 플라톤이 수립한 하나의 전통, 즉 소피스트 수사학은 대중을 상대로 하여 억견만을 산출하는 설득의 기술[2]로서 학적 지식(에피스테메)과는 무관한 탈도덕적인 것이라는 전제에 대한 전면적인 반성을 요구한다.[3]

그런데 소크라테스와 플라톤의 이러한 비판이 완전히 잘못된 것은 아니다. 아테네 민주주의 사회에서 페리클레스의 정치참모였던

Isocrates' rhetorical education. University of South Carolina Press. Vickers, Brian (1988). In defence of rhetoric. Oxford: Claredon Press.

2) 수사학이 이성적 담론을 산출할 수 있는 훌륭한 기예로 인식되는 한, 그들이 수사학의 역사에 끼친 영향은 지대하다. 대체로, 철학자들이 소피스트들의 수사학을 거부하는 이유는 그것이 '학적 인식(epistēmē)', 즉 철학적 토대를 결여하고 있기 때문이다. 즉 절대적 지식인 에피스테메와 무관한 경험적인 앎만을 그들이 추구하고 있다고 판단되기 때문이다. 플라톤과 아리스토텔레스는 에피스테메를 언급하면서 수사학에 한계를 명확히 한다. 특히 플라톤에게 있어 절대적 지식은 수사학 적용의 선결 요건이다(파이드로스 265-66),

3) 역설적으로 플라톤만큼 수사학을 자유자재로 구사한 철학자도 없을 것이다. 국가만 보더라도 그것은 분명하게 드러난다. 국가가 액자소설의 형태를 띠고 있다는 것을 아는 사람은 그리 만지 않다. 그 가운데의 핵심을 차지하고 있는 태양의 비유, 선분의 비유, 그리고 동굴의 비유, 그리고 작품의 대미를 장식하는 에르의 신화는 모두 그의 수사학적 기교가 발휘된 것들이다. 그 자신이 그 누구보다도 뛰어난 수사학자인 것이다. 하지만 그런 그에 의해서 수사학은 쇠퇴한다는 것은 하나의 아이러니이다.

프로타고라스나 도시국가들을 오가며 정치적 책사 노릇을 했던 고르기아스를 생각해볼 때, 그들이 택한 정치적 입장이나 행보가 그리스 사회의 공통된 선을 추구하는 방향으로 진행되지 않았다는 것은 분명한 사실이다. 하지만 그럼에도 불구하고 그들을 서구지성사에서 존재해서는 안 되는 부도덕한 인물로 자리 매김하는 것은 매우 공정하지 못한 처사이며 매우 위험하기까지 한 발상이다. 왜냐하면 인류 역사상 최초의 계몽주의 운동이라고 할 수 있는 기원전 5세기의 소피스트 계몽주의 운동은 바로 프로타고라스나 고르기아스 같은 일급의 소피스트들에 의해서 주도되었으며, 광범위하게는 소크라테스라는 가장 걸출한 그리스의 철학자 역시 역설적으로 소피스트의 계몽주의 운동이 산출한 결과물이기 때문이다. 27-8편에 이르는 플라톤의 대화편 역시, 일류급의 소피스트들인 프로타고라스나 고르기아스 그리고 히피아스 같은 소피스트들과 플라톤의 스승인 소크라테스가 갖는 논쟁과 논전, 그리고 우정과 반목을 그리고 있기 때문이다. 그러기에 프로타고라스나 고르기아스 같은 소피스트들을 소크라테스 및 플라톤과 절대적인 대립관계로 설정하는 것은 역사적인 사실이 아닐 뿐만 아니라, 그리 유의미한 작업도 아니다. 오히려 그들을 소크라테스 · 플라톤 이전에 그리스 최초의 계몽주의 운동을 주도하고 '정치적 로고스(politikos logos)'로서 소피스트 수사학을 정립한 지식인들로 설정한다면, 이것이야말로 기원전 5세기 소피스트 운동을 연구하면서 우리가 읽어낼 수 있는 하나의 철학적 통찰일 것이다.

그런데 이러한 작업을 수행하기 이전에 우리가 반드시 짚고 넘어가야 할 것은 철학사에서 그동안 관습적으로 하나의 범주로 간주되어왔던 지식공동체로서의 소피스트 집단과 그들의 사상은 결코 하나의 범주로 규정화 될 수 없다는 것이다. 즉 그들이 아테네 시민이나 정치지망생들을 상대로 공개강의를 하고 수사학을 개인 지도

해서 거액의 수업료를 챙겼다[4]는 사실 말고, 그들을 이소크라테스의 수사학학교 학생들이나 플라톤의 아카데메이아 학생들처럼 하나의 지식공동체 또는 하나의 학파로 규정할 수 있는 개념적 장치는 결코 존재하지 않는다는 사실이다. 단지 우리가 분명하게 확인할 수 있는 것은 프로타고라스와 고르기아스, 히피아스와 프로디코스, 안티폰과 트라시마코스, 그리고 칼리클레스와 크리티아스를 포함한 약 26명의 소피스트들은 모두 아테네가 정치적으로 과두정 시기에서 민주정 시기로 이행하는 시기인, 즉 기원전 460년에서 380년 사이에 주로 아테네에서 활동했던 일군의 지식인들을 일컫는다는 것인데, 이는 동일한 스승 밑에서 동일한 교육목표를 성취하고자 했던 이소크라테스의 수사학 공동체나 플라톤의 아카데메이아 공동체와는 확연히 차별화되는 소피스트들만의 특징이라는 것이다. 이런 점에서 볼 때, 학파로서의 소피스트 공동체는 역사적으로 존재하지 않았으며, '궤변(sophism)'이라고 불리는 소피스트들의 철학적 사조 역시 역사적으로 실존했던 것은 아님을 알 수 있다.

사실상, 수사학과 연관해서 역사적 소피스트들이 수행하였던 작업은 아테네 시민들과 정치가를 꿈꾸는 청년들에게 '정치적 로고스'로서의 수사학을 가르쳤다는 것이다. 수사학과 연관하여 저술된 본격적인 대화편인 『고르기아스』에서 플라톤이 언급하는 통속적·공리적·부정적인 수사학과 달리, 프로타고라스를 포함한 일급의 소피스트들은 급변하는 아테네 정치세계에서 가장 효과적으로 통용될 수 있는 실용적인 기술을 제작하고 전수하는데 주력하였다. 그들이 목표로 하였던 것은 소크라테스적인 절대적인 진리도 아니었으며, 플라톤적인 순수한 지식도 아니었다. 오로지 그들은 타자와의

4) 사실 그들이 거액의 수업료를 받고 수사학을 가르쳤다는 것은 비난의 대상도 힐난의 대상도 아니다. 대부분 아테네 거주 외국인 신분이었던 소피스트들은 정치적 참정권을 소유하지 못한 불안정한 지식인들로 아테네에서 생활하기 위한 하나의 방편으로 수사학을 가르치고 돈을 받았던 것이다.

경쟁에서 타자를 설득하고 필요에 따라서는 타자를 효과적으로 지배하기 위한 실천적·실용적 기술로서의 수사학, 다시 말해서 정치적 기술로서의 수사학을 강조하였던 것이다.5) 이렇게 볼 때, 그동안 진리를 왜곡하는 부정적·파괴적인 기술로서의 수사학에 대한 오해와 편견은 불식되어야 하며 그 수행주체인 소피스트들에 대한 선입견 역시 타파되어야 한다. 아울러 인간의 유한성과 언어의 가변성, 그리고 문화의 다양성과 관점의 상대성을 인정할 줄 알고, 그것에 기반하여 정치세계의 합리성을 추구하였던 실천적 지식인으로서 소피스트들에 대한 진면목도 새롭게 조망되어야 한다. 이 글은 바로 이러한 목적의식 하에서 쓰여졌다.

소피스트의 계몽주의 운동과 정치적 기술로서의 수사학을 적극적으로 천착하기 위해, 이 장에서는 다음 두 가지 문제를 구체적으로 천착할 것이다. (1) 압데라의 프로타고라스가 제공한 그리스 소피스트 운동의 방향성과 그 철학적 기반은 무엇인가? (2) 철학에 대한 레온티니의 고르기아스의 비판과 설득의 장치로서 수사학이 지닌 궁극적인 의미는 무엇인가? 그리하여 이 글은 정치적 기술로서의 소피스트 수사학이 인간들 사이의 갈등을 해소시킬 수 있는 하나의 대안적 장치가 될 수 있음을 온전히 드러내는데 주력할 것이다.

Ⅱ. 소피스트 계몽주의 운동과 정치적 기술로서의 프로타고라스의 수사학

5) 롤랑 바르트에 의하면 최초의 수사학은 기원전 5세기경 시실리의 소유권소송에서 탄생했다고 한다. 플라톤 적어도 아리스토텔리스의 오르가논이나 변증론보다 더 오랜 역사를 가지고 있다는 것을 알 수 있다.

1. 도시국가의 발전과 소피스트의 계몽주의

굳이 아리스토텔레스의 말을 빌리지 않더라도 인간이 지성을 지닌 존재임은 분명하다. 그런데 지성을 지닌 존재인 인간이 인간다운 삶을 영위하기 위해서 가장 필요로 하는 것은 무엇보다도 의사전달의 수단 또는 소통의 기술로서의 수사학이다. 그리스 도시국가의 발전 및 민주주의의 확립과 밀접한 연관관계를 맺고 성장한 그리스 수사학은 기원전 5세기 소피스트들에 의해서 그리스 사회 전반에 확산되었다. 인류 역사상 최초의 계몽주의 운동 또는 지적 해방 운동이라 일컬어지는 '소피스트 운동'은 바로 이러한 수사학 발전의 결과물이다.

수사학이 지닌 소통의 능력은 삶의 자기파괴적인 측면 즉 대립이나 갈등을 적극적으로 배제하는 데에서 그 빛을 발한다. 사실 인간적인 삶에 있어서 대립이나 갈등을 원천적으로 배제하는 것은 불가능하다. 하지만 대립이나 갈등이 해소되지 않은 채, 지속적으로 진행된다면 자기 정체성이나 사회의 안정성은 유지되기 힘들 것이다. 경우에 따라서는 해체될 수도 있을 것이다. 그래서 어떠한 사회에서든지 개인이나 공동체의 안정성을 확보하는 것은 가장 시급한 과제 중의 하나로 부상되어 왔다. 소피스트의 수사학 역시 그리스 사회가 안고 있던 대립과 갈등을 중재하려는 노력의 일환으로 발전되어 왔다.[6)]

---

6) 물론 철학사에서는 소피스트들의 공적을 이와는 다르게 기록하고 있다. 가장 공통적인 것으로는 철학적 논의의 중심을 자연학으로부터 인간학으로 옮겨놓았다는 것이다. 사실 소피스트들의 철학사적 중요성은 과거의 그 어느 때보다도 훨씬 더 많이 강조되고 있다. 서양철학의 논의의 물줄기를 자연학으로부터 인간학으로 바꾸었다는 것 말고도, 그들은 언어와 문법론, 신과 자연 그리고 인간의 기원에 관한 문제, 수학과 문학비평, 우주에 관한 물리적 이론 탐구, 그리고 인간과 사회에 대한 윤리학적 정치학적 학설 등

사실 소피스트들의 수사학은 그리스 도시국가의 발전과 밀접한 연관을 맺고 있다. 기원전 800년경에 출현한 그리스의 도시국가들은 그리스인들의 삶의 양식과 사회적 관계망들을 새롭게 변화시켰다. 정치 체제 또한 급변하였다. 왕정이 폐지되고 과두정이 등장하였으며, 과두정이 폐지된 뒤에는 민주정이 등장하였다. 귀족이 아닌 최하위층의 사람들도 정치 세계에 참여하여 시민으로서의 권리를 누렸다. 시민들의 이익을 대변하는 수사학에 대한 요구 역시 증대되었다. 그리고 연설과 토론이 중심이 되는 공적인 사회도 형성되었으며, 또한 그것을 체계적으로 가르치는 전문가들도 등장하였다. 특히 민주 정체 하의 페리클레스의 지도력이 그 황금기를 맞이하였을 때에는 수사학이 다른 그 어떤 학문보다도 더 결정적인 것으로 간주되었다. 이처럼 소피스트 수사학은 도시국가의 발전 및 민주정체의 확립과 밀접하게 연관되어 있는 것이다.

그런데 역사적으로 볼 때, 수사학은 토지소유권 분쟁[7]을 해결하기 위한 사회정치적인 배경 하에서 탄생되었다. 기원전 5세기 시라쿠사에서는 겔론(Gelon)과 히에론(Hieron)의 참주정치가 종식되고 새

을 탐구하고 가르쳤다.

7) 수사학의 기원과 관련하여 롤랑 바르트가 작성한 "옛날의 수사학"이라는 논문은 잘 정돈된 정보를 우리에게 전달해 준다. 기원전 485년 경 겔론(Gelon)과 히에론(Hieron)이라는 두 명의 시칠리아 참주는 시라쿠사에 사람이 살도록 함과 아울러, 용병들의 몫으로 토지를 나누어주기 위해 강제이주와 인구이동 그리고 토지수용 정책 등을 추진하였다. 그러나 그들이 민주주의의 봉기에 의해 전복되었을 때에는 시민들의 토지소유권이 모호해졌기 때문에 많은 법정 소송들이 발생하였다. 그런데 이러한 소송들은 과거의 것과는 다른 유형의 것이 되었다. 이런 소송에 저명한 민간 배심원들이 동원되었으며 다양한 화술 능력이 강조되었다. 그리고 이에 대한 교육의 중요성도 증대되었다. 이렇게 하여 탄생한 새로운 학문이 바로 수사학이다. 수사학의 초기 구성원들로는 엠페도클레스, 코락스, 티시아스가 있다. 자기를 변호하는 시민들의 분쟁 덕분에 아테네에서는 수사학 교육이 빠르게 확산되었다.

로운 민주주의 시대가 열렸으나, 토지소유권 분쟁으로 인한 법정소송이 끊이지 않았다. 그런데 이러한 소송들은 과거의 법정소송과는 전혀 다른 양상을 보였는데, 그렇다보니 이 소송에는 다양한 화술능력을 가진 저명한 연설가들이 동원되기 시작하였다. 그리고 그러한 연설 능력에 대한 교육 역시 강조되었다. 이렇게 하여 탄생된 것이 수사학이고, 바로 그러한 수사학에 대한 교육이 그리스의 정치 시스템 자체를 새롭게 바꾸었다.[8)]

하지만, 수사학의 이러한 사회정치적인 측면과 함께 우리가 반드시 언급해야 할 것은 수사학의 철학사적, 지성사적 측면이다. 인류역사상 최초의 지적 해방 운동이라고 알려진 기원전 5세기 그리스의 계몽주의 운동을 성공으로 이끈 문명은 바로 그리스 문명이며, 그 중심에는 프로타고라스를 비롯한 소피스트들이 포진하고 있다. 비록, 종교적 깊이에 있어서는 히브리인들이 그리스인들보다 더 뛰어나고, 신화적 상상력에 있어서는 인도인들이 그리스인들보다 더 탁월하다고 알려져 있는데도, 계몽주의적 측면에서만큼은 그리스 문명이 다른 그 어느 문명권의 민족들보다 더 뛰어난 통찰을 소유하고 있다. 플라톤에 의해서 소피스트와 소크라테스가 엄격하게 구분되기 전까지는, 그리스 사람들에게는 소크라테스 역시 소피스트

8) 그리스 사회에서 모든 시민들은 민회나 법정에서 자신들의 이익을 보호하고 타자의 논지를 약화시킬 목적으로 설득력 있게 연설하고 명확하게 논쟁하는 방법을 배웠다. 공개적으로 연설하고 논쟁하는 기술은 그리스 사회가 민주주의로 발전해가면서 더욱 더 필요하고 소중한 것이 되어갔다. 그리고 그것을 가르치고 전파하는 데에는 언제나 소피스트들이 자리하고 있었다. 페리클레스가 통치하던 아테네 민주주의의 황금기에 그토록 많은 그런데 그리스 도시국가라는 공적 공간 속에서 소피스트들이 우선적으로 가르쳤던 것은 인간을 설득하고 행위를 지배하는 기술이었다. 그리고 이것들은 일차적으로 도덕성을 배제한 수사적 책략들이었다. 말 잘하고 논쟁에서 이길 수 있는 것이 인간이 도달할 수 있는 최고의 상태 아니겠냐고 소피스트들이 말할 때, 그들의 생각 속에는 단순한 언어학적 문제가 아니라 인간 행위의 전반적인 양식과 구조를 밝히고자 하는 더 큰 목적의식이 있었던 것이다.

운동의 구성원들 중의 한 사람으로 이해되고 있는 것만 보더라도, 우리는 기원전 5세기의 소피스트들이 이룩한 지적 해방 운동이 어떠했는가를 이해할 수 있다.[9] 현대에는 비합리주의적 경향을 지닌 철학들의 영향으로 인하여 최초의 계몽주의 운동에 대한 철학사적, 지성사적 의미가 정당하게 평가받고 있지는 못하나, 소피스트들이 이룩한 지적 해방 운동이 인류의 정신성을 발전시킨 위대한 사건 중의 하나라는 것은 부인하기 힘든 사실이다. 그 결과, 인류는 신화의 시대로부터 지성의 시대로 이행하였으며, 모든 철학적 활동 역시 소피스트 계몽주의의 철학적 세례를 받고 있다.[10]

계몽주의 철학의 관점에서 볼 때, 소피스트 운동의 공적은 우주에서의 인간의 본질과 그 위상에 대한 본격적인 탐구이다. 전통적인 종교에 대한 엄격한 비판, 소피스트 이전의 자연철학에 대한 전면적인 거부, 그리고 인간을 세계의 중심으로 새롭게 인식하는 인간중심의 철학 등은 소피스트 철학이 다른 철학과 구별되는 명확한 표식들이다. 특히 인간 정신의 기원과 행위의 근거에 대한 소피스트들의 탐구는 파르메니데스로 대표되는 자연철학의 시대를 종식시키고 사회적 존재로서의 인간존재론에 대한 탐구를 가능하게 하였다. 또한 그들은 인간 지식의 기원과 지각의 의미, 진리의 본성과 사고와 실재의 관계, 진리에 대한 지식사회학적 접근과 역사발전과 진보에 대한 신념, 사회공동체의 성격 규명과 법률과 처벌의 정당

9) 이것과 연관해서는 아리스토파네스의 구름을 보라.

10) 서구철학사에서 수사학과 철학 간의 대립은 오랜 역사를 지니고 있으며, 수사학에 대한 철학의 비판에는 철학자 플라톤이 있었다. 엄격히 말해, 플라톤의 철학함은 소피스트들이 이룩한 계몽주의의 한계를 극복해보자는 반성의 철학이라고 할 수 있는데, 그 반성의 한 가운데에는 초월적인 그의 이데아 철학이 자리잡고 있다. 수사학은 진리를 가장한 거짓된 기술이고 수사학에 종사하는 사람들은 청중들을 기만하는 자들이라는 생각은 바로 플라톤이 확립한 생각인 것이다. 그 후, 플라톤의 이러한 비판은 일반인들로 하여금 수사학에 대한 부정적인 인식을 확립시켰다.

성 및 그 기반에 대한 탐구, 그리고 교육의 본성과 목적 등을 탐구하였다. 소피스트들의 이러한 탐구영역은 현대의 철학적 경향들과 비교해 보아도 전혀 손색이 없는 문제의식들이다. 이처럼 소피스트들의 철학은 페리클레스로 대표되는 그리스 민주정의 황금시기를 가능하게 한 원동력이었다.

이처럼, 소피스트와 고르기아스로 대표되는 소피스트들에 의해서 그리스는 수사학이 지배하는 사회로 정립되어갔다. 그리스 사람들 역시 연설이나 웅변의 전문가들로 성장해갔다. 특히, 공개토론 내지 공적인 논쟁 뒤에 승자에게 주어지는 다양한 이익과 권력 등은 그리스 사람들을 더욱 더 수사학에 열광하게 만든 장치이기도 하였다. 이제 우리는 프로타고라스를 통해서 그 진면목을 살펴보도록 하자.

2. 프로타고라스의 인간론과 정치철학

프로타고라스는 고르기아스와 함께 가장 강력한 소피스트로 주목받는다. 그는 페리클레스의 정치참모로 일하면서 아테네 민주정치의 황금기를 가능하게 한 이론적 기반을 제공하였다. 신과 진리 그리고 국가경영에 관한 다양한 이론들을 제시하는 것과 아울러, 마그나 그라시아의 작은 도시국가 튀리이의 헌법을 기초하기도 하였다. 자연과 우주를 주된 탐구 대상으로 하던 이전의 자연철학자들과 일정한 거리를 유지하면서, 인간과 사회를 연구하였다. 이런 점에서 그는 자연철학자가 아니라 정치철학자인 것이다. 비록 국가경영과 진리 그리고 신에 대한 대부분의 저작들은 지금까지 전해지지 않으나, 현존하는 몇 개의 단편들은 인간과 도시국가에 대한 그의 뛰어난 통찰을 보여주기에 충분하다.[11]

가장 먼저 주목해야 할 것은 신들에 대해서는 확실성 있는 어떠한 앎도 존재하지 않는다는 그의 제4단편[12])이다. 신에 대한 불가지론적 입장을 연상케 하는 이 언급은 현대적인 종교비판의 성격을 띠고 있다.

> "신들에 관해서 나로서는 그들이 존재하는지 또는 존재하지 않는지를 또한 그들이 어떠한 모습을 하고 있는지를 알 어떠한 가능성도 가지고 있지 않다. 왜냐하면 그와 같은 지식에 이르는 데에는 그 존재 자체의 불분명함과 인생의 짧음을 포함하여, 많은 장애물이 있기 때문이다."(단편4)

프로타고라스에 의하면, 인간은 유한한 존재이다. 영생불사하지 않기 때문이다. 인간의 존재가 유한하기에 인간의 인식 또한 유한할 수밖에 없다. 감각을 사용하든 간에 아니면 이성을 사용하든지간에 인간의 인식은 유한하고 제한적일 수밖에 없다. 그런데 신은 인간의 인식을 초월한 절대적인 존재이다. 어떠한 감각적 접근도 이성의 논증도 허락하지 않는 절대적인 존재인 것이다. 그러기에 프로타고라스는 인간의 구체적인 생활세계 속에서는 신이 경험적인 방법으로도 그리고 이성적인 방법으로도 파악될 수 없는 불가지적 존재란 것을 말하고 있는 것이다.

그런데 신에 대한 프로타고라스의 이러한 불가지론적 해석은 고

---

11) 역사적으로 전해지는 프로타고라스의 단편들은 "인간은 만물의 척도이다"라는 인간척도명제와 신에 대한 불가지론적 입장을 피력하는 짤막한 '신론' 등이 있다. 플라톤은 『프로타고라스』와 『테아이테토스』를 통하여 프로타고라스에 대한 이야기들을 전해주고 있다. 하지만 그것은 플라톤의 눈을 통해서 본 프로타고라스의 모습이지 역사적 프로타고라스에 대한 온전한 기록은 아니다. 그런데도 플라톤의 언급은 프로타고라스 연구에서 배제시킬 수는 없다. 특히, 『테아이테토스』에서 언급되는 프로타고라스의 인식론은 파르메니데스의 순수철학을 전도시키면서 낙관적 계몽주의자 프로타고라스의 전략을 치밀하게 분석한 플라톤의 업적 중의 하나이다.

12) 소피스트와 연관된 단편번호는 DK의 체제를 따른다. 이하 DK는 생략한 채 단편번호만을 명기한다.

대 아테네 사회에서 종종 무신론자로 오해되어 왔다. 하지만 그것은 잘못된 해석이다. 왜냐하면 프로타고라스에게 내려진 무신론자라는 죄목은 경쟁자를 제거하기 위한 정치적 전략에서 행해진 판단이었기 때문이다. 종종 불경(asebeia) 죄로 고소된 많은 지식인들의 경우가 그러한데, 우리는 그러한 범주에 속하는 사람들로 프로타고라스, 소크라테스, 페이디아스(Peidias), 아낙사고라스, 에우리피데스, 그리고 테오도로스 등을 확인할 수 있다.

케퍼드에 의하면(1981), 프로타고라스가 쓴 대부분의 저작들은 그가 재판에서 불경죄로 유죄를 선고받고 난 뒤, 아고라에서 불태워지는 인격적인 수모를 겪었다고 전해진다. 그런데 이것은 당시 소피스트 일반에 대한 아테네인들의 적대감이 어느 정도였는지를 보여주는 하나의 역사적인 사례이기도 하다. 왜냐하면 펠로폰네소스 전쟁을 주도한 페리클레스의 몰락 이후, 그를 후원하였던 소피스트들에 대한 아테네 시민들의 분노는 절정에 이르렀고 그 분노의 중심에는 프로타고라스가 자리 잡고 있었기 때문이다. 그러기에 프로타고라스에게 내려진 무신론자라는 죄명은 펠로폰네소스 전쟁을 패배로 이끈 정치지도자에 대한 아테네인들의 정치적인 심판의 성격을 띠고 있는 것이다.

프로타고라스의 철학에서 신은 존재하지 않는다. 신이 존재하지 않기 때문에 그의 철학에는 인간 경험을 초월하는 원칙, 즉 파르메니데스의 존재라든가 플라톤의 이데아 같은 초월적인 법칙은 존재하지 않는 것이다. 그런데 신이나 초월적인 법칙이 존재하지 않는데 우리는 어떻게 판단하고 행동할 수 있는가? 그리고 정의니 법이니 하는 것들을 언급할 수 있는가? 이에 프로타고라스는 그것이 인간에 의해서, 인간의 규약에 의해서 가능하다고 주장한다. 그리하여 도시국가의 시민들이 만든 법이 옳다고 하면 옳은 것이고, 그르다고 하면 그른 것이 되는 것이다. 신이 없는 세상에서는 인간이 신을 대신하는 것이다.[13] 다음은 인간이 삼라만상의 기준점임을 언급하고 있는 그의 제1단편이다.

> "인간(anthropos)은 만물(panton chrematon)의 척도(metron)이다. 존재하는(-인) 것들에 대해서는 그것들이 존재한다(-이다)는 것(ton men onton, hos esti)의, 존재하지 않는(-이지 않은) 것들에 대해서는 그것들이 존재하지 않다(-이지 않다)는 것(ton de me onton, hos ouk estin)의 척도이다."(단편 1)

이 저술의 제목은 플라톤의 저술(『테아이테토스』 161c)에는 『진리』라고 제시되어 있다. 반면에 섹스투스 엠피리쿠스는(DK 80A1) 그것이 『전복 논변 *The Overthrowing Argument*』의 앞부분에 나왔다고 말한다. 『전복 논변』은 아마도 『진리』의 다른 이름일 것이다.(커퍼드 143) 흔히 철학사에서 '인간척도설'이라고 알려진 이 명제는, 커퍼드의 분석처럼, 기원전 5세기부터 현재에 이르기까지 논란의 대상이 되어왔던 명제 중의 하나이다.

그런데 이 논란의 중심에는 프로타고라스의 '인간' 개념이 자리잡고 있다. 과연 그가 말하는 인간이 경험의 주체로서의 개별적인 인간을 말하는 것인가, 아니면 유적 존재로서의 인간이나 인류 같은 보편적인 인간을 말하는 것인가 하는 것이 논의의 초점이었던 것이다. 우선 전자의 해석에 의하면 프로타고라스의 인간이 진리 인식의 주체이며 그러한 인간 주체는 철저하게 개인적이고 주관적이라는 것이 강조된다. 프로타고라스에 의하면, 폴리스 공동체에는 인간의 경험을 뛰어넘는 초월적 도그마가 존재하지 않는다. 인간이

13) 꼬집어 이야기하자면 신에 관한 프로타고라스의 입장은 '불가지론'에 가깝다. 그러기에 그의 종교관은 근대적인 의미의 무신론과 동일시되어서는 안 된다.

좋다고 하면 좋은 것이고 나쁘다고 하면 나쁜 것이다. 시공간을 벗어난 초월적인 도그마가 존재하는 것은 아니다. 지각 가능한 인간의 모든 능력은 경험 속에 있으며, 우리에게 주어지는 법칙이나 법률 모두 인간이 구성해낸 것이다. 선천적으로 주어지는 것은 아무것도 없다. 프로타고라스는 상식을 중시하는 현실의 철학자이다.[14)]플라톤의 『테아이테토스』[15)]가 이런 해석을 가능하게 한 논거로 제공되고 있다. 하지만 이런 해석에는 아테네 공동체의 보편적인 정치질서를 수립하고자 하였던 정치철학자로서의 프로타고라스의 본래 의도를 은폐시키는 심각한 문제점이 내재되어 있다. 비록 프로타고라스의 상대주의 철학에 고르기아스 류의 회의주의적 철학이나 나아가 자기모순적인 측면이 없는 것은 아니나, 상대주의적 철학을 전개하는 그의 본래적 의도가 인간 경험에 근거하여 폴리스 공동체의 정치적 기반을 마련하고자 하였던 것임을 생각해 볼 때, 그에 대한 과도한 비판은 다분히 전략적인 차원에서 전개된 것임을 알 수 있다. 그러기에 경험의 주체로서 프로타고라스의 인간은 폴리스 공동체의 규칙과 법률을 부정하지 않는 인간으로서의 개별자인 것이다.

---

14) 인식론과 연관해서, 프로타고라스는 개별적 인식주체로서의 구체적인 인간의 경험을 강조한다. 특히 감각 경험에서 인간의 주관성과 상대성이 중요하게 대두된다.

15) 플라톤 『테아이테토스』에서 프로타고라스의 생각을 "지식은 지각 이외의 다른 것이 아니다(151d-e)" 또는 "사물들이 나에게는 나에게 보이는 대로이고, 너에게는 너에게 보이는 대로이다(152a-b)"라고 정리한다. 하지만 프로타고라스의 논리대로라면 사람이 아닌 돼지도 만물의 척도가 될 수 있다.(161c). 그런데 이러한 진리의 상대성은 프로타고라스 자신의 진리마저 상대화시키며, 그것이 거짓일 수 있는 가능성까지도 함축한다. 이것은 심각한 자기부정이자 자기모순이다. 풍자임에도 불구하고, 프로타고라스에 대한 플라톤의 심각한 비판이다. 그러기에 플라톤은 『법률』 제4권에서 프로타고라스의 인간척도설에 반대하여 "우리 눈에는 신이 만물의 척도일 것입니다. 사람들이 흔히 말하는 것처럼, 인간이 만물의 척도는 아닙니다(716c)"라고 말하는 것이다.

그런데 이러한 해석은 자연스럽게 프로타고라스의 인간 개념이 유적 존재로서의 보편적 인간이라는 후자의 해석과 연결된다. 즉 프로타고라스가 말하는 인간은 한 편으로는 경험의 주체로서의 개별적인 인간을 의미하나, 또 다른 한 편으로는 폴리스 공동체의 척도로서 보편적인 인간을 뜻한다. 플라톤 역시 프로타고라스 인간 개념이 지닌 이러한 이중성을 잘 알고 있다. 왜냐하면 그는 『테아이테토스』를 통하여 프로타고라스의 인간 개념이 지닌 자기 모순적인 측면을 적극적으로 드러내고 있으나, 『프로타고라스』를 통하여서는 프로타고라스의 인간 개념이 지닌 보편적인 성격을 적극적으로 드러내고 있기 때문이다. 다음은 도시국가에 필수불가결한 정치적 기술인 '타자에 대한 존경심'(aidōs)과 '정의'(dikē)를 언급하면서 프로타고라스 자신이 강조하고 있는 인간의 보편적인 덕성에 대한 언급이다.

> "프로메테우스는 인간에게 생명을 보존 할 수 있는 방법을 마련해주려고 하였으나 난감해 하는 중에, 헤파이스토스와 아테네에게서 불과 함께 실제적인 기술 중에서 지혜를 훔쳐서 인간에게 주었네 - 만약 불이 없다면, 이런 종류의 지혜는 사실상 무용할 것이기에- 그리하여 인간은 이러한 방법으로 일상적인 삶을 영위하는 지혜는 확보할 수 있었으나, 도시국가를 영위하는데 필요한 지혜는 얻지 못하였네. 왜냐하면 이것은 제우스 신이 가지고 있었기 때문이었네. 프로메테우스는 제우스가 있는 성 안으로는 출입하는데 자유롭지 못하였으며, 제우스의 호위병들 또한 무시무시한 존재들이었네. 하지만 그는 헤파이스토스와 아테네의 기술을 찾아내기 위해 그들이 같이 사용하고 있는 건물로 몰래 들어가 헤파이스토스와 아테네로부터 불과 지혜를 훔쳐서 그것들을 인간들에게 나누어 주었네. 이렇게 하여 인간은 생존에 필요한 것은 얻게 되었지만, 프로메테우스는 뒤에 에피메테우스의 과실로 인해 절도혐의로 고발되었다고 하네.
>
> 이리하여 인간은 신적인 성품을 나누어 가지게 되었네. 우선 인간은 무엇보다도 신과 가까운 존재이어서, 여러 신들을 위해 제단을

쌓고 성상을 만들어 그들을 섬긴 유일한 존재가 되었네. 그리고 두 번째로 인간은 자신의 기술에 의해서 음성을 구별하게 되었고 여러 가지 말을 만들어 내었으며, 집이나 의복이나 신발이나 침대, 그리고 그 밖에 땅에서 난 곡식을 식량으로 삼게 되었네. 인간은 자기 자신을 위해 이와 같은 것을 갖추었지만, 처음에는 흩어져서 살았기 때문에 어떠한 도시국가도 존재하지 않았네. 그 결과 인간들은 모든 면에서 야생 동물들보다 약했기 때문에 그들의 희생물이 되고 말았네. 그리고 인간들의 제작 기술은 먹고 사는 데는 충분한 도움이 되었으나 야생 동물들과 싸우기에는 미흡하였네. 이처럼 인간들은 싸움의 기술을 비롯하여 '정치적인 기술'(politikē technē)은 갖고 있지 못하였네. 그리하여 인간들은 서로 모여 도시 국가를 건설함으로써 자신들의 생명을 보존하고자 하였네. 하지만 함께 모여 살게 되었을 때, 그들은 정치적 기술의 결핍으로 인하여 서로가 서로에게 해를 가하였으며, 그 결과 또다시 흩어져 멸종될 지경에 이르고 말았네. 그래서 제우스 신은 인간이라는 종족이 완전히 멸종되는 것을 염려한 나머지, 헤르메스를 보내어 인간들에게 '타자에 대한 존경심'(aidōs)과 '정의'(dikē)를 나누어주었네. 도시국가에 질서를 가져오고 우정으로 뭉치게 하기 위해서였네. 그 다음에 헤르메스는 제우스에게 어떠한 방식으로 인간들에게 이 타자에 대한 존경심과 정의를 나누어 줄 것인지를 물어보았네. '기술들이 분배된 것처럼 이것들도 분배 할까요? 의술을 가진 한 사람이 많은 사람들을 치료하듯이, 그리고 다른 기술자들의 경우에서와 마찬가지로, 타자에 대한 존경심과 정의도 이러한 방법으로 나누어주어야 합니까, 아니면 모든 사람들에게 골고루 나누어주어야 합니까?' '모든 사람들에게.' 제우스가 말했습니다. '모든 사람들로 하여금 자신들의 몫을 가지게끔 하라. 왜냐하면 다른 기술처럼 일부 소수의 사람들이 이러한 덕들의 몫을 가지게 된다면, 결코 도시국가는 형성될 수 없을 것이기 때문이네. 그리고 이러한 덕들을 획득하지 못하는 사람은 도시국가의 재앙으로 간주하여 사형에 처해야 한다는 것을 내 이름으로 된 법률로 만들도록 하게.'"

이 언급에서 프로타고라스는 도시국가의 정치주체인 개별적 시민들의 보편적 사회성을 가능하게 하는 정치적 기술을 강조한다. 주지하다시피, 제우스의 권위에 의지해, 프로타고라스는 타자에 대한 존경심과 정의라는 정치적 기술이 모든 인간에게 공통적으로 존재하는 것임을 주장한다. 소수의 사람들에게만 부여되었던 대부분의 기술들과 달리, 그는 정치적 기술은 모든 사람들에게 보편적으로 구비되어 있음을 언급한다. 그리고 이러한 보편적인 덕성이 개별적 인간들의 사회적 활동을 가능하게 하는 도덕적 근거임을 밝힌다.

그런데 프로타고라스가 언급하는 인간의 보편적 덕성은 특수성과 상대성까지도 포함하는 보편성이다. 왜냐하면 그가 강조하는 인간의 보편적 덕성은 각각의 도시국가가 지닌 특수한 상황들을 배제하는 않는 범위 내에서 형성되기 때문이다. 이런 점에서 프로다고라스적인 보편적 덕성은 플라톤적인 보편성과는 엄격하게 차별화된다. 잘 알다시피, 이데아와 같은 플라톤적인 보편성은 개별 인간 및 개별 도시국가들의 특수성과 상대성을 완전히 초월하는 지점에서 성립하는데 반해서, 프로타고라스적인 보편적인 덕성은 현실에 존재하는 개별적인 도시국가들의 상황을 고려하기 때문이다. 즉 그는 도시국가의 관습이나 전통 그리고 개별시민들의 상식이나 통념 등을 거부하지 않는다. 오히려 관습이나 상식에 합리적 근거를 제시하려고 한다. 그런 점에서 그는 민주주의를 옹호하는 건전한 합리주의이다.

무엇보다도 프로타고라스의 개방적인 사유방식은 그의 민주주의적 사상에 기반하고 있다. 그는 아테네 민주정치의 전성기를 이룩한 페리클레스의 핵심 정치 참모였다는 것을 이미 잘 알려진 사실이다. 그러기에 그는 민주정체에 대해서 대립각을 세웠던 플라톤과 달리, 민주정체에 대해서 항상 긍정적인 시각을 유지하였으며 그 민주정체에 확고한 이론적 토대를 마련하고자 노력하였던 것이다. 비록 페리클레스 사후 그의 정치적 생명도 그리 오래 가지는 못했지만, 그가 상식을 강조하던 유연한 합리론자였다는 것은 부인할 수 없는 사실이다.

상식을 강조하는 프로타고라스의 모습은 파르메니데스의 제자인 제논과의 논쟁에서도 잘 드러난다. 주지하다시피, 제논은 스승 파르메니데스의 존재 개념을 입증하기 위하여 현상세계의 운동과 변화를 부정한 사람이다. 특히, 궤변에 가까운 그의 논리는 오랫동안 철학자들의 머리를 아프게 해 온 유명한 이야기로 전해오고 있다. 그런데 파르메니데스와 제논의 현실 부정의 철학은 프로타고라스의 현실긍정의 철학과 충돌할 수밖에 없다. 특히, 민주정체는 폴리스 시민들의 일반적인 상식에 근거해 있는데, 파르메니데스나 제논처럼 시민들의 건전한 상식을 전면적으로 부정하고 만다면, 민주정체는 그 이론적인 토대를 상실하고 말 것이기 때문이다. 그리하여 프로타고라스는 제논과 후일 '좁쌀논쟁'이라고 알려진 아주 재미있는 논쟁을 펼치게 되는데, 그 이야기의 논쟁점은 다음과 같다. 즉 좁쌀 2말을 떨어뜨렸을 때에는 사람들이 들을 수 있을 정도의 큰 소리가 나는데, 과연 좁쌀 한 개를 떨어뜨렸을 때에도 소리가 나느냐 하는 것이다. 이 문제에 대한 두 사람의 답변이 흥미로운데, 그 이유는 상식을 거부하는 논리주의자 제논은 1개/2말 만큼의 소리가 난다고 주장하나, 상식을 옹호하는 현실주의자 프로타고라스는 어떠한 소리도 나지 않는다고 주장하기 때문이다. 즉 프로타고라스에게 있어 1개/2말 만큼의 소리는 들리지 않는 거나 마찬가지인 것이다.(DK29A29).

이처럼 프로타고라스는 철저하게 상식을 옹호하는 현실주의적 정치철학자이다. 그의 이러한 시각은 아테네를 포함한 그리스 전반의 민주주의 발전에도 크게 기여한다. 특히, 모든 시민들이 도시국가를 유지 하고 발전시킬 수 있는 정치적 기술을 보편적으로 소유하고 있다는 그의 언급은 아테네 민주정체에 형이상학적인 기반을 제공한다. 아울러 그는 당대 소피스트들의 관심사항, 즉 민주정치와 소피스트들의 상대주의적 철학을 매개시키고자 노력하였다. 이미 기원전 5세기 그리스 사회는 민주주의 하에서 소피스트들의 상대주의적 철학이 그 힘을 발휘하고 있을 때이다. 소피스트인 프로타고라스 자신이 페리클레스의 핵심 정치참모를 맡고 있었다는 사실만 보더라도, 상대주의적 인식론이 아테네 민주정치의 근간이 됨을 알 수 있다. 이처럼 프로타고라스의 철학은 소피스트들의 철학과 아테네 민주정치의 결합을 가능케 한 이론적 원동력인 것이다.[16)]

3. 프로타고라스의 수사학 교육

타자에 대한 존경심과 정의는 프로타고라스가 강조한 폴리스 구성원들의 대표적인 정치적 품성이다. 그리고 그러한 품성은 인간이라면 누구나 가지고 있는 보편적인 것이다. 즉 인간은 보편적인 덕성을 지닌 도덕적인 존재인 것이다. 그런데 프로타고라스는 그러한 도덕적인 품성이 선천적으로 주어지는 것이 아니라, 소피스트적 교육을 통하여 후천적으로 교육될 수 있다고 생각한다. 하지만, 소크라테스의 생각은 그와 다르다. 그는 소피스트적 교육에 의해서는 인간의 덕성이 가르칠 수는 없다고 생각한다. 프로타고라스가 덕성의 교수가능성에 대해서 긍정적인 입장을 취하고 있는 것과 달리, 그는 덕성의 교수가능성에 대해서 부정적인 입장을 취하고 있는 것이다. 그렇지만 프로타고라스는 덕성의 교수가능성에 대한 자신을

---

16) 프로타고라스의 인간척도설과 존재론의 아버지 파르메니데스 철학과는 대립한다. 왜냐하면 파르메니데스는 인간의 경험을 오류의 원천으로 본 데 반해서, 프로타고라스는 인간과 관련된 사태에 있어서 그 사태가 어떠하든지간에 인간의 경험이 척도임을 주장하고 있기 때문이다. 그리하여 프로타고라스는 순수지성에 의해서만 파악되는 파르메니데스적 진리에 맞서 경험을 기초로 한 판단, 즉 독사(doxa)의 세계를 옹호하고 있는 것이다.

주장을 포기하지 않는다. 다음은 그의 논지가 담긴 두 사람의 대화이다.

"그럼, 다음과 같은 나의 말은 정말이네. 덕과 관계된 일이라면 모든 사람들을 조언자로서 받아들일 만한 충분한 이유가 있네. 모든 사람들은 덕을 지니고 있다는 자신들의 믿음 때문이네. 또한 사람들은 덕을 선천적이거나 자발적인 것으로 간주하지 않고, 오히려 그것을 획득하고자 하는 사람의 배움과 주의력에 의해서 획득되어지는 어떤 것으로 간주하지는 않네. 이것에 대해 나는 자네에게 설명해보고자 할 것이네. 선천적인 것이나 우연에 기인하는 것으로 생각되는 모든 악한 것들의 경우에 대해서 노여워하는 자는 없네. 그리고 사람들은 그러한 잘못을 바로잡아주겠다는 의도에서 사람들을 훈계하거나 가르치거나 징계하지는 않는다네. 오히려 그러한 사람들에게 연민만을 느끼지. (…) 소크라테스여, 잘못을 저지른 사람을 징계하는 것에 대한 참된 의미는 사람들이 덕이란 것을 훈련을 통해서 획득되어지는 것으로 간주한다는 사실에 놓여 있네. 왜냐하면 어느 누구도 잘못을 저지른 사람이 잘못했다는 단순한 사실을 고려하여 잘못을 행한 사람을 징계하는 사람은 없을 것이기 때문이네. 물론 야수처럼 무자비한 복수를 하려는 자는 예외이지만 말이네. 하지만 합당하게 징계하려는 사람은 과거의 잘못 때문에 복수하는 것은 아니네. 왜냐하면 지난날의 잘못은 원래대로 되돌릴 수 없기 때문이네. 오히려 그는 미래를 보고 있다네. 그리고 징계를 받는 사람이나 징계 받는 것을 보는 사람 모두, 또 다시 그런 잘못을 저지르는 것을 막으려는 데 그 목적이 있네. 억제하는 것으로써 징계에 대한 이러한 태도는 덕이란 것이 배워질 수 있는 것임을 함축하네. 그리고 이것은 공적인 영역에서나 사적인 영역에서 징계하려는 모든 사람들의 태도이네. 모든 사람들은 잘못을 저질렀다고 생각하는 사람들에게 보복을 가하거나 징계를 하는데, 당신의 동료시민들인 아테네 사람들은 더욱 더 그러하네. 그러므로 나의 논증에 의하면, 아테네 사람들 또한 덕이란 것이 획득되어질 수 있고 가르칠 수 있는 있다고 생각하고 있는 사람들이네."(323d-324c)

여기에서 프로타고라스는 다음 3가지 사항을 이야기한다. 첫째, 덕은 성실한 훈련을 통하여 획득되어질 수 있다. 둘째, 징계는 잘못된 행위를 한 사람을 벌주는 것인데, 이러한 징계행위의 궁극적인 목적은 폴리스 시민들이 악행을 저지르지 못하게끔 억제하는 데 있다. 그런데 이러한 징계 행위의 근본 전제는 바로 인간의 덕성이란 가르쳐질 수 있다는 생각이다. 셋째, 덕은 교육을 통하여 획득되어질 수 있다. 이처럼 프로타고라스는 교육에 의한 덕의 교수가능성을 적극적으로 옹호한다.

> "그들은 어렸을 때부터 죽을 때까지 자녀들을 가르치고 훈계하네. 어린애들 중의 하나가 사람들의 말을 알아듣게 되면, 유모나 부모 그리고 선생이나 아버지는 그 애가 뛰어난 사람이 되도록 애를 쓰네. 애들이 말하고 행동하는 하나하나에 대해서, 그들은 어린애들을 가르치네. 이것은 옳고 저것은 그르며, 하나는 고귀하나 다른 하나는 천하고, 하나는 경건하나 다른 하나는 불경하고, 이것은 해야 하나 저것은 하지 말아야 한다고 말이네."(325c-d)

우선, 프로타고라스에게 있어 교육은 부단한 훈련의 과정을 동반하는 활동이다. 선천적인 재능이나 요행은 그에게 중요한 요소가 아니다. 뛰어난 기술과 성실한 훈련만이 교육의 목적을 성취할 수 있다. "훈련 없는 기술과 기술 없는 훈련은 아무것도 아니다."(단편10)라는 그의 단편이 이것을 잘 보여준다. 철학사에 알려진 칸트의 용법에 따라 그의 말을 재정리하자면, '훈련 없는 기술은 공허하고 기술 없는 훈련은 맹목이다'라고 할 수 있을 것이다.

다음으로 프로타고라스에게 있어 교육은 인간 영혼에 대한 탐구와 동일시된다. "교육이 큰 깊이를 가지지 않는 한, 그것은 영혼 안에서 발아될 수 없다."(단편11)라는 그의 이러한 생각을 잘 반영하고 있다. 하지만 그가 생각하는 영혼에 대한 탐구는 현실적이고 실천적인 영역에서의 구체적이고 실제적인 탐구를 의미 한다. 결코,

추상적이고 초월적인 영역에서의 순수하고 관조적인 탐구를 의미하지 않는다.

사실, 플라톤은 죽기 전까지 이데아의 순수성과 초월성을 닮은 인간영혼을 강조하였다. 그리고 영혼이 육체의 구속 속에 있는 한 온전한 의미에서의 인간 영혼의 구제는 불가능하다고 생각하였던 것이다. 소크라테스의 입을 통해 전해지는 죽음에 대한 플라톤의 생각은 그의 대화편에 잘 드러나 있다. "철학에 옳게 종사하여 온 사람들은 모두가 다름 아닌 죽는 것과 죽음을 스스로 추구하고 있다."(『파이돈』 64a) 이처럼 플라톤은 육체로부터 영혼의 온전한 분리를 철학에 종사하는 이들이 지향해야 함을 역설한다.

하지만 그리스적 실용주의의 선구자인 프로타고라스의 생각은 이와는 다르다. 그는 철학이 현실 정치세계와 구체적인 삶의 문제를 다루어야 한다고 생각한다. 인간 영혼에 대한 탐구 역시 초월적이고 추상적인 차원에서 이루어져서는 안 되고 현실적이고 구체적인 차원에서 이루어져야한다고 생각하는 것이다. 효용성과 유용성이 프로타고라스적 탐구의 판단기준인 것이다. 이러한 판단기준 아래, 그는 인간을 폴리스 공동체에 적합한 사회적 존재로 탈바꿈시키고자 노력한다.[17]

프로타고라스의 교육 방법론의 핵심은 수사학에 집중되어 있다. 소크라테스가 보편 탐구의 귀납적 방법론인 논박법(elenchos)을 연구하고 플라톤이 논박법을 계승 발전시킨 변증법(dialektike)을 탐구한 것과 달리, 그는 말에 의해서 이루어지는 기술 중에서 최고의

---

17) 노동과 일, 교수와 교육, 그리고 지혜는 유창한 말솜씨의 꽃들로 엮어지고 달변을 좋아하는 사람들의 머리 위에 놓인 명성의 화환이다. 그러나 유창함은 어려운 것이며, 아직 그것의 꽃들은 풍부하고 새롭다. 그리고 청중, 박수치는 사람들, 그리고 선생들은 기뻐하고 학자들은 나아가며, 우둔한 사람들은 애타한다. - 또는 아마도 우둔한 사람들은 초조해하지도 않을 것이다. 왜냐하면 그들은 충분한 통찰력을 가지고 있지 않기 때문이다.(단편12)

기술인 수사학을 발전시켰다. 단적으로 말해서, 그의 탐구는 수사학에서 시작하여 수사학으로 끝난다.

아테네를 포함한 그리스인들의 삶의 방식은 말에 의해서 지배되었다. 공적인 장소에서나 사적인 장소에서 말은 타자를 설득하고 자신의 견해를 개진하기 위한 가장 효과적인 의사소통의 장치이다. 프로타고라스 역시 의사소통의 장치로서 수사학의 유용성에 대해서 잘 알고 있다. 그리하여 그는 시민들이 자신의 정치적 의견을 개진하고 타자의 견해를 조리 있게 논박할 수 있는 최고의 기술로서 수사학의 중요성을 강조한 것이다. 하지만 그에게 있어 수사학은 단순한 의사소통의 장치로만 기능하는 것은 아니다. 그것은 타자를 상대화시키면서 자신의 견해를 절대화하는 타자 지배의 장치이기도 하다. 즉 타자를 설득하는 가장 효과적인 장치이다.

수사학 교육에 대한 프로타고라스의 생각은 다음 2가지 명제로 요약 가능하다.

(1) 모든 논쟁점들에는 각각 서로 대립하는 두 개의 진술이 있다.(단편 6a)

(2) 더 약한 논변을 더 강한 것으로 만드는 것은 의미 있다.(단편 6b)

단편6a는 절대적 진리의 불가능성과 이에 따른 모든 상대적 의견의 진리 가능성을 암시한다. 프로타고라스에게 있어 존재 세계는 상대적이고 다원적이다. 절대적이고 일원적인 것은 없다. 우리의 인식 역시 마찬가지이다. 절대적인 진리는 없고 오직 상대적인 진리만이 있을 뿐이다. 이렇게 볼 때, 모든 사태에는 서로 상반되는 두 개의 입장이 있으며 모든 논증에는 서로 대립하는 두 개의 논증이 있다. 절대적으로 의미 있는 입장과 논증이 존재하는 것은 아니다. 단지, 의미 있게 존재하는 것은 약한 논증을 강한 논증으로 그리고 패배할 수밖에 없는 논증을 승리하는 논증으로 만드는 기술, 즉 수사학만이 있을 뿐이다.

단편6b는 상대적 세계관과 이중논변의 가능성을 암시한다. 그것은 동일한 논제 또는 동일한 인물의 성격에 대해서 한편으로는 칭찬이 또 다른 한 편으로는 비난이 동시에 가능하다는 것을 보여준다. 철학사에서 '이중논변'으로 알려진 이러한 논증의 기술은 그리스 최초의 계몽주의를 표방하였던 프로타고라스가 창안한 연구 방법론이다. 그것은 자연을 지배하는 절대원리 탐구에 매진하던 소피스트 이전의 자연철학자들에게서는 결코 찾아볼 수 없는 독특한 현실 인식의 장치이기도 하다. 이러한 독창성에 힘입어, 그는 현실 정치와 철학 양 분야에서 모두 괄목한 만한 업적을 이루고 있는데, 그가 민주파의 리더인 페리클레스를 도와 아테네 정치 질서를 새롭게 하였다는 것과 소크라테스와 대립각을 세우면서 소피스트 운동을 주도하였다는 것이 그의 업적들이다.

아울러 우리는 이 단편에서 진리의 조작가능성에 대한 프로타고라스의 믿음을 읽어낼 수 있다. 그는 철저하게 '말'의 힘, 즉 설득의 힘을 믿고 있다. 어떠한 말도 다른 말보다 더 참되지는 않다. 절대적인 진리는 존재하지 않는다. 하지만 그럼에도 불구하고 어떤한 의견이 다른 의견보다 더 나을 수 있는 가능성은 얼마든지 있다. 왜냐하면 수사학이 절대적인 진리는 보여주지 않지만, 상대적인 진리를 절대화하는 것은 충분히 보여줄 수 있기 때문이다.[18] 이처럼 그의 수사학은 현실적이고 권력지향적이다.

요약컨대, 프로타고라스는 그리스 최초로 계몽주의를 꽃피운 수

---

18) 역사 기록에 의하면, 그는 기원전 443년 실제로 아테네의 식민도시 가운데 하나인 남이탈리아의 튀리이에 파견되어, 새로운 식민지 건설에 필요한 제반 법률들을 기초하는 일을 하기도 하였다. 이렇게 볼 때, 프로타고라스는 수사학을 타자 지배의 무기로 이용한 최초의 정치철학자이다.

사학자임과 아울러 정치철학자이다. 초월적, 절대적 진리를 배제하면서 개인의 상대적 진리를 옹호하고 그것이 폴리스 공동체에 기여할 수 있는 길을 적극적으로 모색하였다. 비록 그의 사유 속에 도덕적, 형이상학적인 진지함은 없으나, 그는 결코 극단적 주관주의이나 회의주의로 나아가지 않는다. 그는 시종일관 아테네 공동체의 건전한 정치 질서를 염원하고 있다.

III. 존재론에 대한 고르기아스의 비판과 수사학의 전지전능함

당대 제일의 수사학자 겸 웅변가인 고르기아스[19]는 『비존재에

19) 고르기아스는 기원전 480년 이전 경에 시칠리아에서 출생하였다. 다원론자인 엠페도클레스의 제자로 초기에는 당대의 자연철학 및 수사학을 공부하였다. 그의 철학적 허무주의를 가장 잘 드러내고 있는 『비존재에 관하여 또는 자연에 관하여』는 철학자로서 고르기아스의 능력이 유감없이 발휘된 작품이다. 이것은 제84회 올림픽 경기가 있던 해인 기원전 444-441년 사이에 작성된 것으로 추정된다. 이때 그의 나이는 약 40세 전후였을 것이다. 이른바 아크메(Akme: 사람이 가장 많이 활동하는 나이인 40대)에 접어든 시기로 그리스인들에게 있어서는 인생의 황금기이다. 이때 그는 당대의 철학계를 뒤집어놓은 '철학적 허무주의'를 전개한 것이다. 이후 그의 행보는 자연철학에서 수사학으로 옮아간다. 기원전 427년엔 시라쿠사와 군사적 긴장관계에 있던 조국 시칠리아를 구하기 위해 아테네에 대사로 파견되어 주목할 만한 성공을 거두기도 하였다. 그의 성공 요인이 탁월한 웅변실력이었다는 것은 잘 알려진 사실이다. 아테네 시민들은 그의 탁월한 웅변실력에 반하였으며, 많은 아테네의 정치지망생들은 그에게서 타자를 성공적으로 제압할 수 있는 '설득'의 기술을 전수받고 싶어했다. 기원전 423년 시칠리아에서 정변이 일어나자, 그리스 본토로 이주하여 소피스트로서 여러 도시를 순회하며 수사학을 가르쳤다. 『헬레네 찬양』은 그의 나이 66세경인 기원전 444년, 『팔라메데스 변명』은 그의 나이 69세인 기원전 441년에 제작된 것으로 추정된다. 그리고 펠로폰네소스 전쟁(431-404)이 한창이던 BC 408년에는 올림피아에서 그리스인의 화평을 주장하는 연설을 하기도 하였다. 그는 최초의 탁월한 '즉흥연설가'이기도 하였다. 그는 그 자신이 박학다식하며 어떠

관하여 또는 자연에 관하여』[20]라는 타이틀이 붙은 단편 3에서 독특한 방법으로 자신의 철학을 전개한다. 철학적 허무주의를 함축한다고 알려진 이 단편에서, 그는 "어떠한 것도 존재하지 않는다. 만약 어떤 것이 존재한다 할지라도, 그것은 알 수 없다. 만약 알 수 있다 할지라도, 그것은 전달되지 않는다"라는 명제를 제시하는데, 이것은 "존재는 존재한다. 존재하는 것은 알려진다. 존재와 인식은 동일하다"라고 알려진 파르메니데스 류의 전통적 존재론을 정면으로 거부한다.

하지만 고르기아스의 이 단편이 곧바로 정치적 허무주의 내지는 의사소통 그 자체를 부정하는 극단적 회의주의로 이해되어서는 안 된다. 왜냐하면 그는 자아와 타자와의 의사소통의 통로로서 수사학의 힘을 믿고 있기 때문이다. 그가 부정하고자 하였던 것은 존재와 언어가 일대일로 대응한다는 그 이전 자연철학자들의 실재론이었지, 로고스의 기능 그 자체는 아니었다. 그가 보기에, 우리의 개념

한 청중을 상대로 해서도 자신의 논증을 성공적으로 펼칠 수 있다고 호언장담 하였다. 아테네의 한 극장에 들어서서, "나에게 하나의 주제를 주시오"라고 소리치기도 하였다. 이러한 것은 플라톤 『메논』 70b에도 보인다.

20) 소크라테스 이전의 자연철학자들에게 있어서 '자연'은 실제로 존재하는 것이다. 그러기에 『자연에 관하여』라는 책 제목은 소크라테스 이전 철학자들의 저술에 즐겨 사용되었던 표준적인 명칭이었다. 그런데 고르기아스의 『비존재에 대하여 또는 자연에 대하여』라는 저서는 소크라테스 이전 자연철학자들의 관례를 무시하는 파격적인 형태로 이루어져 있다. 그리고 그것은 그 자체로 하나의 형식적 모순을 야기한다. 그런데 고르기아스의 저작 명칭이 이러한 형식적인 모순을 산출하는 데에는 무엇보다도 그의 철학이 파르메니데스의 철학과 강하게 대립하고 있다는 것을 강조하기 위한 후대인들의 발상에서 유래했을 가능성이 높다. 하지만 그것은 고르기아스 특유의 비판의식, 또는 풍자적 형식의 농담을 간직하고 있다. 파르메니데스 사상의 계승자인 멜리소스의 저작인 『자연에 관하여 또는 존재하는 것에 관하여』 또한 선언적인 형식을 띠고 있는데, 후대의 사람들은 고르기아스의 철학이 이러한 멜리소스의 철학을 전복시켜 파르메니데스적 사유의 순수성을 해체시키기 위한 것으로 이해하고 싶었던 것이다. 만약 선언적인 저작의 명칭이 고르기아스에게 고유한 것이라면, 그는 실제로 존재하는 자연과 비존재를 동일시한 분별없는 사람, 또는 정신 나간 사람으로 이해되었을 것이다.

은 사유에 의해서 만들어진 추상적 관념물이다. 존재 그 자체는 아니다. 그러기에 우리의 생각은 존재의 일부분만을 표상할 수 있지, 결코 존재 그 자체를 파악할 수는 없는 것이다. 이런 점에서 볼 때, 그는 프로타고라스에 의해서 시작된 그리스 계몽주의를 완성한다.

1. 『비존재에 관하여 또는 자연에 관하여』: 절대 존재의 소멸과 회의주의

고르기아스의 『비존재에 관하여 또는 자연에 관하여』는 존재와 로고스 그리고 의사소통과 연관된 일반적인 이론을 제공하는 텍스트이다. 비록 수사학에 관한 전문적인 저서는 아니나, 고르기아스의 고유한 생각을 잘 보여주는 텍스트이다.

현재 이 텍스트의 원본은 전해지지 않는다. 대신, 두 개의 요약된 판본만이 존재한다. 하나는 회의주의 계열의 철학자 섹스투스 엠피리쿠스가 정리한 것으로 『학자들에 대한 반박(Adversus mathematicos: Against the Professors)』(이하 M이라 약칭함)에 수록된 것이 있다. 다른 하나는 아리스토텔레스 계열의 페리파토스 학파의 문집 가운데 속해 있는 것으로 『멜리소스, 크세노파네스 그리고 고르기아스에 대하여』(이하 MXG라 약칭함)라 칭해진다. 하지만 그 두 판본은 서로 불일치하며 각각의 문제점을 안고 있다. M은 MXG보다 보존 상태는 좋으나, 역사적 고르기아스의 사상을 온전히 전달하고 있다고 보기는 힘들다. 고르기아스의 철학이 헬레니즘 시기 회의주의자들의 시각에 의해서 이해되고 있기 때문이다. 역사적 고르기아스의 철학을 좀 더 간직하고 있다고 평가받는 MXG 역시 문제가 없는 것은 아니다. 판본의 불완전한 보존 상태로 인하여 판본 자체에 대한 신뢰성이 의심받고 있기 때문이다. 그러기에 필자는 원문을 인용할 경우 M보다 MXG를 적절히 번역하여 사용할 것이다. 이러한 고르기아스의 철학은 다음 3가지 명제로 요약 가능하다.

제1명제: 아무것도 없다.

제2명제: 어떤 것이 있다 할지라도, 그것은 타자에게 알려지지 않는다.

제3명제: 어떤 것이 있고 알려진다고 할지라도, 그것은 타자에게 전달되지 않는다.

MXG에는 이 명제들이 다음과 같이 정리되어 있다.

> "고르기아스가 말하기를, (1) 아무것도 없다(ouk einai), (2) 어떤 것이 있고 할지라도 그것은 알려지지 않는다, (3) 어떤 것이 있고 알려진다고 할지라도, 그것은 다른 사람에게 전달될 수 없다."(MXG, 979a12-13)[21)]

주지하다시피, 철학사에서 파르메니데스의 철학적 업적은 존재 개념의 확립에 있다. 진정한 철학적 사유의 대상은 존재이어야 하며, 그것은 궁극적으로 하나이면서 불변하는 특징을 나타내야 한다는 것이다. 이것은 존재 그 자체에 대한 절대적 정의를 함축하며, '있지 않은 것'을 철학의 영역에서 완전히 배제한다. 파르메니데스 이후의 철학자들 역시 그의 충고를 따라 이러한 생각을 전통으로 고착화한다. 하지만 고르기아스는 『비존재에 관하여 또는 자연에 관하여』에서 파르메니데스의 이러한 존재 개념을 전적으로 거부한다. 그리하여 고르기아스의 철학에서 파르메니데스적 존재의 절대성과 순수성 그리고 동일성은 완전히 해체된다.

고르기아스에 의하면, 존재가 존재하기 위해서는 다음 세 가지

---

21) M에는 다음과 같이 기록되어 잇다. (1) 아무것도 존재하지 않는다. 만일 어떤 것이 존재한다면, 그것은 존재이거나 비존재이어야 한다. 혹은 존재와 비존재의 뒤엉킴이어야 한다. a) 그것은 비존재일 수가 없는데, 비존재는 존재하지 않는 까닭이다. 비존재가 존재한다면, 그것은 존재인 동시에 비존재인 것이 될 터인데, 그러한 사태는 불가능하다. b) 그것은 또한 존재일 수도 없는데, 존재는 존재하지 않기 때문이다.

상태 중의 하나로 출발해야 한다. (1) '비존재', (2) '존재', 그리고 (3) '존재와 비존재의 뒤엉킴'상태가 그것이다. (1) 먼저, 그것은 비존재일 수 없다. 왜냐하면 비존재는 존재하지 않기 때문이다. 만약 비존재가 존재한다면, 그것은 모순된 사태일 것이다. 그러기에 고르기아스는 존재가 존재하기 위해서는 비존재에서 출발할 수 없다고 단정한다. (2) 비존재의 자기모순성을 회피하기 위해서, 고르기아스는 존재의 존재성을 고찰한다. 그에 의하면, 존재는 또한 존재 상태로부터 출발할 수도 없다. (2-1) 만약 존재가 존재한다면, 그것은 다음 세 가지 형태로 존재할 것인데, '영원한 것', '생성된 것', 혹은 '그 두 가지가 뒤섞인 것'이 그 세 가지 상태이다. 먼저, 존재가 영원한 것이라면, 그것은 한계가 없을 것이다. 한계가 없는 것이라면, 그것은 위치를 점유하지 않을 것이다. 위치를 점유하지 않는 것이라면, 그것은 어디에도 존재하지 않을 것이다.[22] 또한, 존재는 생성된 것일 수도 없다. 만약 그것이 생성된 것이라면, 그것은 존재이거나 비존재로부터 생성되어야 하는데, 이 두 경우 모두 불가능하다. 왜냐하면 존재 그 자체로부터 어떤 것이 생성된다면, 존재 그 자체는 더 이상 자기 자신일 수 없을 것이기 때문이다. 그리고 비존재에서는 어떠한 것도 생성될 수 없다. 동일하게, 존재는 영원하면서 생성된 그런 것일 수도 없다. 왜냐하면 양자는 서로 모순된 것이기 때문이다. 그러므로 존재는 영원한 것으로도 생성된 것으로도 그리고 그 두 가지가 뒤섞인 것으로도 존재하지 않는 것이다. (2-2) 아울러, 존재는 단수로도 복수로도 존재하지 않을 것이다. 만약 단수

22) 이것은 다음과 같이 설명될 수 있다. 먼저 그것은 영원불변할 수 없다. 만약 그러하다면 시작이 없을 것이고, 따라서 경계가 없이 무한할 것이며 그렇게 광대 무궁한 존재라면 위치를 가지지 않을 것이다. 위치를 갖는 것이란 무엇인가에 포함되어 있는 부분이 될 것이므로 더 이상 경계가 없이 무변 광활한 전체가 아니기 때문이다. 포섭하는 자는 포섭되는 자보다 광범위하여 무궁한 전체보다 광범위한 것은 있을 수 없다. 그렇게 되면 포함하는 자와 포함되는 자가 동일하게 되어 존재는 위치와 본체의 두 가지 양상을 띠게 될 것인데 그러한 사태는 부조리하다.

인 존재가 존재한다면, 그것은 크기를 가질 것이다. 그리고 그것이 크기를 가진 이상 무한히 나누어질 것이다. 그런데 무한히 나누어지는 것은 하나의 존재라고 할 수 없다. 그러기에 존재는 단수로 존재하지 않는다. 그리고 존재는 복수로도 존재하지 않는다. 복수는 단수가 모여서 된 것인데, 이미 단수가 존재하지 않는 이상 복수 또한 존재할 수 없는 것이다. 요약컨대, 존재는 영원한 것으로도 생성된 것으로도 그리고 그 두 가지가 뒤섞인 것으로도 존재하지 않으며, 단수로도 복수로도 존재하지 않는다. 이것이 존재의 존재성에 대한 고르기아스의 결론이다. (3) 마지막으로, 존재는 비존재와 존재가 뒤엉킨 것일 수도 없다. 왜냐하면 존재가 존재하지 않는 이상, 그것이 비존재와 뒤엉킨 것도 존재할 수 없기 때문이다. 이렇게 하여, 고르기아스에겐 어떠한 것도 존재하지 않는다는 것을 논증한다.

그런데 고르기아스는 파르메니데스가 주장하는 존재든 아니면 파르메니데스가 거부하는 비존재든 아니면 그 두 가지를 뒤섞여 놓은 것이든지 간에 그 어떠한 것도 모순 없이 진술되는 것은 하나도 없다는 것을 논증해 보임으로써, 존재세계에 대한 불가지론적 회의주의적 입장을 강화한다. 특히, 그는 "존재만 있고 생성은 없다"라는 파르메니데스의 전제에서는 그 어떠한 존재의 속성도 연역되지 않는다는 것을 보여줌으로써, 궁극적으로 파르메니데스의 절대적 존재론 그 자체를 무의미하게 만들어버린다.

주지하다시피, 파르메니데스[23]의 존재론은 절대적 존재 개념에

---

23) 단편2 "있다라는, 그리고 있지 않을 수 없다라는 길로서, 페이토(설득)의 길이며(왜냐하면 진리를 따르기 때문에), 다른 하나는 있지 않다라는, 그리고 있지 않을 수밖에 없다라는 길로서, 그 길은 전혀 배움이 없는 길이라고 나는 그대에게 지적하는 바이다." 파르메니데스의 단편에 대한 인용은 정암학당 고전학연구실의 김인곤, 강철웅, 김재홍, 김주일, 양호영, 이기백, 이정호, 주은영이 선집하고 번역한 『소크라테스 이전 철학자들의 단편 선집』(대우고전총서 012)을 따르기로 한다. 인용번호는 통상적으로 많이 인용되고 있는 헤르만 딜스-발터 크란츠의 『소크라테스 이전 사람들의 단편들』(이하 DK)의 체계를 따른다.

근거해 있다. 그의 존재론은 다음 세 가지 명제로 요약 가능하다. 첫째, 비존재는 존재하지 않고 존재만이 존재한다. 그 결과 감각지각에 근거한 현상세계는 그 존재성을 완전히 상실한다. 둘째, 순의 순수한 속성들, 즉 불생·불멸·부동·불가분의 속성들은 존재 그 자체로부터 연역가능하다. 셋째, 로고스의 힘에 근거해 절대적 존재 개념은영원한 진리 개념과 결합한다. 절대적 존재 개념에 근거한 로고스는 자체적으로 필연적인 강제력, 즉 논증의 설득력을 동반한다. 이런 이유로 절대 존재는 설득적 진리와 융합된다. 하지만 삶의 세계에서는 로고스가 완전하고 순수하게 작동되지는 않는다. 파르메니데스를 인도하는 여신 역시 이 사실을 직시하고 있다. 유한한 인간의 설득에는 항상 기만성이 내재되어 있기 때문이다. 비록 여신이 거짓으로부터 진리를, 비존재로부터 존재를 엄격하게 차별화시키고 있음에도 불구하고, 그녀가 보기에 인간의 로고스는 변화와 운동에 노출되어 있다. **"이제부터는 가사적인 의견들을 배우라, 내 이야기들(epē)의 기만적인(apatēlos) 질서(kosmos)를 들으면서 (…) 이 배열(diakosmos) 전체를 그럴 듯한(eoikōs) 것으로서 나는 그대에게 설파한다. 도대체 가사자들의 그 어떤 견해(gnōmē)도 그대를 따라잡지 못하도록."**(DK28B8) 여기에서 파르메니데스가 말하고자 하는 것은 인간에게는 항상 수사적 논증에 의한 지적 기만이 발생할 수 있다는 사실이다. 그가 보기에, 로고스의 '질서'란 사실상 인간적 사유에 의한 조작을 의미한다. 왜냐하면 인간의 사유엔 존재세계의 객관적 질서보다는 정치세계의 조작적 질서가 더 익숙하기 때문이다. 하지만 화장한 얼굴이 보는 사람의 눈을 기만하듯이, 조작적 질서는 인간의 사유를 기만하다. 마찬가지로 수사학자들의 기교는 우리의 판단을 기만하며, 존재의 본질을 훼손시킨다. 이처럼 여신은 경험적 세계 인식의 한계를 정확히 지적하는데, **"주목하지 못하는 눈과 잡소리 가득한 귀와 혀를 사용하도록 강제하지 못하게 하라. 다만 나로부터 말해진 많은 싸움을 담은 테스트(polydēris**

elenchos)를 논변으로(logōi) 판가름하라(krinai)."(DK28B7)라는 충고는 그것을 잘 뒷받침하고 있다. 그런데 그의 이러한 언급은 실제 세계에서는 로고스에 의한 기만이 존재하고 있음을 반증한다. 특히 그것이 인간들을 상대로 한 논변에서는 더욱 더 그러하다. 파르메니데스는 이것을 염려하고 있으며, 그의 철학은 이러한 가능성을 봉쇄하는데 집중되어 있다.

하지만 『비존재에 관하여 또는 자연에 관하여』에서 고르기아스는 바로 파르메니데스가 금지한 바로 그 길을 가고자 한다. 그는 파르메니데스가 지녔던 독점적인 권위를 해체한다. 다음 절에서 다루게 될 『헬레네 찬양』은 수사학이 행할 수 있는 지적 기만술의 극치이다. 이제 문제는 철학의 본래 지형점이 무엇인가 하는 데로 옮겨온다. 단적으로 말해서 파르메니데스는 철학적 사유를 통해서 객관적 존재세계의 영원한 진리를 담보하고자 한 데 반해서, 고르기아스는 정치세계의 구성원들 즉 청중을 상대로 자신의 논의를 완성하고자 한다. 그가 보기에 청중을 지배하는 자가 세계를 지배하는 자이고 존재를 인식한 자이다. 왜냐하면 그는 파르메니데스가 마련한 순수한 존재세계의 구성원이 되고자 하는 것이 아니라, 프로타고라스가 마련한 정치세계의 구성원이 되기를 희망하기 때문이다. 고르기아스의 제1명제는 이러한 배경 하에서 이해되어야 한다.

주지하다시피, 파르메니데스는 절대 존재에 대한 절대 인식의 가능성을 옹호한다. 사유는 존재를 파악하고 인식할 수 있으며, 사유와 존재는 동일한 것이다.(DK28B3) "**곁에 있는 것들을 누스(지성)로 확고하게 바라보라. 왜냐하면 그것은 있는 것을 있는 것에 붙어 있음으로부터 떼어내지 않을 테니까**"(DK28B4)라는 그의 언급처럼, 참된 사유는 오류를 배제한 완전한 것이다. 나아가 존재의 신비까지도 규명할 수 있는 절대적인 것이다. 이처럼 파르메니데스에게 존재와 사유의 동일성은 확고한 진리이나, 고르기아스에게는 그러한 동일성은 철저하게 거부된다.

고르기아스의 제2명제, 즉 "어떤 것이 있다 할지라도, 그것은 알려지지 않는다."는 파르메니데스적인 절대적 인식론에 대한 비판이자 해체이다. 제2명제를 논증하기 위해서, 고르기아스는 파르메니데스의 존재와 사유의 동일성 명제를 이용한다. 파르메니데스에게 있어 존재와 사유는 순수하다. 순수한 존재는 그 자체로 순수한 사유와 일치하고, 궁극적으로 우리의 지성에 알려진다. 하지만 고르기아스는 존재와 사유에 관한 파르메니데스의 논리를 역이용한다. 만약 존재와 사유가 동일하고 존재가 우리의 지성에 알려진다면, 우리의 생각에 '떠오르는 것'은 모두 존재해야만 하는 것이다. 우리의 생각에 '강아지'가 떠오르면 개가 존재해야 하고, 우리의 생각에 '장미'가 떠오르면 장미가 존재해야 하는 것이다. 이 때, 고르기아스의 논리엔 생각의 대상이 순수한 것인지 아니면 불순한 것인지, 또는 그것이 영원한 것인지 아니면 변화하는 것인지 하는 것은 중요하게 취급되지 않는다. 오로지 중요한 것은 생각된 것은 모두 존재해야 한다는 극단적인 파르메니데스의 논리인 것이다. 그리하여 고르기아스는 궁극적으로 파르메니데스적인 논리의 한계, 즉 순수한 지성의 한계를 노출시키고자 하는 것이다.

이러한 목적 하에서, 고르기아스가 최초로 수행하는 전략은 '상상적인 존재'에 대한 가정이다. 일반적으로, 감각은 자신의 고유한 대상들을 소유하고 있다. 시각의 고유한 대상은 보이는 것이고, 청각의 고유한 대상들은 들리는 것이다. 시각의 대상들이 들리지 않는다고 제거되거나, 들리는 것들이 보이지 않는다고 제거되지는 않는다. 생각의 대상들 역시 마찬가지이다. 생각의 대상들은 보이지 않는다거나 들리지 않는다고 해서 제거되지는 않는다. 그러기에 생각의 대상이 '하늘을 나는 사람'이나 '물 위를 달리는 전차'라고 할지라도, 우리들은 그것들이 보이지 않는다거나 들리지 않는다는 이유로, 그것들을 거부해서는 안 된다. 그것들은 실재한다. 하지만, 이것은 불합리한 결론이다. 왜냐하면 하늘을 나는 사람이나 물 위를 달리는 전차는 존재하지 않기 때문이다. 그런데 우리가 이러한 불합리한 결론에 도달하게 된 것은 파르메니데스적인 순수지성의 논리에 근거했기 때문이다. 그러므로 존재는 생각의 대상이 될 수도 없고, 사유에 의해 이해될 수도 없는 것이다.

고르기아스는 존재와 비존재의 모순성을 이용해서도 동일한 결론에 도달한다. 존재와 비존재는 대립자이고, 대립자는 대립적인 속성을 소유하고 있다. 그에 의하면, 생각은 존재의 속성이다. 그것은 비존재의 속성이 아니다. 존재하는 것은 생각의 대상이 될 수 있으나, 존재하지 않는 것은 생각의 대상이 될 수 없다. 그런데도 여기에는 하나의 반대사례가 등장할 수 있다. 스퀼라와 카륍디스, 또는 메두사와 키메라와 같은 것들이 그것이다. 그것들은 분명 존재성을 결여한 비존재인데도, 우리 생각의 대상이 될 수 있다. 그렇지만 그것은 분명 존재하지 않는 것들을 생각하는 것이고, 존재하지 않는 것들을 생각하는 한에 있어서 불합리한 것이다.

고르기아스의 논리에 의하면, 우리 인간은 어떠한 것도 알 수 없다. 우리가 알고 있는 것이라곤 존재 그 자체가 철저하게 우리에게 알려지지 않는다는 바로 그 사실 뿐이다. 그러기에 존재에 대한 파르메니데스의 모든 언급은 파괴되고 해체된다. 고르기아스가 보기에 그것은 하나의 신화에 불과하다.

고르기아스의 제3명제, 즉 “어떤 것이 있고 알려진다 할지라도, 그것은 타인에게 전달되지 않는다.”는 파르메니데스적 인식의 소통가능성에 대한 비판을 수행하면서 고르기아스적 회의주의를 완성하는 말이다. 여기에서 고르기아스가 전제하고 있는 것은 로고스와 존재 그 자체와의 매개 불가능성 및 로고스에 의한 경험의 재현불가능성이다.

먼저, 의사소통 불가능성을 입증하기 위해서 고르기아스는 감각지각들 사이의 상호배타적 관계성에 주목한다. 앞에서도 언급되었듯이, 시각의 대상들은 시각에 의해서만 감지되고, 청각의 대상들은 청각에 의해서만 감지된다. 시각과 청각을 연결하는 제3의 매개체는 존재하지 않는다. 그런데 인간들 사이에서 의사소통의 도구로 사용되고 있는 것은 말 즉, 로고이다. 인간들 사이의 의사소통의 과정에서 전달되는 것은 로고스이지 구체적인 사물들이 아니기 때문이다. 시각의 대상이 청각의 대상과 다른 것처럼, 인간의 생각 속에 존재하는 관념은 생각 밖에 존재하는 사물들과 동일하지 않다. 그것은 생각의 외부, 즉 존재하는 사물들로부터 받아들인 감각지각의 재현물일 뿐이다. 즉 로고스와 존재 그 자체는 어떠한 장치에 의해서도 매개되지 않는다. 그리고 로고스에 의한 경험의 재현가능성은 부정된다. 그러기에 어떠한 것이 존재하고 또한 그것이 알려진다고 할지라도, 그것에 대하여 다른 사람과 이야기하는 것은 불가능한 것이다. 즉 인간들 사이의 의사소통은 완전히 부정되는 것이다.

고르기아스에 의하면, 로고스와 존재 사이에는 심각한 심연이 존재한다. 로고스에 의한 존재의 재생산에는 반드시 오류가 개입되며, 로고스가 존재를 완전히 재생산할 수 있다고 주장하는 것은 하나의 기만이요 환상이다. 우리가 존재를 이해할 수 있는 유일한 길은 경험이다. 그리고 존재하는 것은 지속적으로 변화하는 감각지각의 세계, 즉 구체적인 경험의 세계이다. 인간이 획득할 수 있는 앎은 경험적 앎이며, 인간이 전달할 수 있는 것은 수사의 기술이다.[24)]

요약컨대, 고르기아스는 절대존재 개념에 근거한 파르메니데스의 존재론과 인식론 그리고 커뮤니케이션의 방법론을 거부하면서, 감각지각에 근거한 현상세계를 옹호한다. 그에게 있어, 존재하는 것은

---

24) 경쟁을 위해서는 용기와 지혜(간교한 지혜)라고 하는 두 가지 덕목이 요구됩니다. 용기의 속성은 위험을 감내하는 것이고, 지혜의 요체는 상대방의 약섬을 공략하는 것입니다. (단편 8)

경험이며 인식되는 것은 감각지각이 제시하는 인상이다. 타자와의 의사소통은 설득에 근거한 수사학에 의해서 이루어진다. 우리는 그러한 고르기아스의 생각을 『헬레네 찬양』에서 읽을 수 있다.

2. 『헬레네 찬양』: 회의주의와 수사학의 전지전능함

고르기아스에 있어 수사학은 가치중립적인 기술이다. 그것은 절대 진리를 찾는 것도 아니고 또한 거짓된 이야기를 만들어내는 것도 아니다. 그때그때의 상황에 따라 경험적 사태를 설명하려는 수사의 기술이다. 그래서 수사학은 경험적 인간들이 감각하고 욕망하는 것을 탐구한다. 즉, 사람들이 감각하고 욕망하는 것을 따라가면서, 그들을 설득하고 기만하는 것이다. A나라에 가면 A나라에 적합한 상황논리로, B나라에 가면 B나라에 적합한 상황논리로 시민들을 설득해야만 한다고 주장하는 것이다. 이처럼 고르기아스에게 있어 세계는 말로 이루어져 있고 인간은 그 말의 기술로 살아가는 것이다.

고르기아스의 수사학은 진리와 무관한 채 말에 의해서 상대방을 설득하려는 전문적인 기술이다. 그리고 경우에 따라서는 진리 아닌 억견을 진리로 만들어내는 데미우르고스적인 역할도 수행한다. 만약 그것이 약자가 아닌 정치적 강자, 즉 집권층의 권력자에게 주어진다면, 폴리스 전체의 정의와 질서는 보장받기 힘들 것이다. 그러기에 소크라테스와 플라톤은 소피스트들의 수사학이 철학의 외연을 확장하고, 시민들의 교양을 업그레이드한다는 점에서는 긍정적으로 평가를 하면서도, 전지전능한 수사학이 지닌 탈도덕적 성향, 즉 정의와 선을 지향하지 않는 수사학이 막강한 힘을 가지게 되었을 때의 위험성을 경계하고 있는 것이다.

소크라테스와 플라톤은 소피스트의 수사학을 비판한다. 그리고 소피스트에게 호의적인 반응을 보이고 있는 아리스토텔레스 역시 소피스트가 지식 분야의 장사꾼이라는 데 동의하고 있다. 그러기에 소피스트의 수사학에 대한 역사가들의 평가는 철학자들의 권위에 의존해 부정적으로 자리 매김 되어 왔다. 하지만 기원전 5세기 소피스트 운동사에 있어서 고르기아스의 위상은 결코 과소평가될 수 없다. 왜냐하면 고르기아스는 『헬레네 찬양』을 통하여 철학자가 아니라 웅변가로서의 자신의 능력을 유감없이 발휘하고 있기 때문이다. 즉 그는 이 작품을 통하여 과거의 전통적인 철학과 결별하고 웅변가로서의 새로운 길을 간다.

고르기아스의 『헬레네 찬양』은 부도덕한 여인의 대명사로 자리잡고 있던 헬레네 왕비를 적극적으로 옹호하는 연설문이다.[25] 주지하다시피, 헬레네 왕비는 스파르타 왕 메넬라오스의 아내이다. 그런데 그녀는 트로이 왕자 파리스와 사랑에 빠져, 그와 함께 트로이로 도망을 가고 만다. 이에 화가 난 메넬라오스 왕은 자신의 형인 미케네 왕 아가멤논에게 지원을 요청하고, 이에 아가멤논은 그리스 연합군을 결성하여 트로이를 공격한다. 이것이 바로 트로이 전쟁의 시작이다. 그 후, 헬레네는 부도덕한 여인의 대명사로 인구에 회자되게 된다. 하지만 그럼에도 불구하고 고르기아스는 바로 이러한 헬레네를 변호하고자 한다. 그는 자신의 탁월한 웅변실력으로 그리

25) 원문은 다음과 같다: "(1)영광이란 도시에게는 용맹한 시민이요, 신체에게는 아름다움이요, 영혼에게는 지혜이며, 물체에게는 탁월함이요, 말에게는 진리이다. 이것들과 반대되는 것은 무질서이다. 남성과 여인과 말과 행위와 도시와 물체가 칭송받을 가치가 있다면 칭송으로써 영광을 주어야 할 것이고, 가치가 없는 것들에게는 비난을 주어야 할 것이다. 칭송받아야 할 것을 비난하고, 비난받아야 할 것을 칭송하는 것은 과오와 같기 때문이다. 지금은 불운을 떠올리게 하는 이름이 되어버린 헬레네에 대한 소문과, 시인들의 말을 귀담아 듣는 자들의 믿음이 한 목소리로 일치하고 있는 이 시점에서, 말해야 할 것을 옳게 말하고 헬레네를 비방하는 자들의 논쟁을 설파하는 것이 누군가 동일한 한 사람이 해야 할 의무이다. 나는 합리적인 근거를 통해 말함으로써 비난을 받고 있는 저 여인이 비난을 그만 받게 하며, 그녀를 비난하는 자들이 기만되고 있음을 증명하고 진실을 그들에게 보여줌으로써 그들을 무지에서 해방시킬 것을 희망한다."

스 사람들이 그녀에 대해서 가지고 있던 잘못된 선입관을 완전히 불식시키고자 한다. 그의 논증에 의하면, 헬레네에게는 아무런 잘못도 없다. 설령 그녀에게 잘못이 있다손 치더라도, 그것은 어디까지나 그녀로서는 어찌할 수 없는 불가항력적인 것이다. 이 때, 헬레네가 트로이로 갈 수밖에 없었던 원인으로 고르기아스가 언급하고 있는 것은 1)운명이나 신들의 뜻 또는 필연의 신의 결정, 2)무력이나 폭력, 3)말에 의한 설득, 아니면 4)사랑이다. 그런데 이 논의에서 고르기아스의 주된 탐구 대상은 1), 2), 4)가 아니다. 그것은 3)이다. 왜냐하면 고르기아스는 이 논의를 통하여 자신의 주된 탐구 방법론인 수사학이 지닌 탁월함을 시민들에게 선전하고 싶어하기 때문이다. 따라서 우리의 논의 역시 3)을 중심으로 전개된다.

1) 고르기아스는 신적인 운명론에 입각해 헬레네에 대한 비난을 옹호한다. 신의 뜻은 우리 인간의 의지를 초월해 있다. 그리고 신은 인간보다 힘이나 지혜 그리고 다른 모든 점에 있어서 더 뛰어나다. 헬레네가 트로이로 가게 된 것 역시 신의 섭리 때문이다. 결코 헬레네의 의지 때문은 아니다. 그러므로 헬레네를 비난해서는 안 된다.[26] 2) 물리적 강제력의 측면에서 볼 때, 헬레네에 대한 비난은 부당하다. 만약 헬레네가 힘 있는 사람에 의해 강제로 납치를 당했다면, 그 책임은 전적으로 폭력을 행사한 당사자에게 물어야 하지, 결코 폭행을 당한 헬레네에게 물어서는 안 된다. 헬레네는 비난받

---

26) 원문은 다음과 같다: "(6) 운명의 여신의 뜻에 의해, 신들의 뜻에 의해, 필연의 신의 결정에 이해 그녀는 그녀가 한 바를 행했다. 그게 아니라면, 힘에 의해 납치되었거나 말에 의해 설득되었거나 사랑에 사로잡혀서 그렇게 했다. 만일 첫 번째 이유 때문이라면 그녀를 비난하는 자는 비난받아야 마땅하다. 왜냐하면 신의 의지를 인간의 예지로 막을 수는 없기 때문이다. 더 강한 자가 더 약한 자에 의해 방해를 받는 것은 이치에 어긋나며, 약한 자는 강한 자에 의해서 지배받고 이끌어지고 강한 자는 인도하고 약한 자는 그것을 따르는 것이 섭리이다. 신은 인간보다 힘에 있어서 지혜에 있어서 그리고 다른 모든 점에 있어서 더 뛰어나다. 따라서 운명의 신과 다른 신들에게 비난의 화살이 돌려져야 하며, 헬레네는 비난으로부터 벗어나야 한다."

기보다는 동정을 받아야 할 인물이다. 그러므로 헬레네에 대한 비난은 부당하다.[27] 4) 사랑이라는 개념에 입각해서 볼 때도 사정은 마찬가지이다. 사실, 약한 것은 강한 것에 굴복되기 마련이다. 그런데 사랑의 감정은 인간으로서는 어찌할 수 없는 강력한 힘이다. 즉 신적인 힘이다. 그래서 만약 헬레네가 파리스와 사랑에 빠져 트로이로 도망을 갔다면, 그것은 약한 헬레네로서는 어찌할 수 없는 일, 즉 불가항력적인 일일 것이다. 그렇기 때문에, 헬레네는 비난의 대상이 되어서는 안 되고 위로의 대상이 되어야 한다.[28]

3) 마지막으로 헬레네가 말의 힘에 의해서 설득된 경우가 있을 수 있다. 이 경우에 있어서도 헬레네에게는 죄가 없다. 왜냐하면 말이란 앞에서 언급한 신적인 힘이나 물리적인 강제력, 그리고 사랑의 힘과 같이 막강한 힘을 가지고 있기 때문이다. 고르기아스는 말이 지닌 힘을 다음과 같이 언급하고 있다.

---

27) 원문은 다음과 같다: "(7) 만일 그녀가 무력으로 납치되고 그녀에게 부당하게 폭력이 가해졌으며 그녀가 불의하게 강간당했다면, 그녀를 납치한 자기 폭력을 가한 자로 불의를 저지른 것이며, 그녀는 납치를 당해 폭력을 당한 불운을 겪은 사람이라는 점이 명백하다. 그러므로 말에 있어서 법에 있어서 행동에 있어서 저 야만적인 행동을 저지른 야만인이, 말에 있어서는 비난을 법에 있어서는 시민권의 박탈을 행동에 있어서는 비난을 받아야 한다. 그리고 저 폭력을 당한 여인, 조국으로부터 납치당한 여인, 그리고 자신의 친구들과 이별을 당한 여인은 비난을 받기 보다는 동정을 받아야 한다는 것이 어떻게 이치에 어긋날 수 있겠는가? 따라서 저 여인에게는 위로의 눈물이 , 저 남자에게는 혐오가 주어져야 한다."

28) 원문은 다음과 같다: "(19) 따라서 만일 헬레네의 눈이 알렉산드로스(파리스)의 몸에서 쾌락을 느끼고 그 사랑의 욕망과 충동을 그녀의 영혼에게 전달하여 주었다 한들 무엇이 놀라운가? 만일 사랑의 여신이 신이며 신들에게 고유한 신적인 힘을 가지고 있다면, 약한 자가 어떻게 이것을 물리치고 이것으로부터 자신을 보호할 수 있겠는가? 한편 만일 이것이 인간이 가지고 있는 질병이며 영혼의 무지함 때문이라면, 이것은 죄로 비난받아야하는 것이 아니라 불운으로 생각되어야 한다. 왜냐하면 그것이 찾아올 때, 그것은 지성의 숙고에 의해서가 아니라 운명의 덫에 의해서, 계획된 준비에 의해서가 아니라 사랑의 필연적 힘에 의해 찾아오기 때문이다."

(8) 만약 그녀를 설득하고 속인 것이 말이라면, 이것에 대해서도 다음과 같이 어렵지 않게 그녀를 옹호하고 비난에서 벗어나게 할 수 있다. 말이란 매우 큰 힘을 가지고 있어서, 매우 보잘 것 없고 희미해 보이는 것에 대해서도 매우 놀라운 영향력을 발휘한다. 왜냐하면 그것은 두려움을 멈추게 하고 슬픔을 없애며 기쁨을 만들어내고 연민을 증가시킬 수 있기 때문이다. 말이 이러함을 내가 보여주겠다.

(9) 그리고 내 말을 듣고 있는 자들의 믿음에도 이것이 명백함을 증명해 보여야 할 것이다. 모든 시는 내 생각에 운율을 가진 말이라 이름 붙여질 수 있다. 이 시를 듣는 사람에게는 두려움으로 가득 찬 전율, 많은 눈물을 흘리게 하는 연민, 솟구쳐 오르는 슬픔이 찾아들고, 또한 바로 이 시 때문에 영혼이 자신의 것이 아닌 행위와 사건에 발생하는 불운과 행운에 대해 자신의 고유한 감정을 느끼게 된다. 자, 이제 한 논의에서 다른 논의로 넘어가 보겠다.

고르기아스에 의하면, 인간의 말은 마음을 지배하는 가장 강력한 도구이다. 그리고 그것은 인간의 지성과 감성을 직접적으로 지배한다. 특히, 운율이 첨가된 말, 즉 '시'는 일반적인 산문보다 더 강력하게 인간 영혼을 자극한다. 다시 말해, 인간 영혼을 기쁨이나 슬픔으로 몰고 가며, 때에 따라서는 두려움이나 연민의 감정에 휩싸이게 한다. 이는 수사학에 의해서 만들어진 말이 얼마나 전지전능한가를 보여주는 대표적인 사례 중의 하나이다.

하지만 수사학에 의한 설득의 기술은 사이비 기술이다. 그것은 인간 영혼을 기만하기 위해서 존재하는 기술이다. 이런 점에서 수사학에 의한 설득은 주술이나 마법과 동일시된다. 왜냐하면 주술이나 마법은 인간 영혼을 기만하여 그릇된 신념을 갖게 만드는데, 수사학에 의한 설득 역시 인간 영혼을 기만하고 생각을 무기력하게 만들기 때문이다. 마치 무력이나 폭력이 우리의 신체를 무기력하게 만드는 것과 같이 말이다. 하여튼, 설득을 행하는 자는 가해자이고 설득을 당하는 자는 피해자이다. 피해자는 가해자에게 종속되기 마련이다. 헬레네의 경우도 마찬가지이다. 헬레네가 파리스에게 설득을 당하였기에, 파리스가 가해자이고 헬레네는 피해자이다. 그러기에 설득한 파리스에게 죄가 있지 설득당한 헬레네에게는 죄가 없는 것이다.

(10) 신적인 영감을 받아 말로 표현되는 주술들은 쾌락을 불러일으키고 슬픔을 없애준다. 그 주술의 힘은 영혼에 자리한 생각들에 작용하여서 그것을 자신의 기교로 기만하고 설득하고 변화시킨다. 주술과 마법의 두 가지 기교가 발견되었는데, 이것들은 영혼이 잘못을 저지르게 하고 생각이 오도되게 만든다.

(11) 얼마나 많은 사람들이 얼마나 많은 것들에 대하여 또한 얼마나 많은 사람들을 거짓된 말을 만들어냄으로써 속여 왔고 속이려 하고 있는가. 만일 모든 사람들이 모든 일들에 대하여 그 지나간 것들에 대한 기억과 진행되고 있는 일들에 대한 지각과 앞으로 나가올 일들에 대한 예지력을 가지고 있다면, 말이란 것이 지금과 같지는 않을 것이다. 하지만 지금의 상황으론, 사람들이 지나간 것을 기억하는 것도 현재의 상황을 주의 깊게 관찰하는 것도 앞으로 다가올 일을 예언하는 것도 쉽지 않다. 따라서 대부분의 일들에 관하여 대부분의 사람들은 믿음(doxa)을 영혼의 조언자로 제공한다. 그러니 믿음이란 위험하고 불안정한 것이어서 그것에 의존하는 사람들을 위험하고 불안정한 성공에 빠지게 만든다.

(12) 그렇다면 어떤 이유로 헬레네도 마치 그녀가 힘에 의해 강제로 납치되었듯이 말의 마법에 빠져들었다고 말하는 것이 부당한가? 왜냐하면 생각은 설득에 의해서 추방되었기 때문이다. 실로 설득은 외양에 있어서는 폭력과 다른 모습을 가지고 있어도 똑같은 힘을 가지고 있다. 그녀의 영혼을 설득한 것은 바로 말이며, 이것이 그녀의 영혼을 설득하여서 말해지고 있는 것에 순종하고 행해지고 있는 바에 동의하도록 강요했기 때문이다. 따라서 설득한 자가 강요하였으므로 불의를 저지른 셈이며, 그녀는 설득당한자로 말로써 강요당하였으므로 부당하게 비난을 받고 있다.

(13) 말에 깃들여진 설득의 힘이 영혼의 생각을 자유자재로 만들어낸다는 사실에 관하여, 명심해야 할 것은 첫째, 천문학자들의 말인

데, 이것은 한 생각을 제거하고 다른 생각을 생겨나게 함으로써 믿기 힘들고 불명확한 것들이 그 생각의 눈에는 그럴듯하게 보이게 만든다. 둘째, 말을 통한 필연적인 경쟁이 있는데, 여기에서 한 논쟁이 많은 대중들을 즐겁게 하고 설득하는 이유는 그것이 기교적으로 쓰여서 이지, 사실대로 말해졌기 때문은 아니라는 점을 명심해야 한다. 셋째, 철학적 논쟁들이 겨루는 것을 주목하여 볼 때, 얼마나 빨리 한 지식이 생각이 가지고 있는 신뢰를 흔들리게 할 수 있는지 그 안에서 드러나게 된다.

여기에 더하여, 말에 의한 설득을 약에 비유하는 고르기아스의 언급은 흥미롭기까지 하다. 약이 우리의 신체에 미치는 영향은 말이 우리의 영혼에 미치는 영향과 동일하게 언급되기 때문이다. 즉 약물 중의 어떤 것이 사람을 살리거나 죽이게 할 수 있듯이, 설득 가운데 어떤 것은 우리 영혼을 슬프게 하거나 기쁘게 할 수 있는 것이다. 이처럼 수사학에 의한 설득의 기술은 인간 영혼을 통제하고 지배할 수 있는 가장 강력한 무기인 것이다.

(14) 말의 힘이 영혼의 상태에 미치는 영향은 약물의 성분이 몸의 상태에 미치는 영향과 동일한 구조를 가지고 있다. 왜냐하면 약물들 중 어떤 특정한 것들은 특정한 담즙(humours)을, 다른 것은 다른 담즙을 신체 밖으로 내보내고, 어떤 것들은 질병을 멈추게 하고 어떤 것들은 생명을 멈추게 하듯이, 말들도 이중 어떤 것들은 슬픔을 초래하고 어떤 것들은 듣는 이에게 용기를 주며 어떤 것들은 사악한 설득으로 영혼이 약에 취하게 하거나 마법에 걸리게 한다.

(15) 그러므로 만일 그녀가 말에 의해 설득되었다 할지라도 그녀는 불의를 저지른 것이 아니라 당한 것이라는 논쟁이 성립된다.

요약컨대, 헬레네가 한 행위의 이유가 사랑에 눈이 멀어서건 아니면 말에 의해 설득을 당해서건 아니면 힘에 의해 납치를 당해서건 아니면 신적인 힘에 의해 운명적으로 이끌린 것이건 간에, 그녀에게는 아무런 책임이 없다. 오히려 그녀는 사랑이나 말 혹은 힘이나 운명에 의해 피해를 일방적으로 피해를 본 한 사람의 여자일 뿐이다. 그러기에 아테네 사람들이 그녀에게 가한 비난은 부당하고 잘못되었다. 이렇게 하여 고르기아스는 연설로써 실추된 헬레네의 명예를 온전히 회복시켜 주었다.[29)]

---

29) 수사학의 전지전능성에 대한 고르기아스의 신념은 단편 11a에도 잘 나타나 있다. 『팔라메데스 옹호』라고 불리는 이 단편에서 그는 오뒤세우스에 의해서 무고하게 죽은 팔라메데스를 옹호한다. 주지하다시피 팔라메데스(Palamedes)는 오뒤세우스보다 지략이 뛰어난 인물로 간주되는 트로이 전쟁의 영웅이다. 그는 오뒤세우스가 트로이 전쟁에 참가하지 않으려고 미친 척하고 있을 때, 오뒤세우스의 아들 텔레마코스를 이용하여 그가 연기하고 있음을 간파해낸다. 이 일로 앙심을 품은 오뒤세우스는 위조된 편지를 이용하여 팔라메데스가 트로이와 내통하였다고 모함을 한다. 그리고 그를 죽게 만든다. 고르기아스는 이런 팔라메데스를 옹호하는 연설을 한다: "재판은 모든 이들에게 들이닥치는 죽음의 문제를 다루고 있는 것이 아니라, 한 인간이 올바르게 죽느냐 또는 불명예의 멍에 속에서 부당하게 죽느냐 하는 것을 문제삼고 있습니다. 여러분들에게는 사태를 판단할 수 있는 권능이 주어져 있습니다. 여러분들이 본인의 죽음을 선포하는 것은 결코 어려운 일이 아니며, 본인은 여러분들이 내리는 평결의 권위에 대하여 어떠한 영향력도 행사할 수 없습니다. 만일 원고인 저 오뒤세우스가, 이방인들의 편에 서서 헬라스를 배반하려 했다는 확실한 증거를 가지고 본인을 기소하려 한다면, 그는 반역자에 대한 처벌은 물론이거니와 조국과 헬라스의 모든 형제자매들의 안위를 도모하고자 하는 위대한 시민으로서 가장 높은 추앙을 받아 마땅할 것입니다. 하지만 그가 본인에 대한 추악한 악의를 품고 이번 사건을 조작해냈다면, 위에서와 정반대의 천박하고 비열한 인간으로서 모멸의 대상이 되어야 마땅한 것입니다. 어디서부터 본인의 변론을 시작해야 할까요? 증거에 입각하지 않은 소송의 제기는 당혹감을 불러일으키며 진실과 현실적인 필요성이 역사를 인도하지 않는 이상 말문을 막아버리기 마련인 때문이지요. 고발인은 본인이 그러한 범죄를 저질렀다는 사실에 대하여 확신을 가지고 있는 것은 아닌데, 저 자신 스스로가 범죄를 저지르지 않았다는 사실을 (그 역시) 명확히 알고 있기 때문입니다. 만일 그가 단순한 추측만을 가지고 이 소송을 제기한 것이라면 저는 아래의 두 가지 측면에서 오뒤세우스의 과실을 증명해 보일 수 있습니다. 첫째, 반역행위란 명백히 공모로부터 출발할 수밖에 없는 까닭에, 본인은 그러한 대역죄를 저지를 수 없었습니다. 무릇 모의란 회동을 전제하는 것인데, 어떤 사람도 본인에게 접근할 수 없었고 누구에게도 찾아갈 수 없었을 뿐더러 어떠한 서찰도 전달받을 수 없는 상황이었으므로 애당초 회합이란 불가능했던 것입니다. 나

아가, 그리스인인 저 자신과 적국 사람인 가상의 이방인 사이에는 직접적인 의사소통 또한 불가능했는데, 서로의 언어에 대한 이해의 능력이 부재했기 때문입니다. 한편, 통역자가 있었을지도 모른다는 억측은 곧바로 공범이 존재함을 의미하게 되므로 어불성설이라 아니할 수 없습니다. 하지만 설령 의사의 교류가 이루어졌다고 가정하더라도, 상호간의 신뢰를 다짐하기 위하여 볼모나 인질과 같은 서양의 징표들이 교환되었을 것인데, 이런 일들이 실제로 이행되었더라면 법정에 출두한 여러분께서 모르고 계실 턱이 없지 않겠습니까? 혹시 금품 따위가 오간 것은 아닐까요? 그토록 위험한 계획을 성사시키기 위하여 보잘것없는 액수가 거래되었을 리는 만무하고, 그렇다고 많은 액수였다면 거금의 운송을 위하여 여러 공모자들의 조력이 필요했을 것입니다. 금품의 운반은 밤이었을 경우 파수병들의 경비로 인해 어려웠을 것이며, 낮 시간에는 쉽사리 눈에 띌 것이므로 불가능했을 것입니다. 본인은 한시도 막사를 떠나본 적이 없었고 적국 사람들도 감히 근접할 수 없었습니다. 설사 어떤 수를 써서든 금품을 수수했다 치더라도 그것을 감출 도리가 없었던 것입니다. 그런데 이 모든 불가능한 일들이 실현되었다고 한번 가정해봅시다. 의사소통이 이루어지고 서약의 징표들이 교환되었다고 말입니다. 그러면 이제 모반의 실행만이 남아 있게 될 것이고, 이것은 혼자의 힘이든지 공모자의 조력을 빌어 수행되어야 했을 것입니다. 그렇다면 그들 공범자들은 자유시민이었을까요? 아니면 노예들이었을까요? 그들이 만약 자유시민들이었다면, 여러분들 가운데 자초지종을 알고 계시는 분들이 있을 것인데, 그렇다면 여기로 나와서 한번 증언해 주십시오. 또 다른 가능성으로 남은 노예들의 경우, 노예들이란 으레 그러하듯이 믿을 수 없는 족속들입니다. 그들은 스스로 자유를 얻기 위해서든 자백의 강요에 의해서든 피고인 팔라메데스를 비방하려들 것입니다. 적병들은 피고인 본인의 도움을 받아 살문을 통해서나 담장을 넘어서 침입할 수도 없었는데, 우리의 파수병들이 삼엄한 경계를 펴고 있었기 때문입니다. 더구나 저 자신의 손으로 담벽을 허물어내기도 어려웠는데, 병영이라는 장소 내에서 그렇게 비밀스러운 행위가 이루어지기란 불가능하기 때문입니다. 따라서 이러한 모든 범죄행위는 본인에게 전적으로 불가능한 것이었습니다. 그렇다면 이 팔라메데스 반역음모를 꾀하게 된 동기는 과연 무엇이었을까요? 여러분들이나 혹은 이방인들에 대한 절대적인 권력욕이었을까요? 여러분들이 향유한 용기와 부(富), 영육(靈肉)의 강건함, 폴리스에 대한 통치능력들을 감안한다면 전자의 경우는 어려운 일이 될 것입니다. 이방인들에 대한 지배욕 또한 반역의 동기를 제공할 수는 없는데, 그들을 무력으로 복속시킬 수도 없고, 언설의 기교로써 설복시킬 수도 없으며, 동시에 (그들이) 자발적으로 통치의 권능을 양도하지도 않을 것이기 때문입니다. 국왕의 권위 대신 노예의 굴종을 선호하는, 최상의 것을 포기한 채 최악의 상태를 선택하는 사람은 없기 때문입니다. 부귀 역시 범죄의 동기가 될 수는 없습니다. 본인은 이미 적당한 규

IV. 결론

프로타고라스와 고르기아스를 중심으로 한 소피스트들의 수사학은 경험의 이미지를 실재화하는 새로운 기술이다. 파르메니데스의 지침과 달리, 프로타고라스와 고르기아스에게 있어 인간은 경험적인 존재이고 현상적인 존재이다. 감각하고 지각하고 욕망하고 언어의존적인 그런 존재인 것이다. 특히, 고르기아스는 인간의 모든 경험이 말로 표현되고 말없이는 인간 사유가 한 발짝도 진행될 수 없다는 것을 깊이 인식하고 있었다. 왜냐하면 그에게 있어 세계는 말로 이루어져 있고 말이야말로 세계를 지배하는 가장 강력한 도구이기 때문이다.

주지하다시피, 고르기아스는 파르메니데스적인 절대 진리를 거부한 채 오직 상대적인 현상세계만을 강조하였다. 우리는 그것을 이미 그의 대표적인 저작인 『비존재에 관하여 또는 자연에 관하여』에서 살펴보았다. 하지만 그 저작의 결론은 비참하기 그지없었다. 왜냐하면 파르메니데스적인 절대 존재 세계가 사라지고 난 그 자리에는 어떠한 형태의 의사소통도 불가능하였기 때문이다. 아무 것도 없고 아무 것도 알 수 없고 어떠한 의사소통도 없는 세계, 그것이 『비존재에 관하여 또는 자연에 관하여』에서 고르기아스가 내린 결론이었던 것이다.

모의 자산을 가지고 있으며 더 이상을 필요로 하지 않습니다. 금전의 힘은 씀씀이가 큰 소인배들이 추구하는 목표입니다. 그것은 욕망의 노예로 전락하고 돈으로 명예를 구매하고자 하는 어리석은 무리들의 갈구대상일 뿐, 자연스런 욕구들을 원숙하게 조율할 수 있는, 지혜로운 시민들의 소망이 될 수 없습니다. 여러분들께서는 이 팔라메데스의 지난 삶의 방식이 그들 저속한 무리들의 그것과는 사뭇 달랐다는 사실을 상기해 주시기 바랍니다."(단편 11a)

『헬레네 찬양』은 『비존재에 관하여 또는 자연에 관하여』의 회의주의를 극복하는 고르기아스의 야심작이다. 그는 항상 유동적인 현상세계에 근거한 상대적인 진리에 입각하여 이루어지는 이미지의 세계를 새롭게 창조하였다. 그리고 그러한 세계에 걸맞는 새로운 의사소통의 장치를 계발하였다. 비록 그 구체적인 내용은 헬레네라는 한 여인에 대한 부당한 비난을 옹호하는 형식으로 구성되어 있지만, 그 저작이 목표로 하는 것은 이미지에 근거한 새로운 실재를 조작해내는 것이다.

사실, 고르기아스의 궁극적인 관심 사항은 현실 상황에 맞추어 세계를 상대적으로 이해하는 논리와 그것을 이용하여 사람들을 지배하는 설득의 기술이었다. 그래서 그에게 있어 능력 있는 사람이란 구체적인 상황에 적합한 논리를 만들어내는 웅변가·연설가였다. A나라에 가면 A나라의 상황에 적합한 논리를 만들어내고 B나라에 가면 B나라의 상황에 적합한 논리를 만들어낼 줄 아는 그런 사람이었다. 『헬레네 찬양』과 연관해서 이야기하자면, 만약 사람들이 그녀를 비난하면 그녀를 옹호하는 연설을 만들어내고, 사람들이 그녀를 옹호하면 비난하는 연설을 만들어내는 것이었다. 이처럼 고르기아스는 수사학이 경험세계를 지배하고 통제할 수 있는 전지전능한 기술임을 확신하였다.

그런데 고르기아스를 포함한 많은 소피스트들의 확신에도 불구하고 그들에 대한 철학자들의 평가는 냉담하였다. 왜냐하면 철학자들이 생각하기에 소피스트들은 수사학을 탈도덕적인 차원에서 다루고 있기 때문이다. 플라톤의 대표적인 저서 『고르기아스』는 위의 문제를 집중적으로 거론하는 대표적인 저작이다. 철학자는 아니지만 고르기아스의 제자로 플라톤과는 지적 라이벌 관계에 있었던 이소크라테스 역시 소피스트의 수사학이 윤리성을 결여하고 있음을 인식하고 있었다. 아리스토텔레스 역시 사정은 마찬가지이다. 하지만 그럼에도 불구하고 그들이 그리스 최초의 계몽주의 시대를 열고 수사학을 세련시켰다는 점은 거부할 수 없는 사실이다.

결론적으로, 소피스트의 수사학은 아테네의 정치현실을 개선시킬 수 있는 실용적·합리적 기술이었다. 의사소통의 세계에서는 타자를 지배하게 해주고 현실의 정치세계에서는 권력을 획득할 수 있게 해주는 기술이었다. 이제 소피스트의 수사학은 현대사회의 갈등과 분쟁을 중재하고 조정하는 새로운 기술로 탈바꿈해야 한다. 그리고 새로운 협상의 기술을 제시해야 한다. 원칙론과 근본주의만으로는 현대사회의 모든 문제를 해결할 수 없다. 실용적이고 합리적인 수사학적 지혜가 필요할 때이다. 설득의 힘으로 모든 갈등과 분쟁이 종식되는 그 날을 기대해 본다.

플라톤의 수사학 비판과 유토피아의 이념

최 양 석

I. 서론

말이 힘 있는 것이라는 인식은 기원 5세기 그리스에서 일상적으로 경험 가능한 것이었다. 그리하여 그리스 문화에서 인간의 언어활동을 체계화하려는 최초의 시도가 행해지고 그 결과 수사학이 성립되었다. 물론 수사학의 등장은 구체적인 사회, 정치적인 상황을 배경으로 그 시대의 요구에 부응하여 이루어진 것이었다.

소피스트들이 출현하기 이전 기원전 5세기까지는 그리스 교육은 전통적이었다. 인간과 정치에서의 지위는 주로 출생과 가문의 문제이지 훈련과 교육의 문제가 아니었다. 그러나 5세기 중엽 그리스와 특히 아테네에서는 정치적인 생활을 관리하는 관습적인 방식과 전통적인 교육이 부적합하다고 입증되고 있었다. 민주정치의 출현은 정치지도력의 교육문제를 제기했다. 아테네에서의 정치 지도자의 배출은 역시 부유한 귀족가문에서 배출되었다. 그러나 소피스트들의 출현과 함께 정치적 수완이 이제 통달되는 하나의 기술로 생각되고 소피스트들은 그 기술을 가르치는 전문적인 직업 교사로 등장했다.

플라톤은 당시 가장 강력한 영향력을 지녔던 고르기아스의 수사학을 비판하면서 동시에 새로운 수사학을 구체화하고 있다. 『고르기아스』에서 대화 주제는 처음부터 수사학에 집중된다. 고르기아스는 수사학의 본질과 기능과 목표가 제시하며, 그 자신이 구사하는 능력의 탁월함, 더 나아가 정치적 논쟁 상황에서 상대를 반박함으로서 대중의 지지를 획득할 수 있는 수사학적 기법이야말로, 청중을 설득할 수 있는 힘을 제공하며 권력획득 수단으로써 최고의 가치를 갖는다고 주장한다. 고르기아스의 입장은 법정과 민회 그리고 사적인 영역에서 당시 가능한 수사적 말의 강력한 영향력에 기인한 것이었다.

플라톤은 『고르기아스』에서 소피스트들과 수사학에 대해 신랄한 공격을 하고 있다. 그는 수사학이 만족스럽지 못하며, 인식론적 관점에서도, 윤리적 가치적 관점에서도, 존재론적 관점에서도 문제가 있으며, 하나의 테크네로 인정받기 위해서도 전적으로 자격미달임을 지적한다. 그는 수사학은 적합한 절차와 과정 없이 정의와 선에 대한 결론을 찾는 것으로 사악하다고 주장한다. 그는 변증법만이 이성에 기인한 결론을 얻을 수 있으며, 선과 정의에 관한 적절한 방법과 기술이며 학문이라는 것이다. 수사학은 이성에 기인하는 것보다 청중의 감성과 정념에 호소하여 설득하기 때문에 진리에 다다를 수 없다는 것이다.

고르기아스의 제자 플루스는 수사학은 죄 없는 이를 보호하며 참선을 추구하는 능력이며 기술이라 반박하고 정치가인 칼리클레스는 공공의 장에 벌어지는 정치담론이나 의사결정의 담론에서 수사학은 필수적 설득 수단이라고 주장한다. 이에 소크라테스는 수사학은 공공의 담론에서 흉한 것을 보기 좋게 만들고 악을 선으로 화장하며, 죄인을 무죄로 방면하면서 사실을 왜곡한다고 비난한다. 수사학은 아첨만 일삼으며 구성원의 행복보다 수사학을 실천하는 개인의 이익과 권력에만 관심이 있다고 비난한다. 공공의 담론 장에서 정치에 대한 허상만 만들며 대중의 영혼을 황폐화 한다고 반박한다.

『고르기아스』에서 플라톤은 수사학과 진리, 수사학의 오용가능성, 부당성과 허구성, 윤리적이며 도덕적인 문제를 지적하고 있다. 수사학의 정치, 사회적 공공 담론 장에서의 역기능에 대한 폐해를 지적한다. 『고르기아스』에서 제시된 공공담론의 장은 법정상황, 정책결정, 혹은 의회상황, 의식으로 정리되며 이후 아리스토텔레스의 수사학에 반영된다. 플라톤은 수사학과 변증법은 다른 것이며 이 두 가지는 대상, 수단, 절차, 방법 결과도 다르다고 주장한다. 즉 변증법만이 진실된 앎에 의한 진리와 정의를 찾을 수 있으며 수사학은 여론에 의한 나쁜 것이라 주장한다. 수사학은 일관적인 방법이나 특정 대상 분야가 없으므로 기술 혹은 학문이 아니며 단지 지식 없이 청중을 설득하는 하나의 기법에 불과하다.

플라톤은 수사학에 관해 『고르기아스』에서는 부정적인 생각을 가지고 있으나, 『파이드로스』에서 긍정적 가치를 제시하고 있다. 그는 수사학의 윤리 도덕적 차원을 강화하였으며, 개념형성과 이론 확립에 지대한 영향을 끼쳤다. 『파이드로스』에서는 만약 수사학자가 그의 기술을 가르치려고 하면 그것은 가능하다. 그러나 그렇게 하기 위해 그는 철학자가 될 필요가 있다. 즉 그는 인간 심리학을 이해해서 여러 가지 종류의 논의를 상이한 형식의 언어에 의해 설득 가능한 여러 가지 성격 유형에 결부 시켜 생각할 필요가 있다. 수사학자들이 습관적으로 말하는 문제들, 즉 정의 본질, 덕성, 미, 정치적 가치들의 본질에 대한 진리를 알 필요가 있다. 그런 지식을 소유하고 있는 사람은 철학자이다. (『파이드로스』 277b-c)

플라톤의 대화편 『프로타고라스』에서 프로타고라스는 인간의 정치적 공동체인 국가가 존재하기 위해서 필요한 조건을 묻는다. 그는 단지 경제적 차원에서만 함께 모여 산다는 것만으로는 인간 공동체가 존립할 수 없음을 지적한다. 인간의 이기적 본성이나 자기 중심적 행동양식은 결국 끝없는 분쟁과 이익 충돌로 이어지면서 공동체의 붕괴를 초래할 것이기 때문이다. 바로 이 자기파멸의 문제를 해결하고 공동체를 존속시키기 위해 생산적 기술 외에 정치적 기술도 반드시 필요함을 역설한다. 정치적 기술이란 인간이 공동체 질서에 적응하고 여러 가지 인간관계들을 조정함으로써 공동체 전체의 유대와 결속을 이루어내는 능력과 자질을 의미한다. 이것에는 정의, 자제심, 분별력과 같은 덕목이 필요할 뿐 아니라, 가정을 운영하기 위한 지혜, 국가운영에 필요한 기법, 그리고 국정운영이나 그에 관련되는 의사결정과 시민집회의 토론에 참여하는 능력 등도 포함된다.

플라톤은 한 국가 공동체의 형성과 존속을 위한 조건을 물으며, 공동체 구성원이 갖추어야 할 자격과 자질이 무엇인지 묻는다, 그리고 정치적 공동체에 대한 일종의 구조론에 근거하여 정치학의 필요성이 제기된다. 정치학적 조건은 의식주 문제의 해결이 인간 생존에 필수적 의미를 가지는 것 이상으로 인간의 삶의 기본조건이라는 것이다. 공적 활동영역에서의 정치적 말하기에 대한 교육은 그의 전체 활동의 한 부분으로 언급된다. 그의 교육활동의 목표는 세 가지로 나타나고 있다. 하나는 국가운영과 공적임무에 대한 이해와 판단력을 키운다는 점에서 정치적 목표이다. 다른 하나는 모든 시민에게 요구되는 인격적 자질을 키운다는 점에서 윤리적 목표이다. 다른 하나는 정치 참여에 필요한 말하기 능력을 키운다는 점에서 수사학적 목표이다. 프로타고라스가 사명감을 가지고 피력하는 정치적 지혜의 필요성과 중요성, 그리고 시민의 윤리적 자질은 반박의 대상이 아니다. 오히려 이 주제들은 플라톤에 의해 심화되고 확대되었다.

플라톤의 변증법적인 훌륭한 수사학은 당대 소피스트들에 대한 비판에 기초를 두고 자신의 유토피아의 이념과 연관되어 있다. 그가 수사학은 시민의 영혼을 돌보고 시민들을 선으로 인도하는 것이 목적이어야 한다고 주장하는 것은 사회상황을 반영한 것이다. 당시 민주주의의 악은 변증법을 통한 참된 지식과 통찰력을 갖추지 않고 적합한 전문지식을 갖추지 않는 사람들에 의해 사회가 인도되는 것이 문제라는 것을 지적하고 있다. 우리는 이 비판에서 플라톤 자신의 정치철학과 국가관의 핵심 주제들을 예감하게 된다.

II. 수사학의 본질

『고르기아스』에서 수사학을 놓고 웅변가의 성공을 위한 최고의 수단이라는 주장과 소크라테스의 영혼의 상품이라는 신념의 대립은 첨예하다. 배경은 Leontini출신의 고르기아스가 그의 제자 폴로스를 대동하고 방문하는 칼리클레스의 저택이다. 고르기아스는 소크라테스와 칼이레폰이 들어올 때 기술에 관한 강의를 막 결론지었다. 소크라테스는 상대가 설명할 단순한 질의를 다음과 같이 제안한다. “그는 누구인가”(447d) 스승의 방법을 알고 있는 카이레폰은 이를 다음과 같이 묻는 것으로 해석한다. 수사학자란 무엇이며, 그의 특수한 기술은 무엇인가? 폴로스는 오만하게 고르기아스의 입장에서 응답하려고 시도하면서 대화는 다음과 같은 방식으로 전개된다.

첫째, 소크라테스와 고르기아스의 대화(449d-460d), 소크라테스의 웅변술의 유명한 교사인 고르기아스에게 먼저 말한다. 이 부분은 웅변술이 도대체 하나의 기술인가고 묻고 있다. 둘째, 소크라테스와 폴로스의 대화(461d-480e): 소크라테스와 폴로스의 주고받는 말에서 인류에게 가장 높은 가치란 무엇인가라는 문제가 등장한다. 셋째, 소크라테스와 칼리클레스의 대화(480e-527e). 마지막으로 소크라테스와 칼리클레스는 그들의 상반되는 이야기를 절정으로 몰아간다. 그래서 인간존재를 고찰하는 두 가지 기본방식의 공공연한 갈등이 있다. 고르기아스는 외관상 사소한 문제 즉 웅변술은 하나의 기술인지의 여부와 함께 시작한다. 그러나 대화는 지혜의 생활 대 적나라한 힘의 추구라는 견해의 대립으로 끝난다. 대화의 실질적인 주제는 생활방식의 정당화이다.

수사학이 무엇인가라는 소크라테스의 질문에 폴로스의 응답은 단순한 자랑으로 축소한다. 최선의 사람이 최선의 기술에 능하고 그의 스승 고르기아스는 최선의 사람이며, 그래서 그의 기술은 가장 고귀한 기술이다. 그리고 수사학이 사용하는 말은 인간의 일들 중에서 "가장 위대하고 가장 고귀한 것들과 관련이 있다."(451d) 소크라테스에 의하면, 수사학은 사람들이 연설할 수 있게 하고… 연설하는 것을 이해할 수 있게 한다. 그러나 이것은 기술의 특징은 아니며, 따라서 의학의 연구는 사람들로 하여금 질병에 대하여 논술할 수 있게 그들의 말의 주제를 아마 이해할 수 있게 한다. 그러나 기술 일반은 논의의 Logoi에 의존하는 정도에 따라 두 가지로 분류된다. 조각과 회화는 실제적인 기술의 전형적인 예이다. 산수, 기하, 의학은 제 2 유형의 기술이며 다만 우연적으로만 손으로 하는 작용을 수반한다.

고르기아스가 자신의 목적을 위하여 사람들을 설득하고 그리고 나서 국가에서의 모든 타인들보다 개인적인 자유와 권위를 획득하는 힘을 "가장 위대한 선"이라고 불렀을 것은 이상하지 않다. 설득의 기술이 최상의 선을 완성하므로 그 기술은 기술들 중에서 최상의 기술이다. 그러나 마음대로 행동하는 자유와 타인들을 복종하게 하는 힘이 인간에게 주어진 선인가? 수사학은 하나의 기술이라고 할 수 있는가? 설득의 기술이라는 전 구절은, 그 기술이 유일하게 수사학을 묘사하지 못한다고 볼 수 있다. 수학자는 우리에게 수에 관한 일정한 결론들에 대하여 우리를 설득하고 예술가들은 그들의 특수성에 관하여 설득한다. 어떤 종류의 무엇에 관한 설득을 수사학은 나타내는가? 고르기아스는 "수사학이 법정과 그 밖의 집회들에서의 … 설득의 기술이고 정의로운 것과 불의한 것에 대한 설득의 기술"이라 설명한다.

수사학적 설득은 정의로운 것과 불의한 것에 대한 신념을 만들어 내나 전혀 교수하지 않는다. 그리고 웅변가가 어떤 복잡한 방식으로 짧은 시간 내에 법정과 집회 앞에서 그들을 교수하기를 바라기조차 할 수 없다. 그러므로 그는 특수한 지식을 요하는 모든 문제를 전문가에게 위탁하고 벽이 축조될 때, 수사학자가 아니라 장인 노동자에게 충고할 것이다. 그런 계획이 실행이라는 점에서는 사실임을 고르기아스는 인정한다. 그러나 그 계획을 집행하는 결정은 다른 문제이다. 따라서 유명한 긴 성벽을 구축하려는 아테네인의 결정은 웅변가 테미스토클레스와 페리클레스가 했던 것이고 전문가들은 나중에 방법과 수단단계에서 문제에 관여했다.

고르기아스는 이전의 견해를 부정하고 윤리적 지식이 필연성이라는 사실과 그가 그 지식이 결여되어 있을 어떤 학생을 가르치도록 시도해야 한다는 사실을 인정하지 않을 수 없게 되었다. 지위가 상당한 학자로서 그는 "수사학자가 정의로운 사람이어야 한다"고 주장할 의무가 있다고 느낀다. 이제 고르기아스는 사람들을 수사학자로 만들려고 시도하고 또한 그들을 의로운 사람으로 육성할 책임을 수용해야한다. 실지로 완성된 산물인 참된 수사학자는 수사학의 정의롭지 못한 이용을 할 수 없거나 그렇지 않으면 부정의를 자진해서 하는 의향은 없을 것 같다. 소크라테스는 "어떤 사람에게 어떤 정의를 가르치는 것"이 그를 정의롭게 하는 것과 동일하다고 주장한다.

고르기아스는 수사학에 대한 다양한 의미규정을 시도하고 있음에도 그것은 소크라테스에 의하여 철저하게 거부되고 논파 당한다. 폴로스는 세속적이면서도 정렬적인 웅변가이며 작가 중의 한명이다. 그는 카이레폰이 요구하는 본질적 답변을 교묘하게 회피하면서 수사학에 대한 찬양과 아첨으로 일관하고 있다. 그가 수사학을 기술 가운데 가장 좋은 것으로 정의할 때, 그의 이러한 언급은 대상의 본질에 대한 이해를 단순한 사례로 대체하는 논리적 오류이다. 그는 논제 자체를 본질적으로 천착하지 않고, 오히려 수사학의 형식적인 현란함과 그것에 대한 자신의 영향력을 과시하는 데 집중하고 있다.

소크라테스의 다음과 같이 질문한다. "도대체 수사학은 존재하는 것들 가운데에서 어떠한 것에 관한 것입니까?"(449c-d) 그는 수사학의 목표대상이 무엇인지를 염두에 두고 고르기아스에게 질문하고 있다. 소크라테스는 직조술을 언급함으로써 고르기아스가 목표로 하는 대상이 그것과 밀접하게 연관되어 있음을 암시한다. 직조술 이외에 가곡을 만드는 음악술이 있다고 언급되고 있다. 그런데 직조술의 결과물은 옷이고 음악술들의 결과물은 가곡들이다. 직조술이 이용하는 재료는 옷감이고 음악이 사용하는 재료들은 화음과 선율이다. 이에 고르기아스는 그것은 "말에 관한 것입니다."(449e)라고 답한다.

폴로스에 질문에 대해 소크라테스는 자신의 견해를 분명히 한다. 수사학은 하나의 기술이 아니고, 오히려 요령이며, 인간을 관리하는 방법을 아는 대담한, 기존의 재치있는 습관이고.. 하나의 경험이거나 판에 박힌 일일 뿐이다. 그것은 한 가지 일부분이며 - 요리법, 재단솜씨 등등과 같은 - 그가 아첨이라고 부르는 더 일반적인 능력이다. 이러한 관점에서 우리는 수사학이 고르기아스가 주장하는 것처럼 좋은지의 여부를 알 수 있다.

소크라테스는 이어서 다음과 같이 질문한다. "고르기아스, 그 말은 어떤 종류의 말입니까? 병든 사람을 건강하게 할 수 있는 식이요법에 의해서 보여지는 그런 것입니까?"(449e) 고르기아스는 부정적으로 답변한다. 이것으로부터 소크라테스는 수사학이 모든 말과 연관된 것은 아니라는 사실을 이끌어낸다.

소크라테스는 고르기아스가 아테나이 청년들에게 위험한 인물이고, 그의 지식은 허구임을 논증하려고 한다. 소크라테스는 450a1에서 사람들에게 말하고 이해하는 능력을 제공하는 기술들의 사례로 이아트리케와 김나스티케를 제시하였다. 전자는 사람의 병과 관련된 로고스를 다루는 기술이요, 후자는 사람의 육신과 관련된 로고스를 탐구하는 기술이다. "그것들 각각은 말들과 관계된 것이며, 이때 말들이란 것은 각각의 기술의 대상을 다루는 그러한 것입니다."(450b)

각각의 기술은 지향하는 특수한 대상이 있다. 수사학은 말이라는 특수한 대상을 다룬다. 하지만 기술이 말이란 대상을 다룬다 해서 모두다 수사학이 되는 것은 아니다. 말이란 대상을 다루는 기술 가운데서도 물리적 행위를 효과적인 수단으로 사용하는 기술이 있는데 비하여, 물리적 행위보다 추론적인 말을 효과적인 수단으로 사용하는 기술이 있다. 전자에 속하는 것으로는 의술과 체육술이 있고, 후자에 속하는 것으로는 수사학이 있다. 소크라테스는 다른 모든 기술들의 경우에 있어서는 그 모든 에피스테메가 거의 대부분 수작업이나 그것과 유사한 행위와 관계하는 데 반해서, 수사학에 있어서는 그와 같은 수작업은 전혀 없고, 그것에 대한 "모든 프락시스와 성과"는 말을 통해서 이루어진다고 주장한다.

소크라테스는 일단 기술을 두 종류로 나눈다. 첫째, 물리적 행위와 관계된 것으로 말을 거의 필요로 하지 않는 기술이 있다. 둘째, 말을 통해서만 이루어지는 것으로서 물리적 행위를 거의 필요로 하지 않는 기술이 잇다. 전자에 해당하는 것으로는 미술이나 조각술이 있으며, 후자에 해당하는 것으로는 수론, 산술, 기하학, 주사위놀이 등이 있다.(450d) 전자는 침묵 속에서도 이루어지며 로고스를 거의 필요로 하지 않는다. 후자는 전적으로 로고스를 통해 이루어진다. 즉 단순한 말이 아니라 논리성을 갖춘 이성적 추론이다. 고르기아스가 언급하는 수사학도 후자에 속한다. 그러나 고르기아스는 추론적인 로고스에 의존하는 것을 결코 수사학이라 부르지 않는다.

고르기아스는 수사학이 어떤 테크네보다 탁월한 기능을 가지고 있다고 말한다. 그러나 그의 답변은 주관적이다. 왜냐하면 무엇이 인간의 삶에서 가장 위대하고 가장 좋은 것인지 객관적으로 규명하지 않고 있기 때문이다. 이미 448c에서 폴로스는 고르기아스와 수사학이 무엇인지를 묻고 있는 카이레폰에게 그가 최고의 사람이며 그의 기술은 최고의 기술이라는 수사학적인 미사여구를 나열하였다. 고르기아스 역시 논리적 엄밀성을 결여하고 있는 폴로스와 마찬가지로, 허영심으로 가득 찬 현란함만을 자랑하면서 그와 유사한 답변을 제시하고 있다.

소크라테스는 고르기아스의 주장과 양립 불가능한 사례를 통하여 그를 음미한다. 그는 인간의 삶에 큰 영향을 미치고 있는 세 부류의 전문가들이 각기 다른 가치를 인간의 최고선으로 설정하고 있다는 사실에 주목한다. 구체적으로 의사는 그것을 건강으로, 체육교사는 "육신의 아름다움과 강함"으로 그리고 재정가는 "부유함으로 설정하고 있다.(452a-d) 이와 같이 수사술에 대한 고르기아스의 주장은 상대적인 것으로 전락하고 만다.

이에 고르기아스는 자신의 테크네가 의사 체육가 그리고 재정가의 그것보다 더 탁월한 능력과 권력을 가지고 있다는 것을 선전함으로써 이 위기를 모면하려고 한다. 하지만 소크라테스는 그가 생각하고 있는 최고선의 본질을 명확하게 정의해줄 것을 요구한다. "당신이 사람들에게 가장 좋은 것이자, 당신 자신이 그것의 제작자라고 주장하는 이러한 것이 무엇인지를 우리에게 말해 주시오"(452d) 이 질문에 고르기아스는 수사학이 활동하는 영역을 정치적 공간으로 설정한다. 그는 수사학이 인간의 자유와 권력을 보장하는 탁월한 힘임을 주장한다. 수사학 덕분에 인간은 거시적 일반적으로 폴리스 세계에서 자유를 만끽하고, 미시적 개별적으로 타자를 마음대로 지배할 수 있다. 그러한 수사학의 힘은 현실의 정치세계에서 곧바로 권력이 된다. 왜냐하면 "법정이나 의회 그리고 민회 등과 같은 모든 정치 영역에서 타자들을 설득할 수 있는 힘은 아테

나이의 현실 정치권력과 직결될 수 있기 때문이다."(452e)

고르기아스가 의존하고 있는 토대는 세속적이고 현상적인 것이다. 눈에 보이지 않는 것은 무의미한 것이다. 진리의 그림자인 현상이 그의 탐구대상이다. 특히 그는 현존하는 폴리스에서는 수사학이 정치권력을 획득하는 데 절대적인 힘을 발휘할 수 있음을 확신하고 있다.

"소크라테스: 만약 내가 잘 이해한다면, 당신은 수사학이란 "설득을 만드는 기술"이며, 그것은 전체적인 업무와 완성은 이러한 것으로 귀결된다고 말하고 있습니다. "아니면, 당신은 청중들의 영혼 속에 설득을 만드는 것보다, 수사학의 더 넓은 힘으로 언급할 수 있는 어떤 것이 있습니까?"(452e-453a)

고르기아스는 수사학을 단순한 설득제작술로 언급하고 있는데 반해서, 소크라테스는 그것이 영혼과 밀접하게 연관된 설득제작술이라고 주장하고 있다. 그는 수사학이 설득 당하는 사람의 영혼 속에 작용하여 그 사람을 설득 당하게 만든 다음, 그의 영혼을 강제적으로 조작하여 설득하는 사람의 의지를 설득 당하는 사람에게 관철시키는 것으로 보고 있다. 소크라테스는 고르기아스에게 설득 개념을 다시 정의해 줄 것을 요구한다. 그런데 여기에서 그가 요구하는 질문은 두 가지이다. 하나는 수사학이 만들어 내는 설득의 속성이고, 다른 하나는 설득의 대상이다. 그는 그것을 구분하여 대답해 줄 것을 요구한다.(453b-c)

소크라테스는 설득 제작술과 연관 다양한 종류의 기술들을 고찰한다. 먼저 그는 무엇이든지간에 타자에게 가르치는 행위는 자신의 지식을 타자에게 설득하는 행위라는 사실에 주목한다. 즉, 모든 종류의 교수행위는 설득제작술이다. 이런 점에서 아리트메티케 역시 설득제작술이다. 왜냐하면 아리트메티케 역시 짝수와 홀수를 포함한 모든 수를 탐구대상으로 하여, 모든 사람들에게 그것과 연관된 지식과 진리를 설득하는 기술이다. 아울러 로기스티케와 게오메트

리케 그리고 천문학 역시 설득제작술이다. 그런데 이러한 기술들은 수사술과 경쟁적인 관계에 있다. 그러므로 수사술만이 유일한 설득 제작술이라는 주장은 설득력이 없다.(453d-454a) 그리하여 고르기아스적인 수사술이 지향하는 고유한 대상은 선과 악 그리고 정의와 불의의 문제와 연관된 도덕적인 영격으로 제한된다.(454b) "그것은 당신이 법정에서나 다른 정치적인 집회에서 발견할 수 있는 것으로, 사실 이전에 내가 언급했던 그러한 것입니다. 그리고 그것은 정의로운 것과 불의한 것을 다룹니다."(454b) 이와 같이, 고르기아스는 여기서 설득의 대상을 언급하고 있다.

그런데 도덕적인 영역과 연관된 수사학은 수 또는 별과 연관된 수학적 자연과학적 기술들과 날카롭게 차별화된다. 나아가 수학적-자연과학적 설득이 실천을 전제하지 않는데 비해, 도덕적 설득은 이성적 가르침에 근거한 도덕적 실천을 전제로 한다. 그리하여 이성적 인식과 그것에 부합하는 실천은 도덕적 설득을 이해하는데 필수적인 요소이다. 소크라테스는 앎의 영역에 있어서 지식의 상태와 신념의 상태를 엄격하게 차별화하면서 고르기아스의 논리적 한계를 음미한다. 전자에는 거짓된 것이 없이 오직 참된 것만 존재하는데 비해, 후자에는 거짓된 것과 참된 것이 공존한다. 이와 마찬가지로 설득이 제작해 내는 것도 다음 두 가지로 차별화 된다. 하나는 지식이고 다른 하나는 신념이다. 그러므로 설득은 신념만을 제공하는 단순한 설득과 신념을 배제한 채 오직 확실한 지식만을 제공하는 고차원적인 설득으로 나누어진다. 고르기아스는 자신의 기술이 지식과는 무관하게 신념만을 창출하는 설득제작술이라 답변한다. 그러나 소크라테스는 "수사학이란 정의와 불의의 문제를 가르치는 것과 관련된 설득제작술이 아니라, 신념과 관련된 설득제작술입니다."(455a)

III. 수사학의 힘

고르기아스의 수사학은 도덕 정치적 문제를 고유한 대상으로 하는 기술이다. 그리고 그의 기술은 신념만을 산출하는 설득제작술이다. 그러므로 그의 기술은 정의와 불의를 포함한 도덕 정치적인 대상을 취급함에도 불구하고 불확실한 신념만을 산출하는 설득제작술에 지나지 않는다. 고르기아스는 이러한 문제점에도 불구하고 수사학이 지닌 비상한 힘을 찬양하면서 위기를 탈출하고자 한다. 그는 인간 삶의 실제적인 방향성이 수사학의 화려한 언변에 의하여 굳건하게 유지될 가능성이 있음을 강조한다. 그는 소크라테스에게 수사학의 신비한 힘을 공개할 수 있다고 장담한다. 소크라테스 또한 이 엄청난 힘의 비밀에 대한 자신의 놀라움을 표현하고 있다.(456a) 하지만 그는 지금까지 고르기아스가 언급한 수사학의 설득력이 실질적으로 폴리스 발전에 어떻게 기여하고 있으며 개인에게 어떠한 이익을 가져다주었는지를 물으면서, 그것의 초인적인 힘을 무력화 시킨다.

폴로스의 주된 관심사는 수사학을 매개로 권력과 명성 그리고 부를 획득하는 것이다. 수사학을 매개로 존재의 근거나 인간 행위의 도덕적 원리들을 탐구하는 것은 중요한 문제가 아니다. 고르기아스 자신이나 그의 제자인 폴로스와 칼리클레스 모두 고르기아스가 그의 수사학 때문에 대단히 강력한 영향력을 지니며, 그의 기술이 가장 훌륭한 기술이라고 생각한다.(451d) 이 기술을 가지면 의사나, 돈 버는 기술자나 누구든지 자신의 수하가 되게 할 수 있다고 말한다.(452e) 따라서 수사학을 통한 말의 강력함 힘을 주장한다. 고르기아스는 다음과 같이 수사학의 힘을 강조한다. "… 연설로 법정에서의 판사들, 집회에서의 이사, 집회나 그 밖의 어떤 시민 단체의 모임에 참석한 사람들에게 확신시키는 힘, 게다가 더욱 이러한 힘을 갖고 있으면 의사를 만들 것이고 트레이너를 당신의 노예로 만들 것이며 그리고 당시의 사업가는 그 자신이 아니고 다른 사람 즉 연설에서 군중을 설득할 수 있는 당신을 위하여 돈벌이하고 있음을 입증할 것이다."(452e)

소크라테스는 우리가 무엇인가를 믿게 될 때 두 가지 방식을 이제 예리하게 구분한다. 소크라테스가 구별의 중요한 요지는 두 가지 설득형식 중에서 어느 쪽에 속하는가에 대하여 고르기아스에게 강요할 때 가시화된다. 만약 도시국가에서 의사나 조선기술자 또는 그 밖의 다른 장인들을 선출하는 집회가 개최된다고 했을 때, 웅변가들이 이 문제에 대해 왈가왈부하는 것은 어불성설이다. 왜냐하면 마땅히 선출되어야 할 사람은 웅변가가 아니라 해당분야의 전문가들이나 장인들이기 때문이다. 그러므로 축성이나 항구건설 조선소 건설 등과 연관된 문제에 있어서는 탁월한 건축가만이 유일하게 권위 있는 조언을 해 줄 수 있으며, 적군에 대항하여 군사작전을 수행하는 문제에 대해서는 전투의 경험이 풍부한 장군만이 유일하게 조언해줄 수 있는 사람이다. 이와 같이 소크라테스는 수사학의 효용성에 대해 심각히 의문을 제기하고 있다. 그는 웅변가들이 도덕정치적인 문제들을 넘어서는 것들에 대해서도 강력한 힘을 발휘할 수 있다는 고르기아스의 주장을 논박한다.

고르기아스는 역사적 사실과 현실정치의 힘의 논리에 의해 입각해서 자신의 논지를 전개한다. 역사적으로나, 현실적으로 볼 때, 웅변가들의 설득력은 도시국가의 제반 정책을 기획하고 개별자의 삶의 양식을 변화시킨다. 그 사례는 다음과 같다.

첫째로 아테나이의 성벽건축이나 거대한 조선소 건설 그리고 항만건설 등과 같은 아테나이의 국가적인 사업에 관한 한, 그것을 기획하고 주도한 사람은 모두 테미스토클레스와 페리클레스 같은 웅변가들이다. 그들의 충고와 조언이 없었다면, 그러한 국가적인 사업은 성취되기 힘들었을 것이다. 그런데 그들은 소크라테스가 언급하는 기술자나 장인이 아니라 웅변가들이다. 그러므로 현실정치세계에서 웅변가들이 지닌 힘은 막강하다.

둘째로 개인적인 삶의 영역에 있어서도, 웅변가들의 힘은 절대적이다. 왜냐하면 약 먹기를 거부하거나 수술 받기를 두려워하는 환자들을 설득하여 치료를 받을 수 있게끔 그들을 설득할 수 있는 사람은 정작 질병의 전문가인 의사들이 아니라, 바로 웅변가이기 때문이다. 그래서 국가에서 의사를 공개적으로 선출한다고 했을 때도, 동일하게 웅변가는 의사를 포함한 모든 경쟁자들을 제치고 당당히 국가의사로 선출될 수 있을 것이다. 왜냐하면 웅변가들이 말로 설득하지 못할 논제는 애당초 존재하지 않기 때문이다.

고르기아스는 수사학이 전지전능하다는 자신의 논지를 계속 옹호하면서도, 또 다른 한 편으로 아테나이의 폴리스 사회가 암묵적으로 요구하는 보편적인 도덕성을 의식하기 때문에 반인륜적인 수사학을 거부한다. "마치 싸움기술의 경우에서 그러한 것처럼, 수사학도 정의롭게 사용해야 합니다."(457b) 고르기아스는 수사학이 올바르지 못한 목적으로 사용될 수 있다는 현실적 사태를 인정하면서도, 그 사태의 근본적인 원인이 일차적으로 수사학이라는 자체적으로 가질 수밖에 없는 한계나 수사가라는 교육자가 본래적으로 가질 수밖에 없는 결함에 있다는 것을 인정하지 않다. 오히려 그는 그 사태의 근본적인 원인을 수사학을 사용하는 사람들의 개별적인 도덕성으로 국한시키고 있다. 수사학은 가치중립적이다. 이렇게 함으로써, 그는 수사학 남용과 연관된 불미스러운 사태에 대한 모든 책임으로부터 그 자신을 포함한 웅변가들을 모두 제외 시키고 있다.

고르기아스는 자신의 테크네를 모든 존재영역에 확대하여 적용한다. 그는 수사학에 의해서 모든 대상을 지배하고 통제할 수 있다고 생각했다. "수사가들은 다른 전문가들 가운데 그 누구보다도 대중을 상대로 하여 더 설득적으로 말할 수 없는 그러한 논제란 존재하지 않기 때문입니다."(456c) 그의 경쟁기술은 고르기아스가 쾌히 인정한 것처럼 물론 선이나 악을 위하여 이용될 수 있다. 같은 것이 어떤 전투기술에도 해당된다. 우리는 부모를 공격했던 훈련받은 전사의 그릇된 행위 때문에 전쟁기술이나 그 기술을 가르치는 사람들을 비난해서는 안 되는 것처럼, 정의롭지 못한 목적에 자기 기술을 이용한 수사학자나 수사학의 기술을 비난해서는 안 된다.

소크라테스는 하나의 비유, 즉 요리: 의학, 수사학: 정의를 구축한다. 그래서 대화는 삶의 상반되고 불일치하는 이상을 돌연 선명하게 한다. 플라톤은 엄격한 진리 탐구로서 삶의 철학적 이상을 제시한다. 철학자는 실재를 알려고 하고, 무지는 오류와 혼미보다 더 좋기 때문에 그 자신의 무지를 발견하고 무지를 학습의 출발점으로 인정한다. 그는 지식의 상실 이외에는 어떤 것도 두려워하지 않으며, 지식의 소유는 지식과 덕은 하나이므로 수월성에 대한 유일한 열쇠이다. 그는 진정한 법의 안내와 지도를 존중하고 만약 오류에 의해 잘못했으면 벌을 치료의 한 형식으로 보며, 그의 교정되지 않고 하는 잘못된 행동의 위험보다 벌을 좋아한다. 칼리클레스는 소크라테스의 철학에의 헌신을 조롱한다. 철학은 소년들에게 좋으나 장성한 사람은 더 많은 성인의 추구, 공무들과 공민생활에서의 자기 발전을 위하여 그런 소년적인 일들은 제쳐놓아야 한다. 최상의 사람은 자기 자신을, 민주적인 사회에서 타인을 위하여 행동의 자유를 제한하는 단순한 일련의 관습인 법의 압축으로부터 자유롭게 한다. 그는 대신에 자연의 법을 따르고 원망과 요구의 실현에서 행복을 찾는다. 그는 유용한 좋은 것들의 동등한 몫에만 만족하지 않고 바로 그 자신의 눈으로 그가 태어나면서 공덕을 얻은 더 큰 몫을 찾으며, 그러한 것이 더 적절하게 그의 행복을 조장하는 데 기여한다.

칼리클레스와 폴루스가 주장하는 삶의 이상은 자신의 능력에 의하여 권력을 얻어서 유지할 수 있고 의지를 타인에게 강요할 수 있는 사람인 참주의 삶의 이상이다. 소크라테스는 그런 사람을 칭찬보다 동정을 받을 만한 사람으로 간주한다. 그들은 사람이 바라는 것을 정확히 하는 자유와 권력을 갖고 있는 삶에서의 성취를 발견하는 것이 아니다. 그러나 무엇을 바랄 가치가 있는가를 발견하는 것이 중요하다. (466e) 만약 폴루스가 생각한 것처럼 힘이 선이라면 그가 선택한 것을 절대적으로 할 수 있는 사람은 진지하고 중요한 의미에서 이성적으로 소위 힘이 없는 사람일 것이다. "왜냐하면 폴루스, 나는 수사학자와 참주는 폴리스에서 가장 권력이 없으며, 그들이 원하는 것을 아무 것도 덕이 있게 하지 못하며 그들이 최선이라고 생각하는 것은 무엇이든 한다고 주장하기 때문이다. 부정의를 허용하는 자유는 소크라테스에게는 무력하게 하는 자유이다. 정의롭지 못하게 행동하는 것은 부정의를 참고 견디는 것보다 더 사악하다. 교육과 올바른 행위는 행복의 원천이며, 부정의는 부정의의 피해자보다 가해자에게 더 사악하고 해를 주며 일어날 수 있는 더 사악한 것은 부정의롭게 행동하고 교정과 치료로서 필요로 하는 벌을 회피하는 것이다. 따라서 잘못 교육받은 참주는 그가 선택하는 어떤 방식으로도 행동하도록 그의 입장이 허용하는 존재일 것이고 모든 벌의 공포를 초월할 만큼 권력이 있는 가장 불행한 존재일 것이다. 고르기아스에서는 수사학자, 소피스트, 참주는 반 철학자의 세 가지 초상으로 나타난다. 이들은 모두 진정한 의미에 있어서 막강한 힘을 소유한 사람들이 아니다.(466b-468e)

화려한 웅변가인 고르기아스와 달리 폴로스는 과격한 웅변가이다. 그는 기성세대의 전통적인 도덕관념에 종속되기를 거부하는 사람이다. 그 결과 "불의를 저지르는 것과 인간의 세속적 행복은 양립가능하다."(470d)라는 도발적인 명제를 극단적으로 주장한다. 도덕적인 문제에 대해서 선천적인 지식이 존재하는 것은 아니다. 도덕적 문제들은 수사학에 의해 감성적으로 설득되고 조작되는 것이다. 그리고 수사학은 정의를 포함한 순수한 도덕성과 연관되기보다는 불의를 포함한 세속적인 성공이나 출세와 연관된다. "소크라테스, 당신은 마치 자기 국가에서 마음대로 행동할 수 있는 자유도 수용하지 않으려하며, 또 자신이 하고 싶은 대로 사람을 사형에 처하거나, 아니면 그 사람의 재산을 강탈하거나, 아니면 그 사람을 감옥에 가두는 것을 목격하고도 부럽지 않는 모양이군요."(468e) 결국 폴로스는 수사학이 도덕과 연관된 설득적 능력이라는 고르기아스의 의미규정을 거부한다. 그는 수사학이 세속적 행복과 연관된 무차별적 권력임을 주장한다.

그런데 그가 생각하는 권력이란 불의를 저지르는 것과 필연적으로 연관된 개념이다. 그래서 권력개념은 선이나 정의의 개념과 일정한 거리를 두고 있는 개념이다. 나아가 권력개념에 의존하고 있는 행복개념 역시 악이라든지 불의라는 개념과 양립하는 개념이다. 그리하여 수사학은 단순히 설득의 제작술이 아니라 악과 무한한 권력의 창출자가 된다. 그런 점에서 웅변가는 절대적 참주와 동일하다.

IV. 수사학은 테크네인가?

수사학이 힘이 있다는 주장에 대한 부정은 수사학 이외에 참으로 힘이 있는 말이 있다는 것이며, 그것이 어떤 성격의 것이라는 좀 더 적극적인 기준의 존재를 전제로 이야기 된다. 참으로 힘있는 기준의 존재를 플라톤은 techne로 본다. 플라톤은 techne라는 모델에 기초한 수사학 검토 이외에 변증법과 수사학이라는 두 방식 사이에 끊임없는 대비와 특징 서술이 이루어지고 있다.

말의 힘에 대한 고르기아스의 태도와 다른 소크라테스에 의해 제시되는 말의 힘의 입장은 무엇인가? 『고르기아스』 466b에서 수사학에 관한 소크라테스의 두 번째 대화상대자인 폴로스는 다음과 같은 물음을 제기한다. "그들이 도시 내에서 가장 큰 힘을 가지지 않는가?" 이는 고르기아스의 가르침이 비위마추기요 아첨술뿐이라는 소크라테스의 언명에 대한 제자의 이의 제기이다. 말의 힘에 대한 주제는 소크라테스에게 수용되나 수사학이 강력한 힘을 가진다는 주장에 대해서는 부정적인 입장을 취한다.

소크라테스가 고르기아스와 나누는 대화의 전 부분이 수사학이 techne로서 인정될 수 있는지 여부를 검토하고 있다. 그러므로 그는 수사학이 무엇이라고 말하지 않고 무엇이 아니라고 말하고 있다. 수사학이 기술이 아니요, 그것에 미치지 못하는 것이라는 판단과정은 수사학이 그 강력한 현실적 영향력에도 불구하고 어떤 종류의 힘과 그 힘이 가능하기 위한 조건을 결여하고 있다는 것을 보여준다.

폴로스는 소크라테스에게 수사학이 무엇인지 질문한다. 소크라테스는 그것이 "일종의 경험"(462c4)이라고 답한다. 만족과 쾌락을 만들어 주는 것으로서 일종의 경험인 것이다. 이런 점에서 그것은 기술과는 엄격하게 차별화되는 경험적인 익숙함이다. 소크라테스에게 기술은 두 가지 의미를 함축하고 있다. 첫째로 그것은 존재하는 것들에 대한 이성적인 이해를 뜻하며 각각의 존재자들에 대한 본질적인 원인과 동일시된다.(465a) 둘째로 그것을 소유한 사람은 선한 것과 악한 것에 대한 판명한 인식을 소유하게 되며, 오직 선한 것만을 산출하는 도덕적 목적의식을 가진다.

"존재하고 있는 일들 가운데에서 한편으로는 쾌락적인 것 이외의 다른 것들에 관해서 무관심한 채 오직 쾌락적인 것만을 획득하려 들고 더 좋은 것들과 더 나쁜 것들에 대해서는 무지한 그러한 일들이 있는가 하면, 다른 한편으로는 선한 것과 악한 것을 알고 있는 또 다른 것들이 있네. 나는 쾌락적인 것과 관련된 것들 중에서 요리술을 기술이 아닌 경험으로 제시하였네. 선한 것과 관련된 것들 중에서 의술이었네." (500b) 이에 의하면 수사학은 기술과 동일한 어떤 것이 아니라 경험과 동일한 것이다. 하지만 폴로스는 무엇에 대한 경험인지를 질문한다.(462c7) 그러자 소크라테스는 "일종의 만족과 쾌락을 만들어 주는 것에 관한 것"(462c8)이라 답한다. 그리하여 수사학은 만족과 쾌락을 제공하는 경험이라는 것이다. 소크라테스는 경험으로서의 수사학을 요리술(462d8)과 비유하여 설명한다. 요리술 역시 “타자의 욕망을 만족시켜 주는 것”(462d5)이다. 하지만 이것은 그것들이 동일하다는 것을 뜻하는 것은 아니다. 그것들은 동일한 활동의 갈래들이다.(462e4-5) 수사학은 “눈치 빠르고, 배짱 좋고 사람들과 사귀는 데 있어 태어날 때부터 교활한 혼과 관련된 것일 뿐입니다. 나는 그것의 극치를 아첨이라 부릅니다.”(463a8-b1)

아첨술이라는 개명으로써 소크라테스가 의미하는 것은 수사학을 사용하는 사람들이 인간 영혼의 감성적이고 비이성적인 부분에 호소하고 아첨함으로써 자신들의 영혼을 타락시키고 있다는 것이다. 즉 수사학이란 아첨술은 그것을 사용하는 사람들에게 일종의 도덕적 천박함을 각인시키고 있다는 것이다. 수사학은 감언이설을 일삼는 사이비 기술이다. 소크라테스는 기술과 사이비 기술을 엄격하게 구분한다. 그리고 그 기준을 가지고 있다. 그리고 참된 것과 거짓된 것, 그리고 최고선과 최대 쾌락 역시 구분 가능하다. 그런데 사이비 기술을 가지고 인간을 유익하게 해 줄 수 있다고 주장하는 사람들은 거짓된 자들이다. 인간에게 진정으로 유익한 것을 제공할 수 있는 것은 오직 참된 기술을 가진 사람들이다.

소크라테스는 비극시인들을 아첨술을 행하는 자로서 기술한다. 그는 비극시를 아동과 여성과 남성, 그리고 자유인과 마찬가지로 노예들로 이루어진 그런 하류민 대중에게 연설되는 일종의 수사학으로, 즉 우리가 아첨하는 기술이라고 부르므로 전혀 인정하지 않는 기술로 서술한다. 그러므로 아퀴로스, 소포클레스, 에우리피데스는 무지한 청중의 아첨꾼이다. 웅변가들은 신인들과 같이 부추겨서 시민들을 만족시키고 … 그들 자신의 개인의 이익을 위해서 공동의 복리를 희생시키며, 그리고 어린이들을 대하듯이 집회들에 대한다고 소크라테스는 결론을 내렸다. (502d-e)

아첨적인 수사학이 뿌리를 내리고 있는 곳은 본질적인 것이 아니라 현상적인 것이다. 수사학이 활동하고 있는 곳은 영혼의 가장 비이성적인 부분이다. 그것은 가장 비이성적인 곳에서 기생한다. 그것이 가장 비본질적인 곳에 기생하고 있는 한, 그것은 본질에 뿌리박은 미덕들과 충돌할 수밖에 없다. 그런데 그것이 지혜와 용기 그리고 절제와 정의 등과 같은 참된 미덕들과 대립하는 경우, 그것은 의도적으로 모든 미덕들을 자신의 주관에 종속시키는 오류를 범하고 만다.

소크라테스는 아첨술을 네 가지로 나눈다. 먼저 나눔의 방법에 입각해서 인간의 자아를 영혼과 육체로 나눈다. 그 다음에 영혼과 육체에 상응하는 기술을 대응시킨다. 그 결과 영혼을 돌보는 기술에는 정치술이라는 이름이 붙여진다. 그런데 육체를 돌보는 기술 역시 하나의 기술이지만 거기에 적합한 이름은 없다. 영혼을 돌보는 정치술은 규제성과 교정성의 짓대에 의해 입법술, 사법술로 나누어진다. 입법술은 인간의 영혼을 규제하는 측면에서 고찰하는 기술이고, 사법술은 인간의 영혼을 교정하는 측면에서 고찰하는 기술이다. 이것들은 동일한 탐구대상을 다루는 상이한 기술들이다. 몸을 돌보는 기술 역시 규정성과 교정성에 입각하여 두 가지로 나누어진다. 그것은 체육술과 의술이다. 체육술은 인간의 몸을 규제적인 측면에서 고찰하는 기술이고 의술은 인간의 몸을 교정적인 측면에서 고찰하는 기술이다.(464b-d)

입법술과 사법술, 체육술과 의술이라는 네 가지 기술들은 인간의 영혼과 몸을 돌보는 순수한 기술들이다. 이것들은 항상 인간의 몸과 마음을 최고선(464c4)의 상태로 유지하려고 애쓴다. 하지만 이런 순수 기술들 곁에는 항상 순수의 가면을 뒤집어 쓴 거짓된 기술들이 존재한다. 이러한 사이비 기술들은 일반적으로 아첨의 형태를 띠면서 순수 기술 곁에 기생한다. 입법술에 기생하는 아첨술은 궤변술이고, 사법술에 기생하는 아첨술은 수사술이며 체육술에 기생하는 아첨술은 화장술이고 의술에 기생하는 아첨술은 요리술이다.

순수기술들은 공통적으로 인식에 근거하여 인간의 몸과 마음을 통찰한다. 그러나 아첨술들은 공통적으로 억견에 근거하여 그것들을 파악한다. 인식에 근거한 순수기술은 최고선만을 목표로 한다. 그러나 억견에 근거한 사이비 기술들은 무차별적인 쾌락만을 목표로 한다. 이런 점에서 아첨술은 필연적으로 한계를 지니는 사이비 기술이다. 왜냐하면 쾌락을 매개체로 하여 통속적 대중들을 유혹하고 쾌락적인 것을 인간에게 제일 가치 있는 것(464d4)으로 보이게끔 조작하고 기만하는 기술이기 때문이다.

"소크라테스 … 나는 그것이(요리술) 기술이 아니라 경험이라고 말하네. 왜냐하면 그것은 그것이 적용되는 사물이 무엇이든지 간에 그 사물들의 본질에 대한 설명을 제공할 수 없으며, 그 결과 사물들 각각의 이유를 언급할 수 없기 때문이네. 나는 이성적이지 못한 것을 기술이라 부를 수 없네."(465a) 소크라테스는 수사학이 인간의 정신을 타락시키는 사이비 기술이라 규정한다. 무엇보다도 그것은 단순한 억견에 근거한 술수 또는 요령에 지나지 않는다. 그러기에 그것이 인간의 혼을 상대로 하여 벌이는 활동은 진정한 설득이 아니다. 그것이 인간의 혼을 진정으로 설득할 수 없다면, 그것은 아첨술 이외의 다른 것이 아니다. 설득의 기술 가운데 가장 의미 있는 것으로 자리매김 할 수 있는 것은 오직 인간의 혼을 진정으로 돌보는 정치술뿐이다. 수사학이란 이런 정치술을 거짓되게 모방하는 것이다. 그리고 그것은 정신적인 요리술이다. 결과적으로 폴로스가 인간의 욕망을 충족시켜 줄 수 있는 훌륭한 기술이라고 주장하는 수사학이란 사실상 가장 사악하고 부끄러운 기술이다.

V. 정의의 수사학과 유토피아의 이념

플라톤의 대화편 고르기아스에서 소크라테스는 고명한 소피스트인 고르기아스(Gorgias) 및 그다지 영리하지 않은 제자 폴로스

(Polos)와 함께 그들의 인기과목인 수사학의 가치에 대해 토론하고 물론 그들 둘 다 젊잖게 굴복시킨다. 고르기아스는 연로하고 솔직하며 그 과목의 대가로서 존경받을 만하다. 폴로스는 젊고 미숙하며, 거친 대접을 받을 만큼 별로 영리하지 않다. 그러나 소크라테스의 다음 상대는 학자가 아니다. 그는 고르기아스의 총명한 제자인 칼리클레스(Kallikles)였다. 그는 세상에 나가 그가 배운 가르침을 정치의 현실세계에서 적용해 볼 참이었다. 그래서 금방 분위기가 바뀐다. 고르기아스와 폴로스는 수사학의 효력을 과장했다. 그들은 그것이 상당히 유용하다고 순진무구하게 믿었다. 그러나 칼리클레스는 그런 환상을 갖지 않는다. 수사학은 정말 유용하기는 하지만 그를 위해서만 유용할 뿐이다. 약자들은 법률들의 비호를 받을 것이지만, 강자들은 당연히 그것들을 무시하고 유일한 가치있는 목표인 사욕—민주주의에서는 그 사욕이 수사학의 도움으로 얻어진다—을 추구할 것이다. 이 신조에 대한 플라톤의 혐오를 오인할 여지는 없다. 여기서 소크라테스는 부연할 만한 가치가 있다.

그러니 칼리클레스여, 내가 말한 대로 행하고 이 길(진실된 정의에 대한 학문)로 나를 따라 오시오. 그것은 행복한 길이지요. 만일 타인들이 당신을 경시하거나 모욕하거든, 그들을 무시해 버리시오. 당신은 선을 행함으로써 어떤 불행에도 이르지 않을 것이요. 그리고 우리가 함께 선을 행할 때, 바로 그 때에나 가서 정치에 눈을 돌립시다. 우리의 현재 상태에서 그런다는 것은 죄악일 테니까요. 우리는 너무 무지합니다. 우리의 논설은 최선의 생활방식이 정의를 추구하는 이에 있다는 것을 보여주고 있소.

부정적 의미의 거짓된 수사학과 철학 자체가 동일시되는 참된 수사학을 차별하는 소크라테스. "올곧은 수사가가 되려는 사람은 누구이든지 간에 진실로 정의로워져야 하고 정의로운 것이 무엇인지에 대해서 잘 알고 있어야만 하네."(508c) 그래서 정의로운 것을 알고 있으면서 동시에 정의로운 사람만이 진정한 수사가가 될 수 있다. 불의를 저지르는 것은 불의를 당하는 것보다 더 악하다.(469b-475e) 불의를 저지르고서도 벌받기를 회피하는 것은 벌을 받는 것보다 더욱 더 악한 것이다.(476a-479c) 수사학이 유용한 것은 자신의 친구들이 불의를 저질렀을 때는 그들이 징벌을 받게끔 고발하는 데 있으며, 자신의 적들이 그러할 때에는 그들이 징벌을 받지 못하게끔 변호하는 데 있다.(480a-481b)

칼리클레스나 알키비아데스 같은 젊은이들은 기원전 5세기 말의 아테네에서 혁신가들이었다. 정말 아테네의 통합을 파괴하고 아테네가 펠로폰네소스 전쟁에서 패배하도록 만든 것은 바로 그들의 영리함과 혁신에 대한 그들의 갈망이었다. 그들은 법률에 대한 존중에 반대하여, 법률은 다지 약정일 뿐이라고 주장했다. 소피스트들이 그들에게 올바로 가르쳐준 것처럼 말이다. 비록 그들이 잘못된 결론을 이끌어 내긴 했지만.

그들은 그 체제 자체에 반대하여 교육받은 사람들, 유능한 사람들만이 정치적 결정들에 관여해야 한다고 주장했으며 또한 민주주의는 그것이 지성과 가치에 대해 특별한 발언권을 부여하지 않는다는 점에서 어리석고 심지어 불공평하기조차 하다고 주장했다.

플라톤의 소피스트는 그가 갖고 있지 않는 지식의 공허한 현상을 파는 슬픈 인물 즉, 자신의 엉터리 치료를 모르는 협잡꾼이다. 최악의 상태로 소피스트는 관습적이고 근거없는 이론들과 그가 시민의 덕이라고 제공하는 논쟁적인 기민성을 갖고 국가를 부식하는 심히 사악한 인물이다. 수사학자는 동일한 경멸을 받을 만하다. 진리에의 관심을 갖지 않고 설득기술을 발휘해서 가르치기 위하여 자신의 목적을 위해 집회와 법정의 운영을 파괴하는 그런 기술의 사용은 플라톤에게는 철학자의 정치적이고 사회적인 의무와 정반대였다.

폴로스와 칼리클레스가 이상적인 삶의 이미지로서 철저하게 논의한 참주를 플라톤은 가장 완전한 반-철학자의 초상으로 제시한다. 그들이 제시한 참주는 권력의 지위를 하고 싶은 대로 행동하고 그의 의지를 타인들에게 강요하며 그리고 다만 사적인 시민일지라도 그의 행동이 받아야 할 벌이나 응보를 회피하는 사람이다. 칼리클레스는 사람이 겸손하고 자신의 주인이며 자신의 쾌락과 욕망을 통제해야 한다는 소크라테스의 소위 보편적인 견해와는 직접 대비되는 초상을 만들어 낸다. 그에 의하면 자연에 따라서 좋은 것을 구속없이 자신의 욕망과 요구를 발현시켜 만족시키는 힘을 획득해야 한다는 것이다. 겸손과 자기 통제는 자연적으로 최상의 인간에게는 전혀 맞지 않는다. 구속받지 않음을 부끄러워하는 무엇인가가 있다는 것은 허튼 소리이다. 이에 두 가지 서로 상반된 인간상을 본다. 참주는 자신의 요구와 욕망에 포로가 되어 벌과 응보의 두려움 없이 자신의 행복을 추구하기 위하여 타인을 지배하려고 하는 반면, 철학자는 자기 통달에 도달하여 참된 교육자로서 동료와 진진한 충고의 원천으로서 국가에 봉사하도록 소양을 갖추게 하는 지식을 획득하려 노력한다.

플라톤 철학의 궁극적인 목표는 선과 정의의 이데아를 국가 안에서 실현하는 것이었다. 이데아론 영혼론 인식론은 이러한 최종 목표를 달성하기 위한 초석이 된다. 그러나 이데아를 아는 사람만이 이데아를 실현할 수 있으므로 국가에 일정한 헌법을 부여하고 국가를 옳게 지배할 수 있는 사람은 철학자뿐이다. 이렇게 하여 플라톤의 국가론이 제시하는 근본명제가 성립된다. 즉 옳은 국가의 구성은 철학이 해야 할 과제이며 옳은 국가 지배자는 반드시 철학자이어야 한다는 것이다.

『국가』에는 참된 존재인 이데아의 세계, 영혼과 이성적인 인식, 이러한 인식을 기반으로 하는 국가 이상이 묘사되고 있다. 플라톤이 최종적으로 염두에 두고 있는 것은 국가와 법이었다. 이상 국가는 최선의 법으로 운영되고 있는 국가이다. 최선의 법이란 시민들의 행위에서 선과 미, 정의, 사려와 용기를 조장할 수 있는 법이다. 이러한 법은 그러나 이러한 덕의 이념에 대한 지식에 전제될 때만 가능할 수 있다. 이러한 지식을 얻는 것은 철저하게 이성적인 인식에 몰두하는 사람이다. 이런 사람들은 육체적인 욕망을 억제하고 철저하게 의지를 이성에 봉사하는 사람이다. 다시 말하면 철학자들이다. 철학들만이 이상 국가에서 입법자 및 철학자가 될 수 있다. 참된 이데아의 세계를 직관하지 못하고 이성적 인식에 도달하지 못한 사람들은 의지를 이성에 봉사하는 것이 아니라 욕망의 충족에 사용한다. 개인이 영혼의 이성적인 부분이 욕망과 의지를 지배하는 것처럼 국가에서도 이성적인 사람들이 욕망과 의지를 지배되는 사람을 지배해야 한다.

플라톤은 이데아론 영혼론 인식론을 발전시키면서 점차 귀족주의적이고 반민주적인 경향으로 나아갔다. 그는 상품생산의 전제가 되는 노동의 구분을 그의 이상국가론에서 인정하였고 정신적인 노동에 전념과 이성으로 양분될 수 있는가에 대한 많은 비판이 가해지고 있다.

VI. 결론

수사학은 옛 그리스 시대에 역병처럼 번지기 시작한 웅변에 그 뿌리를 두고 있다. 수사학을 뜻하는 레토르라는 말의 뿌리를 거슬러 올라가 보면 다름 아닌 웅변이라는 말과 만나게 된다. 수사학이란 곧 웅변을 잘하기 위한 기술이었음을 알 수 있다. 수사학은 명분을 중요시한 동양 문화권보다 실리를 중시하는 서양 문화권에서 특히 발달하였다. 수사학이 시작된 곳은 옛 그리스 시칠리아 섬이었다. 참주 정치가 마침내 막을 내리자 이 무렵 백성들은 참주들에게 빼앗긴 땅을 되찾기 위하여 소송을 벌였으며, 이 소송에서 이기기 위해서는 재판관을 그럴듯하게 설득시킬 말솜씨가 필요하였다. 그 뒤 수사학은 시칠리아에서 아테네로 옮겨와 민주정치 체제를 다지는데 크게 기여하였다.

수사학은 호머를 그 기원으로 갖고 있다. 그러나 수사학은 과두정치이든 민주정치이든 그리스 도시국가가 자치정부를 성취했을 때 새롭고 비판적인 중요성을 띠었다. 자치 정부의 주요기관들은 법률이 제정되는 집회와 법률이 해석되고 적용되는 배심-법정들이었다. 시민은 그들의 이익을 보호하기 위하여 집회와 법정에서 명확하게 말하고 설득력 있게 주장하는 방법을 배워야 했다. 언변과 논의에서의 기술은 민주정치로 향한 진보와 함께 확대되는 참여로서 정치적이고 실제적인 불가결한 것이 되었다.

플라톤은 수사학에 파괴적인 공격을 하나는 『파이드로스』에서 다른 하나는 『고르기아스』에서 개진했다. 전자는 참된 수사학을 위해 요구되는 기준을 너무 높게 설정하므로 거의 모든 사람들은 그것에 접근할 수 없었다. 웅변술은 영혼의 본질과 그것의 신성과의 관계를 이해하기 시작해야 하고 보통 사람들에게는 보이지 않는 먼 천구 위에 존재하는 이상적인 형상을 일별해야 한다고 소크라테스는 말한다. 고르기아스에서 그는 수사학을 너무 낮게 본다.

『고르기아스』에서 소크라테스는 수사학에 변증법적 방법을 대비한다. 그는 이런 두 가지 교수방식의 차이점을 신중히 구별한다. 변증법은 질의응답에 의하여 점차적으로 계속된다. 그리고 매 단계마다 질의자는 응답자의 동의를 받아야 한다. 반면에 수사학은 다수자의 혹은 영향력이 있는 사람들의 판단에 호소한다. 변증법은 개인만을 확신시키는 데 목적을 둔다. 즉 탐구나 고려의 결과들이 거수로 영향을 받아서는 안 된다. 이런 의미에서 변증법은 반민주적이고 반 귀족주의적이다. 즉 탐구나 고려의 결과들이 거수로 영향을 받아서는 안 되나 지위, 부, 권력에 의하여 영향을 받아서도 안 된다.

소피스트들과 더불어 철학이 처음으로 상품화되었다. 소피스트들은 지혜를 가르치는 교사들이었다. 그들은 교양, 덕, 수사학, 웅변술

등을 가르치면서 그 대가로 돈을 받았다. 소피스트들이 돈을 받고 말하는 기술을 가르치기 시작하자 그들을 비판하는 목소리도 점차 높아졌다. 프로타고라스는 이 무렵 고액의 돈을 받고 웅변술을 가르쳐 큰돈을 모았다고 한다. 이에 소크라테스는 피디아스 같은 뛰어난 장인과 조각가 열 사람이 번 돈보다 훨씬 더 많은 돈을 번 자라고 비난의 화살을 퍼부었다. 문제는 진리를 어떻게 돈으로 사고 팔 수 있느냐 하는 데 있었다. 소크라테스는 프로타고라스를 비롯한 히피아스와 고르기아스같은 소피스트들을 맹렬하게 공격하였고, 소피스트들의 저항도 이에 못지않았다.

플라톤은 소크라테스의 입을 통하여 수사학이란 재주의 탈을 쓴 아첨이라고 비아냥거렸으며, 심지어 영혼을 홀리는 기술을 가르치는 사기행위라고 날카롭게 꼬집었다. 수사학이란 작은 것을 크게, 큰 것을 작게, 아름다운 것을 추하게, 추한 것을 아름답게, 거짓된 것을 진실되게, 그리고 진실된 것을 거짓되게 만드는 기술이라는 것이다.

진리의 상대주의를 내세우는 소피스트들과 진리의 절대주의를 주장하는 소크라테스 사이에는 건너지 못할 심연이 가로놓여 있다. 소피스트들과 소크라테스 싸움은 따지고 보면 진리에 대한 서로 다른 입장이나 태도에서 유래한다. 소크라테스는 진리가 개인이나 특정한 집단의 이해관계에 영향 받지 않고 사실을 객관적으로 전달할 수 있다고 보았다. 한편 소피스트들은 진리란 어디까지나 집단의 이해관계나 욕망에 따라 달라진다고 보았다. 플라톤은 절대적 진리에 대한 믿음을 끝까지 버리지 않으려고 한 반면 소피스트들은 진리의 상대성과 주관성을 내세우려고 한 것이다.

플라톤의 수사학에 대한 가혹한 비판에도 불구하고 현대철학자들은 플라톤의 수사학 비판에 회의적이다. 플라톤의 수사학 비판은 수사학의 지위에 따라 시대별로 부침을 겪어왔다. 한때는 제왕처럼 융숭한 대접을 받았는가 하면, 다른 때에는 노예처럼 푸대접을 받기도 했다. 옛 그리스 시대와 로마시대에 걸쳐 수사학은 엄숙주의자로부터 적지 않은 도전을 받으면서도 무척 큰 힘을 받았다. 로마시대의 웅변가 키케로는 수사학을 "평화의 반려자요 고요의 동반자이며, 이미 잘 조직된 국가가 길러낸 아이"라고 했다. 중세에 이르러 수사학은 철학과 마찬가지로 신학의 시녀로 전락하였지만 그나마 자유 7과목에 채택되어 가까스로 그 목숨을 유지할 수 있었다. 자유7과목은 종래의 문법학, 수사학, 논리학의 3과목(트리비움)에 대수, 기하, 음악, 천문학의 4과목(콰드리움)을 합친 일곱 과목을 말한다.

신 중심의 중세기에 제대로 빛을 보지 못한 수사학은 인간 중심의 르네상스 시대를 맞으면서 다시 한 번 활기를 찾는다. 그러나 이성을 신처럼 떠받들던 계몽주의와 객관성을 내세우는 실증주의 시대에 이르러 수사학은 또 다시 설자리를 잃는다. 이 무렵 수사학은 냉철한 논리의 힘을 빼앗는 마취제나 맑디맑은 이성의 거울을 흐리는 티끌로 여겨지기 일쑤였다. 이 당시 수사학을 비판하는 데 누구보다 앞장 선 사람은 17세기 영국의 합리주의 철학자들이나 경험주의 철학자들이었다. 수사학은 19세기 낭만주의 시대에 이르러 다시 한 번 각광을 받는다. 20세기 후반에 들어 수사학은 점점 그 중요성을 인정받는다. 포스트모더니즘의 거센 바람을 타고 이제 절대적이고 객관적인 진리는 별다른 주목을 받지 못한다. 철학자들은 객관성과 절대성을 몰아내고 그 자리에 상대성과 다원주의를 세워 놓는다. 진리란 바위처럼 굳건한 절대불변의 것이 아니라 어디까지나 사회의 구성물에 지나지 않는다는 생각이 설득력을 얻고 있다. 다시 말하면 진리란 공동체 구성원의 토론을 거쳐 도출해 낸 합의에 지나지 않는다. 이렇게 얻어진 합의는 구성원을 설득 시킬 수 있어야 한다. 구성원을 설득시키지 못하는 합의는 결코 진리라고 할 수 없다. 그런데 합의와 설득에서 무엇보다 중요한 것은 수사학이다. 해체주의를 정립한 쟈크 데리다를 비롯하여 포스트 모더니스트들은 그동안 잠들어 있던 것과 크게 다름없던 수사학을 다시 깨웠다.

수사학은 예로부터 시학 논리학 윤리학, 역사학, 법학과 깊이 관련을 맺어왔다. 이 중에서 수사학은 늘 윤리학과 갈등을 빚어왔다. 소크라테스를 비롯하여 사람들이 소피스트를 배척한 것도 윤리적인 이유 때문이었다. 플라톤은 기술과 도덕을 분리하지 않는다. 도덕적 질문에 관한 측면들을 취급하지 않는다고 하는 중립적 기술까지도 특수한 도덕적 관점을 가정한다. 고르기아스와 그의 추종자들은 수사학과 도덕의 관계를 생각하지 않는다. 플라톤은 중립적 교육에 의하여 제기되는 도덕적 진공상태에 내재하는 위험을 보았다. 그 위험의 예상은 한편 칼리클레스의 힘의 찬양에 이르게 되고, 한편으로 선한 생활을 물질적인 번영과 동일시하는 것이 이른다.

아리스토텔레스의 수사학에서 감정의 역할: 인지주의적 해석

김 혜 련

Ⅰ. 서론: 수사학의 철학적 입지

아리스토텔레스의 『수사학』을 접할 때 철학도들이 궁금하게 느끼는 것 한 가지는 그가 논리학과 변증론의 체계를 세운 후에 왜 굳이 수사학이라는 주제에 관한 저작을 쓰기로 했을까 하는 점이다. 그는 『논리학』과 『변증론』에서 이론적 학문과 경험적인 학문의 특성과 구조를 밝힌 터였다. 더욱이 그는 이미 형이상학과 윤리학 체계도 갖추고 있었다. 이 정도면, 지혜롭고 도덕적으로 좋은 삶을 영위하기 위해 우리가 필요로 하는 이론적 지식은 그 학문들로부터 충분히 얻을 수 있다. 그런데도 자칫 실용적인 이익을 위한 처세 전략으로 일축되거나, 아니면 유의미한 내용 없이 오직 장식적·정서적 효과를 가져다줄 뿐이라고 과소평가되기 일쑤이고, 심지어는 합리적 논증이 아닌 궤변에 불과하다는 오명까지 얻기 쉬운 수사학을 아리스토텔레스가 자신의 철학 체계에서 중요한 주제로 삼았던 이유는 과연 무엇일까? 그 이유로 해석될 수 있는 후보 한 가지를 필자는 다음과 같이 거칠게 요약해 보겠다. 즉 지식은, 그것이 아무리 위대한 것이라 할지라도, 그 자체만으로는 사람을 움직일 수 없다. 따라서 지식이 현실에서 추상적이고 무력한 채로 머물러 있지 않고 삶의 현장에서 유의미한 것이 되기 위해서는 현실의 토양에 뿌리를 내리고 현실을 변화시키고 재구성할 수 있게 되어야 한다. 추상적 지식의 잠재성을 역동적으로 실현할 수 있게 만드는 작용인 또는 매개가 바로 수사학이다.[1)] 이렇게 볼 때 수사학은 아리스토텔레스의 철학체계에서 잉여적 마감재 같은 것이 아니라 필수불가결한 요소이다.

수사학의 범위가 모든 소통수단을 망라하는 것으로 확대 해석할 수도 있겠지만, 고대세계에서 수사학은 특별히 공동체 생활에 필요한 실천적 지혜와 긴밀하게 연관되었다. 고대 그리스 철학을 태동시킨 기본 동기가 '좋은 삶'에 이르는 길을 찾고자 하는 것이었다면, 이성이 조명하는 보편 지식과 실천이성이 명령하는 규칙들을 이해하는 것만으로는 인간적 삶의 목적을 성취하기 어렵다. 왜냐하면 어떤 행동을 취할 것인지를 결정해야 할 때 우리가 처한 상황은 늘 색다르고 특수하기 마련이고, 우리가 대하는 사람들도 그다지 일관적이지 않을 뿐만 아니라, 우리 자신의 목표나 욕구도 상황에 따라 달라지기 때문이다. 그리고 우리의 행동들은 일반화될 수 있기는 하지만, 개별 행동들은 항상 구체적인 수단과 면모를 갖추지 않을 수 없다. 간단히 말해서, 논리학과 변증론은 추상 개념과 일반원리에 관한 것인 반면, 수사학은 특수한 상황에서 특수한 개인이 내리는 특수한 판단과 구체적인 행위를 통해 매우 좁은 의미의 실

1) 고대 후기와 중세의 아리스토텔레스 학자들은 수사학을 논리학 같은 방법(오르가논)의 하나로 다루었던 반면, 근대 이후의 학자들은 수사학을 시학처럼 제작학(productive art)에 속하는 것으로 간주한다. 그러나 아리스토텔레스 자신의 말한 것을 토대로 하면, 수사학은 혼합적인 것으로서, 부분적으로는 고유한 주제를 갖지 않은 방법론이면, 또 부분적으로는 윤리학과 정치학의 주제들을 다루는 실용적인 학문이기도 하다(*Nichomachean Ethics* 1.2.7 참조). George A. Kennedy, *Aristotle on Rhetoric*, Oxford University Press: Oxford & New York, 1991, p.12.

제적인 목표를 실현하는 데에 필요한 기술의 문제이다. 다시 말해서, 실제 상황에서 우리가 무엇을 할 것인가, 그와 동시에 어떻게 수행할 것인가 하는 물음에 대답해야 할 때 우리에게 필요한 것이 수사학이다. 이 지점에서 수사학의 중요한 입지가 드러나기 시작한다. 문제 상황에서 우리는 어떤 행동을 취해야 하는지를 '사전에' 알 수 없을 뿐만 아니라, 우리가 무엇을 원해야 하는지조차 그다지 분명하지 않다. 수사학은 수사가가 설정한 목표지점으로 어떻게든 청중을 이끌고 가기 위해 적용하는 심리조종술 같은 것이 아니다. 만일 청중이 수사가에 의해 단순히 조종되는 것이라면, 엄밀한 의미에서 그것은 지식의 한 양태로서 수사적 기술이 아니라 단지 대중조작일 뿐이다. 설득의 기술로서 수사학은 주제에 관한 다변적인 이해를 토대로, 자발적인 동의(voluntary assent)의 수준으로 청중을 인도함으로써 청중 스스로 판단하고 행동하도록 돕는 것을 목표로 삼는다. 청중으로부터 자발적이고 확신에 찬 동의를 얻지 못한다면 합리적인 설득이 이루어졌다고 볼 수 없는 것이다.

그렇다면 수사가는 청중의 자발적인 동의를 얻기 위해 어떤 수단을 사용해야 하는가? 수사가는 설득을 위해 이용하는 다양한 수단들 중에서 필자가 이 글에서 특별히 주목하려는 측면은, 수사가가 제시하는 '수사 텍스트'—설득을 목적으로 수사가가 청중에게 제시하는 소통 매체의 총체—의 도덕적·미적 면모들에 대한 청중의 정서적 반응 또는 정서적 동의는 어떤 철학적 함의를 갖는가 하는 것이다. 소통매체가 다변화됨에 따라 수사기법이 지극히 다채롭게 발전하고 있는 현대 상황에서 이 물음이 특별히 중요한 까닭은, 대중설득 과정에서 감정이 수행하는 인지적 기능과 철학적 함의에 대해 충분히 이해하지 않은 채, 수사가가 청중의 감정에 '직접' 호소함으로써 합리적 설득이 아닌 유혹 또는 일종의 강압으로 변질되는 경우가 허다하기 때문이다. 그렇기 때문에 필자는 우선 『수사학』에서 아리스토텔레스가 감정의 기능을 어떻게 이해하고 있는지 살펴보고, 그의 입장을 현대의 인지주의 감정 이론의 관점에서 평가하고, 불분명한 점들을 보완할 것이다.

II. 수사적 수단으로서 감정의 인지적 기능

'감정'이라는 낱말은 매우 다의적으로 사용되지만, 만일 도덕적으로 유의미한 종류의 감정들--예컨대, 자비심이나 이타 이 생득적인 것이 아니라 습득된 것이고, 주체의 사고, 믿음, 의지, 행위 등과 상호작용적으로 구성되고 표현되는 것이라면, 감정은 주체의 정체성, 특히 인격(에토스)과 불가분리적이라고 말할 수 있다.[2] 개인으로서 사고하고 행동할 때와는 달리, 특히 한 공동체의 구성원으로서 다른 주체들과 더불어 사고하고 행동해야 하는 상황에 처할 때 청중은 다른 사람들과 공유하는 전통과 관습에 내재된 기본적인 도덕적·정서적 성향(dispositions or traits)의 영향을 지대하게 받게 된다. 이 성향은 주어진 사안에 따라 혁신적으로 변모될 수도 있지만, 그렇다고 해서 일시적인 변화가 성향의 기본구조를 근본적으로 바꾸어 놓는 것은 아니다. 본디 성향이란 주어진 상황의 특수성과 당면한 문제의 성격에 따라 특정한 판단이나 행동을 결정함으로써 특수한 모습으로 구체화되는 것이며, 성향이 구체화되는 방식은 어느 정도의 규칙성을 갖는다. 개인이나 집단의 에토스(도덕적 인격)은 성향과 습관이 구체화되는 실천 방식에 의해 표현되는 동시에 스스로를 구성·재구성해 나간다. 에토스의 구성·재구성에 반응하고

---

2) 고대 그리스 이론가들이 감정에 대해 공유했던 관념 중 한 가지는, 감정은 지향적 자의식(intentional awareness)의 한 양태로서, 어떤 대상에 관한 것이긴 하지만 대상을 있는 그대로 의식하는 것이 아니라 인지 주체에 의해 주관적으로 파악하는 의식을 가리킨다. Martha Craven Nussbaum, "Aristotle on Emotions and Rational Persuasion", in *Essays on Aristotle's Rhetoric*, (ed.) Amelié Oksenberg Rorty, University of California Press: Berkeley, 1996, p.303.

또 평가하는 선도적인 작용인(作用因)이 수사적 파토스(감정)라는 것이 필자의 기본적인 입장이다.

이처럼 만일 청중이 결정에 이르는 과정과 설득의 결과로서 수행하는 행위 자체가 청중의 인격과 분리되지 않는다면, 전문가들이 공동체의 이익을 위한 목표와 행동 방침을 결정한 후 청중으로 하여금 그 결정을 받아들이게 하기 위해 '사후에' 수사가가 나서는 것이 아니라는 것이 분명하다. 물론 단순한 설득[3]의 경우, 의도한 효과를 얻기 위한 임시 처방처럼 수사적 수단으로서 감정을 환기할 수도 있겠지만, 수사적 기술로서의 설득 과정 자체가 목표행동(behavior as objective)의 규범적 합리성을 구성하는 경우도 있다. 예를 들어, 집단-A가 집단-B에 대해 인종차별이나 민족차별적 믿음을 갖고 있고, 그 믿음에 멸시의 감정이 동반한다면, 그 감정은 특정 대상에 대한 A의 정서적 반응인 동시에 A의 에토스적 특질을 반영한다. 즉 A의 도덕적 정체성은 A의 정서적 반응에 의해 반영되고 또 자기 성찰에 의해 의지적으로 재구성된다.[4] 다시 말해서, 수사적 설득을 수행하는 과정 자체는 공동체의 도덕적 성격과 존재 이

---

3) 다른 사람의 감정을 환기시켜 자신이 의도하는 방향으로 움직이게 만들려는 시도는 저급한 설득(vulgar rhetoric)이라고 불리기도 하고, 아예 설득이 아닌 유혹(seduction)으로 구분되기도 한다. 아리스토텔레스 자신도 판단이 감정에 잠식되어버릴 위험을 지적한다(『수사학』 1387b17-21). 키케로는 수사학의 본성에 관해 화해하기 어려운 대조적인 견해를 소개하고 있는데, 이는 크라수스와 스캐볼라의 토론에서 찾아볼 수 있다. Cicero, *De Oratore*, I, 특히 viii.30~xi.44. 한편 구스타프 르 봉은 군중의 구성원이 될 때 개인은 개인으로서 갖고 있던 책임 있는 사고력을 상실하고, 피암시성에 의한 최면술에 빠질 위험이 있다고 지적한다. 구스타프 르 봉, 『군중심리』, 간디서원, 2005, 31면.

4) 이것은 목적이나 대상 없는 감정이 있을 수 있다는 가능성을 전제로 한 설명으로, 기능주의적인 아리스토텔레스의 일반적 경향과 대조되는 것처럼 들린다. 실제로 아리스토텔레스는 성찰 없는 감정을 경계해야 한다고 말한다(『수사학』 1149a24-31). 그러나 이러한 종류의 감정은 대자적(de se) 감정으로 이해할 경우, 대상 없는 모든 감정이 성찰이 결여된 것은 아닌 것으로 구별할 수 있다.

유를 재규정할 수 있는 것이고, 설득의 기술로서 수사학에서 감정이 갖는 철학적 유의미성은 바로 여기에 있는 것이다. 만일 아리스토텔레스가 수사학이 논리학과 변증론 사이의 간격을 유의미한 방식으로 메워줄 것을 기대했다면, 그가 수사학에 대해 가졌던 비전은 설득에 성공하는 단순한 효과창출 기제로서의 수사학이 아니라, 정의로운 공동체와 풍요로운 사회생활에 대한 역동적이고 진지한 도덕적 상상력을 청중에게 고취시키는 일종의 시뮬레이션 기제로서의 수사학이라고 해석될 수 있을 것이다. 필자의 다소 방만한 이러한 묘사를 아리스토텔레스 자신의 진술로 뒷받침해 보면, 그는 수사학을 윤리학의 지류로서 가히 정치학이라 불릴 수 있다고 말했는데(『수사학』 1356a26), 그것은 수사학이 곧 정치학이라는 것이 아니라, 지식으로서의 프로니모이(phronimoi)와 실천으로서의 폴리티코이(politikoi)를 매개하는 특별한 종류의 기술로서 그가 수사학을 이해했음을 보여준다. 그리고 수사학의 내용은 그러한 매개의 성격과 면모들을 밝히는 것으로 채워진다. 아리스토텔레스의 이러한 비전을 필자가 좀 더 개진시킨다면, 사고와 행위, 또는 이론과 실천을 매개하는 결정적인 작용인은 '아레테적 감정'(areteic emotion), 또는 바꾸어 말해서, '에토스의 체현으로서의 감정'이다.

특정한 공동체에 속한 개인들을 합리적이고도 도덕적으로 유의미한 판단에 이르게 하는 안내자이자 행위구성자로서 수사학의 입지, 특히 감정의 매개적 기능을 개괄하는 것은 이 정도로 충분할 것이다. 이제는 3장 이하의 본론부에서 필자가 논의할 주제의 윤곽을 그려보겠다. 설득 수단을 발견하는 기술로서 수사학의 관심사는 설득하려는 명제 내용의 진리성뿐만 아니라 설득 방식까지 포괄하는데, 여기서 말하는 설득 방식은 청중의 인격과 감정에 관해 수사가가 터득해야 할 심리학적 지식, 수사적 텍스트의 스타일적 면모, 그리고 수사적 텍스트의 일부로서 수사가 자신의 인격까지 반영한다. 따라서 이 글에서 필자가 제시하고자 하는 논제는, 첫째, 정치학을 비롯하여 심리학, 윤리학, 그리고 미학의 영역을 아우르는 수사가의 지식은 궁극적으로 수사가와 청중 사이에 우정 또는 화합(homonoia)이라는 감정 양태를 조성할 수 있는 지점에 이르기까지 청중의 상상력을 고취시킬 때 수사적 설득에 성공할 수 있다는 것이다. 이 논제는 수사가의 에토스를 설득력의 기체(substratum)로 보는 입장을 보완적으로 재서술한 것인데, 이것은 수사적 설득의 활성화 동인으로서 도덕적 상상력을 고취시키고 인도하는 것은 바로 감정이라는 것을 주장으로 이어진다. 필자가 이토록 감정의 중요성을 강조하는 이유는 에토스는 실제 상황에서 반드시 구체적으로 실현되어야 하는데, 그 실현의 결정적인 매개자는 실천이성이 아니라 실천이성을 돕는 상상력과 미적 판단이기 때문이다. 따라서 결정적인 판단의 순간에 수사가와 청중 사이에 '우정'의 이름으로 불릴 수 있는 동질감과 신뢰감이 확립되지 않는 한, 그리고 그것이 미적으로도 만족스럽지 않는 한, 결코 청중은 수사가의 제안을 정서적으로 승인하지 않을 것이다.

그 다음으로 필자가 주장하려는 것은, 수사적 설득 과정에서 공동체의 도덕적 정체성과 연관된 감정—예컨대, 호모노이아 같은 감정—은 도구적 감정이 아니라 내재적으로 가치 있는 감정이라는 것이다. 『수사학』에서 설득수단의 하나로서 제시된 파토스(감정)는 도구주의적 감정관(instrumentalist conception of emotion)에 지대하게 의존하고 있기 때문에, 설득 과정을 통해 가치의 체현으로서의 에토스-파토스, 즉 내재적으로 가치 있는 감정이 창출될 수 있는 가능성을 분명하게 보여주고 있기 못하다. 사고와 행위를 매개할 때 감정은 단순히 반복적으로 재연(reenacted)되는 것이 아니라 특수한 의식 양태로 개별화되며, 감정의 그러한 창발적[5] 개별화(emergent

---

5) '창발'(emergence)은 두 사건 사이의 관계를 인과적으로 설명하는 방식에 대한 대안적 개념이다. 즉 창발은 어느 정도 일반성을 갖고 있기는 하지만--따라서 소통 가능하다--두 사건 사이에 인지 주체의 해석이나 평가가 매개된다는 점에서 인과적 관계와 다르다. 따라서 필자가 말하는 창발적 개별화

individuation of emotion)는 수사적 텍스트의 스타일을 구성할 뿐만 아니라 그것에 반응하는 감정 자체의 스타일을 이룬다. 그리고 이렇게 개별화된 감정은 인격의 구성요소가 된다. 따라서 필자의 둘째 논제가 함축하는 것은 수사적 설득 과정에서 창출되는 어떤 감정들은, 실제로 청중을 설득하는데 성공하든지 못하든지 간에, 수사적 텍스트와 수사적 청중의 에토스를 구성하는 비도구적 감정, 즉 내재적으로 가치 있는 감정이라는 것이다.

III. 아리스토텔레스의 수사학에서 '수사적' 설득과 감정의 기능

바로 위에서 언급하였듯이, 이 글이 궁극적으로 제시하려는 두 가지 논제를 이끌어내기 위해 이 절에서 필자가 제안하는 두 가지 보조적 논제는 다음과 같다. 첫째로, 수사학을 설득의 수단을 발견하는 기술로 제시한 아리스토텔레스의 정의에 토대하여, 설득을 수사적인 것과 비수사적인 것으로 구별하고, 설득을 '수사적'인 것으로 만드는 것은 해석-비평적 파토스라고 주장할 것이다. 둘째로, 수사적 설득 과정에 개입하는 감정은 도구적 기능을 수행하는 것만이 있는 것이 아니라 규범적 가치를 갖는 것이 있으며, 후자에 속하는 감정은 특히 에토스와의 상호작용을 최적화시킨다는 것이다. 이 논제들이 요청되는 까닭은 아리스토텔레스가 텍스트에서 명시적으로 언급하지 않았지만, 텍스트 해석과정에서 그 논제들을 보완할 때 비로소 아리스토텔레스의 수사학의 철학적 입지와 가치를 보다 균

는 믿음(사고)과 감정, 또는 감정과 믿음의 관계는 인과적인 것이 아니라, 주체의 해석이나 평가가 개입함으로써 발생하는 감정이나 믿음이 주체의 지향적 구조를 반영한다는 것을 의미한다.

형 있게 이해할 수 있다고 생각되기 때문이다.

1. 무엇이 수사적 설득을 '수사적'으로 만드는가?

이 절에서 제시하려는 첫째 보조적 논제—설득을 '수사적'인 것으로 만드는 것은 해석-비평적 파토스이다—는 사실 아리스토텔레스의 '수사학'의 정의를 미학적 관점에서 재해석한 것이다. 그의 정의가 수사학을 하나의 기술, 즉 일종의 지식(technē)으로[6] 제시하는 데 초점을 두었다면, 그의 정의를 필자가 미학적으로 재해석한 것은 설득이 이루어지는 과정을 '수사적' 또는 '비수사적'인 것으로 구별할 수 있는 기준은 무엇인가 하는 구별에 초점을 둔 것이다. 이와 같은 구별이 필요한 까닭은 우리가 설득에 성공할 경우에도, 수사적 수단이 아닌 다른 방법에 충분히 의거할 수 있다고 생각되기 때문이다. 비수사적인 설득은 강압이나 제도적 폭력 같은 비합법적인 힘에 의해 이루어질 수도 있고, 논리적 필연성에 의거한 연역 논증, 또는 숙고에 의한 선택이나 결정의 협력 없이도 결론을 받아들이는 귀납의 경우처럼 '자발적인', 그러나 '비숙고적인' 결정에 의해 이루어질 수도 있다. 이 절의 전반부에서 필자가 제시하려는 것은, 설득이 '수사적'이기 위해서는 우선 수사가 편에서 모종의 '수사적 텍스트'를 구성해야 하고, 청중 또는 수신자 편에서는 그 수사적 텍스트에 대한 도덕적 숙고와 미적 해석을 통해 어떤 특수한 판단(judgment)에 도달해야 한다는 것이다.[7] 그 특수한 판단이

---

6) 조지 케네디는 수사학을 가능한 설득 수단을 발견하는 '기술'이라기보다 '능력'(ability)으로 번역한다. George A. Kennedy, *Aristotle On Rhetoric: A Theory of Civic Discourse* (Oxford University Press: Oxford &New York), 1991, p.36. 이 번역은 케네디가 수사가의 지식을 특수한 청중을 민감하게 파악하고 대응할 수 있는 자질과 적응력으로 이해하였다는 것을 반영하는 것으로 보인다. 그렇다면 수사가의 능력은 언어능력(linguistic competence)와 유사한 종류의 창의력을 포함하는 것으로 볼 수 있을 것이다.

바로 수사적 설득 과정에서 청중이 내리는 선택 또는 결정이다. 판단은 구체적이고 특수한 의식 양태이므로, 판단은 주체의 사고와 상호작용적 관계에 있는 동시에 사고를 특수한 의지나 행위와 연결한다. 그 연결의 결정적인 작용인 또는 매개가 감정으로서, 필자가 말하는 '인지 · 정서적 동의'(cognitive-emotional assent)이다[8]. 이것을 좀 더 단순화시켜 말하면, 수사적 설득이란 '청중을 수사적 텍스트에 대한 해석-비평적 판단으로서의 인지 · 정서적 동의로 인도하는 설득의 기술'이다.

이렇게 볼 때 수사가는 한 개인으로서 다른 주체를 '직접' 설득하는 것이 아니라—예를 들면, 어린아이가 부모에게 계속 조를 때 부모는 결국 '조르는 것 자체'에 '설득되어' 아이가 원하는 것을 들어주기도 한다— 수사적 텍스트가 갖는 비평적 힘에 의거하여 '간접적으로' 설득함으로써 청중 자신이 스스로 기꺼이 설득될 수 있게 하는 것이다.[9] 그런 의미에서, 비유적으로 말해서, 수사가는 연

---

7) 스티픈 리튼은 재판장의 분노를 이끌어내어 피고에게 불리한 판결을 유도하려는 사례(『수사학』 1387b17-21)를 분석하는 곳에서, 판단과 감정의 관계를 다음과 같이 구별한다. 1)판단을 변화시키는 감정, 2)판단 변화로 이루어지는 감정. 실제 상황에서 두 경우가 뚜렷이 구별되지 않을 수도 있지만, 전자의 경우는 설득자나 피설득자가 자신에게 불성실할 수 있는 가능성을 포함한다. 그 경우 자신의 감정에 대해 의식하지 못할 수도 있기 때문이다. 반면에 후자의 경우, 감정과 판단은 일체를 이루고 양자 모두가 사고(인지적 내용)에 관한 의식에 기초한다. Stephen R. Leighton, "Aristotle and the Emotions", in *Essays on Aristotle's Rhetoric*, (ed.) Amelié Oksenberg Rorty, University of California Press: Berkeley, 1996, pp.208-210.

8) 지각과 믿음을 상상력(판타지아)과 구별하고, 상상력에 의해 표상된 것에 주체가 확신을 첨가하거나 동의하는 것처럼 설명하는 것은 사고를 명제적인 것으로, 판타지아를 비명제적인 것으로 구별하는 것에 기초한다. 그러나 너스바움은 이 구별을 비판하면서, 판타지아와 믿음의 차이는 명제적/비명제적인 것에 있는 것이 아니라, 주체가 인지내용을 실제로 신봉하느냐(즉 그것에 부합하게 살기로 결정하느냐), 아니면 단순한 사실로서 믿을 뿐인가 하는 것에 달려 있다고 주장한다. Martha Nussbaum, 위의 글, p.306.

9) 유진 가버는 '설득된다'는 것을 '강요당하기로 결정하는 것'(deciding to be compelled)라고 해석하면서, 이것이 우리의 도덕적 삶의 중요한 면모라고 주

극의 무대감독과도 같다. 무대감독은 무대장치나 배우의 동선, 조명 같은 것들을 시공간적으로 배열하고 전시한다. 아무리 사실주의적인 공연이라 하더라도 마치 실물을 무대에 옮겨놓은 것 같은 무대장치를 사용할 수는 없을 뿐만 아니라, 연출론적 견지에서 볼 때 굳이 그렇게 해야 할 필요도 없다. 무대장치와 배우의 연기에 예술적 차원을 부여하고 그것에 의해 작품의 대의가 드러나게 하려면, 우선적으로 작품의 매체적 면모들을 통해 관객의 주목해야 할 특징적인 인지적 요소와 표현적 스타일을 보여주어야 한다. 이것은 예술 수사학의 문제이다. 요점은, 대중 설득이건 예술적 표현이건, 수사가나 작가는 '텍스트 밖에서' 직접 청중을 설득할 수 없다는 것이다. 그렇다고 단순히 마술 같은 행운의 기회를 기다릴 수는 없다. 대중 설득의 전문가로서 수사가나 예술가는 의도한 바를 작품에 재현해야 하며, 따라서 수사적 텍스트나 작품의 미적 면모들이 바로 수사적 설득이 이루어지는 장소(locus)이며, 이곳의 최고 주권자는 미적 판단의 주체인 감정인 것이다.

물론 모든 성공적인 설득이 수사적인 방식으로 수행되는 것은 아니다. 청중이 내리는 결정은 수사적 설득력이 아닌 다른 정당한 원천에 의거할 수 있다. 필자가 염두에 두고 있는 비수사적 설득력의 '정당한' 원천은 논리적 필연성(logical necessity)과 경험적 규칙성(empirical regularity)이다. 사실, 연역과 귀납은 각기 그러한 특성에 의거하여 설득력을 행사한다. 예를 들면, 자연 연역(natural deduction) 같은 것은 특별히 청중을 의식하면 제시된 것도 아니고, 대개의 경우 논리학자는 대중 설득을 목표로 삼는다는 것을 의식하지 않는 것처럼 보인다. 그러나 다른 주체의 이해나 평가, 혹은 동의를 기대하면서 제시된 모든 종류의 텍스트나 전시물은 궁극적으

장한다. 즉 설득력 있는 수사적 텍스트에 의해 기꺼이 강요당하기로 결정하는 것은 책임 있고 윤리적인 행위자가 되기 위한 조건이다. Eugene Garver, *For the Sake of Argument*, University of Chicago, Chicago and London, 2004, p.121.

로 설득을 목적으로 삼는다는 것이 필자의 기본 입장이다. 순수한 이론적 설명이나 공식(公式), 또는 법조문 같은 것도 결국 모종의 설득을 위한 텍스트이다. 그러나 그와 같은 경우들과 수사적 설득을 위한 수사적 텍스트의 차이는 설득 과정에 있어서 감정이 인지적·비평적 역할을 하는지 여부에 달려 있다. 수사적 설득과 비수사적 설득의 차이를 좀 더 분명하게 보여주기 위해서 아래에서 삼단논증과 귀납에 초점을 두고, 논증의 설득력과 감정의 관계에 대해 설명해 보겠다.

아리스토텔레스의 수사학에서 감정에 관한 본격적인 이론을 발견하기는 어렵지만, 수사학의 목적과 연관된 한에서 감정의 유형과 기능은 충분히 설명되어 있다. 이와는 대조적으로 『논리학』이나 『변증론』 같은 이론적 연구를 위한 저작에서 그는 연구자나 청중의 인격이나 감정에 대해 거의 언급하지 않는다. 그것은 그가 이론이 근본적으로 감정과 무관하다고 생각했기 때문일까? 아니면 이론적 맥락에서도 감정이 개입할 여지가 있다는 것을 인정하기 때문에, 그 경우 감정에게 적절하다고 생각되는 어떤 원리—즉 비참여 원리—를 적용한 결과라고 해석할 수는 없을까? 예를 들면, 실천이성이 올바로 행사될 수 있도록 칸트는 무사공평성(impartiality) 조건을 요구한다. 무사공평성이란 감정이나 이끌림(inclinations) 같은 주관적인 요소에 영향을 받지 않고 격률이나 도덕규범을 준수하기 위한 심리적 조건을 가리킨다. 순수이성이 행사되는 이론적인 영역에서 사정은 어떠한가? '순수'라는 접두어는 철학적 절연체(絶緣體)로 기능하는 것처럼 들린다. 말하자면, 그것은 시공간적 특수성, 신체, 주관성, 젠더, 그리고 감정 등으로부터 인지 주체를 분리시키기 위한 엄호명령 같은 것이다. 윤리적 담론에서 판단의 중립성과 보편성을 보장하기 위해 감정에게 극도의 소극적 기능—즉 물러나 있는 것—을 배정하려는 동기는 쉽게 이해할 수 있다. 그러나 철학계의 관례를 거슬려서, 필자는 감정이 완전히 부적합한(irrelevant) 요소로 간주되는 논리학 같은 분야에서도 감정의 관점에서 담론의 스타일적 특성을 분석해볼 수 있다고 생각한다. 즉 연역이나 귀납은 구조적으로 감정의 개입을 차단하기 위해 독특한 종류의 수사적 텍스트를 갖고 있는 것으로 볼 수도 있다는 것이다. 반면에, 논리학자와는 달리 수사가는 감정을 설득력의 중요한 요소로 인식하며 의도적으로 수사적 텍스트의 구성요소로 포함시킨다. 필자는 두 종류의 상반되는 담론에서 각기 감정을 배제하는 이유와 포함시키는 이유를 수사적 관점에서 살펴보고, 감정이 적극적으로건 소극적으로건 어떻게 설득적 기능에 참여하는지를 검토할 것이다. 먼저 아리스토텔레스의 설명을 중심으로 그가 이해한 감정 개념을 서술한 다음, 현대의 인지주의 감정 이론의 관점에서 보완할 점들을 지적해보겠다.

수사가의 목적은 설득력 있는 '수사적 텍스트'(rhetorical text or work)를 제시함으로써 청중의 판단을 변화시키는 것이다. 필자가 의미하는 '수사적 텍스트'는 청중을 설득하기 위해 수사가가 이용하는 전시 수단의 총체(totality of presentation means)이다. 수사학의 전성기에 그것은 주로 연설문과 웅변술을 가리켰던 반면, 현대적 맥락에서 그것은 문예적 텍스트를 비롯하여 다양한 매체로 구성된 각종 콘텐츠들을 가리킨다. 여기에는 정치 담화문이나 신문기사, 영상물, 책, 광고 전시물 같은 것들이 포함된다. 아리스토텔레스의 어법을 빌리면, 필자가 말하는 수사적 텍스트는 '명증적 증명'(demonstrative proofs)의 한 양태이다. 증명의 대표적인 예는 수학 증명이나 삼단논증이다. 주지하다시피, 삼단논증에 의한 추론이 '형식적'이라고 불리는 이유는 삼단논증의 정의적 특징이 명제들의 내용에 의해서가 아니라 논증을 구성하는 명제들의 형식적 면모에 의해 결정되기 때문이다. 아리스토텔레스는 삼단논증을 구성하는 명제들의 종류와 순서, 그리고 각 명제를 구성하는 개념의 수와 명제 내에서의 위치 등을 규칙화함으로써, 논증의 형식적·구조적 힘에 의해 필연적으로 도출되는 결론만을 받아들이게 했다. 바꾸어 말해서, 삼단논증의 핵심은 논증의 내용이 아니라 형식에 있는 것인데, 만일 논리학자를 수사가로 부르는 것이 허용된다면, 그의 수사적 전략은 논증의 형식성(formality)을 활용하는 데에 있는 것이다. 그렇다면 논리학자가 논증의 설득력을 오로지 논증의 형식적 면모에 두는 이유는 무엇인가? 필자가 보기에, 그것은 누가 삼단논증을 구성하거나 검토하든지 간에, 그를 단어나 문장이 연상시킬 수 있는 심리적 영향으로부터 완전히 차단하기(혹은 보호하기) 위해서이다. 이것은 분명히 모종의 수사적 전략이다. 즉 증명을 순전히 형식적인 것으로 만듦으로써 심리적 연상이나 암시에 의해 환기될 수 있는 느낌이나 감정을 부적합한 요소로 처음부터 배제하고, 그럼으로써 삼단논증의 타당성을 시간과 공간의 제약, 인식 주체들이 갖는 특수성 같은 것과 무관한 것으로 규정하는 것이다. 다소 과격하긴 하지만, 필자는 이러한 전략이 수행되는 분위기를 '감정의 방부처리', 또는 '탈주체화'라고 부르고 싶다. 왜냐하면 삼단논증의 형식성은 논증을 담론의 저자나 독자와 무관한 것으로 만들뿐만 아니라, 심지어는 논리학자 자신의 저자성(authorship)까지도 배제하기 때문이다. 그 점은 삼단논증의 청중이—이 경우 만일 청중이라고 부르는 것이 허용된다면— 시공간을 초월하는 불특정 다수라는 점에서도 여실히 드러난다.

타당한 삼단논증의 속성으로서 논리적 필연성의 원천은 우선적으로 논증의 형식성에 있지만, 그것 외에 또 다른 원천이 있다. 그 원천이란 개별 명제를 구성하는 개념들을 추상적 개체로 다루는 추상화 전략과 그 명제를 얻게 된 경로에 전혀 관심을 두지 않는 비역사성이다. 그렇기 때문에 타당한 삼단논증은 현실 세계에 대해 아무것도 말해주지 않을뿐더러 아예 관심도 없다. '모든 화성인은 머리가 붉다'라는 명제를 전제의 자리에 놓을 경우에도, 그 명제의 의미나 진위는 논증의 타당성과는 무관하다. 만일 누군가가 화성인이 존재하는지 어떤지도 모르는데 왜 그런 터무니없는 전제를 가정하느냐고 묻는다면, 논리학자는 이 질의자가 논리학이 무엇인지 전혀 모르고 있다고 생각하며 그 사람을 상대조차 하지 않거나, 조금 친절한 논리학자라면 논리학은 사실이나 심리 현상과는 무관한 것이라고 귀띔해줄는지도 모른다. 다시금 그 질의자가 사실도 아니고 잘 믿어지지도 않는 문장을 왜 끌어들이느냐고 묻는다면, 논리학자는 그런 문장도 나름대로 재미있지 않느냐고 동문서답식으로 답할 수도 있다. 결국 삼단논증의 타당성이나 부당성의 원천을 순수한 논증구조에 두는 것은 삼단논증의 '저자'나 '독자' 또는 '청중'의 특수성이나 개성을 비연관적인 것으로 만든다. 바로 그 점이 삼단논증의 객관적 명증성을 보장하는 것이다. 따라서 삼단논증의 청중은 추론과정에 적극적으로 참여하거나 정서적으로 반응함으로써 추론과정에 참여적으로 개입할 필요가 없고, 또 진지한 숙고나 결정 같은 윤리적 부담으로부터 완전히 자유롭다. 청중이 해야 할 일은 오직 전제들로부터 결론이 필연적으로―청중이 그것을 기대하든지 상관없이― 도출되는지를 '관조'하는 것이다. 논증적 타당성이나 부당성은 청중의 태도나 관심사, 욕구와는 전혀 무관한 것이다. 한 마디로 삼단논증은 청중의 감정의 협력 없이 수행되는 증명이다. 그 결과로 얻는 것은 그 누구의 행복도 불행도 아닌, 세계에 관한 정보의 습득이나 상실도 아닌, 그리고 보다 정의롭거나 부정의한 사회도 아닌, 언어구조물로서의 논증의 타당성 또는 부당성 자체이다. 그리고 현실 상황이나 삶의 정황과는 무관하기 때문에, 삼단논증은 청중에게 어떤 태도를 취해야 할는지, 또는 어떤 행동을 해야 할는지 고민하게 만들지 않는다. 필자는 이 결과가 바로 담론을 구성하는 기본 요소로서 감정을 배제함으로써 얻는 효과로 파악한다. 따라서 우리는 어떤 담론을 구성하려 할 때, 과연 어떤 결과를 추구하는가에 따라 감정을 담론의 구성요소로 넣을 것인지 여부를 결정해야 할 것이다.

그러나 논리학자와는 대조적으로, 수사가는 특수한 개인들로 구성된 청중 앞에서, 공동체 전체의 이익과 관련된 주제나 문제 상황에 대해 청중이 취해야 할 어떤 태도나 행동으로 나아가는 방향으로 이끌려 한다. 아리스토텔레스의 정의에서 볼 수 있듯이, 수사적 설득의 수단(pisteis)은 로고스(logos, 진리), 에토스(ethos, 인격), 그리고 파토스(pathos, 감정)이며, 어떤 수사적 텍스트든지 이 세 요소를 반드시 갖추어야 한다(1356a3-5). 로고스는 수사적 텍스트에 들어있는 명제나 이야기의 진리성이나 개연성이 설득력의 자원으로 사용되는 것을 가리킨다. 에토스는 도덕적 인격(moral character)을 설득력의 자원으로 삼는 것인데, 인격의 문제는 수사가 자신에게만 국한되는 것이 아니라 그가 인용하는 인물과 청중의 도덕적 인격적 면모도 포함된다. 즉 현안과 수사적 텍스트와 관련된 모든 사람들이 도덕적으로 어떤 종류의 사람인가, 다시 말해서, 믿을만한 사람인가, 호감이 가는 사람인가, 더 나아가서 친구나 동지로 어울릴만한 사람인가 하는 물음들에 대해 청중은 어떤 태도나 입장을 취할 필요가 있다. 예를 들면, 수사가가 슈바이처 박사를 박애정신의 화신으로 삼고서 빈곤층 환자를 후원하는 공익광고를 제작한다면, 대부분의 사람들은 별다른 문제없이 호응을 하는 반면, 슈바이처를 인종차별주의자라고 믿는 어떤 평등주의자들은 그 광고에 공감하기 어렵다고 판단할 것이다. 만일 이와 비슷한 상황에서 확신이나 거부, 어느 쪽으로도 결정할 수 없다면, 그것은 수사가가 문제의 인물을 잘못 선택했거나 아니면 청중 스스로가 불확실한 자기 정체성을 갖고 있기 때문일 수가 있다. 셋째 설득수단은 파토스인데, 설득 수단으로서 파토스가 필수불가결한 까닭은 일반적으로 감정이 사고와 행위를 매개해주는 것으로 생각되기 때문이다. 즉 감정의 동의가 없이는 어떤 사고나 지식도 실제로 행위로 전이될 수 없고, 따라서 현실화될 수 없는 것이다. 한 마디로, 지식이나 사고 자체는 사람을 움직일 수 없다. 왜냐하면 구체적인 맥락에서 행위는 무엇 때문에, 무엇을 위해, 어떻게, 그리고 이것은 행위자 자신에게 어떤 의미가 있는가 하는 등의 구체성과 방향성을 갖출 때만 개시될 수 있는데, 이 구체성과 방향성의 탐색기제가 곧 감정이기 때문이다. 이렇듯 감정이 사고와 행위를 연결하는 매개로서 기능한다고 보는 것은 감정의 도구적 기능을 설명하는 전형적인 방식이다. 대중 설득에서의 도구적 감정과 대조되는 규제적 이상으로서의 감정에 대해서는 3장 2절에서 상술할 것이다.

여기서는 계속해서 설득력의 자원들 중에서 '수사적'이라고 불릴 수 있는 자원이 어떤 특성을 갖는지에 대해 살펴보기로 하자. 아리스토텔레스는 수사가가 사용하는 대표적인 설득 수단으로 사례(example)와 축약논증(Enthymeme)을 들고 있는데, 양자 모두 청중의 능동적인 참여와 심리적 반응을 불러일으키기 위한 매개로서 기능한다. 사례는 현대적 의미의 내러티브에 해당한다. 아리스토텔레스는 사례를 실화와 허구로 나누었는데, 그는 허구보다 실화가 도덕적 숙고에 더 유익하다고 보았다(『수사학』 1394a). 왜냐하면 미래는 과거와 크게 다르지 않을 것이므로, 과거 사례를 들려주는 것은 청중으로 하여금 과거 사례와 미래 사건의 유사성을 비교하면서 진지하게 숙고하도록 이끌기에 더 유리하다고 보았던 것이다. 미래 사건이 과거 사건과 크게 다르지 않을 것이라는 관점에서 볼 때, 과거의 실제 사례를 들면서 미래 사건의 개연성을 설득하려는 것은 근본적으로 귀납의 방법과 다르지 않은 것처럼 보인다. 그러나 아리스토텔레스는 특별한 경우를 제외하고는 귀납은 수사학에 적합하지 않다고 보았다. 즉 실화 인용의 수사적 효력은 귀납적 성격에 있는 것이 아니라고 본 것이다. 그는 법정에서 증인을 세울 때처럼 수사가는 귀납을 보완적으로만 사용하도록 권고하는데, 그 이유로 그는 다수의 증인이 반드시 한 사람의 증인보다 더 결정적인 것이 아니라는 점을 지적한다(『수사학』, 1394a). 그보다 중요한 것은 '믿을만한' 증인의 '결정적인 증언'이다.

아리스토텔레스는 실화 인용의 사례로 소크라테스가 그리스 주민들에게 조언하는 것을 예로 들고 있다. 과거에 페르시아의 다리우스 왕은 이집트를 점령할 때까지는 그리스를 침공하지 않았다. 그러나 이집트를 점령한 후에 곧 그리스를 침공했다. 크레스크세스 왕도 마찬가지였다. 이를 통해 알 수 있는 것은 만일 이집트가 정복된다면, 이어서 그리스도 정복될 것이라는 것을 의미한다. 따라서 현 상황에서 그리스는 무슨 수를 써서라도 페르시아가 이집트를 점령하지 못하게 해야 할 것이다. 그렇지 않으면 그리스는 전쟁포로로 살아가게 될 것이 거의 확실하다. 아리스토텔레스 자신은 수사적 텍스트로서 과거 사건을 회고하는 것이 어떤 수사적 면모를 갖는지 명시적으로 분석하고 있지 않다. 그러나 과거 사실에 근거하여 청중을 설득하려 한다는 점에서 귀납과 사례 제시가 서로 공통점을 가짐에도 불구하고, 왜 귀납은 수사적 설득이 아닌 반면 실화에 근거한 내레이션은 수사적 설득인지에 대해 구별할 필요가 있다. 그 점에 대해 필자의 해석을 덧붙인다면, 귀납이 수사적 기술로서 부적절한 까닭은 귀납이 충분한 규칙성에 의해 미래 사건의 개연성을 보여줄 만큼 강력한 설득력을 가짐에도 불구하고, 귀납은 오직 하나의 방향만을 보여주기 때문에—예컨대, '내일도 태양은 떠오를 것이다'— 즉 귀납의 결론은 청중의 판단과 선택의 결과가 아니고, 특히 청중의 욕구나 선호와 무관하게 내려지기 때문이다. 즉 귀납이나 실제 사례를 언급하는 것은 모두 개연성에 대한 확신에 호소하는 것임에도 불구하고, 귀납은 반복과 누적에 의한 규칙성을 근거로 오직 하나의 결론으로 이끌기 때문에 청중의 미적 판단이나 결정이 개입할 여지가 거의 없다.

한편 사건 발생의 규칙성은 귀납 추론의 결론이 갖는 개연성을 뒷받침하기에는 충분하지만 수사적으로는 반드시 효과적인 수단이라고 볼 수 없다. 어른들은 미래가 과거와 그다지 다르지 않을 것이라는 믿음을 갖고 있는 반면, 그와 동시에 현실이 기대와는 달리 전개될 때도 많다는 것을 경험적으로 잘 알고 있다. 그렇기 때문에 특정한 순간에 우리는 어느 편으로 생각해볼 것인지, 즉 낙관적인 태도를 가질 것인지 비관적인 태도를 가질 것인지를 선택해야 한다. 예를 들면, 감시가 엄중한 특수 감옥에서 탈출에 성공하기 어렵다는 것은 잘 알려져 있지만, 어떤 죄수는 탈출을 시도하고 또 드물기는 하지만 탈출에 성공하기도 한다. 평상시에는 합리적 이기주의자로 행동하는 사람이라도 특별한 경우에는 개인적인 엉뚱한 신조를 고집하면서 위험을 감수하기도 한다. 탈출을 시도하는 죄수를 움직이게 할 수 있는 결정적인 동인은 '자유'에의 열망일 수 있다. 소크라테스가 주었던 충고의 경우, 그리스 주민으로 하여금 페르시아의 이집트 침공을 막아야 한다는 확신을 이끌기에 필요한 파토스적 요소 역시 '자유'에 대한 신념, 또는 '자유 시민'으로서의 자긍심과 연관된 것이라고 짐작된다.

그렇다면 수사가가 특정한 문제를 다루면서 과거 사건을 언급하는 것은 규칙성에 근거한 개연성에의 호소라기보다는, 이미 알고 있는 그 사건은 있을 수 있는 일이 아니라 '실제로 그 일은 일어났었다'는 것, 즉 '성공 사실'을 설득력의 자원으로 삼는 것이다. 아마도 '성공', 즉 가능성의 현실화, 혹은 진리 자체만큼 강한 설득력을 갖는 것도 없을 것이다.[10] 우리가 사람들의 과거 전력을 중시하는 것은 아마도 그 비슷한 이유에서일 것이다. 그 반면에, 이 방법을 택하는 또 다른 목적은, 필자가 보기에, 과거 사례를 새로운 각도에서 조명해볼 필요가 있을 때, 또는 그 사건이 현재 상황에 대해 시사하는 교훈이나 유의미성에 주목하도록 청중을 인도하기 위해서라고 보아야 할 것이다. 그런 관점에서, 과거 사례를 들려줌으로써 얻는 효과는 규칙성에 의거한 개연성이라기보다는 오히려 참신성의

10) 가버는 한나 아렌트가 진리는 아무런 힘을 가하지 않고서도 설득이나 논증보다 마음을 강제할 수 있다고 말했던 일을 언급하면서, '자명한 진리의 강제성이 설득과 논증의 산물일 수 있다'고 덧붙인다. Eugene Garver, 위의 책, p. 122. 즉 자명한 진리가 필자가 말하는 '수사적 텍스트'의 일부가 될 때 비로소 설득력을 발휘할 수 있는 것이다.

효과를 노리는 것이라고 볼 수 있다. 즉 평범한 사건을 새롭게 바라보는 '관점의 참신성'인 것이다.

이와는 달리 귀납은 청중으로 하여금 특정한 태도나 행동을 취하게 하는 데에는 별로 효과적이 아니다. 귀납은 반복적으로 발생하는 사건들을 모아 어떤 규칙성을 찾아내어 일반화하는 것이기 때문에, 어떤 명제를 일반화하기에 충분할 만큼 유사한 사례들을 모으는 것 외에 그 과정이나 방법에 있어서 특별히 수사적일 필요가 없기 때문이다. 규칙성에 기반하여 개연성과 객관성을 입증하는 것은 청중에게 거부하기 어려운 '강제적'(compelling) 설득력을 행사하기는 하지만, 귀납은 증명 방식에 있어서 표현적인 비유나 단어 선택을 중요한 수단으로 사용하지 않는다. 물론 모든 증명이 결국 설득을 목적으로 한다고 본다면, 귀납 역시 청중을 설득하려는 목적을 갖는다. 그러나 모든 증명이, 아무리 설득적인 것일지라도, 그 자체로 수사적이 되는 것은 아니다.

2. 수사적 설득에서 감정의 역할에 관한 도구주의적 견해에 대한 비판

이 절에서 필자는 감정을 수사가가 청중의 판단을 유도하는 매개로서 이해하는 도구주의적 감정관(instrumental or functional conception of emotion)을 검토하고 중대한 난점을 지적하고자 한다. 수사적 설득에서 감정은 항상 도구적으로 기능하는 것이 아니라, 교훈적 수사나 문예적 수사처럼, 감정이 수사적 설득의 목표 자체가 되는 경우가 있다는 것을 보여줄 것이다.

『시학』의 경우도 마찬가지이지만, 필자가 보기에, 『수사학』에서 아리스토텔레스가 갖고 있는 감정 개념은 지대하게 도구주의적이다. 즉 수사가는 청중이 어떤 특수한 판단을 내리거나 구체적인 행동을 취하도록 이끌기 위해 설득 과정에서 특수한 감정을 환기시킨다는 것이다. 다시 말해서 수사가의 설득 목표는 특수한 감정 자체를 경험하는 것이 아니라, 주어진 상황에서 청중이 어떻게 행동할 것인지 결정할 수 있게 하는 매개로서 감정을 환기하려 한다. 감정에 관한 이와 같은 널리 알려진 견해는 감정의 가치가 도구적 기능에 있다고 보는 것인데, 그런 입장을 필자는 도구주의적 감정 개념이라고 부르겠다. 수사학 논의에서 대개의 경우 감정은 도구적으로 설명되곤 한다. 물론 설득 과정에서 감정이 구체적인 행동을 이끌어내는 소위 '방아쇠'(trigger) 기능을 하는 것은 사실이지만, 수사적 설득과정에서 감정은 도구적 기능뿐만 아니라 설득과정 전체가 지향하는 궁극적 목표가 되기도 하는데, 그것을 필자는 규제적 이상(regulative ideal)으로서의 감정, 혹은 규범적 감정(normative emotion)이라고 부르겠다.[11] 예를 들면, 경건(敬虔) 같은 종교적 감정, 또는 타인들이 서로 느낄 수 있는 가족 같은 따뜻한 느낌(warmth)이나 친밀감(intimacy) 같은 것이다. 이런 감정들은 다른 상위의 가치에 이바지하기 때문에 중요한 것이 아니라, 그러한 감정 경험 자체가 가치 있는 것이고, 따라서 다른 조건들은 그러한 감정 경험을 얻기 위한 수단들이 된다. 수사가가 환기하려는 감정은 대개의 경우 도구적 가치를 갖는 것들이지만, 때때로, 더 중요한 것으로, 가치의 체현으로서의 감정이라는 구체적인 의식 양태일 수도 있다. 아래에서 필자는 아리스토텔레스가 수사적 기술의 목적과 연관하여 감정의 역할을 설명하는 방식을 검토하고, 인지주의적 입장에서 어떤 점이 보완되어야 하는지를 지적해 보겠다.

'수사적'(rhetorical)이라는 낱말은 흔히 상투성이나 속물성을 내포하기 때문에, 수사적 설득에 관한 논의에서도 청중의 정서적 반응을 도구주의적으로 이해하게 만들기 쉽다. 즉 수사가는 청중에게 특수한 감정을 환기시킴으로써 그가 의도한 판단이나 태도로 청중

---

11) Justin Oakley, *Morality and the Emotions*, Routledge: London and New York, 1992, p.39.

을 이끌려는 사람이라는 것이다. 그러한 편중된 관념은 우선적으로 감정이 무엇인가에 관해 제한된 이해에서 비롯된다. 그 다음으로 심각한 문제는, 단순한 설득 전략과 설득 수단을 찾는 기술로서의 수사학의 차이를 구별하지 않는 것이다. 이 점과 연관하여 아리스토텔레스도 그다지 명료한 설명을 하고 있지 못하다. 때때로 그는 감정을 도구주의적으로 설명하기도 하고 그렇지 않을 때도 있다.12) 필자는 감정에 관한 인지주의적 견해가 인간의 행위에 관해 보다 현실적이고 통합적인 그림을 보여준다고 생각한다. 도구주의적 감정관이 전제하는 것은 감정이 사고나 행위와 분리될 수 있다고 보는 것이다. 그러한 분리가능성을 가정하지 않는다면, 사실 감정은 어떤 것의 도구도 될 수 없을 것이다. 여기서 필자는 감정에 관한 소위 '방아쇠'(trigger)의 비유의 부적절성을 지적하고, 수사적 설득과 연관하여 도구주의적 감정 개념이 수사학이라는 활동 자체에 미치는 부정적인 영향을 해소하고자 한다.

감정에 대한 인지주의적 접근에는 다양한 양태가 있고 저마다 강조점도 상이하지만, 그 입장들이 '인지주의적'이라고 불릴 수 있는 공통점은 감정을 단순히 심리적 특질(quale)이나 신체생리적 징후 같은 것으로 동일시하지 않고, 사고, 의지, 지향성, 또는 성향 등의 의식 양태 같은, 감정의 인지적 내용에 의해 감정이 동일시된다고 보는 것이다. 그 뿐만 아니라, 인지주의의 특수한 버전에 의하면, 감정은 행위와 긴밀한 관계에 있음에도 불구하고, 감정의 유의미성은 사고와 행위를 연결하는 단순한 도구로서 기능하는 데 있는 것이 아니라고 본다. 즉 어떤 감정은 그 자체로 가치를 가질 수 있다. 예를 들면, 평안감(comfort)이나 자비심(compassion) 같은 것이 대표

12) 로슨-탠크레드는 『수사학』에서 아리스토텔레스가 스타일에 관해 논의할 때 스타일을 단순한 수단으로서 다룬 것이 아니라고 말한다. 즉 그는 좋은 스타일에 관한 연구와 실천이 갖는 내재적인 가치와 합리성을 보여주려고 했다는 것이다. Aristotle, *The Art of Rhetoric*, trans. by H. C. Lawson-Tancred, Penguin Books, London, 1991, p.44.

적인 경우이다. 그러므로 감정은 감정을 구성하는 한두 가지 요소로 동일시될 수 없다. 예를 들면, 공포에 사로잡힌 사람이 몸을 떨고 있다면, 그런 경우 몸이 떨리는 것은 자연스러운 일이겠지만, 그 신체적 징후는 공포라는 감정의 필요조건도 아니고 충분조건도 아니다. 물론 그 사람이 몸을 떨고 있는 것은 공포로 인한 것이라고 설명될 수 있다. 즉 감정은 어떤 신체적 징후를 동반할 수 있다. 그러나 그렇다고 해서 몸이 떨리는 것이 공포라는 감정의 필요조건이거나 충분조건이 라는 것을 함축하지는 않는다. 한편, 만일 내가 친구와 함께 공모전에 작품을 제출했는데 친구는 대상(大賞)을 타서 해외연수의 기회를 얻게 되었다면, 나는 한 편으로는 기쁘기도 하고 다른 한 편으로는 부러움도 느낄 것이다. 내가 기쁜 것은 내 친구가 대상을 탔기 때문이고, 내가 부러움을 느끼는 것은 그 상은 내가 늘 꿈꾸어 오던 것이었기 때문이다. 이런 경우, 내가 느끼는 감정은 서로 대립적이기는 하지만, 그것이 나의 심리 상태를 비합리적으로 만드는 것은 아니다. 동일한 사건에 대해 나는 상반되는 감정을 동시에 경험할 수 있고, 그것은 주어진 상황과 나의 입장에 대해서 전적으로 적합한 반응일 수 있기 때문이다. 따라서 감정을 특정한 신체·생리적 변화와 연관짓거나 감정과 사고를 일대일 대응관계로 이해하는 것은 감정을 지나치게 단순화시켜 생각하는 것이다.

그렇다면 수사가를 그가 의도한 판단이나 태도로 청중을 이끌기 위해 특수한 감정을 환기시키는 사람이라고 정의하는 것은 온당한가? 수사학에 관한 아리스토텔레스의 정의—'설득의 수단을 발견하는 기술'—를 받아들인다면, 우리는 이 물음에 부정적으로 답해야 할 것이다. 만약 그렇지 않다면, 우리는 수사학을 기술, 즉 지식으로 다루지 않게 되고, 수사가의 성공을 전략적 성공으로 보거나 운(運)의 소산으로 간주하는 것과 다름없기 때문이다. 필자가 위에서 언급했듯이, 단순한 설득과 수사적 설득은 판이한 성격의 다른 활동이다. 수사적이지 않더라도 설득에 성공할 수 있고, 수사적으로 훌륭한 설득이라도 실제로 성공하지 못할 수 있다. 데모스테네스의 달변도 아테네 시민의 마음을 움직이지 못했던 사실을 기억해보라. 이 점을 보다 명료하게 하기 위해, 애국심을 적절히 환기시켜서 청년들을 전투에 참가하게 만들려 하는 경우를 상상해보자. 만일 '애국심'이 조국에 대한 각별한 애정과 결부된 어떤 뜨거운 열정, 또는 의협심이나 영웅 심리와 연관된 호기(豪氣) 같은 심리 상태로 동일시된다면, 다분히 멜로적인 선전이나 영상물을 통해 젊은이들의 순수하고 민감한 감수성에 호소하고, 그리하여 모병에 성공할 수도 있다. 이 경우, 만일 어떤 젊은이가 수사가의 설득적 노력에 의해 마음에 환기된 어떤 것—흔히 감정이라고 오인되는 것—에 의해 구체적인 행동 결정을 내렸다면, 그것은 성공적인 설득의 사례는 될지언정 수사적 설득의 사례는 될 수 없다. 오히려 이것은 일종의 대중조작으로서, 단순한 설득의 성공 사례로 보아야 할 것이다. 그것은 마치 아빠가 기분 좋은 상태에 있을 때 영리한 어린아이가 용돈을 청구하는 전략과 비슷한 것이다. 왜냐하면 필자가 보기에는, '수사적 설득'은 수사적 텍스트에 대한 청중의 자발적이고도 의식적인 인지적-윤리적-정서적 동의에 의거하여 내리는 판단이나 행동 결정을 목적으로 삼는 활동이기 때문이다. 그리고 이 면모들을 수사적 설득의 자원으로 보는 것은 아리스토텔레스가 설득 수단의 세 가지 요소로 동일시한 것과 정확히 일치한다. 이러한 견지에서 검토할 때, 만일 감정을 좁은 의미로—즉 느낌이나 기분 같은 주관적인 심리적 상태, 또는 신체·생리적 상태로— 정의하고, 결정적인 순간에 환기된 어떤 감정에 의해 청중을 목표-판단이나 목표-행동에로 전환시키려 한다면—그리고 성공한다면— 그것은 비강제적이고 합리적인 설득이라 할 수 없다. 단지 의도한 결과를 산출하는 것이 수사가의 목표라면, 그는 설득 수단을 발견하는 기술, 즉 지식은 필요가 없다. 그 경우, 그 유사(類似)-수사가가 갖고 있는 것은 지식이 아니라 영리한 책략일 수 있다.

한 편 인지주의적 감정 개념을 따라, 감정이란 다양한 종류의 인지 내용을 포함할 뿐만 아니라, 적합한 판단이나 태도, 또는 행동으로 표현되기도 하는 복잡한 층위를 가진 의식 양태라고 이해한다면, 마치 두통을 없애기 위해 아스피린을 처방하듯이 대중을 설득하기 위해 감정을 그런 식으로 처방할 수 없다는 것이 분명해진다. 왜냐하면 감정이 사고와 행위를 매개할 때 감정은 단순히 반복(repetition) 또는 재연(re-enactment)되는 것이 아니라, 주체의 동기와 인지 상태에 따라 특수한 의식 양태로 개별화되기 때문이다. 분노(anger)와 평정(calmness)에 관해 설명하는 곳에서 아리스토텔레스가 설명하듯이, 동일한 유형에 속한 감정이라 할지라도, 특정한 시점에서 발생하는 감정은 인지적 내용과 상황 조건, 그리고 상황에 대한 주관적 평가에 따라 상이한 양태로 변모한다. 예를 들어, '분노'라는 유형에 속하는 감정-A와 감정-B는 대상의 차이, 발생한 부정의의 정도, 정의의 회복가능성이나 보복가능성 등에 따라 차별화된다. 그리고 감정이 개별화되는 방식은 감정 자체의 정체성을 결정하는 동시에 감정 자체의 고유한 개성 또는 스타일을 만들어낸다.

감정의 개별화에 관해 필자가 설명한 방식은 다분히 미학적 분석에 비중을 둔 것처럼 보일 수 있다. 그 점을 보완하기 위해, 아래서는 수사적 텍스트(즉 수사가의 프레젠테이션)를 통해 인격(에토스)이 어떻게 개별화되는지 살펴보기로 하겠다. 아리스토텔레스는 인격이 성향(hexeis)과 습관으로 이루어진다고 보았다. 타고난 선천적인 기질과 사회적 조건, 주체가 속해 있는 사회의 정체(政體, polity), 그리고 개인적인 교육과 경험(즉 개인적인 미덕이나 악덕)이 인격을 구성한다는 것인데(『수사학』, 1114b26 이하), 그는 이 요소들이 서로 통일성을 이루고 좀체 변화되기 어렵다고 생각했다. 수사가가 청중의 인격에 관해 알아야 할 것은 바로 일반화 정도가 높은 성향으로서의 인격이며, 이것이 청중의 일차적 성향이다. 그 반면에, 인격은 일반적 성향이긴 하지만 그렇다고 추상적 개체 같은 것은 아니므로, 주어진 상황과 주제에 따라 상대적인 모습으로 구체화된다. 그렇다고 해서 그때그때마다 인격이 정체성이 바뀔 정도로 전격적으로 변화되는 것은 아니다. 구체화된 인격은 청중의 개인적인 경험과 지식의 일반성의 정도에 따라 일차적 성향이 일시적으로 상황에 적응하는 양태라고 말할 수 있다. 예를 들면, 민주사회의 시민이 자유를 사랑하는 것은 일차적 성향에 속하지만, 상황의 성격에 따라 일시적으로 의무에 비중을 둔다면 그것은 일차적 성향을 의식적으로 제어하는 것이 된다. 개인은 처하는 상황과 주어진 현안에 따라 관심과 욕구가 변하기 때문에, 청중의 반응을 기계적으로 예측할 수는 없다. 또 욕구는 선호(選好)의 영향을 받기 때문에, 동일한 인격을 가진 주체라고 할지라도, 그가 내리는 판단이나 선택은 주어진 문제를 둘러싼 객관적인 정보, 문제의 중요성에 대한 주체의 평가, 선호에 따라 상이하게 조합되는 사고(dianoia)와 욕구(orexis)의 독특한 결합의 함수이다(『수사학』, 1355a20 이하).[13] 그러므로 인격의 변화 가능한 부분을 이차적 성향이라고 부를 수 있다. 여기에 포함된 요소들 중에서 상황에 관한 객관적인 정보는 설득수단으로서 로고스에 해당하는데, 로고스는 사고의 대상이므로 성향의 영향을 받지 않는다.[14] 결국 설득적 맥락에서 청중이 수행하는 도덕적 숙고의 핵심은 주어진 문제와 연관된 요소들을 자신의 욕구의 관점에서 성찰하고 평가하는 데에 있다. 따라서 아리스토텔레스가 행위의 궁극적 원천은 사람(anthropos)이라고 말했을 때 그는 욕구의 인도를 따라 인격이 창발하는 구조를 가리킨 것이다.

---

13) Amelié Rorty, "Structuring Rhetoric", in *Essays on Aristotle's Rhetoric*, (ed), Amelie Rorty, p. 13.

14) 인격을 구성하는 성질 가운데 거의 변하지 않는 항구적인 성질인 디아테시스(diathesis)는 이성(nous)이나 사고(dianoia)의 대상/내용인 것처럼 보인다. 따라서 인격과 사고의 구분은 기능주의적으로 구분된 것일 뿐 실질적인 구분은 아닌 것 같다. 즉 사고의 대상은 상황에 따라 가변적이지 않으므로 실천적 이성이나 프로니모스의 숙고 대상이 아닌 것이다.

한편, 상황에 따라 인격의 일차적 성향이 일시적으로 변화됨에도 불구하고 그 변화가 일시적일 뿐이라는 것은 인격이 구체화되는 방식에 있어서 지각-사고-욕구 사이에 어떤 패턴이 형성될 수 있다는 것을 함축한다. 아리스토텔레스는 감정을 '개인의 판단에 변화를 일으키고, 고통이나 쾌를 동반하는 양태들'(『수사학』 1378a21)이라고 정의하는데, 이 정의에 의하면, 감정에 기인하여 판단을 변화시키는 원인은 인격의 외부에서 연유한다. 왜냐하면 성향과 습관으로 이루어진 인격은 특별한 이유가 없는 한 통일성을 갖는 반면, 감정은 그 원인이나 대상, 그리고 주체가 합리화 과정을 통해 무엇을 유의미한 '이유'로 동일시하느냐에 따라 판단이나 태도에 일시적인 변화를 일으키기 때문이다. 바꾸어 말해서, 감정의 특성은 변화에 있다. 그리고 아리스토텔레스의 정의의 후반부에서 언급된 것처럼, 감정이 고통이나 쾌를 동반한다는 것은 어떤 감정도 결코 중립적이지 않다는 것을 의미한다. 즉 쾌나 고통은 감정과 독립적으로 발생하는 심적 사건이 아니라 감정의 부수적 속성이다.

위에서 살펴보았듯이, 아리스토텔레스가 감정의 역할에 대해 설명한 것은 판단의 변화를 초래하는 도구적 기능에 국한된다. 많은 경우에 청중이 즉각적으로 느낄 수 있는 감정은 수사적 논증의 결론에 대한 인지적 승인이나 거부에 동반하는 심적 상태—예컨대, 미래에 대한 기대감에 기인하는, 몸이 둥둥 뜨는 듯한 느낌, 또는 불행한 결과를 어쩔 수 없이 수락해야 하기 때문에 느끼는 내몰린 듯한 느낌이나 중압감—를 가리키는데, 이러한 종류의 정서적 반응은 특수한 사태나 대상에 관한 것이다. 논의의 편의상, 이러한 종류의 정서적 반응을 일차적 감정(first-order emotion), 또는 대상 감정(object emotion)이라고 부르기로 하자. 이와는 달리, 청중은 결론의 내용이 표상하는 사태나 대상에 대해서가 아니라, 일차적 감정을 경험하는 자기 자신에 관해 동일시적 감정(identifying emotion)을 느낄 수 있다. 이것은 일종의 자의식의 양태로서, 이차적 감정(second-order emotion) 또는 메타 감정(meta-emotion)으로 구별될 수 있을 것이다. 즉 이차적 감정은 주어진 상황에서 청중은 주어진 문제와 연관하여 자기가 추구하는 특수한 욕구를 대상화하여—즉 자기 자신을 성찰의 대상으로 놓는— 내리는 판단으로 설명할 수도 있고, 혹은 수사가가 제시한 수사 텍스트에 대한 해석-비평을 통해 도달하는 도덕적 숙고와 결론에 관한 자기 성찰이다. 후자와 같은 종류의 동일시적 감정 또는 자기성찰의 중요성은, 수사적 설득 과정을 통해 공동체가 구체적인 어떤 결론에 도달하는 것을 넘어서, 공동체가 경험하는 동일시적 감정을 대상화하여 판단·평가함으로써 자신의 에토스를 의식하는 자기 성찰을 통해 스스로를 재구성할 수 있다는 것을 보여준다는 사실에 있다. 개인이건 집단이건, 에토스는 일반적 성향임에도 불구하고 구체적인 맥락에서 수사적 텍스트에 관한 해석-비평—즉 도덕적 숙고와 판단—의 결과를 성찰함으로써 어느 정도 재구성될 수 있는 것이다. 이러한 견지에서 수사학의 목적을 재정의한다면, 수사적 설득이란 1)개인이나 공동체에게 유의미한 구체적인 행동을 수행하거나 특수한 판단을 내리게 하는 것을 일차적 목적으로 삼는 한편, 2)자신의 욕구와 설득 과정에 대한 자기 성찰을 통해 청중 자신의 에토스를 구성 또는 재구성하게 하는 것을 목적으로 삼는다.

이 시점에서 필자의 둘째 논제와 연관되는 점은, 수사적 설득이 갖는 자기 성찰의 단초는 명제적 사고의 양태를 취하는 것이 아니라 정서적 반응, 또는 감정 경험의 양태를 취한다는 것이다. 따라서 이러한 종류의 감정은 결코 단순히 심리조종술에 의해 환기될 수 있는 것이 아니다.[15] 그리고 이러한 종류의 자기 발견은 주체가 자

15) 단토는 수사가가 어떤 특수한 감정이 반드시 느껴져야 한다고 청중에게 '말하는 것', 또는 청중이 그 감정을 느낄 때 판단이 정당화되고 그렇지 않다면 판단이 정당화되지 않는다는 것을 '증명하는 것'으로는 충분하지 않다고 주장한다. 실제로 그가 청중으로 하여금 문제의 그 감정을 느낄 수 있게 만들지 않는다면 그는 수사가로서 무능할 뿐이다. Arthur Danto, *The*

기 자신에 갖고 있는 믿음이나 명제적 사고를 단순히 확인하거나 기억해냄으로써 성취될 수 없다. 우리가 자기 얼굴을 직접 볼 수 없듯이, 자기 정체성에 대해 갖고 있는 믿음—예컨대, '한국인은 인정이 많다' 같은 것—은 구체적 맥락에서 특수한 문제를 둘러싸고 회귀적 방식으로 구성되는 에토스적 메타-감정에 의해 비로소 동일시되는 것이다. 이 에토스적 메타-감정은 인격의 구체적인 실천 양태인 동시에 자기 성찰을 통해 이념적 가치로 추상화될 수 있다. 따라서 공동체는 특정한 에토스적 메타-감정의 경험이 만족스러울 경우 그것을 가치로서 욕구할 수 있게 된다. 그러므로 수사적 설득이 갖는 철학적 유의미성은 청중이 어떤 설득과정을 거쳐 어떤 특수한 결론에 도달하는가에 있다기보다는, 수사적 설득 과정과 연관되는 주체들—수사가, 그가 인용하는 인물들, 그리고 청중 자신—의 인격을 평가하고 계도하는, 참여적인 방식의 도덕 교육이 이루어진다는 데에 있다. 이 과정에서 규제적 이상(regulative ideal)의 역할을 하는 것은 바로 내재적 가치로서의 감정, 또는 비도구적인 의미의 감정인 것이다. 그러므로 이 절의 논의를 중심으로 설득 수단으로서의 파토스를 다시 재정의하면 다음과 같다. 즉 수사적 설득에서 설득 수단으로서의 파토스는 1)사고를 행위로 전이시키는 매개로서 기능하는 도구적 감정이거나, 또는 2)설득 과정을 규제하는 이상적 가치로서, 에토스적 메타-감정, 또는 '미적 프로니모스'(aesthetic phronimos)라고도 불릴 수 있는 비도구적 감정이다.[16]

Transfiguration of the Commonplace, Harvard UNiversity Press, Boston, 1981, p.169.

16) 인격과 욕구를 연결해야 할 필요성을 강조하면서, 아리스토텔레스는 수사가가 사고와 욕구에 동시에 호소할 것을 말한다(『수사학』, 1355a20 이하). 따라서 프로니모스의 개인적 숙고의 원천은 욕구에 의한 사고, 또는 사고에 부합되는 욕구(orexis dianoetike)로 설명하기도 하는데(1139b5-6), 사고는 욕구의 영향을 받지 않는 것으로 볼 때 이것은 다분히 인격의 조화 또는 통일성을 이루기 위한 것처럼 보인다.

Ⅳ. 결론

위의 논의를 통해 필자는 '수사적 텍스트'를 설득의 매체로 삼는가, 혹은 수사가가 청중을 '직접' 설득하는가 하는 차이에 따라 수사적 설득과 비수사적 설득을 구별하고, 수사적 설득이 포함해야 하는 인지적·정서적 동의에 이르는 과정의 면모를 살펴보았다. 타당한 삼단논증과 귀납이 각기 보여주는 논리적 필연성과 충분한 규칙성은 청중에게 강한 설득력을 발휘함에도 불구하고 그것이 수사적이지 않은 까닭은, 그 경우들에 있어서 타당하게 도출된 결론은 청중의 욕구나 선호와는 무관하고, 따라서 판단이나 결정의 산물이 아니기 때문이다. 그러므로 이 글에서 필자가 제시하려 한 것은 수사적 설득의 '수사적 특성'은 청중이 수사가가 제시하는 수사적 텍스트가 갖는 인지적-윤리적-미적 면모들을 지각하고, 전체 대의에 대해 진지한 숙고를 경유하며, 자기의 욕구와 선호의 관점에서 합리적인 선택과 결정을 내리도록 이끄는 데에 있다는 것이다. 이것은 청중이 추상적 가치로서 공동체적 에토스를 주어진 현실의 조건에 부합하도록 도덕적 상상력(판타지아)를 통해 건전하게 실천하면서 공동체적 덕을 계발할 수 있는 도덕 교육의 한 방식이다. 따라서 수사적 설득이라는 사회적 실천을 얼마나 건강하게 육성하는가에 따라 공동체의 에토스적 전통의 풍요로움이 결정될 것이다.

키케로의 『웅변가에 대하여』에 나타난 정치수사학의 성격

김 덕 천

Ⅰ. 서언

기원전 55년이 저물어갈 무렵, 마르쿠스 툴리우스 키케로(Marcus Tullius Cicero)의 『웅변가에 대하여 *De oratore*』[1])를 접하게 된 동시대의 지식인들은 하나같이 극단의 경악을 금치 못했을 것임에 틀림이 없다. 웅변술은 고대 그리스에서와 마찬가지로 로마의 공동체

1) 『웅변가에 대하여』에 관한 보다 광범위한 논의를 위해서는 James M. May와 Jakob Wisse가 2001년 내어놓은 번역 · 주해서 *Cicero: On the Ideal Orator (De oratore)*, New York-Oxford: Oxford University Press의 '머리말'(pp.3~48)을, 심도있는 분석을 위해서는 Leeman과 Pinkster에 의해 착수된 일련의 주석서 A. D. Leeman, H. Pinkster (et al.), *M. Tullius Cicero: De oratore libri III. Kommentar*, Heidelberg: Universitätsverlag, vol. Ⅰ,1981; vol Ⅱ (H. L. W. Nelson 참여), 1985; vol. Ⅲ (E. Rabbie 참여), 1989; vol. Ⅳ (J. Wisse 참여), 1996; vol. Ⅴ (J. Wisse, M. Winterbottom, A. D. Leeman 주도의 영문판), 2003을 각각 참조하라. 『웅변가에 대하여』의 표준적 텍스트는 K. Kumaniecki의 *M. Tulli Ciceronis scripta quae manserunt omnia, Fasc. 3: De oratore*, Leipzig: Teubner, 1969이지만 적지 않은 보완이 필요하다는 것이 최근 학계의 판단이다. 끝으로 본고에 소개되고 있는 모든 원문과 인용표기는 James M. May와 Jakob Wisse의 2001년 Oxford판 번역에 준한 것임을 밝혀둔다.

생활에 있어서도 긴요한 정치적 역할을 수행하는 새로울 것이 없는 주제였고 키케로의 판단으로도 그것은 공화정 로마의 생명선과 같은 것으로서 로마에서의 가능한 최선의 삶의 양태는 '능변의 정치가'로 활동하는 것이었다. 그 즈음 통용되던 그리고 수사학 교사들에 의해 채택되었던 텍스트 집필의 방식은 공공 연설문 작성의 세부 지침들을 포함한 수사술 이론을 제시해주는 것이 고작이었으며 이에 부응하여 키케로 자신도 일찍이 열일곱이 되던 시기에 수사학 규범체계의 첫 부분을 천착하는 『착상법에 관하여 *De inuentione*』를 출간한 바가 있었다.[2] 그러나 『웅변가에 대하여』의 도입부에서[3] 키케로는 『착상법에 관하여』를 젊은 날의 치기 어린 습작 정도로 치부하고서는 이제부터는 본격적으로 웅변가에 관한 이론을 다시 말해서, '이상적 웅변가론'을 전개해갈 것임을 천명하고 있는 것이다.[4] 이는 곧 그가 수사학의 법칙과 이론들보다는 완벽한 웅변가가 되기 위해 필요한 개인적 능력들에 초점을 맞추어갈 것임을 선언하고 있는 바로서, 키케로는 그 동안에 축적된 풍부한 정치적·법률적 경험을 바탕으로 실제성이 떨어지고 편협하며 경직성을 면치 못하는 당대 교사들의 가르침에 치명적인 일침을 가하고자 했던 것이다.

『웅변가에 대하여』를 통하여 키케로가 가했던 비판 가운데 일부는 명망 있는 정치가의 교육을 두고 소피스테스적 수사가들과 철학자들이 벌여왔던 오랜 쟁론의 반향을 일으키고 있는 것 같다. 하지만 키케로가 철학자들이 내세우는 순수 이론적 접근방식과 철학계

---

2) B.C. 88년의 일로 추정된다. 『착상법에 관하여』의 연대 추정에 대해서는 George A. Kennedy의 *The Art of Rhetoric in the Roman World, 300 B.C.~A.D. 300*, Princeton: Princeton University Press, 1972, pp.106~110과 *A New History of Classical Rhetoric*, Princeton: Princeton University Press, 1994, p.118을 열람해보라.

3) Cicero, *De oratore*, 1.5.

4) 예컨대, *ibid.*, 1.64, 1,118 그리고 3.83~85.

일각의 사뭇 정적(靜的)이고 은둔적이며 비정치적인 삶의 태도에 강력히 반발했던 데에서도 드러나듯이 그가 그러한 반목과 관련하여 일방적으로 철학자들의 손을 들어준 것만은 아니라는 점은 확실하다. 키케로는 이상적인 웅변가가 구어적일(연설) 뿐만 아니라 문어적인(역사 · 철학), 모든 형태의 언어적 소통의 달인이 되어야 한다고 주장한다. 그리고 이상적 웅변가가 보유하는 완성된 기량은 반드시 다채롭고 폭넓은 지식에 토대를 두어야 하는데, 여기에는 철학에 대한 보편적이고 본질적인 지식이 포함되고 있다. 동시대의 지식인들은 키케로의 『웅변가에 대하여』가 설파하는 수사학과 철학의 이러한 종합을 접하며 경이로운 충격을 받을 수밖에 없었을 것이다.

상례에서 벗어난 것은 이상과 같은 내용뿐만이 아니었다. 『웅변가에 대하여』는 형식에서마저도 파격적인 것으로, 세 권으로 된 이 수사학 저술은 각 권의 첫머리를 장식하는 서문을 제외하고는 일관된 대화체의 형식을 취하고 있다. 대화를 이끌어가는 주요 등장인물은 전대의 위대한 웅변가이자 젊은 키케로의 우상이기도 했던 크라수스(Lucius Licinius Crassus)와 안토니우스(Marcus Antonius)이고 시대적 배경은 기원전 91년의 정치적 위난기[5]로 설정되고 있는데, 이러한 사실은 이 작품을 집필하던 당시의 키케로가 목도하고 있었던 로마 공화정의 위기[6]와 흥미로운 대응을 이루고 있다. 『웅변가

5) 대내적으로는 호민관 Marcus Liuius Drusus가 모든 이탈리아인에게 시민권을 부여하는 법안을 제출했다가 암살당한 뒤, 극한에 이른 '로마연합' 도시국가들의 불만이 '동맹시 전쟁'으로 비화될 조짐을 보이고 있었으며, 대외적으로는 소아시아의 폰토스 왕 Mithridates 6세가 공화정 로마의 정국 혼미를 호기로 삼아 패권주의적 세력 확장을 획책하고 있었다.

6) 평생토록 원로원 중심의 공화정체를 구국의 길로 생각했던 키케로는 B.C. 60년 민중파인 Iulius Caesar가 집정관에 선출되어 Pompeius, Crassus(『웅변가에 대하여』의 Crassus가 아닌)와 '삼두정치'(triumuiratus)를 개시한 뒤 Caesar의 수족인 호민관 Publius Clodius에 의해 추방령에 처해지자 그리스로 자진 망명하였다. 키케로는 이후 Pompeius의 소극적 처신으로 인한 Lentulus의 집정관 당선과 Clodius의 폭주, 소(小)Cato의 귀국 등으로 9개월 만에 정치에

에 대하여』의 대화체 형식은 여러 가지 측면에서 이점을 누리고 있는 것으로 보인다. 예를 들어, 그것은 키케로 자신의 입장이 종국에 이르기까지 명확하게 드러나지 않는 일이 종종 발견되는 상황에서 그의 견해가 함축하고 있는 다양한 뉘앙스들을 표출시켜주는 듯이 보인다. 대화체의 형식은 물론 철학적 글쓰기에서는 그것의 방법론이 변증법적 담론인 만큼 새로운 것이 아니었으나 수사학의 주제를 취급하는 데 있어서는 극히 희소한 저술의 형식이었으며, 일견 웅변과 수사의 본질을 궁구했던 플라톤의 위대한 대화편 『고르기아스 *Gorgias*』와 『파이드로스 *Phaidros*』를 떠올리게 한다.

『웅변가에 대하여』가 연루되어 있는 시공간적·사상적 조건들에 정통하고 있지 못한, 그리하여 당대 로마인들의 반응을 상상하기 어려운 오늘날의 독자들에게 이 고대의 수사학 저술이 가져다주었을 충격을 이야기한다는 것은 여러 모로 한계가 많은 일일 것이다. 이하의 '인간 키케로'와 '배경과 주제'는 그와 같은 제약의 완화를 도모한 것이다.

II. 배경과 주제

마르쿠스 툴리우스 키케로는 『웅변가에 대하여』가 출간되기 15년 전부터 로마의 웅변가(orator)로 활동하기 시작하여 해가 갈수록 공화주의자로서의 막대한 영향력을 확대시키고 있었다. 따라서 그가 당대 정치의 핵심기술로서의 수사학을 주제로 일단의 기념비적인

복귀, 원로원파의 재건을 노리며 삼두정치에 대한 반격을 준비했으나, B.C. 56년 4월 삼두의 주재로 '루카 회담'이 열리고 그러한 결과 이듬해 집정관 2인 모두(Pompeius와 Crassus)와 법무관 8인 전원, 호민관 10인 가운데 8인을 삼두파가 차지한 데 이어 '트레보니우스 법' 및 '폼페이우스-리키니우스 법'이 차례로 가결되자 Caesar가 주도하는 삼두 중심의 민중파에 완패하게 되었다.

저술을 준비하고 있었으리라 추측하는 것은 지극히 자연스러운 일처럼 생각된다. 하지만 당시로서는 정치권의 빼어난 현역 웅변가가 웅변과 수사를 주제로 글을 남긴다는 것은 거의 전례를 찾아보기 힘든 일이었고 역시 키케로에 의해 간행된 역작 『브루투스 *Brutus*』와 『웅변가 *Orator*』는 아직 그 모습을 드러내지 않고 있었다. 그래서 현대의 우리들은 『웅변가에 대하여』를 키케로가 17세에 이르던 무렵 집필했던 『착상법에 관하여』의 성격과 늘상 비교하게 되기 마련인 것 같다. 『착상법에 관하여』는 연설문 구성의 최우선적 단계를 취급한 통상적인 작품이었고 로마 기사계급 출신의 젊은 인재에 의해 쓰여진 일종의 길라잡이에 지나지 않았을망정, 내용의 실질에 있어서는 동시대 전문 수사가들의 저작과 구분이 되지 않을 만큼의 수준을 보여주고 있었다.[7] 『웅변가에 대하여』의 키케로는 우리처럼 동시대의 독자들이 그러한 비교에 관심을 갖고 규범체계와 유사한 어떠한 것을 기대할 것임을 예견하고 있었으며 고대 수사학의 여러 준칙들을 수정하는 데 열정적인 힘을 기울였다. 그는 서문에서의 몇 마디가 던져지기 무섭게[8] 『웅변가에 대하여』가 초년기의 '정제되지 못하고 설익은'(incohata ac rudia) 졸고를 대체해줄 것일 뿐만 아니라 '동시대의 정황과 그 동안 국가적으로 중대한 변론을 맡으며 그 자신이 축적해온 소중한 경험들에 어울리는'(hac aetate digna et hoc usu, quem ex causis quas diximus tot tantisque consecuti sumus) 독창적인 웅변 교본이 될 것임을 역설한다. 당대 수사학 연구자들의 표준적 접근방식에 대한 이러한 거부는 실로 『웅변가에 대하여』

---

7) 『웅변가에 대하여』의 1.94와 1.206, 3.54 그리고 『웅변가 *Orator*』의 18과 69에서도 언급되고는 있지만 현존하지는 않는 스승 Antonius의 '소책자'(libellus)에도 불구하고 『착상법에 관하여』가 당시로서는 선례가 없는 수사이론의 천재성을 드러내고 있었음은 의심의 여지가 없는 것 같다. 더욱이 키케로는 자신의 『착상법에 관하여』를 염두에 두고서 Antonius의 '소책자'를 언급하고 있음이 분명하다.

8) *De oratore*, 1.5.

속에서 초지일관 되풀이되며 동시대 지식인들에게 경악을 안겨준 키케로의 근본적인 입장이라 할 수 있다.

젊은 시절의 『착상법에 관하여』를 잠시 언급한 키케로는 뒤이어 진정한 능변이란 희소성을 지닐 수밖에 없는 것임을 지적하면서 『웅변가에 대하여』의 서문을 이어가는데, 그 이유는 웅변술이 광범위한 지식뿐만이 아니라 웅변가에게 필수적인 다양한 소양과 능력들을 요구하는 도달하기 어려운 기획이기 때문이라고 한다.[9] 수사적 탁월함은 그러므로 통상적인 규범체계나 그들에 대한 훈련과는 '판이한 성격의 수단에 의해서만'(aliis quibusdam)[10] 달성될 수가 있다는 것이다. 키케로는 그들이 정확히 어떠한 것들인지는 명시하지 않은 채 서문의 종결부에서 이 저술이 로마의 뛰어난 연설가들 사이에서 이루어진 대화의 기록이 될 것이라고 밝힌다. 환언하건대, 웅변과 수사에 대한 자신의 견해가 전체 대화를 구성하는 3가지의 서로 다른 담론의 과정 속에서 이후 선대의 연설가-정치인들의 입을 통하여 전개될 것이라는 언질인 것이다.

대화의 중심인물은 소년 키케로의 위대한 전범(典範)이었던 루키우스 리키니우스 크라수스(Lucius Licinius Crassus)와 마르쿠스 안토니우스(Marcus Antonius)인데, 크라수스는 카이사르(Gaius Iulius Caesar)·폼페이우스(Gnaeus Pompeius Magnus)와 함께 제1차 '삼두정치'(triumuiratus)에 참여했던 부호 마르쿠스 리키니우스 크라수스(Marcus Licinius Crassus)의 친척이며, 안토니우스는 클레오파트라와 결혼하고 카이사르의 후계자임을 자처하다 카이사르의 공식 상속자로서 초대 황제에 오른 옥타비아누스(Octauianus Iulius Caesar)에게 패퇴한 동명 마르쿠스 안토니우스의 조부가 된다. 루키우스 크라수스는 특히 소년 키케로의 교육에 비상한 관심을 보였던 것으로 전해지며[11], 키케로 자신이 2권과 3권의 서문에서도 말하고[12] 있듯이

9) *Ibid.*, 1.6~20, 특히, 1.17~18.
10) *Ibid.*, 1.19.

『웅변가에 대하여』는 크라수스와 안토니우스의 애틋한 기억에 대한 감은(感恩)의 글이라고 할 수 있다. 『웅변가에 대하여』가 가진 이러한 성격은 대화가 펼쳐지고 있는 드라마틱한 시간 설정, 다시 말해서 기원전 91년 9월 크라수스가 사망하기 약 10일 전이라는 시점에서도 잘 드러나고 있는데, 제3권의 서문 속에는[13] 크라수스의 인상 깊은 마지막 원로원 등원과 죽음의 모습이 감동적으로 회상되고 있다. 3권의 서문은 기원전 87년 민중파 마리우스(Gaius Marius)와 킨나(Lucius Cornelius Cinna)의 술라(Lucius Cornelius Sulla Felix)파 숙청과정에서 안토니우스를 위시한 대부분의 토론자들이 잔인하게 살육당했던 변란 또한 명료하게 상기시키고 있다.[14]

하지만 각권의 서문에서 부각되고 있는 크라수스와 안토니우스의 실존성 징변은 『웅변가에 대하여』의 대화에서 펼쳐지고 있는 수사술에 대한 입장들이 일반적으로 기원적 90년대의 시대적 정황에 들어맞지 않음으로 해서 그 효력을 약화시키고 있는 것 또한 사실인데, 이러한 점은 『웅변가에 대하여』와 기타의 수사학적 저술, 특히 『브루투스』와 『웅변가』 속에 제시되어 있는 주장들을 서로 비교해 볼 때에도 명확히 드러나고 있다. 더욱이 친구에게 보냈던 한 서간문에서 키케로는—가공의 픽션이 중요한 역할을 수행하고 있었던 대화체 형식의 일반적인 관행에 발맞추어— 자신의 견해들을 담론자들의 '성품을 통하여' 표출시키고자 했음을 넌지시 시사해주고도 있는 것이다.[15] 따라서 확실하게 말할 수 있는 것은, 크라수스와 안

---

11) *Ibid.*, 2.2 참조. 이와 같은 사실은 Suetonius, *De grammaticis et rhetoribus*, 26.1의 〈티티니우스에게 보내는 편지〉와 Cicero, *Brutus*, 211 (키케로는 Crassus의 부인을 잘 알고 있었던 것으로 기술된다) 그리고 E. Rawson의 *Roman Culture and Society: Collected Papers*, Oxford: Oxford University Press, 1991, pp.26~27에서도 확인되고 있다.

12) *Ibid.*, 2.7~9, 3.14~16.

13) *Ibid.*, 3.1~16.

14) *Ibid.*, 3.10.

15) Cicero, *Epistulae ad Familiares*, 7.32.2.

토니우스가 지녔던 지식이 보통 사람들이 추정하는 이상의 것이었다는 키케로의 언명[16]에도 불구하고, 그들이 가졌던 지식들이 그들의 입을 통하여 표현된 사유들의 정형화에 이르기에는 실제로 역부족의 수준에 머무르고 있었다는 점이다. 키케로의 언명은 일종의 문예적인 유희의 발로인 것으로서, 『웅변가에 대하여』에 드리워져 있는 담론들은 동시대의 독차층에 있어서도 글쓴이 자신의 창발적 사고의 전개인 것으로 받아들여졌음이 분명하다.[17]

이와 같은 키케로의 발상들은 당대 수사학자들의 이론적 접근방식과 뚜렷한 대비를 이루는 것들로 양자 사이의 차이점들은 대체로 향후 본고의 5장과 6에서 논의될 것인 바, '수사이론' 및 '능변과 철학'이라는 소주제로 나누어볼 수 있을 것 같다. 그리고 '웅변가에 대하여'라고 하는 작품의 제명은 이 2가지 테마의 가능성을 예시해주는 것이기도 한데, 왜냐하면 이러한 제명을 내세운 이면에는 당대 접근방식의 중추를 점하는 수사술의 규범체계보다는 '웅변가 그 자신과 웅변가의 소양 및 능력들'에 초점을 맞추려 하는 의도가 깃들어 있기 때문이다. 무엇보다도 키케로는 당대 수사가들의 준칙들이 현실의 삶 속에서 웅변가들이 대면하게 되는 다양한 소송들의 어려움을 해결하기에는 지나치게 신축성과 유연성을 결여하고 있다고 판단했고 이에 따라 웅변가가 실제로 연설을 준비하고 실행하는 과정에서 역점을 두어야 할 제반 단계들을 심도 있게 천착하는 '대안적 접근방식'을 취택하고 있는 것이다. 두 번째로 앞서 제1권의 서

---

16) Cicero, *De oratore*, 2.1~6.

17) 대화체의 형식 및 대화 속에 녹아 있는 사실과 허구의 상호작용에 대해서는 J. M. May & J. Wisse, *Cicero: On the Ideal Orator* (2001), pp.13~18; Leeman-Pinkster (1981), pp.67~70, pp.86~96; Leeman-Pinkster-Nelson (1985), pp.203~206; Leeman-Pinkster-Wisse (1996), pp.283~285 그리고 J. C. R. Hall이 1994년 *Phoenix* 제48호에 발표한 논문 "Persuasive Design in Cicero's *De oratore*"를 상고하라. J. C. R. Hall은 『웅변가에 대하여』의 2.1~6에 나타난 키케로의 언명을 자신이 견지하고 있는 입장들의 신빙성을 제고하기 위한 키케로식의 수사적 책략으로 간주하고 있다.

문을 언급하며[18] 서술한 바와 같이, 키케로는 당대 수사가들이 설정해놓고 있던 일단의 준칙들을 지나치게 편협한 것들로 받아들이고 있었던 것 같다. 성공적이고 훌륭한 웅변은 폭넓은 범역의 지식, 특히 철학적 지식을 수반해야만 한다. 이상적인 연설을 구사하기 위하여 수사가의 지성은 보편적인 지평에 이르러야 한다는 것이다. 키케로가 견지하고 있었던 이러한 측면의 견해는 수사학자들과 철학자들 사이에서 벌어졌던 유서 깊은 학문적 쟁론들과 관련을 맺고 있는 것이지만, 보다 깊은 고찰을 통하여 우리는 그가 전대 및 동시대의 수사학자들과 입장을 명백히 달리 했다고 해서 단순히 철학자들의 손을 들어주기에 그쳤던 것은 결코 아니었음을 알 수 있다.

철학을 비롯한 보편적인 지식에 대한 강조는 '웅변가에 대하여'라는 제명이 내포하는 또 다른 의미의 함축을 직시해준다. 비록 라틴어인 'De oratore'가 축자적(逐字的) 의미에서 '웅변가에 대하여'를 가리킨다 할지라도 우리가 적지 않은 구절들의 예에서 확인할 수 있는 바와 같이[19], 이 작품의 사실상의 주제는 '이상적인 웅변가'임에 틀림이 없는 것이다. 보편적인 지식과 같은 웅변가에 대한 '포괄적이고 전체적인 요구조건'은 말할 나위도 없이 비현실적인 것이고 현실 정치의 경험들을 광범위하게 축적하고 있던 마르쿠스 툴리우스 키케로 또한 그러한 어려움을 모르고 있는 것은 아니었다. 그러므로 『웅변가에 대하여』의 키케로가 목표로 삼고 있었던 바는 동시대 독자들의 마음속에 완전한 형상을 갖춘 웅변가-정치가의 모습을 각인시킴으로써 향후의 로마 지식인들이 그들 스스로 수사적인 탁월함을 지향하며 분투할 수 있도록 이끄는 감화와 창발적인 자극 정도로 이해되어야 할 것이다.

18) Cicero, *op.cit.*, 1.6~1.20.
19) *Ibid.*, 1.64, 1.118, 3.83~85.

III. 작품의 구조

논자는 이하의 두 장 즉, 5장의 '수사이론' 및 6장의 '능변과 철학'에서 『웅변가에 대하여』와 관련된 본격적인 쟁점들을 살펴보기 전에 이 작품의 구조에 대한 개략적인 고찰과 더불어 대화체의 형식이 수행하고 있는 몇 가지 역할들을 설명하는 것이 여러모로 유용한 일이 될 것이라 생각한다.[20)]

대화체의 형식은 현대의 독자들이 그 중요성을 간과하기 쉬운 이 작품의 주목할 만한 특색 가운데 하나이다. 로마 문학의 역사나 문화사 등을 통하여 적절한 사전 지식을 가짐으로써 이 같은 저술의 양식을 당연시하는 경우도 있을 수가 있는 것이지만 그럼에도 불구하고 대다수의 독자들은 대화체의 형식으로 쓰여진 수사학의 고전에 놀라움을 느낄 것임이 분명하다. 키케로는 대화체의 형식을 통하여 최소한 이 작품을 고대 수사학 교본의 전통적인 표현수단이었던 '매뉴얼 형식'과 차별화시키는 것 외에도 플라톤의 대화편, 특히 수사술을 테마로 설정하고 있는 『고르기아스』 및 『파이드로스』와의 연계를 꾀하고 있는 것으로 보이는데, 물론 이 연계가 시사하고 있는 의미에 대해서는 다양한 해석의 가능성이 여전히 열려 있는 상태이다.[21)]

대화체의 형식은 키케로로 하여금 공화정 로마의 정치 현실을 유비적인 방식으로 비판할 수 있게 하는 효과적인 수단으로 기능한다. 대화에 참여하고 있는 인물들이 하나같이 당대의 유력한 정치

---

20) W. Görler는 1988년 발표한 "From Athens to Tusculum: Gleaning the Background of Cicero's *De oratore*", *Rhetorica* 6, pp.215~235에서 대화의 시공간적 배경에 대한 흥미있는 분석을 행하고 있다. 작품의 전반적인 구조에 대해서는 J. M. May & J. Wisse (2001) pp.42~48의 '개요' 부분을 참조하라. 『웅변가에 대하여』의 개별적인 단락들에 대한 요약 및 그들이 가지고 있는 구조와 기능에 관한 논의는 Leeman-Pinkster (1981)에서 찾아볼 수 있다.

21) 본고의 VI. '능변과 철학'을 상고해보라.

가이자 공직자들이라는 점이 도입부에서부터 명백하게 부각되고 있을 뿐만 아니라 그 대화의 계기 또한 정치적 이슈의 토론을 위해 루키우스 크라수스의 빌라에서 이루어진 사적인 회합으로 설명되고 있다.[22] 더구나 토론의 대상이 된 이슈들은 기원전 91년의 가을을 음산하게 휘감고 있었던 긴박한 정세의 변화들에 관련된 것으로서 이윽고 공화정 로마는 '로마연합'을 구성하고 있던 여러 도시국가들과 전쟁(이른바 '동맹시 전쟁')을 치르게 되었으며 이후로 장기간에 걸친 내란(마리우스와 술라의 대립에 따른)에 휩싸이게 된다. 키케로는 되풀이하여 기원전 91년의 위기상황과 그것의 여파를 강조하고 있는데, 그 정점에 달하는 부분이라면 아마도 이전에 언급한 바가 있었던, 물밀듯한 감정이 복받치고 있는 3권의 서문이 이에 해당할 것이다. 키케로는 기원전 91년의 정치적 위기에 대한 기억을 『웅변가에 대하여』를 집필하고 있을 무렵 조국의 공화정을 위태롭게 하고 있던 카이사르・폼페이우스・크라수스(마르쿠스)의 '삼두정치'와 지극히 유사한 것으로 견주어보고 있으며,[23] 그러한 방식으로 정치 현실의 차원은 키케로가 그려내고 있는 이상적인 웅변가상의 출생적 배경을 형성하게 되는 것이다. 예컨대, 대화를 주도해 가는 핵심인물로서 키케로의 입을 대신하고 있다고도 볼 수 있는 루키우스 리키니우스 크라수스는 3권의 17장 63절에서 다음과 같은 압축적인 견해를 표출시키고 있다.

우리가 찾고 있는 사람은 공공정책의 입안자이자 공동체 영도의 지표가 되었으면 하는 그러한 인물로서, 원로원과 법정 그리고 민중들 앞에서 능변을 통하여 자신의 생각들을 정식화시킬 수 있는 국가의 지도자인 것입니다.

---

22) *De oratore*, 1.24~27.
23) *Ibid.*, 1.1~3.

eo uiro, quem quaerimus et quem auctorem publici consilii et regendae ciuitatis ducem et sententiae atque eloquentiae principem in senatu, in populo, in causis publicis esse uolumus

대화체의 형식이 수행하는 이와 같은 '상징적 기능', 다시 말해서 '비전통적이고 정치개혁적인' 기능들은 간과할 수 없는 중요성을 지니는 것들임이 분명한데, 더욱이 그들이 현대의 기준으로 볼 때에도 나무랄 데가 없는 학구적인 내용들에 부가되었다고 할 때의 그 상징적 의미들의 중요성은 이루 말할 필요가 없는 것으로 비쳐진다. 키케로는 대화체의 형식과 그로 말미암는 상징적 기능들을 통하여 과거의 매뉴얼 형식에 의존해서는 불가능했던 새로운 방식으로 자신의 창발적 주장들을 제시하고자 하였다. 우선적으로 그는 관련 사안들이 연루되어 있는 다양한 측면들을 드러내기 위하여 그러한 형식과 기능들을 활용하였으며, 그러한 한에 있어 사안들을 둘러싼 다양한 관점들을 대화에 등장하는 다양한 담론자들 각각에 할당시키고 있다. 또한 그는 그러한 형식과 기능들을 통하여 '반복'과 같은 일상 회화적 특질들에 편승, 자신의 주장들을 보다 설득력 있는 방식으로 전달함으로써 그가 겨냥하고 있던 독자층의 일부가 자신의 주장 속에 강력히 함축되어 있는 이지적 면모에 대하여 가질지도 모를 망설임과 거부감을 상쇄시키려 했다.

『웅변가에 대하여』의 제1권은 그 자체에 있어서나 2권 및 제3권과의 연계성에 있어서나 상기한 관점에 들어맞는 매우 적절한 사례로 간주될 수가 있겠다. 제1권의 서문에 이어 등장하는 것은 기원전 91년 9월을 동요시키면서 크라수스의 빌라 회합을 촉발시켰던 정치적 위기상황에 대한 간략한 보고와 회합 참여자들의 이름들, 즉 루키우스 리키니우스 크라수스(B.C. 140~91)와 마르쿠스 안토니우스(B.C. 143~87), 한때 크라수스의 장인이기도 했던 노령의 퀸투스 무키우스 스카이월라(Quintus Mucius Scaeuola: B.C. 168/160~87?)

그리고 비교적 젊은 당대의 웅변가 푸블리우스 술피키우스 루푸스(Publius Sulpicius Rufus: B.C. 124/123~88)와 가이우스 아우렐리우스 코타(Gaius Aurelius Cotta: B.C. 124~74/73)였으며, 크라수스는 플라톤의 『파이드로스』를 떠올린 퀸투스 스카이월라의 제안에 부응하여 첫째 날을 지배했던 주제가 정치였으므로 '전날 대화의 긴장감을 떨쳐버리고 마음을 가라앉히는 의미에서' 이번에는 웅변술을 논의해보는 게 어떻겠느냐며 둘째 날의 대화를 주도해간다.[24]

작품의 나머지 부분은 대화에 참여하고 있는 담론자들 사이의 간략하고 보다 비공식적인 입담들의 삽입이 이루어지면서 4개의 부분으로 나뉘게 된다. 첫 번째의 부분(1.30~95)은 크라수스의 선도로 전개되는 일련의 논증을 내용으로 하는데, 여기에서 그는 사람들이 웅변가를 어떠한 방식으로 정의하고자하든 웅변가는 반드시 '광범위한 지식', 특히 '철학적 지식'을 보유해야만 하며 따라서 그러한 지식은 철학자들뿐만이 아니라 웅변가들의 자산이기도 한 것이라고 주장한다. 키케로는 젊은 시절 자신의 멘토였던 크라수스의 입을 빌어 철학자들과 수사학자들 사이에 벌어졌던 유서 깊은 쟁론의 맥락을 언급하고 있는 것이 분명한데, 왜냐하면 이 단락에서 크라수스와 안토니우스는 양자 모두가 아테네의 유력한 철학자들, 가장 주목할 만하게는 아카데메이아 학파의 다재다능한 대변자 카르마다스(Charmadas: B.C. 165?~102?)와의 토론 경험을 전해주고 있기 때문이다. 그들이 만났던 그리스의 철학자들은 하나같이 수사학과 웅변술의 본질을 비판했다고 하는데, 그렇다면 크라수스의 입장은 그들의 비판에 대한 의미 있는 반론을 제기한 것이 되는 셈이다. 두 번째의 부분(1.96~159)에서 크라수스는 때때로 다른 담론자들의 개입을 허용해가며 웅변술에서의 천부적 소질(natura, ingenium)이나 훈련(exercitatio, usus)의 중요성과 같은 문제들을 논의했고, 세 번째의 부분(1.160~203)에서는 다시 한 번 웅변가의 지식에 대한 질문을

---

24) *Ibid.*, 1.29.

받자 웅변가-정치가들은 예컨대 로마의 시민법과 같은 전문적인 지식들에 통달할 필요가 있음을 강변한다. 그런데 크라수스의 답변을 접한 스카이윌라와 술피키우스가 사뭇 감명을 받은 듯한 태도를 취했던 반면, 그 동안 침묵을 지키고 있었던 마르쿠스 안토니우스는 네 번째의 부분(1.209~262)에서 자리를 박차고 일어나 크라수스가 그 동안 피력했던 고매하고 이상적인 주장들 모두를 한꺼번에 거부하고 나선다. 사람들은 웅변가의 정의를 부당하게 확장시켜서는 안되며 현실의 웅변가에게 있어 철학적인 지식이나 법률적인 지식은 전적으로 불필요한 것이라는 항변이었던 것이다.

안토니우스의 개입은 대화편의 형식이 사안에 대한 다양한 관점들을 보여주는 데 기여할 수 있음을 드러내는 적절한 사례가 된다. 2권에서 안토니우스는 자신의 주장이 스스로가 의도했던 바가 아니었음을 시인하기에 이르며[25] 마침내 제3권의 대단원에서는 키케로의 실질적인 대변인이라고 할 수 있는 크라수스가 웅변가의 지식에 대한 최종적인 입장을 정리하게 된다. 키케로는 그렇게 수사술에 대한 자신의 입장을 뚜렷하게 밝히고 있을 뿐만이 아니라 안토니우스에 의한 일련의 반론들을 통하여 단도직입적인 학술논문의 형식으로는 도달하기 어려운 천착의 깊이를 더해주고 있는 것이다. 관련된 쟁점들에 대한 명시적인 해법을 제시하지는 않은 채, 예상되는 독자들의 주체적인 판단을 기대하고 있다고는 해도 말이다.[26] 물론 안토니우스의 태도 일변은 상당 수준의 작위성을 내포하고 있는 것으로서 그러한 만큼 지금까지 적지 않은 평론가들의 비판의 대상이 되어왔다. 그러나 키케로가 말하는 이상적인 웅변가-정치가는 '쟁점을 둘러싼 상반된 입장'[27](in utramque partem / sententiam

25) *De oratore*, 2.40.

26) 2.189~196에 나타나고 있는 Antonius의 입장과 3.215에서 피력되고 있는 Crassus 입장 사이의 갈등관계는 독자들 나름의 주체적인 판단을 요청하는 이와 비견되는 사례라고 할 수 있다. J. Wisse, *Ethos and Pathos from Aristotle to Cicero*, Amsterdam: Hakkert, 1989, p.198, pp.262~263을 참조하라.

dicere)을 논증할 수 있는 능력의 소유자로서, 안토니우스의 담론 접근방식은 키케로 자신의 말처럼 웅변가의 그와 같은 능력이 실제로도 성립 불가능한 것이 아니라는 점을 예증해 보이기 위하여 시도되고 있는 것이다.[28)]

제1권의 두 번째 부분에서 다채로운 테마들의 논의가 이루어진 후 크라수스가 웅변가의 지식에 대한 주제로 되돌아갈 것을 요구받는 문장의 흐름은 '설득력 있는 의사전달'을 위한 대화체 형식의 효용을 잘 드러내고 있으며, 이를 통하여 우리는 '웅변가의 지식'이라는 주제에 대한 담론이 지극히 점진적인 방식에 따라 전개되고 있음을 알 수 있다. 그런데 설득력의 관점에서 보다 중요한 의미를 지니는 것은 제1권의 첫 번째 부분[29)]과 제3권에서 각각 진행되고 있는 크라수스 논변 사이의 상호관계라 할 수 있다. 1권에서 크라수스는 웅변가에 대한 다수의 정의(定義)에 근거하여 철학자들의 주장을 논박하는데, 진지한 잠재적 의도가 깔린 것이라고는 해도 논증의 경합 면에 있어 유쾌하고도 민활한 태도로 철학자들의 비판을 무력화시키고 있다.[30)] 그리하여 1권에서의 충분한 정지작업을 완료하고 맞이하게 되는 3권에 이르러 독자들은 크라수스를 통하여 접하게 되는 키케로의 입장들을 자연스럽게 보다 긍정적인 방식으로 수용하게 되며 3권 자체가 내포하고 있는 설득의 전략에도 불구

27) Cicero, *op.cit.*, 3.80.

28) *Ibid.*, 1.263; cf. 2.40. Antonius의 부자연스런 입장 변화에 대한 그간의 비평에 대해서는 Leeman-Pinkster (1981)의 p.68을 참조할 것. Leeman과 Pinkster는 상반된 논증능력에 대한 키케로의 평가에 관심을 집중시키고는 있지만 Antonius의 접근방식이 이상적인 웅변가가 갖추어야 할 기예의 일단을 반영하고 있는 것임을 간과함으로써 쟁점에 관한 대립적인 논증능력을 키케로 자신의 주장으로부터 독립시켜놓고 있다.

29) 다시 말해서, *ibid.*, 1.45~73.

30) 예를 들어, 플라톤의 『고르기아스』에 대한 Crassus의 논증(1.47)은 대단히 심각한 것으로서 3.129를 통해 다시 모습을 드러내게 된다. 유쾌하고 민활한 Crassus의 논증방식은 1.74에서 묘사되고 있는 Scaeuola의 반응으로부터 촉발되었다.

하고 훨씬 단호하고 심각해진 루키우스 크라수스의 모습을 발견하게 되는 것이다.

제1권의 일반적인 논의 이후에 등장하는 제2권과 3권은 이들이 착상(inuentio)과 배열(dispositio), 표현(elocutio), 기억(memoria), 발표(actio, pronuntiatio)와 같은 웅변가의 구체적인 '논술활동'들에 주안하여 쓰여졌다는 점에서 부분적으로 보다 전문적인 성격을 지니고 있다고 말할 수 있다. 키케로는 훗날 아티쿠스에게 부치는 서간[31]에서도 밝히고 있듯이, 스카이월라와 같은 노령의 원로가 전문적이고 기술적인 토론에 참여하는 것을 부적절한 것으로 생각했으며, 그러한 결과 또 다른 약속을 내세워 1권의 담론을 마지막으로 그를 무대에서 떠나게 하는 대신에 다음 날 아침 크라수스의 지인으로 배다른 형제들이기도 한 퀸투스 루타티우스 카툴루스(Quintus Lutatius Catulus: B.C. 149?~87)와 가이우스 카이사르 스트라보(Gaius Iulius Caesar Strabo Vopiscus: B.C. 131?~87)로 하여금 크라수스의 별장을 찾도록 만든다. 카툴루스는 그리스의 문물에 빼어난 지식을 갖추고 있는 작가이자 정치가로서 그리스 문화에 대한 안토니우스와 크라수스의 주장을 해설하거나 뒷받침해주는 역할을 수행하게 되며, 스트라보는 독창성 넘치는 기지에 찬 연설로 평판이 자자했던 당대의 웅변가-정치가로 『웅변가에 대하여』의 제2권에 전개되는 수사적 해학의 테마와 관련하여 장황한 분량의 논의를 주도하게 된다.

제2권과 제3권이 지니고 있는 전문성은 두말할 나위 없는 상대성을 말하는 것으로, 대화체의 형식으로부터 스며나오는 박진한 생동감들을 차치하고서라도 예컨대 『웅변가에 대하여』의 제3권은 웅변술과 철학의 상호관계를 논하는 크라수스의 최종적인 장광설을 포함하고 있는 것이다. 제2권과 제3권의 성격을 규정짓는 주목할 만한 특징들로는 그밖에도 논의의 내용을 기존의 수사학적 길라잡이

31) Cicero, *Epistulae ad Atticum*, 4.16.3.

들과 차별화시키는 사유와 언어의 주체로서의 웅변가 자신에 대한 강조, 기억이나 발표[32]와 같은 선별적이고 구체적인 테마들의 구명 그리고 다수의 문맥들 속에 드러나고 있는 상당 수준의 쟁론적 성향 등이 매거될 수 있을 것이다.

제2권에 나타나고 있는 쟁론은 마르쿠스 안토니우스의 입을 통해 이루어지며 주로 수사학적 규범체계의 부당성을 문제로 삼고 있다. 안토니우스의 논의는 수사학의 표준 매뉴얼들과 마찬가지로 법정연설(genos dikanikon)에 초점을 맞추고 있기는 하지만 웅변가가 관심을 두어야 할 사안들—웅변가 그 자신의 능력 및 소양에 관련된—을 고찰함에 있어[33] 법정연설을 통한 접근방식에 새로운 정당화를 시도하고 있다는 점에서 표준 매뉴얼들과의 차이를 드러낸다. 안토니우스가 시도하고 있는 정당화의 핵심을 점하는 것은 유비(analogia)의 원리이다. 법정연설은, 안토니우스가 보기에, 연설이 수반하는 가능한 모든 노력들을 요구하는 가장 힘겨운 장르이기 때문에 이 장르를 섭렵하고 있는 사람이라면 누구이든 유비적인 방식에 의해 쉽사리 다른 장르에 있어서의 성공을 달성할 수가 있게 되는 것이다. 이것은 비단 법정연설과 함께 전통 수사술의 세 가지 장르를 구성하는 협의(정치)연설(genos symbouleutikon) 및 찬양(첨언)연설(genos epideiktikon)뿐만이 아니라 예컨대, 위로연설이나 역사의 기술 나아가 철학적 문제의 논증에까지도 효력을 미치게 된다.[34]

32) 기억법(2.350~360)에 관한 보다 구체적인 논의를 위해서는 Leeman-Pinkster-Wisse (1996)의 pp.65~68 그리고 George A. Kennedy (1972)의 pp.123~126을 각각 참조하라. 1966년 F. A. Yates는 *The Art of Memory*. London: Routledge and Kegan Paul에서 중세와 르네상스를 통한 기억술 발전의 흥미로운 측면들을 드러낸 바 있었으며, H. Blum은 1969년 *Die antike Mnemotechnik* (Spudasmata 15), Hildesheim-New York: Georg Olms를 통하여 고대의 암기술 체계에 대한 표준적 연구를 수행한 바 있었다. 발표법(3.213~227)에 대한 키케로의 접근방식은 선대의 라틴 시문들을 인용례로 삼는 발성법(3.216~219)에 주안하는 등의 협소하고 평이한 성격을 보여주고 있다.

33) *De oratore*, 2.41~73.

34) 『웅변가에 대하여』의 2.41~73이 갖는 이러한 함의는 사료편찬에 대한 키케

안토니우스는 이상과 같은 논의의 말미에다 규범체계에 대한 간략하지만 쟁론적인 논박과 더불어 천부적인 소질 및 모방(mimēsis, imitatio)의 역할과 관련된 평소의 생각들을 추가시키고 있는데,[35] 착상 및 배열법의 관점에서 웅변가가 실제로 어떠한 방식에 따라 소송사건을 처리해가야 하는지에 대한 그의 설명은[36] 상기한 모든 사전적인 논의들에 토대를 둔 것이다. 2.350~360에서 안토니우스는 최종적으로 기억과 관련한 짤막한 해설을 부기하고자 한다.

크라수스의 논증이 대종을 이루고 있는 제3권은 상당한 전문성을 가지고서 표현법과 발표의 주제를 취급하고 있다. 하지만 무엇보다도 중요한 부분은 웅변가들이 철학적 지식을 획득함으로써 기존 수사학 준칙들의 편협성으로부터 과감히 탈피할 필요가 있음을 주장하는 3개의 단락 즉, 3.19~24, 52~90, 104~147이다. 이들이 웅변의 내용을 직접 문제 삼는 착상법(heuresis, inuentio)이 아닌 표현법(lexis, elocutio)의 논의에 삽입되어 있다는 사실은 언뜻 보기에 읽는 이의 머리를 갸우뚱하게 만들 수도 있지만 우리는 이내 그것이 키케로의 의중에 잘 들어맞는 것임을 알아채게 되는데, 도입부에 해당하는 3.19~24에서 키케로는 스승인 크라수스로 하여금 단어의 선택과 웅변의 내용은 서로 분리될 수 있는 성질들이 아님을 힘주어 말하고 있기 때문이다.

그렇다면 '웅변가의 지식'이라고 하는 『웅변가에 대하여』의 핵심주제는 제3권을 통하여 하나의 연속적인 담론의 형식이 아닌 '산발적인 이형반복(異形反復)'의 양상으로 논의의 전개를 수행해가고 있으며, 이러한 것이 이 책에서 키케로가 채택하고자 했던 괄목할 만한 '수사적 전략'이 아니었나 추측해볼 수 있을 것이다.[37] 웅변가의

로의 입장을 해석하는 결정적인 변수가 된다.

35) *Ibid.*, 2.74~98.

36) 본고의 Ⅴ. '수사이론'을 상고하라.

37) 키케로의 '이형반복 전략'에 대한 보다 상세한 논의를 위해서는 Leeman-Pinkster-Wisse(1996), pp.93~95 및 May & Wisse (2001), pp.18~19를

지식에 관한 논증이 정점에 달하고 있는 곳에서[38] 크라수스는 충분한 철학적 지식을 보유하고 있는 웅변가에게는 감히 당해낼 자가 있을 수 없는 것임을 단언하고 있지만 이와 같은 절정으로 나아가는 키케로의 논증적 행보는 지극히 점진적일 뿐만 아니라 조심스럽기까지 한 것이다. 웅변가의 지식에 대한 논의는 여러 차례 결론적인 대미에 다가서는 듯하다가도 이울어가고 추후에 다시금 그 자태를 부각시키게 되는데, 환언하자면 일련의 반복적인 물결의 움직임[39] 속에서 주제의 전개가 이루어지고 있다는 것이다. 그리고 이와 같은 주제 전개의 과정에서 논증의 강조점은 대체로 말해서 웅변가들이 영혼론과 정치학을 아우르는 철학의 분과로서의 윤리학에 정통해야 한다는 상당히 제한적이지만 당위적인 주장으로부터 이상적인 웅변가는 마땅히 '보편적이고 총체적인 지식'의 소유자이어야 한다는 급진적인 요구로까지 전이되어가는 것이다. 『웅변가에 대하여』의 3권이 지닌 이러한 특질들로 미루어, 우리는 철학적 지식 전반에 대한 숙달이 완전한 웅변가(orator perfectus)에 있어 필수불가결한 것이라는 자신의 입장이 동시대의 지식인들로부터 손쉬운 동의를 이끌어내기에는 다소간 생경한 도발로 인식될 것이라는 키케로의 예리한 상황판단 능력을 추리해볼 수 있다. 마르쿠스 툴리우스 키케로는 축적된 자신의 경험에 비추어 실제의 법정소송에서 스스로가 채택해왔던 탁월한 연설의 기교들을 『웅변가에 대하여』의 저술에 있어서도 유감없이 발휘하고 있었던 것이다.

참조하라. 『웅변가에 대하여』에 나타난 반복논증에 대한 최초의 구명 시도는 A. D. Leeman, "The Structure of Cicero's *De oratore* Ⅰ," in *Ciceroniana: Hommages à Kazimierz Kumaniecki*, éd. par A. Michel, R. Verdière (Leiden: Brill 1975), pp.140~149에서 이루어졌다.

38) *De oratore*, 3.143.

39) 이를테면, *Ibid.*, 3.19~24, 3.52~90. 3.104~125, 3.126~147.

IV. 수사이론

키케로가 '수많은 중대한 소송들의 변론으로부터'[40] 축적했던 일단의 경험들은 당대의 수사학자들에 의해 제시되고 있던 바의 그래서 그 자신이 『웅변가에 대하여』를 통하여 증언하고 있는 바의 준칙들이 현실에 들어맞지 않는 부적절한 것들임을 깨닫게 했다. 그들은 기껏해야 참고사항으로서의 가치를 지닐 수 있을 뿐, 일반적으로 효과적인 웅변을 구성하는 데 기여하기에는 유연성을 결여한 지나치게 경직된 성격을 지니고 있었다.[41]

---

40) *Ibid.*, 1.5.

41) 본 장에 대한 보다 심도 있는 분석을 위해서는 Jakob Wisse(1989)의 pp.77~104, pp.323~327을 참조하라. 수사학 체계의 발전에 대한 F. Solmsen의 연구는 대단히 중요하다. "Aristotle and Cicero on the Orator's Playing upon the Feelings," *Classical Philology* 33 (1938), pp.390~404; "The Aristotelian Tradition in Ancient Rhetoric," *American Journal of Philology* 62 (1941), pp.35~50, pp.169~190 (*Kleine Schriften*, vol. 2[Hildesheim: Olms, 1968]의 pp.216~230 및 pp.178~215에 다시 실림). D. Matthes의 "Hermagors von Temnos 1904~1955," *Lustrum* 3 (1958), pp.58~214, pp.262~278은 헤르마고라스의 상황론(처지론) 복원에 새로운 전기를 마련하였다. H. Caplan *[Cicero] Ad C. Herennium De Ratione Dicendi*, Loeb Classical Library, London: Heinemann, Cambridge Mass.: Harvard University Press, 1954의 45~58장은 한 가지의 체계만을 설명하고 있음에도 불구하고 특별한 유용성을 가지고 있다. J. M. May & J. Wisse (2001)의 pp.26~38은 『웅변가에 대하여』에 나타난 키케로의 입장을 적절하게 해명하고 있다. 서양 고대의 수사이론을 다룬 표준적 개론서 가운데 H. Lausberg, *Handbuch der literarischen Rhetorik, Eine Grundlegung der Literaturwissenschaft*, München: Hueber 1960; mit Nachträge 1973 (1998년 M. T. Bliss 등에 의해 *Handbook of Literary Rhetoric: A Foundation for Literary Study*, Leiden-New York: Brill로 영역됨)은 참고문헌으로서는 유용하지만 수사이론의 역사적 발전과정을 경시함으로써 통합을 이룬 하나의 고전이론이 실재하고 있는 듯한 그릇된 인상을 주고 있는데, 사정은 J. Martin이 1974년 출간한 *Antike Rhetorik - Technik und Methode: Handbuch der Altertumswissenschaft II.3*, München: Beck에도 마찬가지로 적용된다. S. F. Porter, ed., *Handbook of Classcal Rhetoric in the Hellenistic Period, 330 B.C.~A.D. 400*, Leiden-New York: Brill 1997과 G.

이들 가운데 지속적인 비판의 대상이 되고 있는 것은 기원전 5세기 그리스의 소피스테스들에 의한 정립이 이루어진 이후 당대의 모든 수사술 편람들의 중추를 점하고 있었으며 특히 제2권에서 마르쿠스 안토니우스의 핵심적 논박 대상이 되고 있는 '연설(구어적 논증, 논술)의 구조(부분들)'에 대한 해설이었다. 안토니우스는 묻는다. "그들은 왜 도입부(서론, principium, exordium, prooemium)의 우리가 청중들로 하여금 우리에게 호의를 갖고 우리의 생각들을 잘 받아들이며 우리의 말을 주의 깊게 경청하도록(ut eum qui audiat beniuolum nobis faciamus et docilem et attentum) 만들어야 한다고 권고하는가?" 웅변이 진행되는 내내 시종일관 그래야 하는 것이 아닌가?[42] 이를 위시한 연설의 구조에 대한 기타의 준칙들은 기존의 수사학자들이 실상 전적으로 비현실적인 이론가들임을 보여준다. "그들은 자신들이 진정 원하는 것이 무엇이며, 무기를 집어 드는 이유가 경기를 위한 것인지 전투를 치르기 위한 것인지를 스스로 자문해보아야 할 것이다."(sed uideant quid uelint, ad ludendumne an ad pugnandum arma sint sumpturi)[43]

그리고 아마도 더욱 문제가 되었던 것은 그러한 연설의 구조가 언제나 규칙적인 순서, 즉 도입부-진술부(narratio)-논증부(본론, argumentatio, probatio)-종결부(결론, conclusio, epilogus, peroratio)---여담(digressio)이나 분할(diuisio, partitio)과 같은 부분들의 부가적인 삽입이 가능한---의 배열을 따라야만 한다는 수사술 편람들의 암시였던 듯싶다. 안토니우스는 소송사건에 대한 접근법을 논의하기 시작하면서 웅변가는 그가 취급하고자 하는 각각의 모든 사건들을 부단한 노력으로 철저하게 숙지하고 있어야만 한다(quascumque causas erit tractaturus, ut eas diligenter penitusque cognoscat)[44]고 강조한다. 안토니우스는

Ueding, hrsg., *Historisches Wörterbuch der Rhetorik*, Tübingen: Niemeyer 1992는 전거로서의 활용이 가능한 다수의 학술 논문들을 포함하고 있다.

42) *De oratore*, 2.80~82.

43) *Ibid.*, 2.84.

그밖의 다른 곳에서도 웅변가의 길잡이가 되는 것은 검토의 대상이 되고 있는 실제의 사건들임을 역설하고 있는데, 이러한 주장들은 모두 연설 구조의 규범적 순서와 같은 경직된 처방전들을 전적으로 부적절할 뿐만 아니라 공허하기까지 한 준칙들로 배격하고 있다. 이 세상에 동일한 사건들이란 존재하지 않으며 연설과 웅변은 그들이 특정한 사건들의 처리가 요구하는 구체적인 조건들에 상응하여 적절하게 조정될 때에만 비로소 예기되는 효과를 발휘하게 된다. 따라서 이러한 목표의 달성을 위하여 웅변가는 규범체계의 융통성을 결여한 단편적인 접근방식과는 차별화된 소송사건의 전체적인 개관에 토대를 둔 통합적인 설득의 전략을 구사할 필요가 있는 것이다.

웅변가에게 필요한 것은 산출물로서의 연설 속에 포함된 다양한 특질들을 열거하는 통상의 '결과주의적 준칙들'이 아니라 '원인으로서의' 연설의 산출과정과 나아가 웅변가 자신의 능력 및 소양에 관심을 집중하는 새로운 접근방식이었는데, 이와 같은 '산출과정의 규칙들'은 최소한 원리상으로는 '웅변가의 활동방식'[45]이라는 형식으로 이론화가 가능한 것이었다. 활동방식의 첫째 단계인 착상(heuresis, inuentio)은 연설의 내용과 소재(논거, topos)들을 궁리·안출하는 것이며, 두 번째의 배열(taxis, dispositio)은 발견된 소재들의 연쇄적인 위치나 순서를 결정하는 것이고, 표현(lexis, elocutio)은 배열된 소재들을 언어(말과 글)로 바꾸어놓는 일이며, 연설의 산출과정에는 그밖에도 연설문을 암기하는 기억(mnēmē, memoria)과 연설을 실연하는 발표(hypokrisis, actio, pronuntiatio)가 포함되어 있었지만, 동시대 대다수의 수사술 매뉴얼들은 '논거 발견술'로서의 착상

---

44) *Ibid.*, 2.99.

45) 비록 이와 같은 표현이 다소간의 생경함을 갖고 있다 하더라도 키케로적 문맥에서 볼 때에는 그의 주장의 핵심을 이루는 웅변가의 개념을 희생시킴으로써 수사의 '기술'을 강조하게 되는 '연설 의 구조'라는 선대의 용어법을 피해가는 것이 보다 타당하지 않을까 생각한다.

을 착상 이후의 단계인 연설의 순차적 구조, 즉 배열에 준하여 전개하는 등, 활동방식의 체계를 일단의 결과주의적 준칙들로 변질시키고 있었다. 이에 반하여 키케로는 전승된 활동방식의 체계를 받아들이고 이를 심사숙고한 뒤, 그러한 일련의 활동들을 연설문을 작성하고 연설을 실연함에 있어 웅변가가 마땅히 밟아가야 할 필수적인 단계들로 기술하고 있다. 우선적으로 사건과 사안의 실상들을 철저하게 파악하고 그러한 사실들에 기초하여 연설의 내용과 소재들을 발굴해내며, 안출된 소재들을 적절한 위치에 배열시키고, 배열된 사고의 내용을 언어로 표현함으로써 연설문 전체를 완성시킨 뒤 이들을 충실히 암기, 생동감 있게 표출시킨다는 것이다.

이와 같은 연계성의 원리는 착상과 배열을 명백히 구분짓고 있는 측면을 중차대한 특징으로 하고 있었지만 당시의 수사술 편람들은 착상의 활동을 구조적 배열에 준하여 전개시키고자 함으로써 이 2가지의 단계들을 혼합시키고 그에 따라 두 단계 각각의 역할에 적지 않은 해악을 초래하고 있었다. 마르쿠스 툴리우스 키케로의 『웅변가에 대하여』는 착상법을 설명함에 있어 바로 그와 같은 혼융과 훼손을 회피하고 있었는데, 키케로의 착상법 해명은 배열법(taxis, ordo)에 대한 논의를 한 치도 허용하지 않으면서 '이성'(논증, logos) · '성품'(ēthos) · '감성'(pathos)이라는 3가지의 설득 수단(pistis)들을 통한 연설의 내용, 즉 논거들의 총체적 안출에 관심을 집중시키고 있는 것이다. ēthos와 pathos의 범주는 비이성적이고 비논증적인 설득 수단들로, 전자가 청중의 관심과 신뢰를 획득하기 위해 웅변가(혹은 그의 소송 의뢰인이나 반대자들)가 반드시 지녀야 할 도덕적 성품을 의미했다면 후자는 청중의 심리상태에 영향을 미침으로써 웅변가에 유리한 판단을 이끌어내게 하는 정서나 정념 일반을 가리켰다.

착상법을 이성 · 성품 · 감성이라고 하는 3가지 유형의 설득 수단으로 구분하여 설명했던 최초의 전거는 아리스토텔레스의 『수사학

Technēs rētorikēs』이었다. 그런데 여타의 아리스토텔레스적 개념들과는 달리 이러한 구분은 『웅변가에 대하여 *De oratore*』을 제외하고는 이후의 전승을 드러내지 않는다. 키케로는 그것이 입증할 수 있는 문제는 아니지만 아리스토텔레스의 『수사학』을 분명히 접했던 것으로 추측된다. 그러한 증표 가운데 하나는 2권의 38장 160절의 단락 속에서 발견되며 이곳에서 키케로는 안토니우스로 하여금 수사학에 관한 아리스토텔레스의 입장이 담긴 서적들을 읽은 적이 있음을 밝히게 하고 있는데, 그 서적들이란 아리스토텔레스의 『수사학』을 가리키는 것임에 틀림이 없는 것이고, 사정이 이와 같다면 이러한 것을 키케로 자신도 그러했다는 암시로 받아들이지 않을 이유가 과연 있겠냐는 것이다.[46)]

그러나 아리스토텔레스와 키케로에 의해 채택된 ēthos와 pathos의 개념이 동일한 내포를 가지고 있는 것은 아니었다. 아리스토텔레스에 있어 ēthos은 청중들에게 믿음을 심어줄 수 있는 웅변가가 지닌 성품상의 특질들로 의미의 한정이 이루어졌고, 청중들은 웅변가가 과연 신뢰할 만한 사람인지 그래서 그의 연설을 받아들여도 좋은지에 대하여 이성적 판단을 내릴 수가 있는 것이기 때문에 감성적인 측면과 어느 만큼의 거리를 두고 있는 것이었던 한편, pathos는 온유한 것으로부터 격렬한 것에 이르기까지 연설가가 청중들로부터 환기시킬 수 있는 온갖 종류의 정서들을 두루 포함하고 있었다. 이와는 달리 키케로가 말하는 ēthos는 보다 광범위한 범역을 갖는 것

46) 아리스토텔레스의 『수사학』에 대한 키케로의 이해에 관해서는 J. Wisse (1989)의 pp.105~189를 상고하면 좋을 것이다. 최근의 또 다른 논의들, 예컨대 Fortenbaughd의 접근방식은 키케로가 『수사학』을 전혀 활용하고 있지 않은 것으로 보고 있지만 논자가 보기에 그러한 주장은 전적으로 키케로에 대한 폄하의 전통에 기인하는 것이다. W. W. Fortenbaugh,“Cicero's Knowledge of the Rhetorical Treatises of Aristotle and Theophrastus,” in *Cicero's Knowledge of the Peripatos*, edited by W. W. Fortenbaugh, P. Steinmetz, Rutgers University Studies in Classical Humanities 4 (New Brunswick-London: Transaction Publishers 1989), pp.39~60.

으로서 청중의 환심과 호의를 살 수 있는 웅변 주체나 소송 의뢰인의 긍정적인 모든 성품적 특질 혹은 그러한 이미지들의 채색과 관련된 것이었으며,[47] 이에 따라 pathos의 범주는 상대적인 축소를 이행하게 됨으로써 결국 청중들로부터의 강력한 감동의 유발 정도만을 내용으로 삼게 되었다.[48] 이와 같은 차이점 배후의 원인이나 키케로가 그러한 차이점을 실로 의식하고 있었는지에 대해서는 지금까지 알려지고 있는 바가 없지만 분명하게 말할 수 있는 것은 그가 새롭게 정립하고 있는 개념들이 그 자신이 축적하고 있던 실질적 경험들에 보다 쉽게 부합되는 것들이었으리라는 점이다. 예컨대, 그의 연설 속에 거의 예외 없이 등장하고 있는 자신의 성품에 대한 묘사들은 대체로 청중들의 우호적인 태도를 확보하기 위한 목적을 가지고 있었으며, 격석에다 휘몰아치는 감동을 촉발시키는 그의 능력은 당대에 있어서도 익히 알려진 타의 추종을 불허하는 수사적 강점 가운데 하나로 손꼽히고 있었다.[49]

그리고 그러한 차이가 어떠한 것이든 키케로의 접근방식은 웅변

---

47) *De oratore*, 2.182~184.

48) 우리는 아리스토텔레스나 키케로 그 어느 쪽의 ēthos 개념도 소송의 직접적인 당사자들, 다시 말해서 변론가와 의뢰인 이외의 인물들을 포함하지 않고 있다는 사실에 주목할 필요가 있는데, 웅변과 연설에 대한 현대의 많은 분석들은 이러한 점을 곧잘 소홀히 하고 있다. 본 단락에 나타난 ēthos와 pathos 개념의 분석에 대해서는 Jakob Wisse, *Ethos and Pathos from Aristotle to Cicero*, Amsterdam: Hakkert, 1989, pp.32~34, pp.236~248; Leeman-Pinkster-Rabbie, *M. Tullius Cicero: De oratore libri III. Kommentar*, Heidelberg: Universitätsverlag, vol. Ⅲ, 1989, p.128: W. W. Fortenbaugh, "Benevolentiam conciliare and animos permovere: Some Remarks on Cicero's *De oratore* 2.178~216," *Rhetorica* 6 (1988), pp.259~273. 키케로는 전문적인 학술용어들을 기피하는 경향이 있었고 그래서인지 ēthos나 pathos 류의 표현들을 사용하지 않았다.

49) 키케로의 pathos 개념 활용방식에 대해서는 『웅변가 *Orator*』의 129~132를 살펴보라. 연설에 있어서의 도덕적 성품의 활용에 대해서는 James M. May, *Trials of Character: The Eloquence of Ciceronian Ethos*, Chapel Hill-London: University of North Carolina Press, 1988을 열람해보면 좋을 것이다.

의 주체가 무엇보다도 먼저 착상법에 몰두하여 연설을 구성하게 될 모든 소재와 논거들을 발굴해내야 하며 이러한 단계를 거친 연후에야 안출된 소재와 논거들을 적절한 위치에 배열할 수 있는 것이라고 보았다. 더욱이 안토니우스는 적잖이 단호한 태도로 웅변가는 우선 연설문의 구조를 형성하는 개별적 부분들을 고려하기에 앞서 일단의 일반(거대) 개념들을 상정해 두어야 할 필요가 있다고 힘주어 말한다.[50] 이러한 접근방식은 실제의 구체적인 사건과 사안들을 취급함에 있어 웅변의 주체가 가능한 최고도의 신축성과 융통성을 발휘할 수 있게 됨을 시사하는데, 바꾸어 말해서 그것은 착상의 단계에서 계발된 총체적인 조망과의 적절한 결합을 매개로 청중의 설득을 목표로 한 통합적 전략의 기반 위에서 정합적이고 일관성 있는 연설문의 작성을 가능케 하는 효과적인 발판을 마련해줄 수 있다는 것이다. 상기한 관점을 역설하는 목소리는 소재 및 논거들의 배열 방식을 개괄적으로 설명하고 있는 2권의 77장 310절을 통하여 호소력 짙게 울려나오고 있는 바, 마르쿠스 안토니우스는 설득의 3가지 수단들을 다시금 언급하면서 그들의 분배와 관련한 일반의 원칙을 다음과 같은 방식으로 정식화시키고 있다.

et quoniam, quod saepe iam dixi, tribus rebus homines ad nostram sententiam perducimus, aut docendo aut conciliando aut permouendo, una ex tribus his rebus res prae nobis est ferenda, ut nihil aliud nisi docere uelle uideamur; reliquae duae, sicuti sanguis in corporibus, sic illae in perpetuis orationibus fusae esse debebunt. nam et principia et ceterae partes orationis, de quibus paulo post pauca dicemus, habere hanc uim magno opere debent, ut ad eorum mentes, apud quos agetur, permanare possint.

---

50) *De oratore*, 2.307~332.

더구나 제가 이미 여러 번 말씀드린 바와 같이, 우리는 사람들을 교화시키고, 그들의 호의를 얻어내며, 그들의 감정을 동요시키는 3가지의 방식을 통하여 그들의 마음을 우리의 입장으로 끌어들이게 됩니다. 그런데 첫 번째 방식에 있어 우리는 우리가 견지하는 입장의 근거들을 눈에 띄게 드러내고 단지 그러한 것만을 목표로 하는 듯이 보여야 하지만 나머지 2가지의 방식들은 우리 몸속을 흘러가는 핏줄과도 같이 연설 구조의 전체에 스며들어 매순간 이를 관통해야 하는 것입니다. 왜냐하면 서론뿐만이 아니라 연설의 나머지 부분들 또한—곧이어 이들에 관한 약간의 논의를 덧붙이고자 합니다마는— 청중의 마음을 잠식해드는 불가결한 기능들을 반드시 확보해야 하기 때문이지요.

그렇다면 이 모든 것이 함축해내고 있는 바는 오직 통합적인 수사 전략의 기초 위에서만이 웅변가는 ēthos와 pathos의 요소들을 연설 구조 전체에다 적절히 배분할 수가 있으며, 이러한 방식으로만이 자신의 입론과 주장들을 청중들에게 효과적으로 납득시킬 수가 있다는 것이다.

수사학적 접근의 실질적 단계로서의 활동의 개념이 『웅변가에 대하여』와 당대의 규범체계를 구분짓는 근본적인 차이였음에도 불구하고 그러한 차이가 그들 사이의 유일한 차이였던 것은 아니며 차이는 여타의 측면에서도 확연히 드러나고 있다. 『웅변가에 대하여』를 접했던 동시대의 독자들은 이 책이 다루고 있는 착상법이 기존 규범체계의 주춧돌로 기능하고 있던 '상황론(처지론)'의 설명에 거의 지면을 할애하고 있지 않은 것을 발견하고서는 놀라움을 금치 못했을 것이다. 본 논고의 성격상 이에 대한 구체적인 논의들은 생략될 수밖에 없지만[51], 기원전 2세기 후반 템노스의 헤르마고라스

51) 상황론의 구체적인 내용에 대해서는 다음을 참조해 보라. D. Matthes, "Hermagors von Temnos 1904~1955," *Lustrum* 3 (1958), pp.58~214,

(Hermagoras)에 의해 전개되었던 이 상황론은 '법정연설'과 깊은 연관을 맺으면서 연설의 핵심 쟁점들을 분류하는 의미 있는 수사학 체계로 발전하고 있었던 바, 기원전 1세기 초, 익명의 저자에 의한 『헤레니우스에게 바치는 수사학 Rhetorica ad Herennium』과 청년 키케로의 미완성 저작인 『착상법에 관하여 De inuentione』에까지도 영향을 미치고 있었다. 키케로는 안토니우스의 입을 빌어 이를 잠깐 언급하고는 있지만 그것이 불필요하리만큼의 번세한 분석을 행하고 있음을 암시하고 있다.[52)]

상황론의 분류방식은 사건이나 사안에 들어맞는 논증들을 찾아내기 위한 상투적인 전략의 일환으로 활용되고 있었으며 당대의 수사학 개론서들은 예외 없이 각각의 분류 범주들에 대한 표준적 논거들(topoi, loci, 공론)의 일람표를 제시해놓고 있었다. 마찬가지로 『착상법에 관하여』의 제2권 또한 전적으로 그와 같은 일람표의 설명에 지면을 할애하고 있는 바, 예컨대 2.83에서 청년 키케로는 피고인이 다른 사람에게 범죄의 책임을 귀속시키고자 하는 '기소항변'(relatio criminis)의 범주에 있어 피고인이나 변론가는 '책임을 떠넘기고자 하는 사람의 파렴치함과 힐난 가능성을 최대한 증폭시킴으로써' 논증을 강화시킬 필요가 있음을 역설하고 있다. 그러나 원숙기에 접

---

pp.262~278; H. Caplan *[Cicero] Ad C. Herennium De Ratione Dicendi* (Loeb Classical Library), London: Heinemann, Cambridge: Harvard University Press, 1954, 47: George A. Kennedy, *The Art of Persuasion in Greece*, Princeton: Princeton University Press, 1963, pp.303~321; George A. Kennedy. *A New History of Classical Rhetoric*, Princeton: Princeton University Press, pp.97~102; J. M. May & J. Wisse, *Cicero: On the Ideal Orator (De oratore)*, New York-Oxford: Oxford University Press, 2001, pp.32~34. M. Heath, "Invention," in *Handbook of Classical Rhetoric in the Hellenistic Period, 330 B.C.~A.D. 400*, edited by S. E. Porter (Leiden: Brill 1997), pp.89~119는 상황론의 발전 과정을 조명하면서 보다 풍부한 참고문헌들을 소개하고 있다.상황론은 키케로가 『밀로의 옹호 *Pro Milone*』7~11에서 필요한 목적에 맞추어 이를 활용하고 있을 만큼 폭넓게 인지되어 있었다.

52) *De oratore*, 2.132, 3.70.

어든 키케로에 있어 그와 같은 상황론의 논거 일람에 의존하는 것은 개개의 사건·사안을 그 자체의 시비에 따라 다룬다고 하는 실제성의 원칙에 부합되지 않는 것이었으므로 『웅변가에 대하여』의 키케로는 안토니우스의 입을 빌어 그러한 것은 좋은 생각이라 할 수 없으며[53] 그것보다는 훨씬 유연하고 신축성 있는 방식, 다시 말해서 그것이 어떠한 경로를 거쳐 키케로에까지 유입될 수 있었는지는 명확하지 않지만 텍스트가 분명히 적시하고 있는 바, 아리스토텔레스에 의해 고안된 방식에 주목해볼 것을 주장하고 있다.[54] '아리스토텔레스의 방식'이란 상황론의 논거들과는 상이한 보다 추상적이고 보편적인 양태의 공론들로서, 예컨대 우리는 "야수들마저도 새끼들은 사랑한다고 할 때, 우리 인간들은 자녀들에게 어떠한 애정을 보여주어야 하겠습니까!"와 같은 빈이적 논증 속에서 포괄적인 '유사성'의 논거를 찾아볼 수 있다는 것이다.[55] 추상적이고 보편적인 논거들은 웅변가로 하여금 사안과 관련된 가능한 모든 논증들을 스스로의 힘으로 안출해낼 수 있도록 만든다. 표준 일람표에 주어진 논거들뿐만이 아니라 특정한 개별 사안들 자체로부터 기인하는 보다 풍부한 논증들을 말이다.

하지만 동시대의 수사술 교본들과 구별되는 가장 강력한 일탈은 제3권의 표현법(lexis, phrasis, elocutio, dictio) 논의에서 발견된다. 논의의 전개는 문체가 지녀야 할 '성질' 혹은 '미덕'의 원리, 다시 말해서 연설문이 확보할 필요가 있는 형식상의 특질들에 따라 이루어지는데, 루키우스 크라수스는 그러한 것으로 라틴어의 올바른 사용, 명확성, 품격(ornatus),[56] 적합성이라는 4가지의 미덕들을 열거하고

53) *Ibid.*, 2.138~142.

54) *Ibid.*, 2.152, 2.160.

55) *Ibid.*, 2.168.

56) ornatus(kosmos, kataskeuē)의 역어로서 '장식'이나 '수식' '윤색'이 아닌 '품격'을 채택해야 하는 이유에 대해서는 May & Wisse(2001)의 p.326을 열람해보라.

있다.[57] 키케로가 문체의 성질 개념을 채택했다는 것은 그러한 개념이 이미 폭넓은 파급을 이루고 있었다는 점으로 미루어 그다지 특기할 만한 사실은 아니었지만 당시의 개론서들은 문체적 성질들의 수나 내용들에 있어 천차만별의 해명을 내어놓고 있었다. 그들과 특히 당대에 상당한 영향력을 행사하고 있었던 『헤레니우스에 바치는 수사학』[58]에 대하여 키케로가 제시하고 있는 4가지의 투명한 성질들은 일찍이 아리스토텔레스의 탁월한 후계자 테오프라스토스(Theophrastos)가 정초했던 바의 그리스적 원리들로의 복귀를 의미하는 것이었다.

크라수스가 되풀이하여 그들의 수월함을 말하고 있듯이[59] 4가지 성질들 가운데 라틴어의 올바른 사용과 표현의 명확성을 설명하는 키케로의 태도는 놀라우리만치 대범하고 호방한 모습으로 다가온다. 키케로의 이러한 태도가 그에 대한 이견으로 율리우스 카이사르(Gaius Iulius Caesar)의 『유비에 관하여 *De analogia*』와 바로(Marcus Terentius Varro)의 『라틴어에 대하여 *De lingua Latina*』를 탄생시키는 계기를 제공했던 것은 익히 알려진 사실이지만 정작 힐난의 대상이 되었던 것은 이 문제에 대하여 하등의 유용성을 가질 수 없는 접근방식을 제창하고 있던 당대의 수사가들이 아니었나 생각된다. 크라수스는 통상 품격에 관한 교설들이 대종을 이루고 있던 수사술 편람들의 문체 및 문채(文彩) 관련 논의들에 별반 신통치 않은 듯한 평가를 내비치고 있는데, 이들에 대한 그의 설명은 숱한 불확실성과 모호함이 한데 뒤엉킨 지루하기 짝이 없는 나열에 불과한 것으로 분명 지나치리만큼 세소하고 장황하기 그지없으며 종종 혼란스럽기까지 한 개론서들의 논의를 풍자하는 키케로 자신의 익살스런 희화임에 틀림이 없는 것으로 비쳐진다.[60]

---

57) Cicero, *op.cit.*, 3.37.
58) *Rhetorica ad Herennium*, 4.17~69.
59) *De oratore*, 3.37~51.
60) *Ibid.*, 3.202~207.

표현법 논의에 대한 건설적인 공헌으로, 키케로는 산문체의 리듬(운율)을 도미문(掉尾文)의 구조와 관련시켜 규명해 보이고 있다.[61] 이 주제는 당대의 규범체계 속에서는 이렇다 할 검토가 이루어지지 않고 있었으나 일찍이 아리스토텔레스와 테오프라스토스에 의한 진지한 천착의 역사를 지니고 있는 바, 키케로는 위대한 선대의 업적으로 되돌아갈 것을 촉구하며[62] 여러 차례 그들의 이름을 언급하고 있다.[63] 3권 45장의 176절로부터 46장의 181절까지에는 산문체의 리듬이 얼마나 손쉽게 만들어지고 어떠한 유용성을 갖게 되는지에 대한 설득력을 갖춘 주장이 드러나고 있는데, 키케로 자신의 오랜 현장 경험이 명시적으로 부각되고 있는 대목이라 할 수 있겠다. 또한 이 주제와 관련하여 아티카풍 문체에 대한 최초의 아직은 온건한 수위의 반대의 조짐이 포착되는 바, 이는 『웅변가 *Orator*』에서 급부상하고 있는 명백한 반론 개진[64]의 전조를 점하고 있다고 볼 수 있겠다.[65]

---

61) *Ibid.*, 3.173~198.

62) *Ibid.*, 3.148.

63) 예컨대, *ibid.*, 3.182, 184~185, 193.

64) *Orator*, 168~236.

65) 아티카풍 문체의 창시자나 성립의 근거들에 대해서는 아직까지도 선명한 논의가 이루어지지 않고 있다. Cf. E. Norden, *Die antike Kunstprosa vom VI. Fh. v. Chr. bis in die Zeit der Renaissance*, Leipzig: Teubner, 1898; U. von Wilamowitz-Moellendorf, "Asianismus und Atticismus," *Hermes* 35 (1900), pp.1~52; A. Weische, *Ciceros Nachahmung der attischen Redner*, Heidelberg: Carl Winter Universitätsverlag, 1972; C. W. Wooten, "Le développement du style asiatique pendant l'époque hellénistique," *Revue des Ētudes Grecques* 88 (1975), pp.94~104; A. Dihle, "Der Beginn des Attizismus," *Antike und Abendland* 23 (1977), pp.162~177; J. Wisse, "Greeks, Romans, and the Rise of Atticism," in *Greek Literary Theory after Aristotle: A Collection of Papers in Honour of D. M. Schenkeveld*, edited by J. G. J. Abbenes, S. R. Slings, I. Sluiter (Amsterdam: VU University Press 1995), pp.65~82; E. Narducci, *Cicerone e l'eloquenza romana*, Roma-Bari: Laterza, 1997; N. O'Sullivan, "Caecilius, the 'Canons' of Writers, and the Origins of Atticism," in *Roman Eloquence: Rhetoric in Society and Literature*, edited by W. J. Dominik

V. 능변과 철학

전 장에서 개관된 키케로의 수사이론은 『웅변가에 대하여』의 2권에서 안토니우스의 주도하에 이루어졌던 바, 당대 수사가들의 '결과주의적 규범체계'와 구별되는 '산출과정의 규칙들'에 초점이 맞추어져 있었다. 그러나 제3권의 크라수스가 강조하고 있는 것처럼, 이론이란 결코 충분한 것일 수가 없는 것인데, 그것은 안토니우스가 제시하고 있는 탁월한 이론에서마저도 그렇다는 것이다.[66] 웅변가가 필요로 하는 것은 지식이며, 이상적인 웅변가는 보편적이고 본질적인 지식을 보유해야만 한다. 1권에서 부각되고 있는 바처럼 완벽한 웅변가가 정통할 필요가 있는 중요한 지식의 영역은, 크라수스의 주장에 따르면, 로마의 시민법이지만[67] 1권의 말미에서 이루어지고 있는 안토니우스의 반론[68]은 그러한 주장이 상당한 쟁론의 여지를 내포하고 있음을 시사해준다. 하지만 그럼에도 불구하고 이에 대한 장황한 담론과 그 담론 속에 채택되고 있는 사려 깊은 수사적 기교들이 보여주듯이, 궁극적으로 웅변가에게 철학이 요구된다는 것은 가장 논란의 여지가 큰 주장이었던 동시에 마르쿠스 툴리우스 키케로에게는 가장 의미가 큰 주장이었던 것이다.

키케로는 『웅변가에 대하여』의 제1권을 통하여 크라수스와 안토니우스로 하여금 철학자들과의 토론에 관여하도록 만듦으로써 그와 같은 자신의 주장이 당시의 철학자들과 수사학자들 사이에 오가던 쟁론의 연장선상에서 개진되고 있는 것임을 분명히 하고 있는데, 이러한 관여는 그들이 로마의 행정관의 자격으로 속주를 오가던 도중 아테네에 잠시 체류하면서 경험하게 된 것으로 추측된다.[69] 크

(London-New York: Routledge 1997), pp.32~49.

66) *De oratore*, 3.81.

67) *Ibid.*, 1.160~203.

68) *Ibid.*, 1.234~255.

라수스와 안토니우스가 아테네를 찾았던 적이 있다는 것은 의심의 여지가 없는 사실이지만 그들이 그와 같은 토론에 실제로 참여했는지 그렇지 않았는지의 여부는 지금으로서는 확실하지 않다.[70] 그러나 본문의 기술들로부터 추론할 수 있는 최소한의 사실은 그 무렵이 문제에 관하여 격렬한 논쟁이 벌어졌었다는 것과, 예를 들면 제1권의 안토니우스를 통하여 생동감 넘치게 묘사되고 있는[71] 아카데메이아의 열정적인 토론가 카르마다스(Charmadas)와 같은 인물이 쟁론에 뛰어든 주목할 만한 철학자였다는 것이다. 이러한 쟁론은 『웅변가에 대하여』의 제3권에 있어서도 논의의 중심에 자리하고 있다. 제3권의 핵심을 점하는 3.56~73에서 루키우스 크라수스는 지혜와 능변이 갈라서게 된 원인은 능변에 대한 소크라테스적 적개심으로 소급될 수 있는 비, 자신은 그 두 가지의 본래적인 통일을 복원한다는 의미에서 웅변과 철학의 통합을 위한 탄원을 제기하고자 한다고 밝히고 있다.

반수사주의의 기념비적인 텍스트는 물론 플라톤의 『고르기아스 *Gorgias*』와 『파이드로스 *Phaidros*』이며 따라서 후대의 모든 이 방면의 기여들은 어느 의미에서든 플라톤이 견지하고 있던 입장에 대한 나름대로의 응답으로 이해되는 경향이 있는데, 이러한 점은 키케로의 『웅변가에 대하여』에 대해서도 예외가 될 수 없을 것이다. 실제로 키케로는 플라톤을 웅변술에 대한 가장 강력한 적대자로 간주하고 있으며 카르마다스와 같은 철학자들 역시 빈번하게 플라톤의 저작들을 그들 논증의 전거로 삼고 있다고[72] 명시하고 있다. 『웅변가에 대하여』의 모든 담론은 『파이드로스』의 도입부에 대한 언급으로

---

69) *Ibid.*, 1.45~47, 1.57, 1.82~93.

70) 이 대화체 형식 전반에 있어서의 사실과 허구의 문제에 대해서는 n. 14를 참조하라. 상기의 사안에 대한 구체적인 논의는 May & Wisse (2001), pp.17~18에서 발견된다.

71) Cicero, *op.cit.*, 1.82~93.

72) *Ibid.*, 1.47, 1.57, 1.87, 3.122, 3.129.

부터 시작하여 그것의 종결부에 대한 암시로 끝을 맺는다.[73] 그러나 그러한 일괄적 해석의 충동은 저지되어야 한다. 플라톤은 분명 존중되어야 마땅한 지성사의 권위임에 틀림이 없지만 그렇다고 해서 수사술에 대한 모든 담론들이 플라톤주의적 개념류로 수렴되어야 하는 것은 아니기 때문이다. 우리는 기원전 3세기와 2세기에 활동했던 아카데메이아의 회의주의자들과 교조주의적 스토아주의자들 사이의 철학적 논쟁들을 비교해볼 수 있는 바, 저명한 회의주의자였던 아르케실라오스(Arcesilaos)와 카르네아데스(Carneades)는 그들 학파의 창시자인 플라톤이 자신들과 같은 회의주의자였음을 강변했으며 바로 그와 같은 의미에서 플라톤의 권위를 받아들이고 있었다.[74] 하지만 스토아학파에 대한 그들의 비판은 전적으로 독단론적 진리관에 대한 논박에 치중되어 있었고 이러한 점은 그들이 반성하기에도 플라톤주의의 원리들을 충실하게 반향시키고 있는 것으로 간주되기 어려웠다. 상기한 예에서도 드러나듯이, 플라톤이라는 철학의 권위가 기원전 2세기와 1세기에 촉발되었던 철학자들과 수사학자들 사이의 쟁론에 있어 중요한 하나의 상징이 되어 있었던 것은 분명한 사실이지만 플라톤의 견지했던 실제의 입장이 과연 그 당시에 있어서도 여전히 유효적절한 의미를 지닐 수 있었는가의 여부는 오로지 당시에 논란의 대상이 되고 있던 쟁점들에 대한 상세하고 면밀한 분석을 이행한 연후에야 비로소 그 진위를 가려낼 수 있을 것이다. 『웅변가에 대하여』는 그러나 기원전 4세기에 플라톤이 설파했던 본연의 주장들과의 연계 가능성을 부정하고 있는 듯이 보인다.

플라톤의 수사 비판으로 미루어 그들 논쟁의 주요한 쟁점으로 부각되었음 직한 주제들은 웅변과 수사가 도대체 '기술'(technē, ars)일

73) *Ibid.*, 1.28, 3.228~230.

74) J. Glucker, *Antiochus and the Late Academy*, Hypomnemata 56 (Göttingen: Vandenhoeck & Ruprecht 1978), pp.31~64.

수 있느냐는 것과, 수사술과 연관된 도덕성의 문제 그리고 웅변가에게 요구되는 지식은 과연 어떠한 것인가 라는 3가지의 물음으로 압축될 수 있었는데, 플라톤의 사유에 있어 이 3가지의 논점들은 상호간 특별한 방식의 결합구조를 형성하고 있었다.[75] 플라톤이 활동했던 무렵, 수사술을 가르치고 있던 대부분의 소피스테스들과 이들의 계승자들이라고 할 후대의 수사가들은 그들이 교수했던 수사와 웅변이 분명한 기술의 자격을 가지고 있음을 의심치 않았는데, 이러한 권리의 주장이 플라톤에게는 논박의 중요한 출발점이 되고 있었다. '기술'이란 엄밀한 의미에서 특정한 실질적 효과—웅변의 경우에는 '청중의 설득'—를 위한 믿을 만한 지침을 제공하는 일단의 '지식체계'를 말하는 것이었으므로, 플라톤이 생각하기에 수사와 웅변이 하나의 기술이어서 전적으로 신뢰할 만한 원리들을 세시해주기 위해서는 그것이 토대로 삼고 있는 지식들이 필연적으로 참된 실재의 지식, 다시 말해서 궁극적인 '철학적 지식'이 되어야만 했으며, 수사와 웅변의 핵심 사안이 정의와 불의를 문제 삼는 법률소송이었던 까닭에 그들을 뒷받침해주는 지식은 마땅히 선과 악, 정의와 불의에 대한 올곧은 지식들을 포함하고 있어야만 했다. 플라톤이 전개하고 있던 논증의 다음 단계는 이른바 '소크라테스의 역설'과 관련된 것이었는데, 이 역설에 따르자면 도덕과 윤리는 '학문적 지식'(epistēmē)에 의존하는 것으로 옳고 그름에 대한 참된 지식을 보유한 사람들은 그러한 지식에 따라서 삶을 영위해갈 것이므로 그들의 행위는 도덕적인 견지에서 보아 올바른 것일 수밖에 없다는, 거꾸로 말해서 도덕적으로 정당한 행위는 윤리에 관한 참된 지식이 없이는 실질적으로 불가능한 것일 수밖에 없다는 것이었다. 그리하여 이와 같은 주장이 웅변과 수사에 적용될 때에는 그 누구라도 웅변과 수사에 대한 참된 지식을 보유하고 있는 사람이라면 결단코 선하지 못하고 정의롭지 못한 행위를 저지를 수 없을 것이라는 결

75) Platon, *Gorgias* 459C~460C 그리고 *Phaidros* 259E~266B를 각각 상고할 것.

론이 뒤따르게 되었던 것이다. 이렇듯 윤리적이고 철학적인 보편적 지식은 플라톤이 판단하기에 수사이론과 '수사적 실천으로서의 웅변술' 모두의 중핵으로 자리매김되어야만 했으며 그러한 지식에 기초하지 않은 웅변과 수사는 기술이라 지칭할 만한 가치들을 결여한 도덕적으로 지극히 위태로운 '술수'이자 '계교'로 규정될 수 있을 따름이었다.

그러나 긍정적으로든 부정적으로든 키케로의 담론에 있어 이상과 같은 개념 연관에 대한 탐구의 흔적은 발견되지 않으며, 정황은 그 즈음 활동했던 대다수의 철학자들과 『웅변가에 대하여』에서 웅변과 수사의 가장 주목할 만한 적대세력으로 적시되었던 아카데메이아 학파에게도 마찬가지로 적용된다. 그들은 확실히 3가지의 재생 가능한 쟁점들을 상호 연계시키지 않았던 것이며[76], 그렇다면 플라톤적 사유방식의 무의식적 가정으로부터 고려되는 그러한 쟁점들의 상관관계는 기원전 2~1세기의 '수사학 논쟁'과 이에 대한 키케로의 대응으로부터 얼마간의 거리를 유지할 필요가 있는 것이다.

아카데메이아 학파를 위시한 그밖의 모든 철학자들이 수사가들의 규범체계가 '기술'로서의 자격요건들을 결여하고 있음을 공격했음에도 불구하고[77] 기존 수사규범의 비현실성과 함께 웅변가 자신의 능력 및 소양에 주목하고자 했던 키케로는 그들의 손을 들어주지 않았다. 이 문제와 관련하여 키케로가 취하고 있었던 대응방식이란

---

76) 스토아학파의 입장은 분명 플라톤주의와의 친화력을 가지는 것이었지만 Antonius는 이를 무용할 뿐인 것으로 폐기처분하고 있고(1.83), Crassus는 거의 빈정거리는 듯한 태도로 그러한 입장을 풍자하고 있다(3.55). Cf. Leeman-Pinkster (1981), pp.132~133; Leeman-Pinkster-Wisse (1996), pp.198~200.

77) *De oratore*, 1.90~93. 이 문제에 대한 논의를 위해서는 1920년 H. M. Hubbell이 발표했던 "The *Rhetorica* of Philodemus: Translation and Commentary," *Transactions of the Connecticut Academy of Arts and Sciences* 23, pp.364~382와 Leeman-Pinkster (1981), pp.190~194 그리고 J. Barnes의 "Is Rhetoric an Art?," *darg Newsletter* (Discourse Analysis Research Group of the University of Calgary) vol. 2, no. 2 (1986), pp.2~22를 참조하라.

크라수스 및 안토니우스로 하여금 경험에 기반을 둔 귀중한 세부지침들이 제시될 수 있는 것이므로 그것으로 충분한 것이며 수사와 웅변이 엄밀한 의미에서의 기술이 될 수 없다는 비판은 실제적으로 아무런 효용도 가질 수 없는 무의미한 주장임을 역설케 하는 것이었다.[78)]

수사의 도덕성 문제는 『웅변가에 대하여』의 빈번한 핵심 쟁점으로 떠오르고 있다. 이상적인 웅변가라면 철학에 정통할 필요가 있다는 키케로의 주장은 철학이 웅변가로 하여금 수사의 기량들을 남용하지 못하도록 만드는 윤리적 방벽으로 기능하게 될 것이라는 논거를 가지고 있었으며, 그러한 한에 있어 위에 언급한 플라톤의 입장을 추종하고 있는 것처럼 보인다.[79)] 그러나 키케로는 철학의 효용에 대한 이상주의적 견해를 가지고 있지 않았으며 철학이 악인을 선인으로 바꾸어놓을 수 있는 계몽의 힘을 지니고 있다고도 생각지 않았다. 키케로의 견해는 윤리적 쟁점들에 대한 접근이 이루어지고 있는 몇몇 구절들, 그 가운데서도 특히 3권의 14장 55절을 통하여 뚜렷이 나타나고 있는데, 여기에서 크라수스는 먼저 지식에 토대를 둔 지고의 능변이 발휘할 수 있는 엄청난 능력들을 서술하고 나서는 다음과 같은 추신(追伸)을 덧붙이고 있다.

이러한 능력이 확장되면 확장될수록 그러한 능력이 통합된 인격이나 현명함과 결합을 이루어야 할 필요성은 보다 더 커지게 되는

78) *Ibid.*, 1.102~110, 2.32.

79) 플라톤주의적 키케로 해석에 대해서는 W. L. Grant, "Cicero on the Moral Character of the Orator," *Classical Journal* 38 (1943), pp.472~478; T. M. Conley, *Rhetoric in the European Tradition*, New York-London: Longman, 1990, p.37을 살펴보라. 그러나 이 문제에 대한 논자의 생각은 C. J. Classen, "Ciceros orator perfectus: ein vir bonus dicendi peritus?," in *Commemoratio: Studi di filologia in ricordo di Riccardo Ribuoli*, edited by S. Prete (Sassoferrato 1986), pp.43~55 = *Die Welt der Römer* (Berlin-New York: De Gruyter 1993), pp.155~167과 닮아 있다.

것입니다. 우리가 능변의 수단을 그와 같은 미덕들을 결여하고 있는 자들의 재량에 맡기게 된다면, 그들을 웅변가들로 육성하는 것이 아니라 미치광이들의 손아귀에 무기를 쥐어주는 격이 되고 말 것이기 때문입니다.

quae quo maior est uis, hoc est magis probitate iungenda summaque prudentia; quarum uirtutum experibus si dicendi copiam tradiderimus, non eos quidem oratores effecerimus, sed furentibus quaedam arma dederimus.

도덕성이 능변의 기량 및 그것의 토대가 되고 있는 지식과 결연을 이룰 '필요가 있음'을 지적하고 있는 크라수스의 언명은 도덕성과 그러한 지식의 결연이 지극히 '자연스러운' 이치로 이해되고 있었던 플라톤의 입장과는 명백한 차이를 드러내는 것으로, 윤리적 쟁점들에 대한 이와 같은 현실적인 견해는 『웅변가에 대하여』의 그 밖의 구절들에서도 공통적으로 확인되고 있다. 그러나 키케로의 이러한 견해는 결코 그 중요성이 강조되고 있지는 않으며 수사의 도덕성 문제는 사실상 대체로 말하면 회피되고 있는 경향을 보이고 있는데, 아마도 그 이유는 키케로가 현실의 웅변가들로부터 통합된 성품을 기대할 방도가 없다고 느꼈기 때문인 것 같다.

『웅변가에 대하여』에 나타나고 있는 키케로의 중추적 관심사는 능변의 기량을 뒷받침해줄 수 있는 그러한 지식으로서, 그가 전개하고 있는 추론들은 도덕성의 문제와 어느 만큼 거리를 두고 있는 것이 분명했다. 키케로의 논증들은 상당 부분 실용주의적 이해관계와 결부되어 있었다. 그는 거듭하여 파토스(pathos) 즉, 청중에 대한 감성적 심리조작의 중요성을 역설했으며 그러한 심리조작을 위해서는 부득불 윤리학의 핵심 분과인 '품성론'에 정통할 필요가 있음을 주장하였던 바, 예컨대 제1권의 14장 60절에서 크라수스는 다음과 같은 의문을 제기하고 있는 것이다. "철학자들이 인간의 성품과 행위에 관하여 발전시켜온 모든 이론들을 극도의 신중함을 가지고 탐구하지 않는다면, 연설이라는 것이 과연—웅변가에게 가장 필요로 되는— 감성과 열정의 불을 지피고 또 그들을 가라앉히는 그러한 능력을 발휘할 수 있는 걸까요?"[80] 웅변가는 청중들을 감동시켜야 하며 등골이 오싹해지는 전율을 선사해야 하므로 이 방면과 관련한 넓고 깊은 지식을 가지면 가질수록 성공적인 결실을 거둘 수 있는 것이다. 크라수스는 이러한 웅변가의 역량을 조영관(造營官, aedilis)의 역할에 비유하고 있는데, 조영관은 "일상적이고 소박한 여흥의 소재를 가지고서는 우리 로마인들의 쾌락을 충족시키는 데 역부족이기 때문에" 공중의 경기(검투기)를 열과 성을 다해 준비하지 않으면 안 되었던 것이다.[81]

능변과 철학의 관계와 관련하여 되풀이되고 있는 실용주의적 성향이 비교적 완화된 주장 가운데 하나는 웅변가 즉, 이상적인 웅변가가 가능한 모든 주제들을 취급할 수 있어야 할 뿐 아니라 특정한 쟁점과 관련하여 서로 대립하고 있는 양편의 입장 모두를 논증할 수가 있어야 한다는 것이다. 웅변가는 보편적이고 포괄적인 학적 지식을 보유해야만 한다. "심지어 극상의 최고의 기품을 갖춘 표현이라 할지라도 그것이 사유와 지식에 기초한 것이 아니라면, 그들의 공허한 울림만큼 터무니없는 것이 세상에 있기나 하겠는

80) quaero ···, num admoueri possit oratio ad sensus animorum atque motus uel inflammandos uel etiam extinguendos, quod unum in oratore dominatur, sine diligentissima peruestigatione earum omnium rationum, quae de naturis humani generis ac moribus a philosophis explicantur? 웅변가가 '품성론'을 숙지하고 있어야 한다는 요구에 대해서는 『웅변가에 대하여』의 1.17, 1.48, 1.53, 1.69, 1.87, 1.165, 3.72, 3.76을 열람해보라.

81) *De oratore*, 3.52~54, 3.91~93, 3.105~107, 3.120. 3.53과 3.92에 등장하는 인상적인 표현방식을 각각 예시해보면 다음과 같다. in quo igitur homines exhorrescunt?; apparatu nobis opus est ··· ut ego in aedilitate laboraui, quod cotidianis et uernaculis rebus satisfacere me posse huic populo non putabam.

가?"(1.51: quid est enim tam furiosum quam uerborum uel optimorum atque ornatissimorum sonitus inasis, nulla subiecta sententia nec scientia?)[82) 『웅변가에 대하여』의 2권에 나타나고 있는 추상적인 토포스(공론)들에 대한 키케로의 선호는 보편적이고 포괄적인 지식의 요구에 대한 실천적인 예증으로서의 중요성을 갖는다. 당대의 수사술 교본들이 매거하고 있던 구체적이고 상세한 공론들과는 달리 추상적인 공론들은 실로 거의 모든 주제에 원용될 수가 있는 장점을 갖고 있었다. 그들은 온갖 종류의 지식을 설득력 있는 웅변으로 전환시키는 수단을 제공할 수 있었던 것이다.[83)]

『웅변가에 대하여』에서 부각되고 있는 학적 지식에 대한 강조는 당대에 첨예화되었던 수사학 논쟁의 핵심 쟁점과 직접적인 관련성을 가지고 있었는데, 그것은 일반적으로 대주제(thesis) 및 소주제(hypothesis), 다시 말해서 보편적 주제와 구체적 주제의 개념 구분 문제로 정형화되곤 하였다. 이 가운데 소주제가 수사이론이 대상으로 삼고 있는 바, 법률소송의 사안들을 포함하는 수사가들의 고유 영역으로 간주되었던 데 비해, 대주제는 예컨대 "지혜란 무엇인가?" "결혼은 해야 하는 것인가?"에서 보이듯이 전형적인 철학적 혹은 유사 철학적 문제들을 포함하는 것으로 어떠한 문제들은 윤리학의 영역에 속하는 것들이지만 "태양은 어떠한 크기를 가지고 있는가?"와 같은 또 다른 여러 가지 문제들은 자연학의 영역에 속하는 것들이었다.

당대의 수사학자들은 수사적 문제들을 대주제와 소주제로 분류하는 것으로부터 논의를 시작하는 것이 관례였으며 이에 따라 수사의 이론들이 대주제에 속하는 철학적인 쟁점들에도 효력을 미칠 수 있

82) 또한 *ibid.*, 1.17, 1.20, 1.48, 1.50~51, 1.54, 3.19를 열람해보라.

83) *Ibid.*, 2.152, 2.175, 3.78. 보편적이고 추상적인 공론이 수행하게 되는 이러한 기능은 H. Merklin의 1987년 논문 "System und Theorie in Ciceros '*De oratore*'," *Würzburger Jahrbücher für die Altertumswissenschaft* NF 13, pp.149~161에서 처음으로 적시되었다.

는 것이라고 주장했는데, 일부의 수사학자들이 윤리적인 문제들까지로 스스로의 논증능력을 제한하고 있었는가 하면 또 다른 수사학자들은 심지어 자연학적인 문제들까지도 논증의 가능 범위 속에 포함시키고 있었다.[84] 하지만 그들은 대주제들에 관한 어떠한 실질적인 논증도 내어놓지를 못했기 때문에 그들 자신의 권리요구에 부응할 수가 없는 치명적인 한계를 드러내고 있었다. 이에 철학자들은 기회를 놓치지 않고 반격에 들어가 수사학자들의 주장을 비웃곤 했는데, 그들이 주장은 윤리적이고 정치적인 문제들이 수사가들의 것이 아닌 철학자들의 고유영역에 속한다는 것이었으며,[85] 나아가 철학계의 일각에서는—플라톤의 『파이드로스』를 염두에 둔 주장이겠지만— 대주제의 범위를 떠나서도 연설과 웅변에 있어서의 감성적 호소의 중요성은 수사가들이 범접할 수 없는 철학 본연의 주제인 '영혼론'의 지식을 필요로 하고 있는 것임을 지적하였다.[86)]

마르쿠스 툴리우스 키케로는 일면 양 진영의 주장에 동의하기도 했으나 그렇지 않은 측면들도 가지고 있었으며 그 자신의 독자적인 입장을 뒷받침하기 위하여 스스로가 타당성을 지닌 것이라고 판단하는 양 진영의 논증들을 종합하였다. 대주제의 개념은 모든 주제들에 대한 웅변가의 통달을 역설하는 제3권의 주요 단락들을 체계화시키는 준거가 되고 있는데[87], 키케로는 크라수스의 입을 빌어 그들이 실제로는 철학자들이 아닌 웅변가들의 능력 범위에 속하는 것임을 명백히 하고 있다. 다시 말해서, 키케로는 원칙적으로는 대주제에 대한 수사가들의 권리요구를 인정하고 있었지만 그것은 대주제들이 수사이론의 부분을 형성한다는 의미가 아니라 그들에 대한 추론이 웅변 주체가 보유한 역량 나름의 문제라는 의미에서의

84) *De oratore*, 2.65~66. 또한 Leeman-Pinkster-Wisse (1996), pp.96~97을 참조하라.

85) *Ibid.*, 1.41~44, 1.85~86.

86) *Ibid.*, 1.87.

87) *Ibid.*, 3.107~125.

승인이었다. 다른 한편, 키케로는 수사가들이 그들의 주장과 요구를 구체적으로 입증할 만한 어떠한 논의의 내용도 제시해주지 못하고 있다는 철학자들의 비판에 공감을 표명했으며, 웅변가들이 대주제들을 논증하거나 청중들의 감동 유발에 성공할 수 있으려면 철학에 대한 보편적이고 포괄적인 지식이 필수적이라는 사실 또한 믿어 의심치 않았다.

이상의 논의에다 몇 가지의 부속 논증을 덧붙이고 있음에도 불구하고, 자신의 입장이 건전하고 설득력 있는 종합을 성취하고 있으며 따라서 첨예한 갈등을 빚어내고 있던 당대의 수사 쟁론에 유효한 해결책을 제시할 수 있다는 키케로가 지녔던 자부심의 기원은 근본적으로 양 진영의 주장으로부터 절충해낸 상기의 이채로운 차용물에 놓여 있었다. 크라수스는 "만일 그들이[철학자들이] 그러한 사람[학식을 갖춘 웅변가] 역시도 철학자임을 인정한다면, 논쟁은 이미 종식된 것이다."(3.143: … docto oratori … quem si patiuntur eundem esse philosophum, sublata controuersia est)라고 말하고 있는데, 이와 유사한 논지는 자신이 추구하고 있는 종합이 '혀와 머리 사이의 치명적인 균열'(3.61: discidium … quasi linguae atque cordis)을 야기시켰던 소크라테스 이전의 본래적인 통일성을 복원시켜줄 것이라는 당당한 신념에서도 표출되고 있다. 웅변가가 보유해야 할 지식의 문제를 논하는 제3권의 거의 모든 구절들이 준(準)역사적 접근방식의 지배를 받고 있으며, 그리스의 일곱 현인, 솔론(Solon), 페리클레스(Perikles)나 로마의 대(大)카토(Marcus Porcius Cato), 스키피오(Publius Cornelius Scipio Africanus Aemilianus)와 같은 전시대의 사표들에 대한 예증적 호소와 본래적 통일성의 상실에 대한 거듭되는 탄식들은 키케로식 항변이 구유하고 있는 막강한 감성 조율 능력을 유감없이 보여주고 있다.

필자는 이상에서 키케로가 견지하고 있던 입장들이 동시대의 수사 쟁론을 직접적인 배경으로 하고 있으며 수사학자들과 철학자들의 견해에 대하여 총괄적인 논평을 개진한 그 나름의 대응방식이었음을 논증하였다. 그러나 이와는 대조적으로 과거에 학계를 지배하고 있던 일련의 권위 있는 분석들은 키케로의 입장이 대개는 그가 얼마만큼 치밀하게 자신의 전거들을 따라가고 있으며 그러한 전거들이 누구에 의한 것인지에 따라 상대적인 차이를 드러내게 된다는 가정을 전제하고 있었다. 그리고 키케로와 동시대에 아카데메이아 학파에 속해 있었거나 아카데메이아 학파와 밀접한 관계를 유지하고 있던 유력한 철학자들, 다시 말해서 기원전 110 / 109년부터 84 / 83년 사망할 때까지 아카데메이아(후기)의 마지막 교장직을 맡았던 라리사(Larissa)의 필론(Philon)과 『웅변가에 대하여』를 통하여 이채로운 모습으로 부각되고 있는 카르마다스(Charmadas) 그리고 필론의 제자였지만 아카데메이아의 회의주의에 반발하여 병칭의 자신의 학교를 설립한 아스칼론(Askalon)의 안티오코스(Antiochos) 등이 중요한 전거의 작가들로 고려되어 왔으나, 필자는 논고의 구성상 그러한 가설들을 뒷받침하는 것으로 제시된 어떠한 증거들도 학설의 정립을 위해 필요한 만큼의 면밀한 검증의 조건들을 충족시키고 있지 못하다는 평가로써 이 문제에 대한 구체적이고 상세한 논의를 대신하고자 한다.88)

---

88) Philon의 사유를 키케로의 주된 전거로 추정하는 입장은 H. von Arnim이 1898년 출간했던 *Leben und Werke des Dio von Prusa*, Berlin: Weidmann의 매혹적인 첫째 장(pp.97~111) "Sophistik, Rhetorik, Philosophie in ihrem Kampf um die Jugendbildung"에서 처음으로 발견되며, Antiochos의 경우는 W. Kroll, "Studien über Ciceros Schrift De oratore," *Rheinischen Museum* 58 (1903), pp.552~597에서 찾아볼 수 있다. Charmadas의 막대한 영향력에 대해서는 George A. Kennedy의 *The Art of Rhetoric in the Roman World, 300 B.C.~A.D. 300*, Princeton: Princeton University Press, 1972, p.214, pp.218~220과 H. Tarrant, *Scepticism or Platonism? The Philosophy of the Fourth Academy*, Cambridge: Cambridge University Press, 1985, p.2, pp.34~40을 각각 참조하라. Tarrant는 『웅변가에 대하여』의 1.87 등에 나타난 Charmadas의 주장을 명백한 아카데메이아의 교설로서 받아들이고 있다. 한편 K. Barwick의 *Das rednerische Bildungsideal Ciceros*, Abhandlungen der Sächsischen Akademie der

하지만 위에 열거한 인물들 가운데 라리사의 필론에 관해서는 키케로에 미친 영향력의 수위를 좀 더 검토해볼 여지가 있는지도 모르겠다. 키케로는 기원전 88년 로마에서의 강연을 통해 자신을 매료시키고 철학에 대한 열정을 불타오르게 했던 필론으로부터 적지 않은 영감을 받게 되었음이 분명하다.[89] 더욱이 키케로에 따르면 기원전 91년 이전 그러니까 필론이 아직 아테네에 체류하고 있던 동안 그는 아카데메이아의 교육과정에 수사의 이론을 도입하기에 이른다.[90] 실로 필론은 『웅변가에 대하여』의 제2권 39장 163~173절에 등장하는 추상적 토포스(topos, 공론)들의 일람표와 제3권 29장의 111절부터 30장 119절까지의 서술을 통하여 크라수스가 '학문에 정통한 사람들'이 제시한 것이라고 소개하고 있는 대주제(thesis)와 소주제(hypothesis)의 구분을 정초했던 최적의 후보자일 가능성이 크다. 그러나 『웅변가에 대하여』의 3권 28장 110절에서 피력되고 있듯이 필론은 수사학의 성격에 대한 진정한 의미의 종합을 기도하지 않았으며, 아카데메이아에서의 수사학의 수용 역시도 수사가들에 대한 화해의 제스처라기보다는 웅변가들에 대한 또 다른 방식의 공격이었던 것으로 이해되고 있다. 뿐만 아니라 그가 제시하고 있었던 수사이론의 수준은 키케로에게는 다소간의 실망을 안겨주는 내용으로서 키케로는 『투스쿨룸에서의 담화 *Tusculanae disputationes*』를 통하여 라리사의 필론이 다만 '수사가들의 준칙들'(2.9: rhetorum praecepta)을 가르치고 있다는 논평을 남기고 있는 바, 이러한 표현을 키케로의 입으로부터 나온 찬사라고 간주하기에는 어려움이 따르는 것이다.[91] 그리고 사정이 이와 같다면, 당대의 수사 쟁론에 대

Wissenschaften zu Leipzig 54, 3, Berlin: Akademie-Verlag, 1963은 작자불명의 수사적 전거를 가정하고 있다.

89) Cicero, *Brutus*, 306.

90) Cicero, *De oratore*, 3.110; *Tusculanae disputationes*, 2.9.

91) Charmadas와 Philon에 대한 보다 광범위한 논의를 위해서는 Leeman-Pinkster-Wisse (1996) 의 pp.98~99와 키케로의 『웅변술의 유형 *Partitiones*

한 진정한 의미의 종합을 시도했던 장본인은 결국 마르쿠스 툴리우스 키케로 그 자신이었던 것으로 여겨지는 것이다.

VI. 결어

『웅변가에 대하여 *De oratore*』에서 키케로는 기존의 수사학과 철학의 학문적 성과에 의존하기는 했지만 당대에 첨예한 갈등을 빚고 있던 양 진영의 어느 쪽에도 가담하지 않은 채 개별적 '웅변 주체의 자질 및 소양'에 주목함으로써 '절충적 종합'을 성취해내었다. 그러한 과정에서 선대와 당대의 수사가들에 의하여 교수된 수사술, 다시 말해서 수사이론들은 우선적으로 설득 기술적인 효용성의 측면에서 무엇보다 극심한 혹평을 받았다. 키케로의 견해에 따르면, 수사학자들의 신축성을 결여한 '결과주의적 준칙들'보다는 지속적이고 일관된 적용이 가능한 '웅변가의 활동방식'이라는 개념이 '실제적인' 웅변 상황의 복잡성에 탁월히게 부합되는 하나의 '이론'을 산출해낼 수가 있었다. 기원전 2~1세기의 수사학 논쟁의 맥락에 있어 본 논문은 쟁론에 대한 키케로의 대응방식이 수사학이나 철학 한 편의 입장을 완전히 수용하지도 거부하지도 않는 중도적인 성격을 지님으로 해서 동시대의 지성적 배경에 일방적으로 함몰되는 해석이 이루어져서는 안 될 것임을 주장하였다. 키케로식의 전형적인 '비독단적 기질'은 웅변술에 대한 자신만의 관점을 뒷받침하기 위

---

oratoriae』를 상고하면 좋을 것이다. 키케로의 이 짤막한 저작은 Philon과 거의 유사하거나 Philon의 생각으로 보이는 아카데메이아의 수사학 체계를 제시하고 있음으로 해서(139), 『웅변가에 대하여』와 비교해보았을 때 공통점들과 함께 중대한 차이점들 또한 상당 부분 드러내고 있다. 따라서 Philon의 수사학적 견해를 복원시키고자 하는 T. Reinhardt의 시도("Rhetoric in the Fourth Academy," *Classical Quarterly* 50 (2000), pp.531~547)는 키케로식 웅변술에 대한 우리의 이해에 그다지 큰 도움이 되지 못한다.

하여 양 진영으로부터 자신이 보기에 유익한 요소들을 취합해내고서는 여기에 생각과 말 사이의 불화의 역사를 출범시킨 장본인으로 소크라테스를 지목하는 등의 이례적인 해석을 덧붙였던 것이다. 그리고 이러한 결과 탄생되었던 것이 키케로가 놀랍고도 독자적인 방식으로 형상화시켰던 '이상적인 웅변가', '보편적인 지식'을 능변의 기술과 결합시키는 '로마의 공화주의 정치가'였던 것이다.

퀸틸리아누스의 수사교육학과 윤리의 두 차원

김 덕 천, 김 은 중

Ⅰ. 서언

마르쿠스 파비우스 퀸틸리아누스(Marcus Fabius Quintilianus, A.D. 30?~96?)는 제정 로마 초기, 이른바 '은 시대'(Silver Age)[1]의 탁월한 교사이자 서구 유럽의 수사학적 교육 전통에 있어 키케로(Marcus Tullius Cicero, B.C. 106~43)에 필적하는 광범위한 영향력을 행사했던 인물이다. 퀸틸리아누스는 처음에는 법정의 변호사로 출발하였으나 종국에는 교육에 뜻을 두었고 교사직을 은퇴한 뒤, 황제의 명을 좇아 현전하고 있는 『웅변가 육성론 *Institutio oratoria*』을 집필했

1) 라틴 문학에 대해서는 일반적으로 '형성기'(B.C. 3세기~B.C. 80년경), '황금기'(B.C. 80~A.D. 14; '키케로의 시대'와 '아우구스투스의 시대'), '은 시대'(14~138), '교부의 시대'(2세기 후반~5세기), '중세'(6세기~14세기), '르네상스 이후'(15세기~)로의 시대 구분이 이루어지고 있다. 이 가운데 '은 시대'는 로마의 2대 황제 Tiberius로부터 제14대 Hadrianus 황제의 재위기간까지를 가리키며 소(小)Seneca, Martialis, Plutarchos, Tacitus, Iuuenalis, 소(小)Plinius, Suetonius, Arrianus, Pausanias, Iosephus 등의 작가들을 배출하였지만, 인위적인 기교나 억지스런 비유, 경구의 활용에 대한 과도한 집착 등으로 말미암아 황금기만큼의 문학적 창발성을 발휘하지는 못하였다.

던 바, 이 저술은 고대 수사학 이론의 체계적인 완결을 보여주고 있을 뿐만 아니라 거의 2000년에 달하는 장구한 역사 속에서 유럽 교육의 근본적인 목표와 방법을 지배하게 된 로마식 교육제도의 진면목을 구체적이고 충실하게 기술하고 있는 기념비적인 역작으로 평가된다.

퀸틸리아누스의 처녀작은 전하고 있지는 않은『나이위우스 아르피니아누스의 옹호』였던 것으로 보이는데, 추후에 다소 겸연쩍은 어조로 명성을 얻기 위한 치기어린 출간이었음을 고백하고는 있지만 당대에는 소송 의뢰인의 요청에 부응하는 성실하고 성공적인 노력의 기록으로 받아들여지고 있었음이 분명하다. 역시 현전하고 있지는 않지만 이후의 저작이었을 것으로 추정되는『타락한 능변의 원인 *De causis corruptae eloquentiae*』은『웅변가 육성론』에서의 언급을 통해서만 간접적으로 알려지고 있으며[2], 그의 승낙을 받지 않은 채, 제자들에 의하여 간행된 것으로 보이는『수사술 *Ars rhetorica*』역시 전해지지 않는다. 이들과 더불어『대낭송집 *Declamationes maiores*』과『소낭송집 *Declamationes minores*』이라는 두 가지의 변론 연습집이 그의 이름으로 간행되어 현전하고 있으나 위작으로 간주되고 있다.[3]

『웅변가 육성론』은 호메로스(Homeros) 및 코락스(Korax) 이래 서양 고대 수사학의 전통을 집대성하고 있는 교육학의 보고이다. 로

2) Marcus Fabius Quintilianus, *Institutio oratoria*, 6.pr.3, 8.6.76. 이후에 등장하는『웅변가 육성론』의 원문 및 권, 장, 절 표기는 H. E. Butler가 완역한 *The Institutio oratoria of Quintilian*, 4 vols. Cambridge, Mass.: Harvard University Press, 1921을 따랐다.

3)『소낭송집』은 385가지의 낭송의 주제들을 그들의 논의를 위한 짤막한 조언들(sermones) 및 인용문들과 함께 소개하고 있으며 Quintilianus의 가르침으로부터 크게 벗어나지는 않는 것이므로 해서 그의 학교에서 활용되고 있던 학습교재일 가능성을 배제할 수는 없으나 연대 추정의 결과는 고대 말기에 출간된 다양한 학습 자료들의 편찬본인 것으로 드러나고 있다.『대낭송집』은 Quintilianus적인 교육지침과는 상당한 차이를 보여주는 것이지만 현재 학계에 알려져 있는 단 하나의 온전한 라틴 법정 낭송집이라 할 수 있다.

마의 교육은 이 저술의 지침들에 준하여 말하기·읽기·쓰기 그리고 비판적인 듣기의 능력을 결합시킴으로써 언제 어떠한 주제에 대해서라도 효과적인 능변을 실연할 수 있는 웅변가(orator, 오라토르)를 양성하기 위한 이론 및 실습체계를 구비하게 된다. 퀸틸리아누스는 사회 공동체의 도덕적 토양으로서의 수사교육의 가치를 강조하였다. "저의 목표는 완벽한 웅변가의 육성에 있습니다."[4] 그에 따르면 진리라는 대의(大義)와 공평무사한 통치를 추구하는 웅변가는 그 정의(定義)에 있어 단지 능변의 기술을 터득한 자만이 아닌 윤리적 품성을 구유한 인격이어야 했다. 그가 가졌던 이러한 발상은 고대 수사학의 전개과정에 있어 혁명적인 교의의 하나로 비쳐질 수가 있다. 『고르기아스 *Gorgias*』와 『파이드로스 *Phaidros*』를 통하여 플라톤(Platon)이 제시했던 진리만을 말하는 웅변가의 이상이 현실석으로 결정적인 반향을 일으키지 못했고, 아리스토텔레스(Aristoteles)의 『수사학 *Technēs rētorikēs*』이 이 학문의 윤리적 성격을 도구적인 언표의 기술이 아닌 운용자 인간에 귀속시킴으로써 수사기술의 가치중립성을 설파했던 상황에서, 퀸틸리아누스의 수사학은 일면 키케로에 의한 로마 전대의 이론적 체계를 본받으면서도 보다 나은 자치 공동체를 지향한 이소크라테스(Isocrates)적 정의(正義)의 개념을 넘어서는 총체적인 도덕 웅변교육을 주창하고 있는 듯 보이는 것이다.

퀸틸리아누스가 『웅변가 육성론』을 집필했던 것으로 추측되는 기원 95년은 새로운 도덕 수사학 이론을 제시하기에는 여러모로 어려운 시기였다. 선대의 키케로가 살았던 서기전의 공화국은 자유로운 사상의 표현을 장려했으며 정의로운 통치를 위한 견제와 균형의 장치들이 인간의 자의가 아닌 정교하게 고안된 법률들에 힘입어 가동되고 있었으나 수사학의 발전에 기여했던 이와 같은 사회적 정황들이 퀸틸리아누스의 시대에까지 보전될 수는 없었다.

---

4) Quintilianus, *Institutio oratoria*, 1.pr.8.

II. 시대적 배경

플루타르코스(Plutarchos)에 따르면 키케로는 안토니우스(Marcus Antonius)와 옥타비아누스(Octauianus Iulius Caesar)에 의한 살생부 처형에 직면하여 다음과 같이 외쳤다고 한다. “이 몸과 함께 공화국이 사멸하는도다.”[5] 키케로가 지녔던 그 대단했던 자부심을 인정한다 하더라도 이러한 그의 말 속에는 적어도 얼마간의 진실이 살아 있었던 듯하다. 키케로는 로마 공화정 최후의 탁월한 자유 웅변가였다. “위대한 웅변은 마치 화염과도 같이 불쏘시개와 얼려 불붙는다. 그것은 화염의 율동과 함께 강렬해지고 거칠게 타오르며 빛을 더해간다.”[6] 코르넬리우스 타키투스(Publius Cornelius Tacitus)의 비유방식에 빗대자면, 로마의 웅변술은 공화국의 몰락과 함께 불쏘시개를 잃었으며 기원 1세기에 나타난 로마 수사학의 쇠퇴는 직접적이거나 간접적인 층위에서 정치적 자유의 상실, 사회 전반의 도덕적 해이, 제국의 팽창 및 이에 따른 사회구조적 복잡성의 증대와 같은 요인들로부터 유래하는 것이었다.

그렇다면 이와 같은 웅변술의 쇠퇴기에 수사학이 로마 교육 제1의 교과과정이 되었다는 것은 다소 역설적인 일이 아닐 수 없다. 제국은 티베리우스 황제의 집권기로부터 하드리아누스 황제의 치세가 막을 내리는 라틴문학의 ‘은 시대’에 광범위한 중앙집권적 통치체제를 완비하게 된다. 이 시기는 수에토니우스(Gaius Suetonius Tranquillus)의 『황제들의 생애 *De uita Caesarum*』에 등장하는 12인 가운데 처음의 두 사람을 제외한 10인의 황제 및 이른바 5현제(五賢帝)에 속하는 네르와(Nerua), 트라야누스(Traianus), 하드리아누스(Hadrianus) 황제의 통치기간을 가리키며[7], 티베리우스(Tiberius) 황

---

5) Plutarchos, *Cicero*, 40.29.

6) Publius Cornelius Tacitus, *Dialogus de oratoribus*, 36.

7) ‘처음의 두 사람’이란 Iulius Caesar와 Augustus를 의미하므로, 결국 Tiberius,

제 이전의 제국 초기가 미숙하고 결속력이 약하지만 상대적으로 창발성이 잔존했던 시기였던 데 비해, A.D. 14~138의 제국은, 특히 실용적인 기술들과 관련하여 구조적이며 원숙미가 제고된 일면 인위적인 색채의 문명을 일궈냈다. 그래서 예컨대 우리가 이 시기에 쓰여진 대(大)세네카(Marcus Annaeus Seneca)의 『법정 변론 연습집 *Controuersiae*』이나 타키투스의 『웅변가들의 대화 *Dialogus de oratoribus*』[8] 혹은 페트로니우스(Gaius Petronius Arbiter)의 『사튀리콘 *Satyricon*』을 일별해보더라도 공화정 로마의 문화를 특징지웠던 고도의 기예적 창발성보다도 정치하고 세련된 것들인 만큼 자연스러운 순수성을 상실해가고 있는 일탈된 수사학의 면모들을 간파해낼 수가 있는 것이다.

새로이 성립한 제국의 조건들은 청빌직인 웅변술의 발선을 뒷받침해줄 수 없었다. 연설의 길이뿐만 아니라 변론가들의 숫자, 법정 심리(審理)의 기간들이 축소되었고 웅변가들은 연설의 기회가 주어질 때마다 황제의 심기를 거스르지나 않을까 노심초사해야만 했다. 과거의 역동적인 주제와 쟁점들은 대부분 자취를 감춘 지 오래였으며 군주의 독재권은 명목상의 자치적 공화정체를 부단히 잠식해 들

Caligula, Claudius, Nero, Galba, Otho, Vitellius, Vespasianus, Titus, Domitianus에 이르는 10인의 황제를 지칭하는 것이며, 5현제란 주지하다시피, Nerua, Traianus. Hadrianus, Antoninus Pius, Marcus Aurelius 황제를 가리킨다.

8) Quintilianus의 『타락한 능변의 원인』이 소실되어 있는 상황에서 기원 1세기 로마 웅변술의 부패상을 가장 신빙성 있게 전해주고 있는 A.D. 97년 무렵의 작품이다. A.D. 75년을 배경으로 삼고 있는 키케로적인 대화체의 형식은 키케로주의로의 복귀를 설파했던 스승 Quintilianus의 영향을 반영하고 있는 듯이 보이지만 논의를 이끌어가는 역사가다운 현실 감각은 도덕적인 웅변가의 이상 속에서 수사의 미래를 낙관하고 있는 Quintilianus의 태도와는 사뭇 대조적인 모습으로 드러나고 있는데, 대화의 배경이 Quintilianus의 저작들이 출간되기 전인 서기 75년으로 설정되어 있음인지 아쉽게도 스승에 대한 직접적인 언급은 이루어지지 않고 있다. 일반적으로 학계에서는 기원 1세기의 시대정황에 대한 객관적인 인식이 Tacitus, Suetonius, Iuuenalis로 이어지는 급진노선과 Quintilianus, Martialis, 소(小)Plinius가 공유했던 보수 온건노선 사이에서 적절한 균형을 이루어야 한다고 본다.

었다. 제국의 통치구조적 요구와 자유로운 의사소통에 바탕을 둔 시민자치의 이념은 로마에서 양립할 수 없는 이율배반처럼 되었다. 이러한 결과 초기의 공화국에서 배양되었던 다채로운 자치의 관행들이 보편적인 상실의 길로 접어들기 시작했으며 이에 대한 창발적 수사술의 생성을 가능케 할 사회・정치적 제조건들은 더 이상 로마인의 삶이 지닌 특징들이 될 수 없었다.

상기한 시대적 맥락을 고려했을 때, 『웅변가 육성론』은 획기적이고도 급진적인 저술로서 평가될 수 있을 것이다. 이 저작 속에 드러나 있는 퀸틸리아누스의 논증들은 당시의 로마 지성인들이 마땅히 해야 했지만 하지 못하고 있던 잠재적인 위험성을 지닌 것들이었다. 그가 그 어떠한 동시대의 예시들도 활용하지 않고서 가상의 독자인 교사들[9])로 하여금 전대의 위대한 도덕적 웅변가들에 관심을 기울이도록 이끌고 있는 점은 주목할 만한데[10]), 그것은 모름지기 당시의 전제적인 통치의 분위기를 나름의 방식으로 감안했던 소치가 아니었나 짐작된다. 이와 같은 암시는 실제의 독자들에게도 명백한 의미의 전달을 이루었을 것이다.

퀸틸리아누스가 우리에게 말해주고 있는 것은 이후 5세기 동안

---

9) 『웅변가 육성론』이 현장 교사들의 각별한 관심을 불러일으킬 풍부한 내용을 지니고 있었기에 이 저술을 직접 통독했을 유일한 독자들은 교사들이었을 것으로 여겨진다. Quintilianus는 그가 가진 진취성이 진가를 인정받고 있지 못하다고 생각하는 당대의 교사들을 매료시키기에 부족함이 없었는데, 다음의 논고들은 Quintilianus의 그와 같은 면모에 초점을 맞추고 있다. C. E. Bennett, "An Ancient Schoolmaster's Message to Present-Day Teachers," *Classical Journal* 4 (1909); G. J. Lang, "Quintilian the Schoolmaster," *Classical Journal* 15 (1920), pp.513~534; P. L. Carver, "Quintilian's Approach to Literature," *University of Toronto Quarterly* 7 (1937), pp.77~94; C. E. Little, *Quintilian the School Master*, 2 vols. Nashville: George Peabody College for Teachers, 1951; J. F. Leddy, "Tradition and Change in Quintilian," *Phoenix* 7 (1953), pp.47~56.

10) 『웅변가 육성론』의 제10권은 언제 어디에서든 자유자재로 자신의 견해를 펼쳐 보일 수 있는 능변의 능력(facilitas)을 논의하면서 선대 웅변가들의 변론 분석에 많은 지면을 할애하고 있다.

직접적으로 로마인의 세계를 지배했으며 이후 현재에 이르기까지 서구 유럽의 문화 형성에 지대한 영향력을 행사했던 사회 공동체의 수사교육적 정황이다. 퀸틸리아누스의 『웅변가 육성론』은 고대 수사학의 이론체계뿐만이 아니라 로마의 수사학이 교수되었던 있는 그대로의 방식을 전해주고 있는 점에서 간과할 수 없는 학문적 가치를 지닌다. 이러한 문제들에 관한 한, 현대의 우리들에게 그토록 방대하고도 세밀한 백과사전적 해명을 남기고 있는 고대세계의 작가는 확실히 찾아볼 수 없는 것이다.

III. 생애

> 퀸틸리아누스, 그대 방황하는 젊음의 인도자여,
> 퀸틸리아누스, 로마식 토가의 자랑스런 영예여.[11)]
>
> 진중한 퀸틸리아누스의 풍부한 언어들 속에는
> 지극히 올바른 규칙들과 지극히 명료한 기법들이
> 영묘한 조합을 이루고 있다.[12)]

전자는 동시대 풍자시의 대가였던 마르쿠스 발레리우스 마르티알리스(Marcus Valerius Martialis)의 표현법이며 후자는 영국의 신고전주의 시인 알렉산더 포우프(Alexander Pope, A.D. 1688~1744)가 그를 두고 평했던 말이다.

퀸틸리아누스는 A.D. 30~40 스페인의 로마 자치시 칼라구리스

---

11) Marcus Valerius Martialis, 2.90.1~2: Quintiliane, uagae moderator summe iuuentae, Gloria Romanae, Quintiliane, togae.

12) Alexander Pope, *An Essay on Criticism* III. pp.110~111.

(Calagurris; 지금의 Calahorra)에서 태어났다. 로마의 문명은 다른 지역보다도 일찍 그리고 훨씬 강력하게 이베리아 반도에 침투해 들었던 것 같다. 그래서 예컨대 퀸틸리아누스가 로마식 문법학교(schola grammatica)에서 배웠을 그 이전 시기에 호라티우스(Quintus Horatius Flaccus)는 스페인 지역의 로마식 교육기관의 존재를 증언해주고 있다.[13] 칼라구리스는 주도인 타라코(Tarraco; 지금의 Tarragona)에 버금가는 중심지였기 때문에 퀸틸리아누스는 그곳에서 초년기의 교육을 마쳤으리라 여겨진다. 그러나 A.D. 50년 무렵 역시 수사가로 활동했던 그의 아버지는 보다 나은 교육을 위해 아들을 제국의 중심, 로마로 데리고 간다.[14]

로마에 온 스페인 출신의 이 소년은 여러 교사들과 웅변가들의 영향을 받았던 것으로 보인다. 라틴 문학 최고의 풍자시인이며 그의 제자이기도 했던 유웨날리스(Decimus Iunius Iuuenalis)가 전하는 바에 따르면 퀸틸리아누스는 당대의 유명한 교사였던 팔라이모니우스(Remmius Palaemonius)로부터 그리스어와 라틴어의 문법교육을 받았던 것으로 보이며[15], 집정관(執政官, consul)이라는 로마의 고위 관직에 있었던 명망 있는 웅변가 도미티우스 아페르(Domitius Afer) 밑에서 기예를 닦았다.[16] 퀸틸리아누스는 깊은 존경심을 가지고 스

---

13) Quintus Horatius Flaccus, *Carmina*, 2.20.19.

14) 낭송법의 연습 중에 아버지가 꾸며내었다고 하는 말장난(*Inst*. 9.3.73)으로 미루어 Quintilianus의 아버지 또한 수사학자였을 가능성이 크며 할아버지 또한 그러했던 것 같은데, 그 이유는 대(大)Seneca의 『법정 변론 연습집』이 로마에서 활동하고 있던 'Quintilianus'라는 이름의 나이 든 수사학자를 언급하고 있는 바(*Controuersiae*, 10.pr.2), 이 사람을 Quintilianus의 아버지로 추정할 수는 없는 일이기 때문이다.

15) Decimus Iunius Iuuenalis, 6.452~453.

16) Quintilianus는 Afer를 만나기 이전 잠시 동안 Verginius Flauus에게 사사하며 낭송법을 공부하고 있었는데(*Inst*, 11.3.126), 현직 변론가로서 왕성한 활동을 펼치고 있던 Afer의 선택은 우리로 하여금 수사학교의 존경받는 교사보다는 법률가로서의 입신양명을 꿈꾸고 있던 청년 Quintilianus의 실리적인 성향을 읽어낼 수 있게 한다.

승을 따랐으며, 당시 학생들 사이의 교재로 그가 내놓은 『증거론』이 일반적인 인기를 누리고 있었다고 증언하고 있다.[17] 퀸틸리아누스는 아페르 외에도 율리우스 아프리카누스(Iuilus Africanus), 세르윌리우스 노니아나스(Seruilius Nonianas), 갈레리우스 트라칼루스(Galerius Trachalus), 위비우스 크리스푸스(Vibius Crispus), 소(小)세네카(Lucius Annaeus Seneca), 율리우스 세쿤두스(Iulius Secundus) 등을 수련시절 그가 모방의 대상으로 삼았던 웅변가의 전형들로 소개하고 있다.

A.D. 59년 아페르가 사망한 뒤, 퀸틸리아누스는 네로 황제의 치하에서 활력을 잃는 로마의 법정을 떠나 에스파냐로 돌아갔고 이후 8년 동안 변호사로 일하며 수사학 교사직도 겸했던 것으로 생각된다. 그는 고향 칼리구리스에서의 경력을 밝혀줄 확실한 기록이 선하지 않음에도 불구하고 당시 타라코넨시스(Tarraconensis)로 불렸던 에스파냐 속주의 총독 갈바(Seruius Sulpicius Galba)와 연분을 쌓게 되었음이 분명한데, 왜냐하면 A.D. 68년 가을, 술피키우스 갈바 장군이 네로(Nero, 재위 A.D. 54~68)의 폭정 종식을 명분으로 황제임을 선포하고 로마로 진군해 들어왔을 때, 퀸틸리아누스는 이미 그의 보좌관 대열에 합류해 있었기 때문이다.[18]

갈바 장군과의 인연은 이후 채 1년도 지나지 않아 속주 루시타니아(Lusitania)의 총독(proconsul) 오토(Marcus Saluius Otho)와 라인 군단의 총사령관 위텔리우스(Aulus Vitellius)가 잇달아 황제로 등극하는 극심한 권력투쟁의 혼란 속에서 불길한 운명의 시험을 겪게 되지만 퀸틸리아누스의 생존과 신분적 위상은 별다른 위태로움에 처하지 않는다. 로마에 온 그는 곧바로 변론가 및 웅변술 교사로서의 활동을 재개한 것으로 보이며, 법정 변론가의 직무를 본업으로 하

17) Quintilianus, *Institutio oratoria*, 5.7.7.

18) Gaius Suetonius Tranquillus, *Galba*, 10.2; St. Hieronymus, *Chronicon*, s.v. 68. Suetonius에 따르면, Galba는 스스로가 황제임을 선포하자마자 타라코넨시스 속수의 유지들로 구성된 원로원과 유사한 자문기관을 출범시켰다고 한다.

는 상황에서 소송사건의 수가 줄어들 경우에 교육비의 수입으로 생계를 보충했던 것 같다. 그가 변론을 맡았던 법률 소송 가운데 현전하는 기록은 다음의 두 사례로 한정되는데, 그 첫째는 나이위우스 아르피니아누스의 변호였고, 두 번째는 티투스(Titus) 황제의 연인이었던 유대의 공주 베레니케(Berenice)의 법정 변론이다. 나이위우스 아르피니아누스의 변호에 있어 쟁점이 되었던 것은 피고인 아르피니아누스가 자신의 아내를 창밖으로 밀쳐 죽게 했는지 아내 자신이 투신하였는지의 문제였으나 명쾌한 판결이 이루어지지는 않았으며, 베레니케의 변론에서는 공주 자신이 스스로에 대한 소송사건에서 재판관의 역할까지를 겸하고 있다.

A.D. 69년 12월 기사계급 출신의 유대 군단 사령관 웨스파시아누스(Vespasianus, 재위 A.D. 69~79)가 네로 사후의 황제권 쟁탈전에서 최종의 승자로 부상, '율리우스—클라우디우스(Iulius—Claudius) 왕조'를 계승할 '플라위우스(Flauius) 왕조'의 개창자가 된다. 71년 봄, 웨스파시아누스는 황제의 칙령으로 네로 시절의 타락과 부패를 청산하고자 통치체제와 사회·문화 전반에 대한 일련의 개혁 프로그램을 시행하게 되는데,[19] 이때에 퀸틸리아누스는 국고의 재정적 후원을 받는 유일한 라틴어 수사학 교사로서 전대미문의 혜택을 입게 되며,[20] A.D. 87년에는 도미티아누스(Domitianus, 재위 A.D. 81~96)

19) 플라위우스 왕조의 개혁정책에 대해서는 M. P. Charlesworth, *Cambridge Ancient History* XI (Cambridge, 1936)의 p.13 및 p.36 이하 그리고 M. A. Woodside의 "Vespasian's Patronage of Education and the Arts," *Transactions and Proceedings of the American Philological Association* 73 (1942), pp. 123~129를 참조하라. Léon Homo는 *Vespasien* (Paris, 1949)의 p.353에서 Quintilianus가 묘사하고 있는 동시대의 정치, 사회적 여건들에 주목하고 있다.

20) St. Hieronymus는 『편년사 *Chronicon*』에서 A.D. 88년 Quintilianus가 국고의 후원을 받는 최초의 수사학 교사로 임명됨으로써 커다란 명성을 떨치게 되었다고 기록하고 있지만, 그러한 인사가 Vespasianus 황제(재위 A.D. 69~79)에 의해 단행된 것인 이상(Suetonius, *Vespasianus*, 18), 거의 불가능한 일로 여겨지고 있다. 당시 Quintilianus에게 책정된 연봉은 100,000 세스테르티우

황제에 의해 제국 웅변가 학교의 수장으로 임명됨으로써 A.D. 71~92에 이르는 20여년에 걸쳐 로마의 공교육을 주관하게 된다. 우리는 웨스파시아누스 황제가 당대에 위세를 더하고 있던 낭송법 전문가(declamator)들이나 밀고자(delator)들 대신에, 키케로의 연설들을 전범으로 삼아 수사술의 건전하고 유용한 현실적용에 관심을 두고 네로 치하에서 융성했던 소(小)세네카 류의 장식적이고 과시적인 문체를 웅변술의 퇴조로 여기고 있었던[21] 퀸틸리아누스를 공직에 등용했던 것을 변화에 대한 시대적 요청에 부응하고자 했던 간과할 수 없는 정책적 배려로 간주할 수 있을 것이다. 퀸틸리아누스는 여생이 다하도록 웨스파시아누스와 그의 두 아들로서 연이어 아버지의 황제권을 계승한 티투스(Titus, 재위 A.D. 79~81), 도미티아누스 황제에 충성을 다하였는데, 그의 제자 명부에는 소(小)플리니우스(Gaius Plinius Caecilius Secundus)와 유웨날리스(Iuuenalis), 수에토니우스(Suetonius), 타키투스(Tacitus) 그리고 플라위우스 황실의 자제들뿐만이 아니라[22] 이른바 5현제의 한 사람인 하드리아누스(Hadrianus)

스 정도로서(Suet. *Vesp.* 18), Augustus 황제의 손자들을 가르치는 내가로 Verrius Flaccus가 받았던 보수와 맞먹는 수준이었으나(Suet. *Gramm.* 17) 스승이기도 했던 Palaemonius가 개인 문법교사로서 받았던 수업료의 1/4 그리고 3세기 전반의 아프리카 속주 총독이 받았던 녹봉의 1/10에 해당하는(*ibid.*, 23; Dio Cassius, 79.22.5) 그다지 많지는 않은 액수였다. 그 결과 그가 교육비를 수령했다는 기록이 남아 있음에도 불과하고(Iuuenalis, 7.186~187) 그의 학교는 선별된 엘리트를 위한 소규모의 시설을 갖출 수밖에 없었던 것 같으며, 그 자신도 지나치게 많은 학생들로 구성된 학급과 교육비에 대한 탐욕스러운 관심을 경계하고 있다(*Inst.* 1.2.15, 10.5.22, 12.11.14).

21) Quintilianus, *Institutio oratoria*, 10.1.125~126.

22) 『웅변가 육성론』의 4장의 서문에서 Quintilianus는 자신이 황위의 상속자들을 가르치게 된 경위를 설명한다. 때는 모름지기 A.D. 94년경으로 추정되며 황위의 상속자들이란 Domitianus 황제가 양자로 삼은 질녀 Domitilla의 두 아들이었음에 틀림이 없다. Domitilla는 Flauius Clemens와 결혼하여 두 아들을 보았던 것인데, Flauius Clemens는 그 자신이 집정관으로 있으면서 Quintilianus의 집정관 표장 수여를 주선했던 배후의 인물이었던 것 같으며(Ausonius, 20.7), Quintilianus가 말하는(*Inst.* 6.pr.13) 자신의 아들을 입양해간 집정관이란 이 Clemens를 가리킬 가능성이 적지 않다. 그러나 Clemens의 이

황제와 같은 서양문화사에 있어 명예로운 지위를 확보하고 있는 다수의 인물들이 포함되어 있다. 유니우스 유웨날리스에 따르면 퀸틸리아누스는 수사학 교사로서의 명성으로 말미암아 당시의 지식인들이 고된 노력에도 불구하고 턱없이 적은 보수를 받았던 데 비해 많은 특권과 커다란 부를 향유할 수 있었다고 한다.[23]

마르쿠스 파비우스 퀸틸리아누스는 A.D. 84년 결혼하여[24] 85년과 86년에 각각 두 아들을 보았으나 『웅변가 육성론』 제6권의 서문에서도 밝히고 있듯이, 19세의 젊은, 그의 표현을 빌자면, 딸 같은 나이에 죽은 그들의 어머니를 따라 곧이어 아들들도 세상을 떠났다. 퀸틸리아누스는 A.D. 92년 무렵, 그 자신의 표현을 빌면, "지금까지 20년 동안 젊은이의 교육에 쏟아부었던 노고에서 벗어나 여가와 안식을 얻기 위하여"[25] 제국 웅변술 학교의 수장직에서 물러나게 된다. 도미티아누스 황제로부터 전직 집정관의 표장(ornamenta consularia)을 수여받은 그는 어쩌면 교육개혁에 뜻을 둔 황제의 명을 받들어 A.D. 95년경 총 12권에 달하는 역저 『웅변가 육성론』을 완성하기에 이른다.[26] 이후의 생애에 대해서는 알려지고 있는 바가 없으나 아

름은 『웅변가 육성론』의 어디에서도 발견되지 않는 바, 그것은 아마도 그가 '유대적 무신론자'라는 당시로서는 예외적인 죄명으로 사형에 처해지고 아내인 Domitilla 역시 판다타리아의 유배형에 처해지는(Dio Cassius, 67.14.1~2) 비극을 맞이했던 때문이 아니었나 싶다. '유대적 무신론자'라는 죄목은 사실상 두 부부가 가지고 있던 '그리스도교 신앙'을 의미하고 있었던 것으로 보이는데, 황족에 대한 이와 같은 징계는 Tacitus와 Suetonius, Iuuenalis가 한 목소리로 혐오하여 마지않았던 Domitianus 황제의 가혹한 폭압통치를 여실히 입증해주고 있다.

23) Iuuenalis, 7.188 이하.

24) 40대의 Quintilianus가 배필로 삼은 딸 같은 나이의 이 여성은 법무관의 동생이었다고 전하는데(*Inst.* 6.pr.13), 그 당시 법무관직에 있었던 인물들 중에는 Quintilianus가 『웅변가 육성론』을 헌정했던 제자이자 후원자 Marcellus Vitorius가 들어 있었던 바(Statius, *Siluae*, 4.4.59~60), Quintilianus는 결국 제자의 어린 여동생과 혼인에 이르게 되었던 것 같다. Marcellus Vitorius는 A.D. 105년 Traianus 황제의 치하에서 집정관직에 오르게 된다.

25) *Institutio oratoria*, 1.pr.1.

마도 전제적이었던 도미티아누스 황제가 황실 노예의 손에 살해당함으로써 플라위우스 왕조 또한 종말을 고했던 A.D. 96년 즈음 영면에 들었던 것으로 추측되고 있다.[27]

IV. 『웅변가 육성론』[28]과 로마인의 수사교육

퀸틸리아누스가 활동했던 시기의 고대 수사학은 이론・교육・실

---

26) 저작의 분량에 비할 때, 저술에 소요된 시간은 2년여의 비교적 짧은 기간이었는데, 죽음에 대한 예감이 아마도 힘겨운 작업을 서두르게 만들었던 것 같다. Quintilianus, *Institutio oratoria*, 2.12.12, 6.pr.2; *Ep. ad Tryph.* 1 참조. R. G. Austin은 *Quintiliani Institutionis Oratoriae Liber XII* (Oxford, 1948)의 pp.27~31에서 퀸틸리아누스가 조속한 저술 출간의 압박을 받지만 않았더라면 보다 훌륭한 결과물을 남길 수 있었을 것이라 추측하고 있다.

27) 소(小)Plinius는 A.D. 97년 말 쓰여진 한 편지 속에서 Quintilianus를 이미 유명을 달리한 스승으로 묘사하고 있다. Plinius, *Epistulae*, 2.14.9.

28) 『웅변가 육성론』의 유일한 완역본은 H. E. Butler의 *The Institutio oratoria of Quintilian*, 4 vols. Cambridge: Harvard University Press, 1921이시만 텍스트의 개정이 이루어지고 있는 M. Winterbottom의 *M. Fabi Quintiliani Institutionis Oratoriae Libri Duodecem*, 2 vols. Oxford: Clarendon Press, 1970에 준한 보완이 요구되고 있다. 주해서로는 제1권에 대한 F. H. Colson의 *Quintilian's Institutio Oratoria, Book I*, Cambridge: Cambridge University Press, 1924와 제10권에 대한 William Peterson의 *M. Fabi Quintiliani Institutionis Oratoriae Liber Decimus*, Oxford: Clarendon Press, 1891, 제12권에 대한 R. G. Austin의 *Quintiliani Institutionis Oratoriae Liber XII*, Oxford: Clarendon Press, 1948이 있으며, 독일어 주석으로는 제3권에 대한 Joachim Adamietz의 *M. F. Quintiliani Institutionis Oratoriae Liber III*, Munich: Wilhelm Fink, 1966이 있다. Jean Cousin의 *Quintilien, Institution oratoire*, 7 vols. Paris: Les Belles Lettres, 1975~80은 신빙성이 떨어지는 텍스트를 활용하고 있는 문제점을 안고 있으며, 초기의 *Études sur Quintilien* (Paris, 1936)에 의존하고 있는 번역과 각주들에 대해서는 각별한 주의를 기울일 필요가 있다. 『웅변가 육성론』의 전반에 대한 석의(釋義)를 시도하고 있는 Charles E. Little의 *Quintilian the School Master*, 2 vols. Nashville: George Peabody College for Teachers, 1951과 George A. Kennedy, *Quintilian*, New York: Twayne Publishers, 1969 또한 참고할 만한 자료들이다.

천이라는 3가지의 양상을 드러내고 있었다. 수사학은 힘겨운 사고의 과정을 수반하는 지성적 체계로서 오늘날의 학문적 주제들이 그러하듯 방대한 문헌 조사의 과제를 부과하는 훈련이자 교육이었으며, 그 출생의 이유가 말해주고 있는 것처럼 어느 정도까지는 타자를 제압하거나 타자에 영향력을 행사하고자 하는 정치가·법률가들의 권력 확보 수단이자 무기와도 같았다. 퀸틸리아누스는 이러한 양상들에 대처할 수 있는 충분한 자질과 소양을 갖춘 인물이었다. 그는 당대 최고의 수사 이론가이자 탁월한 교육자였고 정치적 웅변가로서의 입지를 허용하지 않는 시대적 정황 속에서 법정 변론가로서의 명성을 드높였으며 직업적인 성공의 관건이 되는 다양한 현실적 요소들에 날카롭게 깨어 있었다. 퀸틸리아누스의 『웅변가 육성론』에는 이 3가지의 양상이 밀접한 상호 결연을 이루고 있다. 비록 실천적인 양상이 그다지 부각되어 있지 않고 따라서 이 고대의 역작을 통하여 우리가 대면하게 되는 그가 법률가로서의 퀸틸리아누스라기 보다는 수사 이론가이자 수사학 교사로서의 퀸틸리아누스라고 할지라도 말이다.

제1권의 서문 속에서 퀸틸리아누스는 지인들로부터 오랫동안 수사학 교재를 집필해보라는 권유를 받아왔으나 이미 다수의 저작들이 나와 있지 않느냐는 이유로 거부의 의사를 표명해왔음을 밝히고 있다. 그리고 여기에 대해서 그들은 전대의 작가들이 펼쳐보이고 있는 다양한 관점 사이에서의 선택이 결코 쉽지 않은 것이기 때문에 설령 독창성 확보의 어려움이 있을지라도 그들의 의사결정에 도움을 줄 새로운 저작이 필요로 되는 것이 아니겠느냐는 반응을 내비쳤다고 한다.29) 이와 같은 서술은 우리로 하여금 『웅변가 육성론』에 대한 퀸틸리아누스의 기획 의도를 짐작할 수 있게 한다. "저는 과거의 그 어떤 학파에도 광적으로 매달리지 않으며 독자들에게 가능한 폭넓은 선택의 기회를 제공하는 것이 바람직하다고 생각합니

29) Quintilianus, *Institutio oratoria*, 1.pr.1~2.

다. 저는 여기에 이론적 권위를 가진 다수의 견해들을 취합해 놓았는 바, 창발성의 여지가 없는 곳에서 성실성의 찬사를 받게 된다면 더 이상 바랄 나위가 없을 것입니다."30) 퀸틸리아누스는 따라서 자기 자신의 새로운 이론체계를 만들어내지 않았으며 특정한 어떤 권위에 복속하지도 않았다. 그는 기존 학설의 토대 위에서 수사의 논의를 전개하였다. 쟁점들이 발출되면 선대 이론가의 입장들을 열거하고서는 그들 가운데서 해결방안을 모색하였다. 그의 성향은 일반적으로 보수적이라 할 수 있었으며 다채로운 관점들이 경합을 이루는 곳에서는 창의성은 풍부하지만 일탈의 위험이 있는 혁신가의 이론보다는 널리 유통되는 보편적인 원리·원칙들을 선호하였다.31)

퀸틸리아누스가 이렇게 어떠한 수사학파에도 속해 있지 않음을 가식 없이 토로하기는 했지만 그럼에도 불구하고 무한정의 존경심을 표현했던 하나의 권위가 있었으니 그는 다름 아닌 선대의 자유웅변가 마르쿠스 툴리우스 키케로(Marcus Tullius Cicero)였다. 『웅변가 육성론』의 제3권 1장 20절에서 그는 웅변술의 이론과 실천에 가장 찬란한 광명을 던져준 인물은 확실히 키케로였다고 말하며, 다른 곳에서는 "저는 키케로와 달라지기를 감히 원하지 않습니다"라고 서술한다.32) 키케로의 연설문들은 예증의 형식으로 연거푸 인용되고 있고 수사학에 관한 그의 독자적인 관점들은 끊임없이 확대·재생산되고 있으며 심지어 『착상법에 관하여 *De inuentione*』나 『토피카 *Topica*』와 같은 다소 모호한 성격의 기술적 저작들마저도 놀라우리만큼의 숭경의 태도로 취급되고 있다.

---

30) *Ibid.*, 3.1.22; cf. 2.15.38. George A. Kennedy는 *A New History of Classical Rhetoric*, Princeton: Princeton University Press, 1994의 p.179에서 Quintilianus가 『웅변가 육성론』의 집필에 착수했던 또 다른 동기는 학생들의 강의 필사를 바탕으로 한 비공식적 저술들의 출판이 수사학에 대한 자신의 입장을 만족스럽게 대변해주지는 못한다는 생각 때문이었다고 한다.

31) Quintilianus, *op.cit.*, 3.1.7과 3.4.12를 살펴보라.

32) *Ibid.*, 7.3.8.

퀸틸리아누스는 키케로를 등대로 삼아 때로는 능란하고 때로는 수고롭게 그 자신이 말하길 개선의 여지가 있는 곳에서는 개선을 더하고 전면적인 수정이 필요한 곳에서는 과감한 수정으로 창발성을 드러내었던 선대 수사이론의 미로를 헤쳐 나갔다.[33] 그가 추구했던 해명의 방식은 『웅변가에 대하여 *De oratore*』와 같은 자상한 논증적 대화도, 『헤레니우스에게 바치는 수사학 *Rhetorica ad Herennium*』과 같은 무미한 교조주의도 아니었다. 그의 문장이 키케로의 그것에 비해 가독성이 떨어지는 것은 그가 복잡한 자료들을 처리함에 있어 진지하고도 조심스러운 자세를 잃지 않았기 때문이며, 『헤레니우스에게 바치는 수사학』에 비해 명증성이 덜한 부분이 있다면 그 익명의 저자보다도 더 많은 문헌들을 섭렵하고 더 많은 성찰의 시간을 가졌기 때문일 것이다. 우리는 아래와 같은 퀸틸리아누스의 언표로부터 선대의 전통 수사학에 대한 그의 입장을 간파해낼 수 있다.

저에게 통상의 수사 개론서에서와 같은 규범체계를 요구하거나 학생들에게 일단의 경직된 불변의 준칙들을 제시해줄 것으로 기대하지는 마십시오. … 수사는 그것이 만약 한 가지의 간결한 원리 속에서 구현될 수만 있다면 실로 그 성취가 어렵지 않은 소소한 문제에 지나지 않을 것입니다. 하지만 정작 대부분의 수사 준칙들은 사건 및 사안의 본질이나 시공간적 조건, 필요성의 명령들에 따라 적지 않은 변질의 가능성을 가지고 있습니다. 그러므로 웅변가들이 갖추어야 할 가장 중요한 소양은 정확한 판단력이라 할 수 있는데, 왜냐하면 그는 언제나 다채로운 방식으로 상황이 요구하는 바에 자신을 맞추어가야 하기 때문이지요. … 저는 그러한 준칙들을 따르는 것이 일반적으로 유용할 수가 있다는 사실을 부인하지는 않습니다. 그렇다고 한다면 제가 지금 굳이 펜대를 놀리고 있을 까닭도 없는

---

33) *Ibid.*, 3.1.7.

것이겠지요. 그러나 유용성은 우리에게 또 다른 경로를 제시해줄 수도 있는 것이며, 그러한 경우에 우리는 학문적 권위를 무시하는 한이 있더라도 그러한 경로를 따라가야 할 것입니다. … 저는 우리 젊은이들이 시중에 유통되고 있는 짤막한 수사 개론서 한 권을 통째로 암기하고 있다고 해서 충분한 교육을 받았다고 생각하거나 전문가들이 정리해놓은 법칙들을 가감없이 준수하기만 하면 그 어떠한 곤경에도 빠지지 않을 것이라고 안심하지는 말았으면 합니다. 능변의 기술은 고단한 노력과 지속적인 연구, 다양한 훈련, 오랜 경험, 신중한 사려 그리고 기민한 판단력을 요구하는 힘겨운 과제인 것입니다.[34]

그러나 퀸틸리아누스는 과거사로부터의 결별을 소망할 수도 없었고 소망하지도 않았으며 실제로 선대의 수사학자들에 대한 과도할 만큼의 숭경의 자세를 견지하고 있었다. 간혹 그는 얼마간의 엄격함을 가지고 일부 권위자들의 규칙에 얽매이는 현학 취향을 책망하기도 했지만[35] 전체적으로는 포용력을 잃지 않고 각각의 입장들을 공평무사하게 검토하였다. 퀸틸리아누스는 학자이자 교수였고 다분히 오늘날의 학구적 작가들과 유사한 성격을 지녔던 인물이었다. 그는 박학다식했고 정직했으며 공명정대하였으나 전공분야에 대한 과거의 입장들을 총괄하는 데 지나치게 골몰한 나머지 때로는 나무들에 가려 숲을 보지 못하였다.

『웅변가 육성론』의 골격을 결정하고 있는 것은 연설의 산출과정과 관련한 강단 수사학의 전통적 구분방식이다. 퀸틸리아누스는 착상(inuentio) · 배열(dispositio) · 표현(elocutio) · 기억(memoria) · 발표(actio, pronuntiatio)라는 다섯 부문의 분류법을 수용하여[36] 자신이

34) *Ibid.*, 2.13.1, 2.7.15.

35) 예를 들면, *ibid.*, 1.pr.24, 2.15.37, 3.11.21, 5.14.27, 5.14.31.

36) *Ibid.*, 3.3.1~3.

축적하고 있는 자료들을 항목에 따라 정리하였으나 자신의 저작을 총체적으로 개관할 때에는 착상과 표현을 핵심부문으로 부각시키면서 배열은 착상의 하위부문으로 기억과 실연은 표현의 범주 아래 종속시켰다.[37] 그는 또한 법정연설(genos dikanikon) · 협의(정치)연설(genos symbouleutikon) · 찬양(첨언)연설(genos epideiktikon)이라는 전통 수사학의 3가지 장르 구분을 받아들였으며 고대의 다른 수사가들과 마찬가지로 협의연설과 찬양연설보다는 법정연설의 논의에 보다 많은 주의를 기울였다. 협의연설과 찬양연설은 논의의 주된 부분인 법정연설로 나아가기에 앞선 3권의 설명과정에서 간략하고도 신속한 해명을 얻는다.[38]

퀸틸리아누스의 학문과 상식은 수사학의 기술적 논의를 개론서 이상의 수준으로 고양시키고 있지만 키케로의 영향력이 아니면 그 자신의 사유와 경험에서 비롯된 첨언이나 삽입 구절 속에는 그가 추구했던 모종의 관심이 드리워져 있었다. 키케로의 영향력은 여타의 부분에서 빈번한 언급이 이루어지기도 하는 6권 2장의 각별한 대목에서 두드러지게 나타나는데, 진지한 퀸틸리아누스는 키케로의 불같은 정열을 곁눈질하며 청중에 대한 감성(pathos) 유발과 심리조정의 중요성을 중점적으로 설파해간다.[39]

논증(logos)이란 일반적으로 사건이나 사안 자체로부터 생겨나며 보다 나은 주장을 뒷받침할 보다 강력하고 풍부한 근거들이 제시되기 마련이어서 그러한 방법으로 승리를 쟁취한 소송의 당사자들은 그들의 변론가가 그들의 기대에 어긋나지 않는 논증을 구사했다는 사실을 알게 됩니다. 그러나 재판관의 마음이 그들을 감동시킬 수 있는 호소력을 필요로 하고 그들의 생각이 진실의 숙고로부터 거리

---

37) *Ibid.*, 1.pr.22.
38) *Ibid.*, 3.7, 3.8.
39) Cf. *ibid.*, 3.9.7, 4.2.111ff., 6.1.9~55.

를 띄우려 할 때, 웅변가의 특수한 사명은 드러나게 되는 것입니다. 감성적 동요를 느끼기 시작하는 재판관들에게 해당 사건은 자신의 직접적인 관심 대상으로 되며 감성에 압도당한 재판관들은 진실 규명을 위한 그간의 노력들을 단념하게 되는 것입니다.[40]

키케로의 저작을 익히 알고 있는 독자들은 청중들을 정서적으로 동요시키기 위한 첫 번째의 단계가 그들의 감성 상태와 기분을 스스로 읽어내는 일이라는 퀸틸리아누스의 기술에 별다른 놀라움을 느끼지 않을 것이다. 그런데 기이한 것은 이 대목에서의 퀸틸리아누스가 마치키케로라는 선례를 알고 있지 못하기나 한 것처럼 이와 같은 해명을 이론상의 귀결이 아닌 스스로의 자질과 경험의 소산으로 치부하고 있다는 점이다.[41] 그래서 이러한 그의 생각이 그의 주장에서처럼 독창성을 지니고 있는 것이 아니라면, 그는 어떠한 방식으로든 이론의 내용을 실제적인 경험을 통하여 검증해보았던 듯하다.[42] 퀸틸리아누스는 청중의 정서를 읽어내는 자신의 능력을 그가 과거에 법정 변론가로서 성공할 수 있었던 중요한 요인으로 간주하면서 심지어 변론의 와중에 너무나도 깊은 감동에 휩싸인 나머지 파리한 얼굴로 눈물겨운 슬픔에 사무쳤던 기억이 한두 번이 아니었음을 고백하기도 한다.[43]

퀸틸리아누스는 그러나 역시 키케로의 전범을 따르고 있는 '해학과 기지'에 관한 장황한 해명에 있어서는 감성의 문제에서와 같은 개인적인 확신을 표출시키지 않고 있는데, 일부의 독자들은 이처럼 풍미 가득한 설득의 수단을 동원하기에는 퀸틸리아누스가 일면 지

40) *Ibid.*, 6.2.4~6.

41) *Ibid.*, 6.2.25.

42) Jean Cousin은 *Études sur Quintilien* (Paris, 1936)의 제1권 p.323에서 『웅변가 육성론』의 6.2.28에 등장하는 '불의 비유'가 Cicero, 『웅변가에 대하여 *De oratore*』의 2.190으로부터 유래한 것임을 지적한 바 있다.

43) Quintilianus, *Institutio oratoria*, 6.2.36.

나치게 신중하고 기품을 중시했던 것이 아닌가 여기게 될른지도 모른다. "이 문제와 관련하여 웅변가가 직면하게 되는 가장 큰 어려움 가운데 하나는 익살스런 표현들이 일반적으로 말해서 진실성을 결여하고 있으며 그와 같은 진실성의 결여에는 한결같이 모종의 천박함이 동반될 수 있다는 점이겠습니다."[44] "법정투쟁에 있어 제가 선호하는 것은 완곡한 해학입니다."[45] "선한 웅변가는 그의 모든 언어표현 속에서 품위와 존경심을 잃지 않을 것입니다."[46] 진중한 퀸틸리아누스는 결코 빼어난 익살꾼은 될 수 없었던 것 같다.

하지만 퀸틸리아누스와 키케로 사이에 긴밀한 연속성만이 존재했던 것은 아니다. 그들은 한 가지 측면에서 괄목할 만한 차이를 보여주고 있다. 광범위한 보편 지식에 대한 키케로의 요구는 퀸틸리아누스로부터 단지 제한된 동의만을 얻어낼 수 있었고 철학에 대한 키케로의 열정은 결코 그의 숭배자의 것으로 상속되지 못했다. "웅변가가 철학사조에 헌신을 다할 필요는 없는 것입니다."[47] 퀸틸리아누스에게 수사적 영감의 원천으로서 철학보다도 중요했던 것은 위대한 로마인의 전통이었다.

대관절 그 누가 파브리쿠스(Fabricus)나 쿠리우스(Curius), 레굴루스(Regulus), 데키우스(Decius), 무키우스(Mucius) 등이 그랬듯이 용기와 정의, 충성심, 자제력, 진솔함, 고통과 죽음에 대한 초탈들을 가르칠 수 있겠습니까? 그리스인들이 이론적 규범에 있어 우리를 능가한다면, 우리 로마인들은 보다 큰 가치를 지닌 선한 삶의 모범에 있어 그들을 능가합니다."[48]

---

44) *Ibid.*, 6.3.6.
45) *Ibid.*, 6.3.28.
46) *Ibid.*, 6.3.35.
47) *Ibid.*, 12.2.26.
48) *Ibid.*, 12.2.30.

수사학과 철학의 관계에 대하여 퀸틸리아누스는 어느 만큼은 키케로의 노선을 추종하고 있었고, 수사학과 철학이 본래는 한 몸을 이루고 있었으나 추후에 결별의 길을 걷게 되었고, 그래서 철학이 설파하는 사유들 또한 당연히 웅변가들에 속하는 것들이지만 웅변가들이 안타깝게도 자신의 소유가 되어 마땅한 것을 상실했기 때문에 철학으로부터 착상의 내용들을 빌려오지 않으면 안 되게 되었다는 그의 주장을 받아들였다.[49] 하지만 그렇다고 해서 퀸틸리아누스가 양자의 분열을 원상 복구시킬 의욕을 가졌었다고 말하기는 어려운 일이다. 철학자들에 대한 그의 언급 속에는 예외적이라 할 만큼의 신랄함이 배어 있기 마련이어서 철학자들은 현실의 문제들로부터 동떨어진 몽상가들일 뿐만 아니라 오만불손하고 악의에 찬 위선자들로 묘사되는 경우가 비일비재했다.[50] 따라서 수사학과 철학 사이의 오랜 쟁론이 퀸틸리아누스의 시대에 들어 한층 불거지는 듯한 인상을 받게 되기도 하는데, 이것은 한편 그의 시대에 이르러 철학의 성격이 상당한 변모를 이루었던 까닭에 기인하는 것이기도 했다. 키케로가 『웅변가에 대하여 *De oratore*』를 집필할 무렵, 철학자들은 반은 전문 교사이고 반은 훈계자와 같은 역할을 수행하고 있었으나 이제 그들은 순전한 훈계자가 되어 있었고 총체적인 헌신을 요구하면서 문예와 교양을 하찮은 기분전환 거리 정도로 격하시키는 경향이 있었다. 수사가들에게 그들은 자신의 학교로부터 학생들을 빼앗아가는 달갑지 않은 경쟁자들로 비쳐지기 쉬웠다. 퀸틸리아누스는 수사학의 교육과정을 지나치게 난해하다고 생각하고 턱수염을 기르며 철학 학파가 개설해놓은 속성과정을 이수하고는 사악함을 감추기 위한 망토와도 같이 우월감의 풍모를 과시하곤 하는 당대의 철학자들을 경멸하고 있지만[51], 그러한 구절 속에 일말의 경

---

49) *Ibid.*, 1.pr.11~17, 10.1.35, 12.2.5~9.

50) *Ibid.*, 1.pr.15, 5.11.39, 11.1.33, 11.1.35, 12.2.6~9.

51) *Ibid.*, 12.3.12. 철학자들에 대한 Quintilianus의 태도에 관해서는 *ibid.*, 1.pr. 9~18, 5.11.39, 10.1.35 그리고 12.2.6~8을 참조하라.

계심이 투영되어 있지 않은 것은 아니었다.52) 설상가상으로 철학자들이 제국의 공적인 사안들에 대하여 적극적인 의사개진에 나서는 경우란 거의 찾아볼 수 없었다. 트라세아(Publius Clodius Thrasea Paetus)는 원로원에의 등원을 거부했고 도미티아누스 황제는 웨스파시아누스 황제에 이어 두 번째로 철학자들에게 국외 추방령을 내렸다.53) 황실 자제들의 개인 교수이자 '지혜로운 로마인'(Romanus sapiens),54) 다시 말해서 제국의 공적 생활에 일익을 담당하는 유능하고 선한 로마 시민55)을 이상으로 삼고 있던 수사학의 옹호자가 친화력이란 털끝만큼도 찾아볼 수 없는 동떨어진 세계관의 소유자들에게 연민의 정을 느끼며 포용력을 발휘하기란 현실적으로 어려운 일이 아니었을까 싶다.

표현법(lexis, phrasis, elocutio, dictio)의 논의에서 우리가 대면하게 되는 퀸틸리아누스는 뚜렷한 사명감을 가지고 과도한 장식성으로 품격의 저하를 가져온 당대의 문체에 대하여 과거의 건전하고도 순수한 척도들을 되살리기에 여념이 없는 노련한 교사로서의 퀸틸리아누스이다. 그는 전대에 나타났던 관습적인 문채(文彩)들의 활용기

---

52) 논자는 경계심의 주체를 철학자들로 이해한 R. G. Austin의 입장을 유감스럽게 생각한다. *Quintiliani Institutionis Oratoriae Liber XII* (Oxford, 1948)의 p.16에서 Austin은 철학자들이 교육에 있어서의 기득권을 상실하지나 않을까 염려하고 있었다고 설명하고 있지만 기득권을 확립하고 있었던 쪽은 확실히 Vespasianus 황제에 의한 국고의 지원과 Domitianus 황제에 의한 제국 웅변술 학교의 설립으로 지위의 향상을 구가하고 있던 수사학 진영이었다.

53)J. M. C. Toynbee, "Dictators and Philosophers in the First Century A.D.," *G. & R.* 13 (1944), pp.45~58. Quintilianus는 Flauius 왕조의 철학계 탄압조치에 대하여 어느 만큼은 공명하고 있었다. E. G. Sihler, "Quintilian of Calagurris," *A. J. P.* 41 (1920), p.209 참조. 『웅변가 육성론』의 간행 연대를 철학자들의 국외 추방령이 공포된 A.D. 93년 이후, Domitianus 황제의 재위 말년으로 추정하는 데에는 이를 뒷받침해줄 신뢰할 만한 전거들이 상당수 확보되어 있다.

54) Quintilianus, *Institutio oratoria*, 12.2.7.

55) *Ibid.*, 1.pr.10: uir ille uere ciuilis et publicarum priuatarumque rerum administrationi accommodatus.

법을 검토하고 난 뒤, 10권에 들어서는 말하기와 듣기, 읽기·쓰기를 통한 언어구사 능력(facilitas, hexis)의 함양 방식을 기술하기 시작한다. 표현법에 대한 이와 같은 접근방식은 전통 강단 수사학의 이론영역을 뛰어넘는 새로움을 가진 것으로서 비록 할리카르나소스(Halikarnassos)의 디오뉘시오스(Dionysios)와 같은 작가들의 영향을 입었다고는 하지만 대부분의 논의들은 그 스스로의 연구와 경험으로부터 발출된 것임에 틀림이 없다.

퀸틸리아누스는 수사학 학습의 가장 어려운 부분이 표현법이고 따라서 학습의 주된 대상이 되어야 하지만[56] 그렇다고 해서 내용과 의미를 도외시한 채 언표의 형식에 과도한 주의를 기울여서는 안 될 것이라고 조언하였다.[57] 학생들은 적절한 표현을 선별해내는 데 노심초사해야 하지만 그 이상의 관심을 집중시켜야 할 곳은 의미 내용과 개념이다.[58] 문체의 아름다움은 작위적인 추구가 배제된 자연스러움의 상태 속에서 최고조에 달하는 법이다.[59] 문체에 대한 관심은 그것이 지나칠 정도가 될 경우, 표현의 목적 자체를 침식해 들 수가 있다.[60] 그는 '한 웅변의 표현법에 대한 예찬은 의미전달에 있어서의 부적절성을 함의할 수 있다는 사실을 알지 못한 채, 최상의 단어 표현들이 발견되었는데도 뭇사람이 예상하기 어려운 짐짓 꾸며댄 의고체(擬古體) 어휘들의 물색에 혈안이 되어 있는' 치밀하지만 소심한 윤문가(潤文家)들을 비판하였다.[61] 최상의 어휘들은 해당 사안과의 긴밀한 연관성을 지니고 있는 명료하고 자연스런 어휘들이다.[62] 연설문의 구성에 대한 퀸틸리아누스의 처방전은 수

56) *Ibid.*, 8.pr.13~16.
57) *Ibid.*, 8.pr.3.
58) *Ibid.*, 8.pr.20.
59) *Ibid.*, 8.pr.8.
60) *Ibid.*, 8.pr.22~23.
61) *Ibid.*, 8.pr.31.
62) *Ibid.*, 8.pr.24~26.

사이론을 숙지하고 폭넓은 독서를 통해 풍부한 어휘들을 획득하여 이들의 배열을 실습해보는 것이었다. 학생들이 이러한 과정에 익숙해진다면, 의미 내용과 언표의 형식은 동시에 자연스러운 한 몸을 이루게 되어 고단한 어휘들의 탐색을 기도할 필요가 없게 될 것이다.[63]

이것은 분명히 온건하고 분별력을 갖춘 조언이었으며 그렇기에 프론토(Marcus Cornelius Fronto)와 같은 후대의 수사가들은 이 문제에 대한 숙고의 시간을 가져야 했을 것이다. 어떤 사람들은 『웅변가 육성론』을 접하면서 풍성한 소재(copia rerum)를 부여해주는 보편 지식에 대한 키케로의 신념을 아쉬워할지도 모르겠다. 하지만 퀸틸리아누스에 있어 관련 자료의 확보 문제는 수사학 이론의 섭렵만으로도 충분한 해결이 가능한 것이었다. "만일 어떠한 사람이 연설문의 구성작업을 지극히 자연스러운 방식, 다시 말해서 사안의 주제가 요구하는 것이 무엇이고, 연루된 사람들에 어울리는 것들이 무엇이며, 사건의 계기가 어떠하며, 재판관의 성향이 어떠한지를 고려해보기만 하면 자연 그 자체가 그 사람으로 하여금 어떠한 방식으로 도입부를 설정하여 어떻게 연설을 이끌어가야 할지를 지시해줄 것입니다."[64] 퀸틸리아누스가 말하는 '자연'은 알렉산더 포우프(Alexander Pope)의 표현을 따르자면 '형식에 의해 조직화된 자연'(nature methodis'd), 수사학의 준칙들로 체계화된 자연을 의미하는 것이었다. 웅변의 내용과 소재는 사안의 주제와 사건의 정황들로부터 이끌려나와 개론서에 규정된 지침들에 맞추어 전개되어갈 따름인 것이다. 퀸틸리아누스는 아마도 동시대인들의 고민거리가 되었던 무기력한 웅변과 자신감의 상실이 부분적으로는 자신의 수사이론으로 말미암아 제약을 입을 수밖에 없었던 착상(inuentio, heuresis)의 좁은 테두리에 기인할지도 모른다는 의심을 가져본 적

63) *Ibid.*, 8.pr.28~30.
64) *Ibid.*, 10.3.15.

이 없는 것 같다.

V. 수사학과 윤리

퀸틸리아누스의 수사학은 도덕적 이상주의의 토대 위에서 전개된다. 웅변가란 반드시 도덕적으로 선해야만 한다는 그의 주장은 웅변술의 순기능과 역기능에 관한 뿌리 깊은 쟁론을 다시 한 번 환기시켜준다. 퀸틸리아누스가 웅변가의 도덕성에 대하여 역대의 어떠한 수사학자보다도 강력한 입론을 펼쳐 보이고 있다는 것은 이론의 여지가 없는 사실이다. 수사학에 대한 전통적인 강조점은 웅변가보다는 웅변술에, 기술의 주체보다는 기술에 자리하고 있었다. 아리스토텔레스의 『수사학 *Technēs rētorikēs*』은 그것이 비록 웅변가가 지닌 도덕적 성품의 이미지 전달(ēthos)을 중시하였음에도 불구하고 이러한 능력을 청중의 감성 유발 능력(pathos)에는 필적하지만 이성적 논증 능력(logos)에는 미치지 못하는 기술 내적(entechnikē) 설득 수단(pistis)의 하나로 간주하였으며, 키케로는 『웅변가에 대하여 *De oratore*』나 『웅변가 *Orator*』와 같은 저작의 제명에서도 엿볼 수 있듯, 웅변의 주체에 보다 많은 관심을 집중시키면서 구체적인 표현법상의 전략으로 아리스토텔레스의 성품 전달 능력을 한층 부각시키고는 있지만 그리스의 위대한 수사학적 전통으로부터 크게 벗어났던 것은 아니었다. 그러나 퀸틸리아누스는 과거의 고전적 전통을 대폭 수용하면서도 수사술의 실행자로서의 웅변가뿐만이 아닌 특정한 한 인간으로서의 웅변가와 그러한 인간이 구유해야 할 도덕적인 순수성에 수사교육론의 초점을 맞춘다. '선한 웅변가'(uir bonus)[65]

65) 라틴어 'uir bonus'에 대한 축자적 번역은 '착한 남자' 혹은 '선한 사람'이지만 의미전달의 편의상 '선한 웅변가'(bonus orator, *Inst.* 12.1.1)의 표현을 사용하기도 한다. Quintilianus는 'bonus'의 개념을 '기예가'(artifex) 및 '작

의 이념은 수사학과 관련된 유서 깊은 핵심 쟁점들, 다시 말해서 수사란 무엇이며 그것이 과연 유용성을 갖는지 그리고 그것을 기술과 학으로 인정할 수 있는지에 대한 퀸틸리아누스적 해명의 제1원리로서 기능한다.

1. 선한 웅변가

수사학계의 많은 학자들은 『웅변가 육성론 *Institutio oratoria*』이 전제로 삼고 있는 궁극적인 이념이 '선한 웅변가'(uir bonus)의 개념에 놓여 있음을 믿어 의심치 않는다. 이와 같은 선인주의(善人主義)의 이념은 『웅변가의 육성론』 제1권의 서문에서 최초의 모습을 드러낸 이후 논고의 전반에 걸쳐 부분적인 언급이 이루어지고 있으며 대단원에 해당하는 제12권을 통하여 통합적인 규정의 형태를 제시하게 된다.

> 그러므로 제가 가진 목표는 완벽한 웅변가의 육성에 있습니다. 그리고 그러한 사람들이 구비해야 할 첫째의 불가피한 조건은 그가 도덕적으로 선한 인간이 되어야 한다는 것인데, 결과적으로 우리는 그러한 사람들에게 단지 언설과 관련된 특별한 재주들뿐만 아니라 성품에 있어서의 탁월한 모든 미덕들을 요구하고 있는 것입니다.[66)]

웅변술과 수사를 취급한 과거의 어떠한 탐구가 도덕적 성품을 이토록 명확한 논의의 출발점으로 삼고 있는가? 역대의 전통은 기예가보다는 기예에 웅변가보다는 웅변술에 논의의 초점이 맞추어져 있지 않았는가? 고대의 수사학 이론을 체계화시킨 아리스토텔레스

품'(opus)에 있어서의 '탁월함'(uirtus)으로 활용하고 있다. *Ibid.*, 2.14.5: opus quod efficitur ab artifice, id est bona oratio. Heinrich Lausberg, *Handbuch der Literarischen Rhetorik* (Munich, 1960), p.40.

66) *Ibid.*, 1.pr.9.

가 웅변가의 성품(ēthos)에 의한 효과를 청중 설득(pistis, persuasio)의 목적에 맞추어 조명하고, 키케로 역시 아리스토텔레스의 모범을 추종하며 수사의 실용성에 도덕성의 외적 표상을 포함시키지 않았던가? 사정이 이러하다면, 퀸틸리아누스는 아리스토텔레스와 키케로가 전해준 유산을 상속하면서도 웅변의 주체인 개별 인간의 도덕성에 명확한 강조점을 둠으로써 후대 라틴 수사가들의 준거가 될 새로운 학의 지평을 열어준 것으로 비쳐지는 것이다.67)

'선한 웅변가'의 개념은 역사적 기원으로 볼 때, 감찰관(censor) 대(大)카토(Marcus Porcius Cato, B.C. 234~149)가 웅변가를 정의하며 언표한 'uir bonus dicendi peritus'(능변의 기술을 지닌 선한 사람)에서 나타나는 것으로 퀸틸리아누스는 카토의 이 표현을 옮겨다 쓴 것인데68), 'uir bonus'는 라틴어 문법의 다양한 어형변화의 형태로 『웅변가 육성론』의 전체를 통하여 도합 23차례에 걸쳐 그 모습을 드러내고 있다.69) 퀸틸리아누스는 수사학 이론가들을 도덕적으로 악한 사람들도 웅변가가 될 수 있다고 믿는 부류들과 오직 선한 사람만이 웅변가로 불릴 수 있다고 생각하는 학자들로 구분한 뒤, 전자의 부류들이 수사학을 다만 '설득의 기술'로서 규정하고 있다는 비판을 가하면서70) 수사학의 참된 본질을 보다 적절히 드러내는 정

67) 예를 들어, 기원 5세기의 Fortunatianus는 *Artis rhetoricae*의 3.1에서 "Quid est orator? uir bonus dicendi peritus"라고 하고 있으며 7세기 Seville의 St. Isidorus는 *De rhetorica*의 1.3에서 "Orator est igitur uir bonus dicendi peritus"라는 언명을 남기고 있다. Fortunatianus와 Isidorus를 위시한 소(小) 라틴 수사학자들에 대해서는 1863년 Carolus Halm이 편집한 *Rhetores Latini Minores*, Leipzig: Teubner, 1863; repr. Frankfurt: Minerva, 1964를 참조하라.

68) Quintilianus, *Institutio oratoria*, 12.1.1.

69) *Ibid.*, 1.pr.9, 2.16.19, 2.17.31, 4.1.7, 5.12.9, 6.1.7, 6.2.18, 6.3.35, 10.5.13, 11.1.42, 11.3.184, 12.1.1, 12.1.10, 12.1.34, 12.1.36, 12.2.1, 12.2.21, 12.3.8, 12.7.1, 12.9.12, 12.11.1, 12.11.8, 12.11.11. Edward Bonnell, ed., *Lexicon Quintilianeum* (Leipzig, 1834), pp.105, 960.

70) Quintilianus는 그러나 웅변술을 윤리의 목적 연관을 배제한 '설득 수단(persuasio)의 기술(ars)'로만 조망하는 선대의 수사학자로서 Aulus Cornelius

의로서 'bene dicendi scientia', 다시 말하면 '능변(能辯)의 학'이라는 개념을 취택한다.[71] 그리고 이 문맥에서의 'bene'가 갖는 의미를 확장시킴으로써 능란한 언변을 위한 학의 내용 속에 웅변술의 다채로운 모든 기법들만이 아닌 웅변 주체의 윤리적 품성까지를 포함시키고 있는데, 그 자신이 도덕적으로 선하지 못한 사람은 능변을 구사할 수 있는 능력조차 보유하지 못하는 것이라는 이유에서였다.[72] 그는 이와 같은 다소 분명치 않은 철학적 논증에 근거, 수사학의 유용성 문제로 나아가, 만일 능변의 학이라는 자신의 정의가 웅변가의 도덕성을 필연적으로 요구하는 것이라면, 수사학이 담보하게 될 현실적 유용성에는 한 치의 의심도 있을 수 없는 것이라는 신속한 대응으로 반론의 가능성에 쐐기를 박는다.[73] 『웅변가 육성론』의 버팀목이 되고 있는 '선한 웅변가'의 이념은 이상과 같은 방식으로 수사학과 관련된 전대의 이론적 쟁점들에 대한 해법의 자격을 획득하고서 스스로가 구상하고 있던 로마식 교육체계의 규범적 원리들과 조화를 이루게 되었던 것이다.

'uir bonus'라는 표현을 통하여 퀸틸리아누스는 특히 로마의 선조들이 보여주었던 근본적인 탁월성을 염두에 두고 있었던 것 같다. 우리는 그가 지향하고 있던 일차적인 목표가 기원후 1세기 제정 로마의 정치적 상황들에 부합할 수 있는 유능한 로마 시민을 양성해내는 데 있었다는 점을 망각해서는 안 될 것이다. 그렇다면 우리에게 중요한 것은 무엇보다도 퀸틸리아누스가 활용했던 'uir bonus'의 의미를 있는 그대로의 방식, 즉 '로마인의 방식'대로 이해하는 일이다.

Celsus라는 오직 한 사람을 언급하고 있을 따름이다. *Institutio oratoria*, 2.15.32, 3.7.25.

71) *Ibid.*, 2.15.34.

72) *Ibid.*, 2.15.33 이하.

73) *Ibid.*, 2.16.11.

그럼에도 불구하고 저는 그러한 사람, 다시 말해서 제가 형성시키고자 노력하는 그러한 성품의 주인공이 로마적인 의미에서 현명한 사람이 될 수 있기를 열망합니다. 그리고 이러한 사람은 이론적 탐구의 측면에서가 아니라 실제적인 삶의 경험과 실천의 측면에서 스스로를 진정한 의미의 정치가로 정립시킬 것입니다.[74)]

퀸틸리아누스의 이러한 기술은 도덕적 현명함을 배양해줄 그리스·로마의 윤리학, 즉 형이상학과 정치철학이 밀접한 결연을 이루고 있는 웅변가—도덕가—정치가의 이상을 그려내고 있는 것으로 보인다. 그러나 키케로의 영향으로부터 결코 자유로울 수 없었던 퀸틸리아누스는 서양 고대의 윤리학적 전통을 소크라테스와 플라톤의 '본질주의 철학'이라기보다는 근본적으로 소피스테스적인 수사술 내지는 '현상주의 철학'의 관점 속에서 승계하고자 한다. 그가 역대의 수사 전통으로부터 이끌어내고 있는 완벽하고(perfectus, consummatus) 선한(bonus) 웅변가는 완벽한 철학자의 이상에 대한 압도적인 보완의 기능을 수행하고 있다.[75)] 웅변가는 대(大)카토의 정의에 따라서 지선해야 하고 철학자의 도덕적 무결성을 함양해야만 한다. 하지만 수사학적 이상이 철학적인 이상을 능가하는 까닭은 데모스테네스(Demosthenes)나 키케로(Cicero)와 같은 위대한 웅변가들이 몸소 보여주었던 바처럼 국가의 공적 생활에 헌신하고 공동체의 가치로운 전통을 숭상하며 공리적 유용성을 가진 정책들을 입안하는 현실적인 이점을 확보하고 있기 때문이다.[76)] 웅변가의 이상은 퀸틸리아누스의 독자적인 창발성의 소산이 결코 아니었다. 그것은 앞서 언급한

---

74) *Ibid.*, 12.2.7.

75) *Ibid.*, 1.10.4~6 또한 Benedikt Appel, *Das Bildungserlebnis und Erziehungsideal Quintilianus nach der Institutio Oratoria* (Donauworth, 1914), p.34 이하를 상고해볼 것.

76) 수사교육과 로마인의 정치적인 이상으로서의 '인간성'(humanitas)의 상관관계에 대해서는 Prentice A. Meador, Jr., "Speech Education at Rome," *Western Speech* 31 (Winter 1966), pp.9~15를 참조하라.

대(大)카토의 명시적 정의 이외에도 동시대의 그리스 수사가들, 키케로의 『웅변가에 대하여』와 『웅변가』에서 드러나는 '완전한 웅변가'(orator perfectus), 중기 스토아 포세이도니오스(Poseidonios)의 영향[77], 초기 스토아 클레안테스(Cleanthes)와 크뤼시포스(Chrysippos)의 '올바른 연설의 학'(scientia recte dicendi)[78] 나아가 이소크라테스를 위시한 제1차 소피스테스 운동에까지 소급될 수 있는 이상이었지만, 그의 전범이 된 키케로가 실감하지 못하고 있던 철학에 대한 일반적인 불신으로 말미암아 퀸틸리아누스에 의해 역대의 그 어떤 사상가보다도 치밀하고 강력한 논조로 강변되고 있는 것이다. 퀸틸리아누스가 역설했던 웅변가—정치가의 자격조건은 그 스스로가 도출해내었던 바, 아래와 같은 그리스・로마 웅변가들의 자질 및 행동거지 일람으로 정리될 수가 있는 것인데, 로마적인 의미에서의 'uir bonus'란 구체적으로 다음과 같이 매거되는 특질들을 두루 통합하고 있는 인물이라 할 수 있었다.

---

77) Strabo, 1.2.5: ouch hoion te agathon genesthai poiētēn mē proteron genēthenta andra agathon. Poseidonios가 Quintilianus에 끼친 영향력에 대해서는 J. Morr, "Poseidonios von Rhodos über Dichtung und Redekunst," *Wiener Studien* 45 (1926), pp.47~63과 R. G. Austin, *Quintiliani Institutionis Oratoriae Liber XII* (Oxford, 1948), p.51 이하를 열람해보라.

78) Quintilianus는 『웅변가 육성론』의 2.15.38에서는 '능변의 학'(bene dicendi scientia)이라는 자신의 정의를 스토아학파의 정의와 결부시키지 않고 있지만 2.15.35에서는 그러한 정의가 결과적으로 스토아주의의 웅변술 이해와 거의 동일한 것이 되고 있음을 시인하고 있다. Arnim의 보고에 따르면 스토아주의자들 또한 '능변의 학'(epistēmē tou eu legein)이라는 수사술의 정의를 제시하고 있었다고 한다. H. von Arnim, ed. *Stoicorum Veterum Fragmenta*, 4 vols. (Leipzig, 1905~1924), 2.293~294. 『웅변가 육성론』에 나타나고 있는 스토아주의의 흔적에 대해서는 Jean Cousin의 *Études sur Quintilien* Ⅰ (Paris, 1936), p.739 이하를 참조해보면 좋을 것이다.

[표 1] Vir Bonus의 특성[79]

여론을 존중함	XII. i. 12	책임감	XII. i. 26
전인성	XII. i. 16	진실함	XII. i. 29
강인함	XII. i. 17	의무감	XII. i. 29
능변을 구사함	XII. i. 21	상식	XII. i. 30
용감함	XII. i. 23	유덕함	XII. i. 31
영예로움	XII. i. 24	정의로움	XII. i. 35
박학다식	XII. i. 25		

[표 2] Vir Bonus의 행위

고상한 정책들을 지지함	XII. i. 15, XII. i. 25
철학과 논리학을 탐구함	XII. ii. 4
역사·종교·법률을 탐구함	XII. ii. 27, XII. iii. 1
웅변술을 탐구함	XII. pr. 5
무죄한 사람뿐 아니라 죄 있는 자도 변호함	XII. i. 33 이하
위대한 연설가들을 모방함	XII. ii. 27
재판관에게 진실을 숨길 수도 있음	XII. i. 41
사기에 가까운 방편을 동원할 수도 있음	XII. i. 41
심지어 사소한 이유로 거짓말 할 수도 있음	XII. i. 38
공평과 정의, 진리와 선을 탐구함	XII. ii. 1
품성을 도야시키는 모든 활동에 참여함	XII. ii. 1
거짓과 불의를 옹호하는 연설을 할 수도 있음	XII. i. 34
죄 있는 자의 석방을 확보함	XII. i. 42
정황에 맞추어 변론을 수정함	XII. i. 45

79) Prentice A. Meador, Jr., "Quintilian's Vir Bonus," *Western Speech* 34 (1970), p.164.

상기한 특성과 행위들 가운데 적지 않은 부분들이 서구의 전통적 윤리규범에 들어맞지 않는것이 사실이라고 할지라도 그러한 모순들은 로마의 이 위대한 교사에게는 '능변의 기술을 지닌 선한 사람'의 정의를 무효화시킬 수 있는 치명적인 위험요소들로 결코 인식되지가 않았었는데[80], 그것은 수사교육에 대하여 그가 전제하고 있던 기본적인 가정이 로마적이고 스토아적인 의미에서 현실적인 동시대 정치상황에의 능동적인 적응에 놓여 있었기 때문으로 여겨진다. 그래서 그의 이론적 전범이 된 키케로와 마찬가지로 민활한 현실감각을 지니고 있었던 퀸틸리아누스는 네로의 폭정으로 말미암아 율리우스—클라디우스 왕조가 종말을 고하고 1년이라는 짧은 기간 동안에 세 황제가 사망하는 아비규환(阿鼻叫喚)의 권력투쟁을 겪고 탄생한 플라위우스 왕조의 통치체제하에서 사회공동체의 총체적인 재건 프로그램에 적극 부응할 필요가 있었고, 또한 이와 같은 현실참여의 과정에서 황제들의 의중을 적절히 읽어냄으로써 자신의 세속적 위상을 제고시키려 했을지도 모를 일이다. 하지만 퀸틸리아누스는 'uir bonus'가 공평과 정의, 진리와 선을 탐구하는 사람임을 분명히 하고 있고, 그 스스로가 당대 수사학의 개혁자라는 사실을 자임하고 있었으며, 웅변과 수사의 본보기가 되었던 키케로의 태도를 넘어서서[81], 그것도 대(大)카토(Cato)와 스토아학파의 개념을 빌어서까지 '선한 웅변가' 이념의 부각에 골몰하였다. 그렇다면 이른바 '선인주의'에 대한 그의 집요한 추구는 과연 어디에서 유래했던 것일까? 스스로의 내면적 순수성에 기인하는 것이었을까?[82] 아니면 동

---

80) Quintilianus, *Institutio oratoria*, 12.1.44.

81) 본고의 p.14와 p.15를 참고하라.

82) 예를 들어, Austin은 『웅변가 육성론』 12권 1장의 '선인주의' 천명이 단순한 도덕적 정당성의 부여 이상이 될 수 있는 것은 작품 전체를 관통하고 있는 진지하고 견실한 목적의식 때문이라고 주장한 바 있다. R. G. Austin, *Quintiliani Institutionis Oratoriae Liber XII*, Oxford: Clarendon Press, 1948, p.14.

시대의 상황조건들에 의존하는 것이었을까? 만일 외부적 조건들에 말미암은 것이었다면, 구체적으로 어떠한 시대상황과 사회현상들이 선인주의를 부르짖게 만들었을까?

2. 웅변술의 타락

서양 고대 수사학의 출발점이었던 동시에 『웅변가 육성론』의 강력한 전제가 되고 있었던 실용주의, 즉 현실 감각과 현실 참여의 요구는 플라위우스 왕조가 해결해야만 했던 사회재건의 과제 이외에도 보다 거시적으로는 공화정으로부터 제정으로 옮아간(B.C. 27) 로마의 정치상황 변화에도 날카롭게 적용되고 있었다. 기원 1세기의 제정 로마는 제국의 영토 확장에 따른 사회구조의 복잡화, 실추된 도덕성, 시민교육의 기초부실, 향락적인 귀족문화, 정치적 자유의 박탈 등의 양상을 드러내고 있었는데, 그 가운데서도 정치적 자유의 박탈은 당시의 지성인들이 문제 삼고 있었던 가장 심각한 우려사항이 되고 있었다.[83] 정치적 자유(libertas)와 사상 표현의 자유가 억압되면서 공화정하에서의 공동체적, 다시 말해서 정치·사법적 능변의 기술도 유사한 운명을 맞이하게 되었다. 아우구스투스(Augustus)와 같은 제1시민(princeps)의 상대적으로 절제된 권위주의는 수사와 능변의 구사에 장애가 되는 선에서 완곡한 한계를 설정하고 있었으나, 율리우스—클라디우스 왕조의 칼리굴라(Caligula) 및 네로(Nero)와 플라위우스의 왕조의 마지막 황제이자 퀸틸리아누스의 마지막 주군이기도 했던 도미티아누스(Domitianus)의 폭정은 수사와 능변 자체를 몰락의 길로 몰아간다. 로마의 법정은 외형에 있

83) Harry Caplan, "The Decay of Eloquence at Rome in the First Century," *Studies in Speech and Drama in Honor of A. M. Drummond* (Ithaca, 1944), p.323. 로마에서의 그리스 웅변술의 쇠락에 관해서는 Friedrich Blass, *Die Griechische Beredsamkeit in dem Zeitraum von Alexander bis auf Augustus* (Berlin, 1865), p.169 이하를 참고하라.

어서는 지속적인 번영을 누리는 것처럼 보였으나 공화정에서의 주목할 만한 정치연설들은 종적을 감추고 말았다. 황제가 주재하는 원로원(senatus)의 임무는 행정 사안의 토론으로 축소되었으며, 황제와 원로원 의원들이 전대의 조사위원회(quaestiones)[84]의 권한을 부단히 잠식해 들었던 결과, 원로원 의원들은 황제에게 형사법원으로서의 원로원의 중요성을 일깨우고자 했을 정도였다. 도미티아누스 황제가 황위에 오르기 이전에는 살육에 얼룩진 황제권 쟁탈전이 내전의 양상으로 비화되었고, 퀸틸리아누스가 속주 총독(proconsul) 갈바(Galba)와 함께 고향 에스파냐로부터 로마로 귀환한 뒤 갓 1년이 지난 서기 69년은 갈바와 오토(Otho), 위텔리우스(Vitellius) 황제가 피의 죽음을 맞이하고 웨스파시아누스(Vespasianus)에 의한 왕조의 개창이 이루어지는 '4황제의 해'로 기록되고 있다. 그리고 우리의 퀸틸리아누스는 갈바 황제와의 그 각별했던 유대에도 불구하고 변란의 소용돌이 속에서 살아남았다. 서기 83년 가을 감찰관에 취임한 도미티아누스는 85년 봄 이번에는 종신 감찰관(censor perpetua)에 취임함으로써 로마 사회도덕의 수호자임을 자처했으며, 악명 높은 당대의 밀고자(delator)들이 황제의 주구로 활용되면서 속주의 총독과 원로원 의원들까지도 추방형이나 사형에 처해지는 '공포정치'를 시행했던 것이다.

퀸틸리아누스의 동시대인으로 타키투스(Publius Cornelius Tacitus)의 『웅변가들의 대화 *Dialogus de oratoribus*』에 등장하고 있는 율리우스 세쿤두스(Iulius Secundus)는 법정의 변론가들이 절도사건의 심리나 금지명령을 얻어내는 것으로 직무의 축소를 겪게 되었음을 증언한다.[85] 타율과 외압에 의하여 굵직한 정치토론의 주제들을 빼앗겨버린 수사가들은 도회의 광장으로부터 교실이라는 밀실로 숨어들

84) B.C. 149년, 중대한 공공범죄를 심의하기 위해 원로원에 설치되었던 법무관(praetor) 주재의 임시 혹은 상설기구.

85) Publius Cornelius Tacitus, *Dialogus de oratoribus*, 37.

거나, 광장의 음지에서 자신의 이익을 위해서라면 수단과 방법을 가리지 않는 밀고자로서의 불명예를 선택하게 된다. 다소 아이러니컬한 것은 수사학이 정치사회적이고 사법적인 자신의 본래적 능력을 상실해가던 바로 그 순간에 로마 고등교육의 전 체계를 지배할 수 있는 새로운 역할을 보장받게 되었다는 점이다. 운명의 여신이 퀸틸리아누스에게 미소를 지었던 것은 이러한 변화의 길목에서였다. 그는 성공적인 변신을 이루었고, 명예와 부를 거머쥐었으며, 교육자로서의 빼어난 역량을 발휘했던 것이다. 수사학은 공화정의 말기에 정객(政客) 키케로의 활동을 통하여 로마 문화의 중추를 형성했으나 정치체제의 변동과 더불어 그의 위상은 나락의 길로 빠져들고 있었다. 『사튀리콘 *Satyricon*』의 저자 페트로니우스(Gaius Petronius Arbiter)는 더 이상 방향(芳香)을 뿜어내지 못하는 수사와 웅변을 악취가 코를 찌르는 부패한 음식에 비유했으며,[86] 풍자시인 유웨날리스(Decimus Iunius Iuuenalis)는 수사가들에게 다른 인생의 길을 걸어볼 것을 권유하고 있다.[87] 하늘을 찌를 듯했던 수사학의 위세가 자연스레 풍자가들의 표적이 되었던 상황에서 수사학의 타락은 비아냥의 수위를 넘어 탄핵의 무게를 더해주고 있었다. 그리고 이와 같은 사회의 분위기는 키케로의 숭배자로서 능변의 이론을 실천하고 있던 인물에게는 참아내기 어려운 현실로 다가왔을 것이다.

퀸틸리아누스가 '선한 웅변가'의 이념을 지향하며 『웅변가 육성론』을 집필했던 것은 그것이 비록 한편에서는 황제의 지시에 따른 소임이었을 수가 있을지라도 다른 한편으로는 동시대의 많은 지성인들이 공감하고 있던 바와 같이 그 스스로도 당시의 시대상황을 수사학 개혁과 부흥의 전조로서 예감하고 있었기 때문이었는지도 모른다. 『웅변가 육성론』을 통하여 퀸틸리아누스는 최소한 한 차례 이상 타락한 웅변술을 개탄하고 있지만 타락한 웅변에 대한 그의

86) Gaius Petronius Arbiter, *Satyricon*, 1.1.

87) Decimus Iunius Iuuenalis, 7.150.

분석은 역사적이라기보다는 웅변과 수사의 내용적이고 기술적인 측면에 치우쳐 있다. 다만 당대의 관련문헌들에 대한 고증적 분석의 결과는 보다 앞서 집필되었으나 유실되어버리고 만 『타락한 능변의 원인 *De causis corruptae eloquentiae*』이 제정기 로마 수사술의 부패상들에 대한 사실적 서술을 제공했을 가능성이 크며, 따라서 퀸틸리아누스의 이 저술이 『웅변가 육성론』의 선인주의 이념 전개를 위한 정지작업의 역할을 수행했을 것임을 말해주고 있다. 『타락한 능변의 원인』이 현전하고 있지 않음으로 해서 타키투스의 『웅변가들의 대화 *Dialogus de oratoribus*』[88)]나 『연대기 *Annales*』, 소(小)플리니우스(Gaius Plinius Caecilius Secundus)의 『서간집 *Epistulae*』·『송가 *Panegyricus*』 등을 통하여 우회적인 방식으로만 추정할 수 있는 서기 1세기 제정 로마의 수사술 타락은 아래와 같은 크게 2가지의 현상 속에서 그 원인을 찾아볼 수 있는 것이었다.

첫째, 퀸틸리아누스는 동시대 수사교육의 중추를 형성하고 있었던 낭송법(declamatio)의 폐해를 누구보다도 잘 알고 있었던 것으로 보이는데, 이 낭송법은 아우구스투스 황제 시대의 변론가 카시우스

---

88) 『타락한 능변의 원인』과 『웅변가들의 대화』가 취급하고 있는 주제상의 유사성으로 말미암아 르네상스 시대의 많은 편집자들은 『웅변가들의 대화』의 원작자가 Quintilianus임을 믿어 의심치 않았다고 한다. 『타락한 능변의 원인』의 출간 연대는 『웅변가들의 대화』가 집필된 것으로 보이는 A.D. 97년 이전으로 추정되고 있으며, 그렇다면 Tacitus는 스승 Quintilianus의 저술을 접하고서는 웅변술의 퇴락에 대한—그의 성향으로 미루어— 보다 급진적이고 부정적인 평가를 내리고 있었음에 틀림이 없다. 또한 『웅변가 육성론』과 『웅변가들의 대화』의 상호 연계성에 대해서는 다음의 논의들을 참고로 하면 좋을 것이다. G. Wormser, "Le Dialogue des Orateurs et l'Institution oratoire," *Revue Philologique* 36 (1912), pp.179~89; R. Dienel, "Quintilian und der Rednerdialog des Tacitus," *Wiener Studien* 37 (1915), pp.239~271; H. Bardon, "Dialogue des Orateurs et Institution oratoire," *Revue des Études Latines* 19 (1941), pp.113~131; R. Guengerich, "Der Dialogus des Tacitus und Quintilians Institutio Oratoria," *Classical Philology* 46 (1951), pp.159~164; L. Hermann, "Quintilien et le Dialogue des orateurs," *Latomus* 14 (1955), pp.349~369; Ronald Syme, *Tacitus*, 2 vols. (Oxford, 1958), pp.114~115.

세웨루스(Cassius Seuerus)가 인상적인 선례를 남기고 난 후, 퀸틸리아누스의 활동기에는 극성에 달해 있었다. 하지만 퀸틸리아누스는 낭송의 연습이 수사학 원리들의 학습과 훈련을 기반으로 실용성에서 벗어나지 않는 적절한 범위에서만 이루어진다면 웅변술의 훌륭한 장점으로 작용할 수 있다는 입장을 견지하고 있었던 것으로 보이는데[89], 그렇다면 낭송법과 관련된 폐해의 정확한 내용이란 당대 웅변술 교사들의 낭송법에 대한 지나친 강조와 의존 그리고 핵심적으로는 그와 같은 경향성이 수사학의 학적 본성과 이론체계를 무시한 천부적인 소질(ingenium) 내지는 광기와 영감을 주장하고 있었던 데 있었던 것으로 보인다.[90] 퀸틸리아누스는 제1차 소피스테스 운동 이후 아리스토텔레스에 의해 수용되고 키케로에 의해 정립된 자질(natura) 이론 학습(ars)—훈련(exercitatio)의 교육원리에 반하는 '낭송법 중심주의' 내지 '자연주의적 자질실습론'을 받아들일 수 없었던 것이다.[91]

둘째는 보다 심각하고 중요한 것으로서, 제정이 들어선 이후 세력을 더해가고 있었으며 5현제 시대의 트라야누스 황제에 이르기까지 맹위를 떨치고 있었던 '밀고자' 혹은 '자유직 검찰관'(delator)들의 도덕성 문제였다. 공화정으로부터 제정으로 옮아가는 정치체제의 변동 속에서 로마의 수사가들은 광장으로부터 후퇴를 거듭하여 학원 안으로 밀려들거나 광장의 음지에서 고발자의 불명예[92]를 선

---

89) Quintilianus, *Institutio oratoria*, 2.10의 전반 그리고 5.12.17~23.

90) Eduard Norden, *Antike Kunstprose vom VI. Jahrhunderts vor Christus bis in die Zeit der Renaissance*, 2 vols. Stuttgart: Teubner, 1958, p.248 참조.

91) Quintilianus는 체계적인 수사학의 방법론을 의미하는 'ratio'의 강조를 통하여 당대를 풍미하고 있던 수사적 영감과 광기를 보완해줄 이성의 역할을 부각시키면서 다음과 같이 말한다. "그렇다면, 그들을 '천부적인 재능을 가진 사람들'(ingeniosi)이라고 부르도록 합시다. 그러한 칭호가 진정한 의미의 웅변가들에 대한 예찬의 말이 아닌 한은 말이지요. 그들에게 박수를 보냅시다. 연구와 방법론과 훈련이 없이도 설득력 있는 웅변을 구사할 줄 아는 그들에게요." *Institutio oratoria*, 2.2.4, 2.2.7.

92) 델라토르들 중에 원로원 의원이었던 사람은 하나도 없었으며, 그들의 활동

택하였는데, 웅변술의 교육은 퀸틸리아누스의 예외적인 경우를 제외하면 공동체의 차원이 아닌 사설교육의 형태를 유지함으로써 대부분 빈한한 생계를 꾸려갔으므로, 밀고자들의 사회적 지위는 당대 수사술의 현실을 대변해주는 가장 설득력 있는 풍경을 연출하고 있었다.[93] 그런데 여기서 우리의 관심을 유발시키는 것은 '낭송법 중심주의'의 빌미를 제공했던 제정 초기의 카시우스 세웨루스가 비록 엄밀한 의미에서의 밀고자는 아니라 하더라도[94] 밀고자의 선구적인 범형을 제시해주고 있다는 사실이다. 세웨루스는 『웅변가 육성론』을 통하여 조련도 받지 않고 충동적인 격투(rixa)에만 몰두하는 야만스럽고(ineruditus) 잔혹한(acerbitas), 그리하여 진중함(grauitas)과 분별력(consilium)을 상실하고 있는 웅변가로 표현된다.[95] 하지만 믿을 만한 전거들에 따르면 세웨루스는 적어도 단순한 무식쟁이가 아니었던 것으로 드러난다. 그는 원초적 욕망(libido)과 권력의지(omnia intenta, aliquo potentia)[96]를 지향하며 타고난 천분을 가지고서 분노와 격정에 가득 찬 비난의 장광설(grandes sententiae)[97]로 방청객의 마음을 사로잡았던 인물이기는 했지만 시대의 정신에 부응하여 의도적으로 일체의 학예적 이론체계와 교육적 규준들을—심지어 그 스스로가 인상 깊게 보여주었던 낭송법적 장식성마저도— 무시했던 야심에 찬 책략가였다. 세웨루스를 기점으로 하여 트라야누스 황제기에

이 체제유지와 공동체의 안전보장에 중요한 역할을 수행하고 있었음에도 불구하고 로마 시민들의 존경을 받는 직업은 아니었던 듯하다.

93) 학문적인 무기력감에 젖어 있던 청년 Seneca(小)는 Claudius 황제 시대의 악명 높은 델라토르 Publius Suillius Rufus를 부러워하며 그가 동료 시민들의 변호를 위해 구사하는 웅변술의 빛바래지 않는 생동감에 찬사를 보냈다고 한다. Tacitus, *Annales*, 13.42.

94) 대(大)Seneca가 Cassius Seuerus를 기소 전문가로 전하고 있는 반면(*Controuersiae*, 3.pr.5), Quintilianus나 Tacitus는 그를 고소인이라기보다 전문적인 풍자 연설가 정도로 취급하고 있다.

95) Quintilianus, *Institutio oratoria*, 10.1.116~7, 12.10.11.

96) Marcus Annaeus Seneca, *Controuersiae*, 3.pr.2.

97) Quintilianus, *op.cit.*, 2.2.2~3.

이르기까지 악명을 떨쳤던 밀고자들은 중대한 시국토론이 자취를 감출 수밖에 없는 전제정치의 상황 아래서 로마의 세속적인 시민들이 케케묵은 헤르마고라스(Hermagoras)나 아폴로도로스(Apollodoros) 류의 현학적인 수사규범과 수박 겉핥기식으로 응용되곤 하는 철학 논변에 만족할 리가 없다는 사실을 불을 보듯 꿰뚫고 있었으며, 광기와 격정·원초적 폭력성의 발산을 통하여 '로마의 평화'(Pax Romana)가 이끌어낸 무료한 권태감을 해소시키려 하였던 것이다. 건전한 상식을 지녔던 보수적인 퀸틸리아누스가 세웨루스의 수사를 타락한 웅변술의 전형으로 간주하고 이에 대한 도덕적 개혁을 꿈꾸었던 데 반해, 세웨루스의 후계자들[98]은 세웨루스를 통하여 윤리적인 것도 명예로운 것도 아니지만 새로운 모습으로 다가오는 수사술의 미래를 예감하고서는 그러한 미래상을 적극 실현해갔던 것이다.

퀸틸리아누스의 활동기에 전성을 구가하고 있던, 그리하여 『웅변가 육성론』의 암묵적인 공격의 대상이 되고 있었던 '델라토르'는 마르쿠스 아퀼리누스 레굴루스(Marcus Aquillinus Regulus)였으며, 학자들은 퀸틸리아누스가 특별히 이 인물의 부도덕성으로부터 자극을 받아 '선한 웅변가'의 이념을 강변했던 것이 아닌가 추측하고 있다. 레굴루스는 일찍이 네로 황제 시절부터 다수의 명망 있는 귀족 가문들의 몰락에 관여했던 것으로 보이며, 서기 70년 초, 아직 체제의 정비를 이루지 못한 플라위우스 왕조의 초대 황제 웨스파시아누스의 치하에서 제정의 전횡에 반발하고 있던 원로원이 네로 시절부터 엄청난 영향력을 행사하며 부당한 방법으로 축재를 일삼고 있던 에프리우스 마르켈루스(Eprius Marcellus)[99]와 위비우스 크리스푸스

98) 예컨대, Domitius Afer, Publius Suillius Rufus, Eprius Marcellus, Vibius Crispus, Marcus Aquillinus Regulus, Paccius Africanus, Silius Italicus, Fabricius Veiento, Catullus Messallinus 등과 같은 델라토르들.

99) Marcellus는 명망 있는 스토아주의 원로원 의원으로 Nero 황제의 정책들에 노골적인 비판의 화살을 쏟아 부었던 Thrasea Paetus를 기소, 사형을 선고받게 한 대가로 황제로부터 5000,000 세스테르티우스라는 거액을 하사받았으

(Vibius Crispus)[100]를 정죄하려 했을 때, 마찬가지의 이유로 탄핵의 표적이 되었으나 황제의 배려에 힘입어 간신히 화를 모면하게 되었던 인물이었다.[101] 그러나 악명 높은 레굴루스의 야수와 같은 수사적 고발은 계속되었고, 공포정치를 강행함으로써 새 왕조의 종말을 가져왔던 도미티아누스 황제의 치세 동안에는 은밀하고 교묘한 계책으로 황제의 묵인하에 스토아주의자 아룰레누스 루스티우스(Arulenus Rusticus)와 헤레니우스 세네키오(Herennius Senecio) 가문을 파멸시키며 심지어 트라야누스 황제 때까지도 혐오스런 명성을 유지해갔던 것이다. 소(小)플리니우스(Plinius)의 『서간집 Epistulae』으로 미루어 보았을 때, 레굴루스의 대담하고 청중의 이목을 집중시키는 공격적인 웅변술은 카시우스 세웨루스의 전형적인 특징들을 그대로 확대·재생산시키고 있는 듯이 보인다. 그는 제정이라는 정치상황과 로마 시민들의 세속적인 권태감을 저항할 수 없는 현실로서 전제하며 때로는 과도한 낭송법에 의지하고 때로는 천부적인 재능과 영감을 강조하며 분노와 격정, 검투사(gladiator)와도 같은 폭력의 수사법[102]을 동원하면서 파렴치한 방식으로 자신의 사회층위적

며 3년 동안 아시아 속주의 총독을 지내고 두 차례에 걸쳐 집정관직에 올랐다고 한다. Tacitus, *Annales*, 16.29~33.

100) 유쾌한 어투와 세련된 재담으로 특히 사법(私法) 소송에 능했던(*Inst.*, 0.1.119) 델라토르. Eprius Marcellus만큼 눈에 띌 만한 만행을 저지르지는 않았지만 Nero 황제가 사망할 무렵에는 이미 막대한 재력과 권세를 거머쥐고 있었으며(Tacitus, *Historiae*, 2.10), 아프리카와 타라코넨시스 속주의 총독 이외에도 로마의 수리관(水利官)을 지냈다.

101) Tacitus, *Historiae*, 4.41 이하.

102) 예컨대 Regulus는 Arulenus Rusticus를 가리켜 '스토아학파의 원숭이' 혹은 '위텔리우스 황제 시대의 불명예스러운 오점'(Vitelliana cicatrice stigmosum)이라는 망발을 서슴지 않았다고 하는데, 이 같은 Regulus의 비행은 Nero 시대나 Domitianus의 시대에나 변함없는 위세를 떨치는 것이었지만 Domitianus의 시대에 들어서는 보다 효과적인 황실의 비호를 받게 되었다고 한다(Plinius, *Epistulae*, 1.5.1~2). Regulus는 Quintilianus의 제자로서 Quintilianus와 가장 유사한 성향을 지녔던 소(小)Plinius와 자신을 비교하면서 "당신은 변론가들이 사건과 관련된 모든 정보들을 완전히 꿰뚫고 있어야 한다고 생각

이익을 극대화시키고자 했었다.[103] 소(小)Plinius는 자신의 『서간집』에 등장하는 헤레니우스 세네키오의 입을 빌어 이러한 레굴루스를 대(大)카토와 스승 퀸틸리아누스가 제창했던 '능변의 기술을 지닌 선한 사람'(uir bonus dicendi peritus)과 완전히 반대되는 '졸변을 구사하는 사악한 인간'(uir malus dicendi imperitus)으로 묘사하고 있다.[104]

그러나 이와 같은 특징으로 퀸틸리아누스와 대립을 이루고 있던 레굴루스의 이름과 그에 대한 비판은 『웅변가 육성론』의 어디에서도 발견되지 않는다. 사정은 에프리우스 마르켈루스에 대해서도 마찬가지이며, 퀸틸리아누스를 비롯한 당대의 지성인들에게 어느 면에서 유쾌한 문체의 모범(iocundus)을 제시하고 있었던[105] 위비우스 크리스푸스와 퀸틸리아누스의 스승이기도 했던 도미티우스 아페르[106]의 수사술은 표백되었다. 그리고 사정이 이와 같다면, 『웅변가

할 것이지만, 나로서는 상대편의 목구멍이 감지되는 바로 그 순간 그것을 휘어잡기만 하면 되는 겁니다"(Tu omnia quae sunt in causa putas exsequenda, ego iugulum statim video, hunc premo. *ibid.*, 1.20.14)라는 독실을 남겼다고 하는데, 이에 대하여 소(小)Plinius는 "미약한 호흡, 불명확한 발성, 더듬거리는 혀, 독사와 같은 상상력, 형편없는 기억력, 순전히 비정상적이기만 한 천성. 하지만 이와 같은 뻔뻔스러움과 정신이상의 광기로 말미암아 그는 자타가 공인하는 웅변가가 되어 있는 것이다"(*ibid.*, 4.7.4)라는 나름의 평가를 내리고 있다.

103) 정확히 언제인지는 알 수 없지만 Regulus는 Domitianus 황제의 치세 동안 집정관의 자리에 올랐다고 한다. 흥미로운 것은 소(小)Plinius가 『송가』를 통하여 델라토르들을 궁극적으로 '날강도들'(latrones)이라고 부르고 있는 데 반해(*Panegyricus*, 34.1 또한 Lucius Columella, 1.pr.9), Marcus Valerius Martialis는 Regulus의 타고난 천분과 능변을 언급하면서 고소인이 아닌 변호인으로서 그가 구가하고 있던 명성을 칭송하고 있다는 점이다(Martialis, 4.16.6, 5.28.6, 5.63.4). 그러나 Martialis는 황제의 별장 휴가에까지 동행할 정도로 Domitianus 황제의 신임이 두터웠던 인물이다. Suetonius, *Domitianus*, 4.

104) Plinius, *Epistulae*, 4.7.5.

105) Quintilianus, *Institutio oratoria*, 10.1.119, 12.10.11; Decimus Iunius Iuuenalis, 4.81.

106) Domitius Afer에 대한 평가는 Afer가 Quintilianus의 직접적인 스승이었음으

육성론』에 언급되어 있지 않은 동시대의 수사가들은 하나같이 불명예스러운 오명으로 얼룩져 있던 델라토르들이었는지도 모른다. 왜일까? 그 이유는 아마도 고대의 문예비평이 동시대 작가들의 단점들을 언급하지 않는 것을 관례로 하고 있었으며, 무엇보다도 퀸틸리아누스가 웨스파시아누스(Vespasianus) 황제 이후 국고 보조금을 수혜받는 제국의 수사학 교사로서 플라위우스(Flauius) 왕조의 충성스런 종복임을 언제나 잊지 않았고[107], 밀고자들의 활동은 로마의 시민

로 해서 Tacitus와Quintilianus의 견해 차이를 보여주는 대표적인 사례가 되고 있다. Tacitus의 『연대기』에 따르면, Afer는 A.D. 26~27년 Tiberius 황제의 대(大)Agrippina(Augustus의 외손녀로 황제의 며느리) 제거음모에 가담하였다가 Agrippina의 셋째 아들인 Caligula가 황제에 등극하자 위기에 처하게 되었으나 결국은 Caligula 황제 밑에서 집정관에 올랐던(Dio Cassius, 59.19) 명백한 델라토르였다. Afer는 부와 명성을 얻기 위해 수단과 방법을 가리지 않고 고소·고발에 열을 올렸으나 방탕한 생활로 받은 보수를 참용하기가 일쑤였음으로 결코 재산을 축적하는 법이 없었으며 그로 말미암아 또 다른 밀고의 건수를 탐탐하였다(*Annales*, 4.52.8, 4.66.1). 하지만 『웅변가 육성론』의 서술 속에서 Afer는 Demosthenes나 Cicero에 필적하는 최고의 웅변가로서 완연히 무르익은 기량을 자랑하는 기지에 넘치는 인물로 숭앙되고 있을 뿐만 아니라(*Inst.* 10.1.118, 12.10.11) 'Claudius의 해방노예 공소사건'(*ibid.*, 6.3.81)을 제외한다면 그가 담당했던 것으로 예시되는 다수의 소송 건들 속에서 언제나 변호인의 역할을 수행하고 있다.

107) 『웅변가 육성론』에서 Quintilianus는 한번도 Vespasianus 황제를 언급한 적이 없으며, Titus 황제에 대해서는 황제의 연인이었던 유대 공주 Berenice의 변론을 기술하는 대목에서 단 한 차례의 기록(*Inst.* 4.1.19)을 남기고 있지만, 『웅변가 육성론』을 집필하던 시기의 주군이었던 Domitianus 황제에 대해서는 변함없는 후원의 은덕 및 서사시인으로서의 역량에 대한 칭송(*ibid.*, 10.1.91~92)과 아울러 아첨에 가까운 감언이설(甘言利說)을 쏟아내고 있다. Quintilianus는 황실 자제들의 교육과 관련하여 다음과 같은 미사(美辭)의 향연을 베풀고 있다(*ibid.*, 4.pr.3). "로마 도덕의 고결한 수호자임을 마땅히 승인받으실 수 있도록 고귀한 분들의 인성과 지성의 성숙을 도모함에 있어 제가 감히 어떻게 갖은 노력과 수고를 마다할 수가 있겠습니까? 저는 다만 웅변을 위시한 탁월한 잠재력을 갖추고 계신 이 분들의 기대와 희망에 설혹 누를 끼쳐드리지나 않을까 그것이 두려울 따름입니다." 그러나 그 자신이 때 늦은 감은(感恩)의 인사임을 고백하고 있듯이, 이러한 미사의 감언들은 Quintilianus가 황위 계승자들의 수사교육을 위탁받게 된 이후의 가필로서 추정되고 있다. Quintilianus는 제4권의 서문에서(*ibid.*, 4~5) 전제군주로부

들이 받아들이고 있었던 합법적인 직무였던 동시에 역대의 황제들에 의해 체제유지와 제국의 안전보장을 책임지는 공공연한 첩자들로서 동원되고 있었기 때문일 것이다. 사후에 기록말살형(damnatio memoriae)의 탄핵을 받았던 당시의 주군 도미티아누스(Domitianus) 황제는 네로(Nero) 황제에 결코 뒤지지 않는 적극적인 자세로 그들을 두둔하며 활용하고 있었던 것이다.

3. 철학적 전제

주지하다시피, 헬레니즘기 서양 고대사회를 지배했던 세계관은 스토아주의(Stoicism)와 에피쿠로스학파(Epicureanism)였다. 양자는 모두 선대의 철학적 사유, 다시 말해서 이오니아의 자연철학과 소피스테스 운동, 소크라테스가 남겨준 유산, 플라톤주의, 아리스토텔레스주의라는 종합적인 토대 위에서 부분적으로 독자적인 가설과 해석을 덧붙여가는 절충적인 성격이 농후한 것이었으며, 특히 로마로 유입되어서는 본래의 실용주의적 경향을 한층 배가시키고 있었다. 그리스적 사유의 전통에 있어, 실용주의가 의미했던 바는 실천(praxis)으로서의 인간 행위의 규범, 즉 윤리와 도덕에 초점이 맞추어져 있었다. 스토아주의가 '초탈'(apatheia)을 윤리적인 이상으로 삼아 금욕적인 삶을 주장하면서 로마 사회의 지배계층에 주된 영향력을 행사했던 반면, 에피쿠로스 학파는 '부동성'(ataraxia)을 내세우며 진실된 쾌락의 향유를 강조하고 사적이고 은둔적인 삶의 태도를 미화하면서 로마의 평민들과 하층민들의 정신 속을 파고들고 있었던 것이다.

그런데 여기서 우리의 이목을 집중시키는 것은 스토아주의의 윤리체계에 있어서의 '의무'(officium) 개념이 퀸틸리아누스의 '선한

터의 외압으로 말미암은 상황의 불가피성을 시사해 보이기도 한다.

웅변가' 개념과 직접적인 관련성을 지니고 있는 것으로 보인다는 것이다.[108] 스토아의 윤리이론은 동어반복적이기는 하지만 오직 미덕만이 선한 것이며 악덕은 나쁜 것이라는 명제에 기초하고 있었다.[109] 인간은 자유로운 선택(proairesis)의 능력을 지니고 있는데, 자유로운, 즉 자기로 말미암는 행위는 자연과 본성에 따르는 행위로서 인간에 있어서는 언제나 이성적인 행위이다. 그렇다면 인간의 자유 선택, 다시 말해서 자유의지 내지는 자유를 지도해줄 도덕적 원리들로는 어떠한 것들이 상정될 수 있는 것일까? 스토아주의의 '의무' 개념은 바로 이러한 원리 탐구의 결과를 보여주고 있다.

논자는 고대 로마사회에서 번성하고 있었던 스토아주의의 '의무' 개념을 개관하기 위하여 전대의 광범위한 철학사상을 섭렵하고 있었던 절충주의자로서, 비록 스토아주의자로 분류되고 있지는 않지만 공화정 로마의 가장 설득력 있는 웅변가였으며, 무엇보다도 퀸틸리아누스 수사학의 전범이 되고 있던 키케로(Cicero)의 『의무론 *De officiis*』를 전거로 제시하고자 한다. 『의무론』의 제1권과 제2권에서 키케로는 '스토아주의의 2가지 의무'를 거론하고 있는 파나이티오스(Panaetios de Rodes)의 윤리이론을 소개하고 있다. 스토아주의의 첫 번째 의무는 그 자체의 본질에 있어 덕을 갖춘 행위이며 이성의 온전한 이해를 매개로 실행되는데, 이 지극히 순수한, 덕을 갖춘 행위는 하나의 완벽한 의무(perfectum officiium)로서 그리스의 스토아주의자들에 의해 '카토르토마'(katorthōma)로 일컬어졌다. 선택의 자유는 결과적으로 우리의 본성에 깃들어 있는 순수한 도덕적 의무감과 이성, 의지의 지도를 받아 덕이 있는 행위로 나아가게 되

108) 스토아학파의 윤리설에 대한 개괄적인 이해를 위해서는 다음을 참고로 하면 좋을 것이다. Eduard Zeller, *The Stoics, Epicureans, and Sceptics*, trans. by O. J. Reichel (London, 1870), p.210 이하; Max Pohlenz, *Die Stoa* (Göttingen, 1948), p.111 이하; Edwyn Bevan, *Stoics and Sceptics* (Oxford, 1913), p.55 이하.

109) Zeller, *op.cit.*, p.261.

는 것이다. 하지만 이와 같은 의무는 지극히 선할 뿐만 아니라 지극히 현명한 사람(sophos, sapiens)에 의해서만 실천될 수 있는 종류의 것이었다. 현자는 정념(pathos)에 사로잡히지 않으며 자신의 내적 가치에 있어서는 그 누구에게도, 심지어는 제우스에게도 뒤지지 않는 존재이지만 500년만에 한 번씩 세상에 나타난다는 불사조만큼이나 드물다. 첫 번째의 의무 개념은 자체에 있어 덕이 있는 인간 고유의 행위와 이성적인 활동 모두의 근원을 이루는 것으로,[110] 키케로는 이 도덕적인 의무가 공적이고 사적인 삶의 모든 국면들에 적용되는 것이라고 보충한다.[111] 두 번째의 의무는 현실 응용적인 관심과 결부되어 있는 것으로서, 적절한 이성의 능력이 동원되는 공동체적 행위와 관련된 의무이다. 이 두 번째의 의무들은 강력한 변증에 의해서만 뒷받침될 수 있는[112] 중도적 의무(medium officium)로서, 스토아의 사표들에 의해 '카테콘'(kathēkon)으로 일컬어졌던 유용하고 시의적절한 행위(utile)를 의미하고 있었다. 이 중도적인 의무는—예컨대, 수사술에서와 같이— 그 자체로 보자면 선하지도 악하지도 않은 방법론적 가치중립성을 담지하고 있는 것이었으나 진정으로 현명한 사람들에 의해 실행될 경우, 도덕적인 선과 일치할 수가 있으며, 그렇지 못하다 할지라도 충분한 교육과 훈련을 바탕으로 한다면 부차적으로나마 덕이 있는 행위가 될 수 있는 것이었는데,[113] 이러한 맥락에서라면 '도덕적 순수성'(honestas)과 '실용성'(utilitas)은 하등의 마찰을 빚지 않고서도 상호간 화해를 이룰 수 있는 것이었다. 도덕적인 현자는 올곧은 덕의 상태를 훼손시키지 않고서도 현실적인 공인의 삶을 영위할 수가 있었던 것이다.

스토아주의의 가르침에 있어 합리적인 사유는 개인의 행위가 세계의 보편적인 법칙들과 조화를 이루는 지점에서 작동하는 것이었

110) Stobaeus, *Eclogus*, 158.
111) Marcus Tullius Cicero, *De officiis*, 1.2.
112) *Ibid.*, 1.3.
113) Cicero, *De finibus*, 3.17.58; *De officiis*, 1.3.8.

다. 모든 이성적인 존재자들의 사유는 본질적으로 우주의 보편법칙에 대한 행위의 일치를 지향하고 있다. 그러므로 모든 이성적인 존재자들은 하나의 동일한 목적을 추구해야 하며, 연속적인 전체의 부분에 불과한 자기 자신을 동일한 법칙의 청종자들로 인식해야만 한다. 인간은 단지 자기 자신만을 위해서가 아니라 공동체와 자연세계, 우주를 위하여 살아야 한다. 현인은 결코 이 세계와 단절을 이룬 배타적인 개인일 수가 없는 것이다.[114] 스토아주의의 윤리관이 이러한 전체론적—공동체주의적 세계관과 양립하는 한에 있어, 현자는 '카토르토마'의 덕과 의무를 기반으로 '카테콘'의 실천으로 나아가는, 공직 수행의 능력을 겸비한 합리적인 의지의 도덕가로 조명되었던 것이다. 로마화된 스토아주의에 있어 개별 시민의 도덕적인 선함은 국가의 공동체적 삶에 대한 능동적인 참여와 헌신을 통하여 드러나게 되며[115], 따라서 그것은 중도적 의무의 개념과 긴밀한 연관성을 갖게 되는데, 퀸틸리아누스 역시 에피쿠로스학파의 관조적 은둔거사의 삶을 바람직한 삶의 방식으로 평가하지 않고 있다. 퀸틸리아누스는 웅변가에게 추천할 만한 주요한 덕목들로 예의바름, 친절함, 온화함, 자비로움들을 내세우지만 이러한 특성들에 반대되는 경우에도 선한 사람이 될 수 있는 것이라는 정황적인 가변성 또한 환기시키고 있는데[116], 이와 같은 서술은 우리로 하여금 그가 설파하고 있던 '선한 웅변가'(uir bonus)의 이념이 시공간적 상황조건의 전제 아래서 로마인다운 탁월성을 현시해주는 현실적 정치가의 육성을 목표로 하고 있었음을 간파할 수 있게 한다.[117]

스토아주의의 전체론적(holistic) 의무 윤리학과 퀸틸리아누스의 '선인주의' 이념 사이에 거스를 수 없는 친화력이 개재하고 있었다는 것은 불을 보듯 명확한 사실로 여겨진다. '선인주의' 이념의 스

114) Cicero, *Tusculanae disputatione*, 4.23.51; *De finibus*, 3.19.64.
115) Quintilianus, *Institutio oratoria*, 12.2.7.
116) *Ibid.*, 11.1.42.
117) *Ibid.*, 11.1.46.

토아적 선례들은 퀸틸리아누스의 '선한 웅변가' 개념과 마찬가지로 실용적이며 정치적인 차원과 순수 윤리적·철학적 차원 모두를 포괄하고 있었던 것이다. 우선, 기원전 3세기에 살았던 스토아주의 제2의 창시자 크뤼시포스(Chrysippos)는 덕과 의무에 대한 정치한 이론체계를 제시해주고 있는 바, 그에 의해 상정된 행위의 규범들은 네로 황제의 경호노예였던 에픽테투스(Epictetus)나 황제였던 마르쿠스 아우렐리우스(Marcus Aurelius)의 저술들을 통하여 우리에게 전해지고 있는데, 중요한 것은 크뤼시포스의 이름과 그가 견지하고 있었던 입장들이 퀸틸리아누스에 의해 빈번하게 인용되고 있다는 사실이다.[118] 둘째로, 퀸틸리아누스가 윤리학을 포함한 스토아주의의 철학적 이설에 크게 의지하고 있었던 것은 키티온의 제논(Zenon)[119], 클레안테스(Cleanthes)[120], 아레우스(Areus)[121], 포세이도니오스(Poseidonios)[122], 스테르티니우스(Stertinius),[123] 테온(Theon)[124], 플라우티우스(Plautius)[125], 디오게네스(Diogenes)[126] 등에 대한 도처의 인용을 미루어볼 때에도 의심의 여지가 없는 것이다.

스토아주의 윤리학에서의 카토르토마와 카테콘은 순수 도덕의 지향, 즉 행위의 목적과 행위라는 수단, 혹은 윤리성(honestas)과 실용성(utilitas)에 관한 퀸틸리아누스의 논증과 직접적인 결연을 이룬다. 『웅변가 육성론』의 제12권 3장에서 퀸틸리아누스는 "제가 주장하는 것은 이상적인 웅변가는 선한 사람이 되어야 한다는 것을 넘어서 선한 사람만이 웅변가가 될 수 있다는 것입니다"라고 말한다. 퀸틸

---

118) *Ibid.*, 1.1.4, 1.3.14, 1.10.32, 1.2.17, 2.15.34.
119) *Ibid.*, 2.20.7.
120) *Ibid.*, 2.15.34, 2.17.41.
121) *Ibid.*, 2.15.36, 3.1.16.
122) *Ibid.*, 3.6.37.
123) *Ibid.*, 3.1.21.
124) *Ibid.*, 3.6.48.
125) *Ibid.*, 2.14.2, 3.6.23.
126) *Ibid.*, 1.1.9.

리아누스는 악한 사람의 웅변은 현실적인 성공의 효과, 즉 효용성이나 실용성을 가질 수 없으며 따라서 웅변가로 칭해질 수도 없다는 점을 단언하고 있는 것인데, 이러한 단언은 잇달아 등장하는 아래와 같은 3가지의 부속논증을 살펴볼 때에도 명백히 드러나고 있다.

[논증 1]

왜냐하면 미덕과 악덕이라는 두 가지 길의 선택을 요구받았을 때, 악덕을 선택하는 사람을 지성의 천분을 갖춘 사람들로 간주할 수가 없을뿐더러 예기치 못한 행위의 결과에 따라 중벌에 처해질 뿐만 아니라 피할 수 없는 양심의 가책에 시달리곤 하는 사람들에게 현명함의 영예를 허락할 수는 없기 때문입니다.127)

[논증 2]

정신은 그것이 무엇보다도 악덕으로부터 해방되지 않는다면 가장 고귀한 과업의 연구를 위한 여유마저도 확보할 수가 없을 것인데, 정신이 그와 같은 준비의 목적 달성에만 주의를 집중시킬 수 있는 것은 오직, 그것이 여타의 어떤 것에 대해서도 관심을 돌리지 않고 매혹당하지 않는 자유롭고 지극히 순수한 상태에서이기 때문입니다.128)

[논증 3]

비록 이성능력과 지식, 기술·연습의 측면에서 선한 웅변가와 다를 바 없는 사악한 사람들이 존재한다고 할지라도, 연설의 목표는 그것이 논증하고 있는 주장이 진실할 뿐만 아니라 정당한 것임을 설득하는 데 있으므로, 도덕적으로 사악한 사람들의 논증은 방청객과 배심원들에게 의미있는 영향력을 행사할 수 없습니다. 왜냐하면 사악한 사람들은 공중의 의견을 경멸하고 정의로운 것들을 무시하는

---

127) *Ibid.*, 12.1.3.
128) *Ibid.*, 12.1.5.

가운데 예기치 않게 본색을 드러내기 마련이며, 파렴치한 태도로 오만방자한 자신의 입장들을 개진할 뿐만이 아니라, 그렇게 평판이 좋지 못한 사람이 해당사건의 변론가라고 하는 사실 자체가 그들 주장의 사악함을 말해주는 증표로 여겨질 수가 있기 때문입니다. 사정이 이와 같다면 선한 사람 들이 때때로 불가피한 상황에서 올바르지 않은 것들을 말하지 않을 수 없다 할지라도 대중의 신뢰를 얻을 수 있는 사람은 사악한 사람들이 아니라 도덕적으로 선한 사람들인 것입니다.129)

첫 번째의 논증에서 퀸틸리아누스는 이성에 바탕을 둔 현명함(phronēsis, prudentia)을 선인과 악인의 본질적인 차이로 설정하고, 현명함을 결여하고 있는 사악한 사람들의 웅변과 수사가 참된 의미의 설득력을 확보할 수 없는 것임을 주장하고 있다. 퀸틸리아누스의 표현에 따르자면 그와 같은 사람들의 수사술은 수사술이라고조차 부를 수 없는 천박한 종류의 발화에 지나지 않는다. 현명함은 앞에서 살펴보았던 바와 같이 현자(phronimos, sapiens)의 이념과 함께 스토아주의 윤리학의 핵심 원리가 되고 있으며, 스토아주의가 선대 그리스의 사상들을 절충적으로 해석·계승하고 있음으로 해서 이오니아의 자연철학을 제외한 소피스테스 운동과 소크라테스의 가르침, 플라톤주의, 아리스토텔레스주의 모두에서 그 기원을 찾아볼 수 있는 규준이라 할 수 있었다. 사려 깊음, 통찰력 있음 혹은—학적 분석력의 측면에서 타의 추종을 불허했던 아리스토텔레스에 의해— '실천지' 등으로 번역되기도 했던 현명함(phronēsis)은 구체적이고 개별적인 행위와 실천(praxis)에 관여함으로 해서 사변적인 이론지성의 앎(epistēmē)과 구별되며 어떠한 의미에 있어서는 특정한 '상황'(pragma)과 조화될(epharmottō, symphonoumena) 수 있는 수단(ta pros to telos)의 선택(proairesis)을 주관하는 이성의 숙고(bouleusis)와 나아가 이성적 욕구로서의 (자유)의지(bouleutikē orexis, uolitio) 그리

129) *Ibid.*, 12.1.12~3. 또한 12.1.29를 참조하라.

고 의지의 표출로서의 행위(praxis)마저도 포괄할 수 있는 포괄적인 개념이었다. 또한 여기서 우리가 놓쳐서는 안 될 사실은 소피스테스 운동 이후의 서양 고대의 사상과 나아가 일반적으로 고대인들에 있어서는 개개의 인간이 근본적인 차원에서 가족을 비롯한 사회 공동체(koinōnia)와 국가(polis, politeia)의 구성요소로 파악되고 있었다는 점이다. 국가는 자체의 본질에 있어 인위적인 규약(nomos)의 산물이 아닌 또 다른 차원의 자연(physis)으로서 자족적인 생활을 영위할 수 없는 개인들에게 가치로운 은택(恩澤)을 시혜해주는 큰 글씨로 쓰여진 인간이며, 인간은 본성적으로 사회적이고 정치적일 수밖에 없는 동물(politikōn zōion)이다. 서양 고대의 윤리적 행위는 개인적인 차원과 사회적인 차원으로의 분리를 허용하지 않으며, 맥락과 관점의 차이를 배제한다면 정치적 행위와의 구별이 불가능하다. 현대적인 의미의 사적인 자유나 기호와 취향들은 중요성을 확보할 수가 없으며, 따라서 윤리와 윤리적 성품(ēthos, hexis)으로서의 덕(aretē)은 현실적 공중생활에서의 유용성(chrēsimotēs, ōpheleia)을 지니면서 개개의 인간들에게 총체적인 충족감(autarkeia, hikanotēs)과 행복(eudaimonia)을 가져다주는 구체적인 최상의 '상황 전제적' 행위(eupraxis)에 의해 완성된다. 그러므로 퀸틸리아누스에 의한 도덕적 순수성(honestas)과 실용성(utilitas)의 '연속성' 주장은 비록 그가 철학적인 선명한 지식들을 결여하고 있었다 하더라도—그처럼 보이는 것은 분명 합당한 이유를 가지고 있다— 로마의 스토아주의와 그리스 철학의 전통을 가감 없이 계승하고 있는 것이었다. 하지만 도덕성과 윤리는 반드시 현실 정치의 실용성(utilitas)과 결연되어야만 하는가? 도덕성과 윤리가 현실 정치의 실용성과 결연되어야 한다면 과연 어떠한 방식의 결연이 이루어져야 하는 것인가?

퀸틸리아누스의 두 번째 논증은 스토아주의 윤리학의 또 다른 핵심원리인 '의지'(uolitio)의 문제에 관련된 것이다. 이 논증은 수사술이 가진 소기의 목적 달성, 즉 올바르고 참된 설득(pistis, persuasio)

을 위해서는 수사술의 학습이나 실연의 과정에 있어 지극히 순수한 정신의 집중, 즉 의지의 능력이 요구되는데, 하나의 목표를 지향하는 순수하고 진지한 의지는 도덕적인 사악함과는 결코 어울릴 수 없는 것이라는 의미를 지닌 것으로 생각된다. 그리고 퀸틸리아누스 논증의 이와 같은 내포는 또 한 가지의 상위의 전제, 다시 말해서 정신 집중의 의지는 본성적으로 선한 것이 될 수밖에 없다는 전제를 상정하고 있는 것 같다. 하지만 위에서 언급했던 바, 카시우스 세웨루스(Cassius Seuerus)나 마르쿠스 아퀼리누스 레굴루스(Marcus Aquillinus Regulus)와 같은 델라토르(delator)들은 남다른 정신 집중의 의지와 명민한 이성적 판단력을 발휘하면서 제국과 황제의 정적들을 괴멸시키는 인상적인 대중설득에 성공함으로써 스스로의 사회충위적 이익을 확대시키고 있지 않았는가? 그들의 의지는 수사술의 현실적이고 정치적인 유용성을 보여준 것이 아니었던가? 그들이 가졌던 불굴의 의지는 무엇을 목표로 삼고 있었던가? 그것은 스토아적 '전체론'(holism)의 금욕적인 박애와 양립할 수 있는 것이었는가? 정신일도(精神一到)의 의지란 그 자체의 측면에서는 탁월성을 가지는 것이지만 외부적 지향에 있어서는 지향의 대상과 목표에 따라 별개의 평가를 받을 수 있는 것이 아니겠는가? 그렇다면 우리는 서양 고대의 사유 저편에서 인간의 정신을 구성하는 다차원의 의지들을 보다 명쾌한 방식으로 구분해 보아야 할 필요가 있을 것이다. 하지만 이 모든 이의의 제기에도 불구하고 여전히 유지될 수 있는 퀸틸리아누스의 호소력이란 동시대의 델라토르들이 가졌던 의지의 지향이 자기 중심적 이익의 증폭에 있었다고 가정했을 때, 그러한 의지가 대관절 가장 순일한 의미의 정신 집중으로 이해될 수가 있겠는가 하는 반문 속에서 생명력을 얻고 있는 것으로 보인다. 퀸틸리아누스는 적어도 그 영혼의 벼리에 있어서는 플라톤적 최고선의 이상을 그 누구보다도 깊이 염원하고 있었던 고대의 정신이었던 것은 아닐까? 사악한 웅변가들의 분열된 정신과 심란(心亂)함의 묘사는 홉사 대화편 『국가 *Politeia*』에 등장하는 참주의 불순한 영혼에 대한 플라톤의 고발을 듣는 듯하다.[130] 부연적으로, 수사술의 목적 달성을 강조하는 퀸틸리아누스의 표현 속에는 행위의 정신(영혼) 내적 동기(원인)들뿐만이 아니라 정신 외적 동기마저도 중시하고 있었던 서양 고대 윤리사상의 '결과주의적' 면모가 깃들어 있다. 삶의 실천철학인 윤리가 불가불 실용성(utilitas)과 실제적 효용의 가치를 배제할 수 없다면, 그와 같은 유용성은 자연스레 실천의 결과 또한 도외시할 수가 없는 것이다.

마지막 세 번째의 논증에서 퀸틸리아누스는 수사술에 대한 일반 대중들의 변별능력에 희망에 찬 기대를 가지면서 사악한 사람들의 웅변이 실제적인 효용성을 담보할 수가 없는 것이라고 역설한다. 요컨대, 스토아주의의 도덕적 순수성(honestas)과 실용성(utilitas) 사이의 '연속성'이 적시되고 있는 것이다. 하지만 이와 같은 주장 또한 두 번째의 논증이 갖는 문제점과 마찬가지의 취약성을 지닐 수 있다. 퀸틸리아누스의 암묵적 비판대상이었던 카시우스 세웨루스와 마르쿠스 아퀼리우스 레굴루스는 모두가 다 로마 법정의 이름 난 연기자들이 아니었던가? 세웨루스나 레굴루스가 모두 도덕적으로 평판이 좋지 않은 밀고자들이었다면, 그들은 대체 무슨 연고로 성공적인 연기자들이 될 수 있었던 말인가? 콜로세움의 글라디아토르(gladiator) 격투에 광분했었던 당대의 로마 시민들이 과연 퀸틸리아누스 자신이나 타키투스(Publius Cornelius Tacitus), 소(小)플리니우스(Gaius Plinius Caecilius Secundus)와 같은 지성들의 통찰력과 심미안(審美眼)을 공유할 수가 있었겠는가? 퀸틸리아누스는 어쩌면 운명(heimarmenē, fatum)과 법칙에 대한 '필연적' 동의(synkatathesis)라는 스토아주의의 교설에 입각하여 로마 시민들의 도덕적·지성적 역량에 대한 지나칠 만큼의 낙관론을 펼치고 있거나, 자신과 같은 도덕적 지성인들의 비상한 관점들을 로마의 시민들에까지 투사(投射)시

---

130) Platon, *Politeia*, 573b 이하.

키고 있는 것이 아니면, 로마 일반 대중의 자질에 대한 일방통행의 자기충족적 예언을 쏟아붓고 있는 것처럼 비쳐지는 것이다. 윤리학과 정치학을 다루는 고대의 정신이 선(to agathon, to aristōn)에 대한 도덕적 지향을 전제로 실제 상황(pragma)에 적합한 수단(ta pros to telos)으로서의 선택된 행위(praxis)를 사유의 대상으로 하고 있었다면, 퀸틸리아누스의 실제 상황 분석은 어느 모로 보아서나 올바르고 참된(alēthēs) 숙고(bouleusis)였다고 평가할 수가 없다는 것이다.

퀸틸리아누스는 사악한 델라토르들 역시 능변을 구사하는 훌륭한 웅변가들로 간주될 수 있다는 사실을 인정하려 하지 않았던 것 같다. 사악한 사람들이 사회적인 영향력의 확보에 있어 전투적인 성공의 행진을 거듭하고 있는 것이 사실이라는 반론을 예기하고 있었던 듯, 퀸틸리아누스는 자신의 주장을 뒷받침해줄 두 가지의 사례를 제시하는데, 그들은 서양 고대의 전설적인 수사가들인 데모스테네스(Demosthenes)와 마르쿠스 툴리우스 키케로(Marcus Tullius Cicero)였다. 그런데 재미있는 점은 이들에게 대단히 훌륭한 웅변가들이라는 찬사는 보내지고 있지만 완전한 웅변가로서의 평가는 의도적으로 유예되고 있다는 사실이다. 그렇다면 퀸틸리아누스는 수사술의 완전성에 대한 엄청난 기대수준, 바꾸어 말해서 플라톤주의적 이상향을 갖고 있었던 것일까? 아니면 자신을 플라톤주의의 지선한 철인과 동일화시키며 선대의 웅변가들에 대한 자신의 차별화를 꿈꾸었던 것일까? 놀라운 것은 여기서 끝나지를 않는다. 『웅변가 육성론』의 제2권 11장과 12장에 걸쳐 퀸틸리아누스는 도덕적으로 사악하거나 적절한 수사술의 교육과 훈련을 받지 않은 사람들도 나름으로의 능변에 힘입어 부와 명성을 쌓아올릴 수 있음을 인정하기에 이른다. 하지만 그와 같은 사태가 발생할 수 있는 이유는 이 세계가 펼쳐놓는 특수한 정황, 다시 말해서 그들에게 행운이 따라주었던 것이 아니면 당시 청중들의 어리숙함 때문이라는 것이다. 퀸틸리아누스가 선한 웅변의 실효성에 대한 반증 사례들의 효력을 인정하지 않으려고 몸부림쳤던 것은 아마도 선한 웅변가에 대한 신념이 감각에 초점이 맞추어진 경험주의적 검증가능성을 배격하는, 다시 말해서, 결과적인 경험 현상에 대한 원인으로서의 참된 본질의 주장으로 이해될 수 있을 것이다. 그리고 바로 이와 같은 플라톤주의적 경향성이 웅변가는 반드시 선한 사람이 되어야 한다는 퀸틸리아누스의 수사교육 이념으로 형상화되었을 것이다.

우리가 눈여겨보아야 할 마지막의 중차대한 문제는 서양 고대 사유에 있어서의 목적-수단 구분의 쟁점이다. 퀸틸리아누스는 플라톤과 마찬가지로 수사술이 올바른 목적(telos, finis)을 가져야 한다고 생각했지만 플라톤과는 상이하게 그러한 목적을 수사술 자체에서 찾고 있는 듯 보인다. 퀸틸리아누스는 『웅변가 육성론』의 제2권 15장에서 수사술의 정의가 "도덕적으로 사악한 사람도 웅변가라 할 수 있는가?"라는 물음에 대한 답변 방식에 따라 크게 두 가지의 유형으로 나누어질 수가 있다고 하면서 수사술에 대한 자신의 정의 방식을 그러한 가능성을 배제하는 부류 속에 위치시킨다. 그런데 자신과 반대되는 답변을 내리고 있는 부류들은 대단히 복잡다단한 조건들을 검토해본 연후에 수사술을 마침내는 '설득(pistis, persuasio)의 기술'로 정의하는 경향이 있다. 퀸틸리아누스는 여러 가지 이유를 들어 그와 같은 정의에 대한 반론을 제기하고 있지만 반론의 핵심을 이루는 것은 '설득의 기술'이라는 정의의 방식이 지나치게 협소한 설명이 아니면 지나치게 광범위한 설명이 될 수밖에 없다는 성토이다.

제2권의 15장 24절에서 퀸틸리아누스는 많은 사람들이 플라톤을 심지어 기술이라고도 말할 수 없는 '쾌락과 욕구 충족에 있어서의 계교'로서의 수사를 주장했던 사상가로 기억하고 있음을 한탄하고 있다. 퀸틸리아누스는 소크라테스와 플라톤이 힐난했던 수사와 웅변은 '당대에 실제로 구현되고 있었던 바의 수사'에 지나지 않으며, 대화편 『고르기아스 *Gorgias*』와 『파이드로스 *Phaidros*』에서 플라톤은 명백히 '참되고 영예로운 기술'로서의 수사술에 대한 이념적 비전의 제시가 이루어지고 있음을 지적한다![131] 퀸틸리아누스가 염두에 두고 있었던 구절은 『고르기아스』편에 등장하고 있는 소크라테스의 언명, 즉 "수사에 관해서는 두 가지의 측면이 고려될 수 있을 것인데, 그 하나가 감언이설(甘言利說)과 같은 천박한 하우(下愚)들의 웅변이라면 다른 하나는 동료 시민들이 즐거워하든 그렇지 않든 용기를 가지고 가장 좋은 것을 이야기하려 애쓰는 찬양할 만한 웅변인 것이네"[132]라는 언명이었던 것이 틀림이 없으며, 이러한 언명은 『파이드로스』편에서는 주인공 파이드로스가 행했던 세 번째의 주제 제시 이후 다시금 그 모습을 드러내게 된다. 파이드로스는 뤼시스(Lysis)가—그의 연설은 소크라테스에 의한 본질적 음미를 이미 거친 상태이다— 단지 진문직인 웅변직가(logographos)로만 비치질지도 모르겠다는 우려감을 표명하고 있다. 그러자 소크라테스는 어떠한 사람이 좋지 않은 글쓰기를 하지 않는 이상, 연설문을 쓴다는 것을 부끄럽게 생각할 필요는 없는 것이라고 답한다. "내가 생각하기에 수치스러운 일은 말이나 글을 훌륭하게(kalōs) 표현하지 못하는데 있는 것이 아니라 사악하게(kakōs) 표현하는 데 있는 것이라네."[133] 소크라테스는 언제나 그러했듯 '훌륭한 언어표현'(kalōs legein)의 본질 탐구를 제안하며[134], 이러한 제안에 부응하여 『파이드로스』의 나머지 논의들은 '아름다운 말'이 궁극에 있어 의미하는 바가 어떠한 것인지를 변증하고 있는 것이다. 그리고 우리의 퀸틸리아누스가 '잘 말하는 기술', 즉 '능변의 학'(bene dicendi scientia)[135]이라는 수사술의 정의를 이끌어내었던 것은 바로 이와 같은 플라톤 철학의 개관이 이루어진 직후의 일로서, 그러한 그의 정의는 또한 예술적

131) Quintilianus, *Institutio oratoria*, 2.15.27.
132) Platon, *Gorgias*, 503a.
133) Platon, *Phaidros*, 258d.
134) Platon, *Phaidros*, 259e.
135) Quintilianus, *Institutio oratoria*, 2.15.34.

감성(pathos)의 요소가 배제되기만 하면 '초연'(apatheia)과 금욕을 도덕성 확보의 첩경으로 여겼던 스토아주의 철학자들이—클레안테스(Cleanthes)와 크뤼시포스(Chrysippos)— 내렸던 '올바른 연설의 학'(scientia recte dicendi)[136]과도 상통할 수 있는 탁월한 정의의 방식이었던 것이다.

고대 그리스의 기술 사상과 소크라테스의 탁월한 기술로서의 덕(aretē) 사상을 이어받은 플라톤의 견해에 따르면, 어떠한 기술(technē)의 정의는 필연적으로 그것이 지향하는 바의 유용한 가치로서의 목적(telos)을 포함하게 되어 있다. 어떠한 기술의 목적은 기예가가 실현하고자 하는 대상들의 선한 향상으로서, 플라톤 대화편의 소크라테스는 기술과 목적의 관계성을 의술과 체육의 사례를 통해 빈번하게 부각시키고 있다. 당대 소피스테스들의 현상적 수사 기교를 넘어선 본질적 의미의 수사술은 플라톤에 있어서도 하나의 기술로서 자리매김된다. 하지만 진정한 의미의 기술로 부활하기 위하여 수사와 웅변은 마땅히 영혼의 배려와 향상을 분명한 목적으로 설정하고 있어야 하는데, 바로 이와 같은 측면에서 소피스테스적 수사의 기교들은 『고르기아스』편에서 요리술과 유사한 '사이비 기술'로 평가 절하되고 만다. 계교와 사이비 기술은 영혼을 감화시키고 살찌우기보다는 저급한 쾌락으로 영혼을 사로잡는다. 플라톤의 이념은 사랑(erōs)과 수사의 비교를 통하여 『파이드로스』에서도 여지없이 나타난다. 진정한 사랑—보다 일찍 쓰여진 것으로 보이는 『향연 *Symposion*』을 통하여 이미 설파된 바가 있으며, 이전 과도기의 『뤼시스』에서는 우정(philia)의 개념 속에서 형상화되었던—에 있어 사랑하는 자가 사랑받는 자의 영혼을 성장시키려 하는 것과 마찬가지로 진정한 의미의 수사술을 구사하는 웅변가들은 청중들의 영혼을 성숙시키에 여념이 없다. 그리고 이것이 바로 웅변가들이 정의(正義, dikaiosynē)뿐만이 아니라 영혼의 본질을 꿰뚫고 있어야 하는 이

136) *Ibid.*, 2.15.35, 2.15.38.

유가 되는 것이다.

퀸틸리아누스는『웅변가 육성론』의 제2권 15장에서 플라톤의 교설에 이어 클레안테스(Cleanthes)와 크뤼시포스(Chrysippos)를 위시한 스토아주의 철학자들의 주장들을 검토해보고 수사술에 대한 더 이상의 창발적인 정의를 제시할 수 없다는 사실을 간파하고서는 다음과 같은 요약적 수긍의 진술을 내어놓는다.

> 이상과 같은 주장들을 받아들일 수밖에 없는 우리들은 이제 수사술을 위시한 기타의 모든 기예들이 지향해야만 할 종착점, 최고의 표적, 그 궁극적인 목표와 목적이 무엇인지를 확연히 알게 되었습니다. 수사술이 능변의 기술과 학을 의미한다면, 그것이 가지는 최고의 목적은 '잘 말하는 것'이라는 점이지요.[137]

'잘 말하는 것'이 수사술의 목적이라는 퀸틸리아누스의 결론이 뒷받침되고 있는 곳은 이후의 제2권 18장 이하에서인데, 18장에서 퀸틸리아누스는 인간의 기술을 이론적인 것(theōrētikē), 실천적인 것(praktikē), 제작적인 것(poiētikē)으로 나누어 놓고서는 수사술을 그 본질에 있어서는 실천적인 것이지만 이론적이고 제작적인 속성마저도 겸비하고 있는 것으로 규정한다. 수사술은 일차적으로 행위이며 실연(實演, actio) 그 자체로서 그것의 목적은 특정한 유형의 행위 그 자체에 놓여 있다(!). 퀸틸리아누스는 제20장의 두 번째 절에서 스토아주의자로 추측되기는 하지만 이름이 밝혀지지는 않은 철학자들의 주장을 적극 지지하고 나서는데, 그들에 따르면, 수사술은 그 자체로 미덕이라 할 수 있는 것이었다.

> 제가 정립하고자 노력하는 수사술이란 … 그리고 저의 내면의 눈에 비쳐진 수사술의 목적으로 미루어 선한 사람에만 부합되는, 단적으로 말해서, 진정한 의미의 수사학은 덕 그 자체라 할 수 있을 것

137) *Ibid.*, 2.15.38.

입니다.[138]

다음으로 퀸틸리아누스는 그 익명의 철학자들의 입장들에 대한 간략한 설명을 덧붙이고 있는데, 그들은—역시 스토아주의자들로 생각되지만— 덕이라는 것의 본질을 행위에서의 일관성과 언표에서의 일관성으로 이해하고자 한다. "만약 '현명함'이라는 것이 행해져야 마땅한 행위에 있어서의 '올바름'과 '일관성'을 의미한다면, 수사술은 언표되어야 마땅한 언표에 있어서의 올바름과 일관성의 덕이라 할 수 있을 것입니다. 여기에서 우리가 일컫고 있는 바의 덕이란 '행위의 탁월한 형상'과 같은 것을 가리킵니다."[139] 행위와 언표의 상호 유사성은 아래와 같은 퀸틸리아누스의 설명을 통하여 압축적으로 재구성된다. 우리가 '현명함'이라는 단어를 '잘 행위하는 기술', 즉 '올바르고 적절한 행위'에 대하여 구사한다고 가정해보자. 그렇다면 우리는 '수사술'이라는 용어가 '잘 말하는 기술' 다시 말해서 '올바르고 적절한 언변'에 관한 것을 가리키는 것으로 간주할 수 있을 것이다. 요약을 마친 퀸틸리아누스는 이전에 행했던 자신의 고유한 논증으로 복귀하여 명예와 정의의 문제들을 효과적으로 설변하는 웅변가들이 명예와 정의가 무엇인지를 알지 못한다면 어떻게 그들과 관련된 쟁점들을 효과적으로 성토할 수가 있겠느냐는 득의에 찬 반문을 제출하게 된다.

---

138) *Ibid*., 2.20.4.

139) 스토아학파가 말하는 'uirtus'(덕, 탁월함)란 두말할 나위 없이 그리스어 'aretē'의 라틴어 번역이다. A. W. H. Adkins는 1973년 발표한 "aretē technē, Democracy and Sophists: *Protagoras* 316B~328D," *The Journal of Hellenic Studies* 93의 pp.3~12에서 aretē와 technē라는 언표가 Protagoras에 의하여 이성의 지도에 따라 탁월하게 이루어지는 행위를 지칭하는 호환 가능한 개념으로 활용되고 있음을 지적하고 있는데, 이와 같은 측면은 덕의 본질에 대한 스토아주의의 관점에도 별다른 무리 없이 연계될 수 있는 것으로 보인다. 스토아학파의 덕 개념에 관한 판명한 이해를 위해서는 F. H. Sandbach, *The Stoics* (New York, 1975)의 pp.41~48을 열람해보라.

퀸틸리아누스의 '선한 웅변가'(uir bonus) 이념은 플라톤주의와의 연장선상에서 가장 적절한 방식의 이해에 도달할 수 있는 것 같다. 퀸틸리아누스는 『웅변가 육성론』의 제12권 1장에서 『웅변가 육성론』을 집필하게 된 동기를 다음과 같은 명시적인 언명으로 서술하고 있다.

> 그러므로 제가 형성시키고자 하는 어떠한 인물은 금전에 좌우되는 변호사라든지 특정한 효용을 위해 고용된 탄원자 혹은 보다 완곡하게 표현하자면 일반적으로 '카우시디키'(causidici)로 불려지는 시민들에 봉사하는 변론가의 부류라기보다는, 타고난 바의 비범한 소양을 바탕으로 온갖 탁월한 지식의 영역들을 철저하게 섭렵함으로써 구체적인 모든 측면에서 독보적인 완전성을 드러내며 사유와 언설에 있어 극상의 숭고함으로 충만해 있는, 우리 인류의 축복을 위하여 하늘이 은전(恩典)으로 베풀어주시는 지금까지의 역사를 통틀어 비견(比肩)의 실례를 찾아볼 길이 없는 인물인 것입니다.140)

퀸틸리아누스가 열망해 마지않았던 '선한 웅변가'의 이상은 그렇다면 서기전 4세기에 플라톤이 설파했었던 진정한 철학자의 모습에 다름 아닌 것 같다. 그런데 여기에서 우선 문제가 될 수 있는 부분은 퀸틸리아누스가 이와 같은 이상으로서의 웅변가를 현실적인 웅변가들 속에서도 현실화시킬 수 있는 목적으로 가정하고 있다는 사실이다. 『웅변가 육성론』 속에는 이렇듯 이상과 현실 사이의 긴장과 갈등이 드리워져 있다. 학적 지식과 관련하여 구체적인 모든 측면에서 독보적인 완전성을 드러낼 수 있는 사람이란 과연 어떠한 사람을 말하는가? 그러한 사람은 흡사 신적인 전능에 육박하는 인물이 아니겠는가? 그런데 사정이 이와 같음에도 불구하고 퀸틸리아누스는 예컨대 『웅변가 육성론』의 제12장에서 언설의 방식이 일상언어의 쓰임새에 부합되어야 함을 지적하면서 선대의 데모스테네스

---

140) Quintilianus, *Institutio oratoria*, 12.1.25.

(Demosthenes)와 키케로(Cicero)를 '완벽한 웅변가'의 전형으로 내세우고자 한다.[141] 또한 제10권 제1장에서 학습의 대상이 되어야 할 선대의 작가들을 추천하고 있는 퀸틸리아누스는 적지 않은 수의 웅변가들이 탐구의 관심을 유발시키며, 그리스의 아테네만 하더라도 같은 세대에 소피스테스들을 포함한 10인의 괄목할 만한 웅변가들을 배출해내었음을 기술한다.[142] 하지만 다시 제12장의 한 문단에서는 자신이 만일 독자들로부터 가장 엄밀한 의미에서의 진리의 법칙에 준한 해명을 요구받는다면, 그 스스로가 추구하고 있는 교육의 대상은 선대의 키케로가 발견하기를 열망했었던 바로 그 완벽한 웅변가임을 인정해야만 할 것 같다고 서술하고 있다.[143] 그리고 키케로가 발견하기를 고대했었던 완전한 웅변가란 플라톤주의에서 말하는 '철학적 웅변가'의 이상이었던 것이다. 키케로는 서양 고대의 다양한 철학 사조를 이해하고 이들을 라틴 세계에 전수시켰던 절충주의자였으므로, 비록 웅변가가 필수적으로 구비하여야 할 도덕성의 차원을 퀸틸리아누스만큼은 조망해보지 못했다 하더라도, 플라톤 이데아론의 이론적인 토대 위에서 이상적인 웅변가의 본질적인 형상(eidos)을 아래와 같이 설득력 있게 피력해준 바가 있었다.

> 결과적으로 완벽한 웅변가를 기술함에 있어 저는 아마도 실제로는 결코 존재하지 않았던 그러한 사람을 묘사하게 될 것입니다. 제가 가진 진정한 의도는 완벽한 웅변가가 어떠한 사람이었는지를 검토해보려는 것이 아니라, 여태까지의 모든 연설 속에서 좀처럼 그 자태를 드러내고 있지는 않지만 앞으로 언젠가 어디에선가, 기타의 영역에서보다는 연설 속에서 보다 찬연한 광채를 발하게 될 저 극복 불가능한 이상을 궁구해보고자 하는 것입니다. … 이와 같은 이상은 눈이나 귀, 그밖의 어떠한 감각기관으로도 감지될 수가 없는 것이지

141) *Ibid.*, 12.1.19.
142) *Ibid.*, 10.1.76.
143) *Ibid.*, 12.1.19.

만 그럼에도 불구하고 우리의 정신과 상상력에 의해 파악될 수 있는 그러한 종류의 것입니다. … 그리하여 조각과 그림의 경우에도 그것에 준거하여 예술작품들을 표상하게 되는, 눈에 드러나지는 않지만 타의 추종을 불허하는 지성적으로 완전한 이상이 존재하듯이, 우리는 정신을 통하여 우리의 청각으로는 단지 그것의 복사물 밖에는 포착할 수 없는 완벽한 능변의 이상을 떠올리게 되는 것입니다. 수사적 문체와 사유 모두에 있어 우리의 탁월한 사표가 되고 있는 플라톤은 이와 같은 사물들의 범형을 이데아이(ideai) 혹은 이데아들이라 칭했습니다. 플라톤은 이러한 범형들이 변화하지 않고 영원히 존재하며 지성과 이성에 의존하는 데 비해, 여타의 사물들은 생성・소멸을 지속하는 유전(流轉)의 양상에 놓여 있으며 동일한 상태에 오래 머물 수 없는 것들이라고 말합니다. 그리고 사정이 이와 같다면, 분별력 있고 질서 정연한 방식으로 논구되어야 할 모든 것들은 해당 부류의 궁극적인 형상이나 전형으로 환원되어야 마땅할 것입니다.[144)]

그렇다면 퀸틸리아누스가 설파했던 '선한 웅변가'(uir bonus)의 이념은 플라톤주의적 의미에서의 '철학적 웅변가' 자체에서 구명될 수 있을 것 같다. 그리고 이러한 방식의 해석에 있어서는 도덕적인 선함이 선한 웅변가의 본질적인 국면으로 부상하게 되는 동시에 도덕적 사악함은 어느 모로나 발붙일 곳이 없는 넌센스가 됨으로 해서 사악함을 지닌 웅변가는 더 이상 웅변가라는 명칭마저도 부여받을 수가 없게 되는 것이다. 하지만 서양 고대 윤리의 공동체적 실천 지향과 스토아주의의 유용성(utilitas), 로마 문화의 실용주의를 계승하고 있는 퀸틸리아누스의 현실 감각은 『웅변가 육성론』의 논의 속에서 줄곧 플라톤주의적 이상주의와 더불어 팽팽한 긴장과 알력의 분위기를 연출하고 있는 듯 보인다는 것이다. 이상과 현실은 양립할 수 없는 모순의 관계항들인가? 고대의 사유는 이상과 현실

144) Marcus Tullius Cicero, *Orator*, 3.pr.7~10.

을 어떠한 방식으로 해명하고 있는가? 그리고 퀸틸리아누스는 또 어떠한가? 그러나 현대인들이 가진 상식과는 거리를 두고서 플라톤의 사유에서마저도 절대적 이상에 대한 근사(近似)의 정도는 어쩔 수 없는 경험의 현실로서 받아들여지고 있었던 것이 사실이었다. 일반적으로 말해서 인간의 이념적 지향으로서의 피안(彼岸)의 이데아는 현상적인 개별 사물과 개별 인간들 속에서 완전히 구현될 수가 없는 것이기에 각각의 개별적인 웅변가들은 각기 다른 정도의 차이로 선함을 보유하고 있을 뿐이었다. 기타의 모든 조건이 동일하다고 가정한다면 특정한 사람 속에 깃들어 있는 선함의 수준이 웅변가의 수준을 대변해준다. 선함은 이데아에의 참여(methexis)를 확대시키고 선의 결여(sterēsis)인 사악함은 이데아에의 참여를 축감시킨다.[145] 이러한 해명의 방식은 '선한 웅변가'의 개념을 결코 희석시키지 않으며, 웅변가는 그 정의에 있어 선한 사람이 되어야 함을 역설케 하는 동시에 현상적 인간의 유한성마저도 용인케 한다. 그것은 데모스테네스나 키케로의 사례에서와 같은 '일상 언어에 부합하는' 평이한 양식의 웅변을 고려하게 하는 동시에 '가장 엄밀한 의미에서 진리의 법칙에 준하는' 면밀한 방식의 웅변 또한 고려하도록 이끈다. 하지만 그럼에도 불구하고 평이한 양식의 웅변은 보다 엄정한 방식의 웅변을 요구하는 형상적 이상성 속에서 자신의 존재 근거를 찾아낼 수밖에 없다. 그러므로 퀸틸리아누스의 『웅변가 육성론』은 도덕성을 필두로 여타의 모든 측면에서 극상을 점유하는 실질적인 웅변가 배출의 결의로 해석되기보다는 완벽한 웅변가의 이상을 지향의 목표로 명시하고 있는 고대 국가교육 프로그램의 기념비적 성과로서 조명되어야 할 것이다. 그리고 바로 이와 같은 면모 속에서 우리는 인간의 불완전한 현상성이 허용하는 한에서의 정의의 본질을 관철시키고자 했던 플라톤과 『국가 *Politeia*』의 선취적 교육계획안을 연상하게 되는 것이다.

145) *Ibid.*, 12.1.9.

논자는 이상의 개관을 통하여 서양 고대세계 최초의 국가교육 주관자였던 퀸틸리아누스가 의도하고 있었던 바의 수사술의 철학적 개념이 어떠한 성격을 지니는 것이었는지를 지면이 허락하고 독자들의 이해에 도움이 될 만큼은 기술했노라고 자위해본다. 퀸틸리아누스가 『웅변가 육성론』 속에서 정초하려 했던 교육이념은 '선한 웅변가'의 훈육이었으며, 웅변과 수사술은 그 본질적 정의에 있어 '잘 말하는 기술' 즉, 현명한 이성과 윤리적 지선함을 목적으로 감성적 아름다움마저도 포괄하는 의미에서의 '능변의 학'이었다. 그런데 여기에서 문제가 되는 것은 수사술이 윤리적 덕 자체라고 하는 퀸틸리아누스의 주장인데,146) 이 놀라운 그의 주장은 다른 한편으로는 마르쿠스 툴리우스 키케로의 수사학 이념과 더불어 수사학의 전(全)역사를 통하여 '수사학주의' 혹은 '수사학 만능주의'(rhetoricism)의 이론적 근거를 제공해온 것이 사실이다. 그렇다면 우리는 퀸틸리아누스에 의해 천명된 이른바 '수사술의 덕'을 과연 어떠한 방식으로 이해하고 평가해볼 수 있을 것인가? 절충주의 철학자였던 키케로가 수사술의 측면에서 칭송하고 있었던 고대 희랍의 소피스테스들은 개인 중심적 주관주의와 상대주의·회의주의·실용주의를 배경으로 일상 언어의 권력추구적 유용성을 발견하고서는 '수사학 만능주의'의 교설을 서양세계 최초로 유포시켰던 장본인들이기는 해도, 웅변술과 수사술을 윤리적 덕과 직결시키는 데로까지 나아갈 수는 없었는데, 그들이 소크라테스와 플라톤에 의한 도덕성의 집중공격에서 자유로울 수 없었던 이유는 그들이 의존하고 있었던 관점상의 상대주의가 존재와 가치판단의 척도로서의 본질을 도외시하는 '현상주의'의 차원을 벗어날 수 없었기 때문이었다. 퀸틸리아누스가 소피스테스 운동에 주목하지 않았고 키케로를 완벽한 웅변가로 고려하지도 않았으며, 현명함(prudentia)과 도덕성(honestas)을 웅변가의 핵심요소로 파악했다면, 퀸틸리아누스는 키케

146) *Ibid.*, 2.20.4.

로주의로의 복귀를 주장하는 복고주의자로서의 일반적 평가에도 불구하고 적어도 그 이념의 지향에 있어서만은 키케로주의와는 구별되는 순수 플라톤주의의 성향을 본받고 있었다고 진단받을 수 있을 것이다.

그렇다면 이번에는 플라톤주의가 문제로 된다. 플라톤 혹은 플라톤의 대화편을 주도했던 등장인물 소크라테스는 일찍이 '덕으로서의 수사'를 말했던 적이 있었던가? 명확한 전거는 발견되지 않으며, 이 점에 관한 한, 플라톤의 논의는 문제의 제기에 초점이 맞추어진 소크라테스적 아포리아(aporia)의 결말을 닮고 있는 것으로 보인다. 하지만 그럼에도 불구하고 플라톤의 전반적인 철학이념 속에서 상기한 물음에 대한 개략적인 대답을 추정해보는 것이 전적으로 불가능한 일은 아닌 듯싶다. 우선 플라톤은 언어(logos, onoma)를 인식과 사유의 표현수단(to organon)이자 행위(praxis)의 일종으로 간주했으며 글(logographia)보다는 말(to legein)의 중요성과 가치를 높이 평가하여 글쓰기를 일종의 예술적 유희로 간주하고 있었다. 또한 말에 대해서는 억견(doxa)이 녹아 있는 일상언어의 흠결을 수정하고 보완해줄 참된 인식(직관, noēsis)과 사유의 기술로서의 변증술(dialektikē)을 반영하는 이상언어(형상언어)의 확립을 주장하였다. 더구나 플라톤의 변증술은 가치가 배제되지 않은 참된 존재에 대한 앎의 길이요, '신에게로 나아가는 정신의 여정'(itinerarium mentis in Deum)이었다.[147] 개략적이고 일반적이나마 해석은 완료되었으며 '도덕적 수사'에 대한 플라톤의 암묵적인 대답은 일단은 긍정적인 것으로 드러난다. 만일 행위의 일종인 말로서의 웅변이 참된 인식과 변증술에 기초한 선(to agathon)과 정의(dikaiosynē)의 목적을 위해 행해지고 그러한 결과 대중의 영혼을 진정으로 감화·성장시키는 유용성을 가지게 된다면, 그와 같은 수사는 행위의 기술일 뿐만 아니라

147) 주지하다시피, 중세기의 '치천사적(熾天使的) 박사'(Doctor seraphicus), St. Bonauentura가 1259년 남기고 있는 역저의 제명이기도 하다.

'탁월한 기술'로서의 덕성을 갖춘 것이라 할 수 있을 것이다. 그리고 바로 이러한 '도덕적 수사술'을 두고 『고르기아스』와 『파이드로스』의 소크라테스는 '찬양할 만한 웅변'의 명칭을 부여했던 것이었으리라. 하지만 '덕으로서의 수사'는 어떠한가? 웅변과 수사는 그 자체로 덕이라 할 수 있는 것인가? 이에 대한 대답은 부정적이며, 그러한 개연적 부정의 판단은 언어를 사유의 표현수단으로 간주하는 플라톤의 태도와 수사에 개입되는 예술적 상상력(eikasia)과 감성(pathos), 무분별한 광기(mania)에 대한 상대적인 평가절하의 측면에서 그 근거를 확보하게 된다. 그렇다면 대화편 『고르기아스』에서 레온티니 출신의 웅변의 대가 고르기아스가 소크라테스와의 담론의 과정에서 주장했던 수사술의 '힘'과 '가치중립성'은 그것이 비록 도덕성의 측면에서 소크라테스의 변증법적 논박술(brachylogia)을 견디어낼 수 없었다 하더라도 나름대로의 간과할 수 없는 가치를 보전하게 되는데, 고르기아스가 주장했던 가치중립적 역량은 선함을 지향할 수도 악함을 목적으로 할 수도 있는 웅변과 수사의 수단(ta pros to telos)으로서의 본질을 적시하고 있기 때문이다. 소크라테스와 플라톤에 있어 정의와 선의 목적 연관을 갖지 않는 웅변의 원리들은 기술이 될 수 없는 것이었으며 웅변과 수사 그 자체, 다시 말해서 가치중립적 수단으로서의 수사 그 자체는 덕이 아닌 '사이비 기술'로 정의될 수밖에 없었다.148) 고르기아스가 자기이익과 무분별한 선동의 계교에 무게를 실은 이 세계의 세속적인 현실(pragma)과 현상(phainomena), '부분(to meros)으로서의 본질(noumena)'을 이야기하고 있다면, 플라톤은 스승 소크라테스의 입을 통하여 목적(telos)이 살아 숨쉬는 '전체(to holon)의 참된 본질', 그 통일성(holotētos)과 조화(harmonia)의 아름다움을 거론함으로써 현상과 부분적 본질의 미흡함을 지적하고자 했던 것이다. 서양 고대의 철학적 사유는 이렇듯 기술(technē)과 학(epistēmē) 일반을 현상을 넘어선 현상의 원인

148) Platon, *Gorgias*, 461b4~466a3 참조.

(archē, aitia)으로서의 본질 규명으로 정립하는 위대한 지향성을 우리에게 전승해주고 있는 것이다.

퀸틸리아누스는 소피스테스적 수사의 계교와 이에 맞선 플라톤의 순수 철학적 비판을 종합함으로써 서양 고대 수사학에 이론적 토대를 마련해준 아리스토텔레스에 대하여 어떠한 논평을 제시하고 있는가? 때때로 아리스토텔레스(Aristoteles)와 아리스토텔레스의 계승자 테오프라스토스(Theophrastos)의 이름을 언급하고 있음에도 불구하고 그는 『수사학 *Technēs rētorikēs*』이라는 저술이 지니는 의미심장한 특질들을 제대로 파악하지는 못했던 듯하며149), 특히 제8권으로부터 11권의 1장에 이르는 문체의 미덕에 대한 장황한 논의의 과정에서 그와 관련된 테오프라스토스의 표현법 이론을 전혀 거론하지 않고 있는 점은 놀랄 만한 일이 아닐 수 없는데, 모름지기 테오프라스토스의 저작을 직접 통독하지는 않고 그에 대한 키케로의 설명에만 의지하고 있었던 결과가 아니었나 여겨지고 있다. 퀸틸리아누스는 『웅변가 육성론』의 집필을 시작하면서 논의의 주제가 예상했던 것 이상으로 광범위한 성격을 지닌 것임을 알았고 그에 2년에 가까운 시간을 자료들의 조사에 할애해야 했음을 밝히고 있는 바, 이러한 기술은 그가 키케로의 저술들을 제외하고서는 선대의 수사 이론과 웅변 연구의 성과들에 그다지 정통하지 않았다는 사실을 암시하고 있는 듯하다.150) 그는 초년기의 문법교육으로 미루어 그리스어의 구사능력을 갖고 있었던 것으로 보이나 그리스 작품의 라틴

---

149) Otto Angermann은 *De Aristotele Rhetorum Auctore* (Leipzig, 1904)의 pp.28~50에서 Aristoteles의 『수사학』에 대한 Quintilianus의 지식이 기원전 1세기 후반의 그리스 수사학자 칼락테(Calacte)의 Caecilius의 해명을 경유한 것으로 보인다고 주장한다.

150) Jean Cousin은 『웅변가 육성론』의 전반을 Cicero의 『웅변가에 대하여 *De oratore*』와 『웅변가 *Orator*』, Cicero 이후의 수사 지침서들, 스승이었던 Domitius Afer의 가르침 그리고 Quintilianus 자신의 변론가 및 교사로서의 경험들의 혼합물로 간주한다. J. Cousin, *Études sur Quintilien* Ⅰ (Paris, 1936), pp.324~344.

어 번역본이나 그리스 이론의 라틴 출전들과 같은 가능하면 라틴어로 쓰여진 저술들을 선호하는 경향이 있었으며[151], 그 결과 그리스 작가들에 대한 인용과 석의(釋義) 등에 있어 정확성을 유지하지 못하는 경우가 적지 않았다. 성년 학생들을 위한 권장도서들을 소개하고 있는 제10권[152]에서 퀸틸리아누스가 소개하고 있는 몇 안 되는 그리스의 문헌들은 할리카르나소스의 디오뉘시오스(Dionysios)의 『모방론 *De Imitatione Reliquiae*』과 같은 헬레니즘기의 수사저술로부터 차용한 것이 분명해 보인다.[153] 중요한 것은 퀸틸리아누스가 자신이 추천하고 있는 문헌들에 대하여 어느 정도의 식견을 가지고 있었는가 하는 점인데, 이 문제에 관해 멀 오저스(Merle M. Odgers)는 퀸틸리아누스가 로마의 독자들에게 익숙하지 않은 그리스 작품들의 인용을 주저하고 있었다는 상당히 우호적인 해석을 내어놓고 있지만, 당대 최고의 수사학 교사로서 학생들이 연설문 작성을 위한 풍부한 표현의 자료(copia rerum ac uerborum[154])를 확보할 수 있도록 광범위한 독서의 습관을 장려하는 것은 지극히 자연스러운 일

151) 예컨대, *Institutio oratoria*, 2.15.21. Quintilianus는 『웅변가 육성론』의 2.5.3에 나타나고 있는 그리스식 웅변술 교습에 대한 서술방식으로 미루어, 그리스어 문법교육을 받았음에도 불구하고 그리스 수사학교의 수련을 받지 않은 채, 라틴계 수사학교에서만 공부했을 가능성이 큰 것 같다.

152) 『웅변가 육성론』의 10권에서 Quintilianus가 그리스의 문헌들을 지극히 빈약하고 소홀하게 취급하고 있는 것은 사실이지만 Ennius, Ouidius, Lucanus와 같은 라틴 작가들에 대해서는 간략하게나마 독창성이 엿보이는 흥미로운 평가들을 내어놓음으로써 현대의 라틴 문예비평에도 적지 않은 영향력을 행사하고 있는데, 예를 들어 Michael Grant의 *Roman Literature* (Penguin Books, 1958)는 라틴 작가들에 대한 Quintilianus의 성격묘사를 여과 없이 받아들이고 있다. George A. Kennedy, *Quintilian*, New York: Twayne Publishers, 1969, p.33, n.45에서 재인용.

153) H. Usener, *Dionysii Halicarnassensis Librorum De Imitatione Reliquiae* (Bonn, 1889); W. Heydenreich, *De Quintiliani Institutionis Oratoriae Libro X* (Erlangen, 1900) 그리고 J. Cousin, *Études sur Quintilien* I (Paris, 1936), p.571을 상고해보라.

154) *Institutio oratoria*, 10.1.5.

이 아닐 수 없으며 직접적인 인용이 부적절하다고 판단될 경우에는 보다 다양한 참고도서들을 제시해주었어야 마땅한 일일 것이다. 그러나 예컨대 그가 아이아스(Aias)를 언급하고 있을 때 마음에 그리고 있었던 것이 소포클레스(Sophokles)의 비극이 아니었던 것처럼, 퀸틸리아누스는 그 몇 안 되는 권장도서들에 대한 이해마저도 결여하고 있었던 것으로 보인다. 네틀쉽(Henry Nettleship)은 "이러한 부주의함과 판에 박힌 교육적 인습주의는 그의 작품에 치명적인 오점을 남기고 있다"고 일갈하고 있으며[155], 오브리 귄(Aubrey Gwynn)은 "오직 플라톤만이 그가 문체상의 순수한 쾌감에 이끌려 주의를 기울였던 유일한 그리스 산문작가였던 것으로 추정된다"는 유감을 표명하고 있다.[156] 플라톤에 대한 퀸틸리아누스의 구체적인 지식을 보여주는 대목은 『웅변가 육성론』의 제2권 15장 24절 이하로서 여기에서 그는 플라톤의 『고르기아스』가 기껏해야 발췌문 정도밖에 접하지 않은 무지한 자들로 말미암아 본래적 진의의 왜곡을 겪고 있다는 독창적인 해석을 표방하고는 있지만, 앞서의 검토에서도 보았듯이 이러한 독창성의 주장마저도 신빙성 있는 플라톤 이해의 증거가 되지는 못하고 있다. 퀸틸리아누스는 다만 '능변의 기술을 지닌 선한 사람'(uir bonus dicendi peritus)이라는 수사학의 이상에 정당성을 부여하기 위하여 심지어 맥락으로부터의 이탈을 감수한 채로 고전적 전통의 이곳저곳에서 무분별한 절충의 취택을 기도하였던 것이다.

---

155) Henry Nettleship, *Lectures and Essays,* second series (Oxford, 1895), p.84.

156) Aubrey Gwynn, *Roman Education from Cicero to Quintilian* (Oxford, 1926), p.229. 그리스 문헌 연구의 쇠퇴에 관해서는 Gwynn의 같은 책, p.226과 H. I. Marrou, *A History of Education in Antiquity*, trans. by George Lamb (London, 1956), p. 259 이하를 참고하라.

VI. 결어: 윤리의 본질과 현상

마르쿠스 파비우스 퀸틸리아누스는 비록 위대한 로마 작가의 반열에 오르는 영예를 누리고 있지는 못할지라도 역사적으로 거의 무조건적인 찬사를 받아왔던 고대의 지성인 가운데 한 사람이다. 현대의 많은 수사학 편람서들과 사전들 학술논문들은 너나 할 것 없이 그가 지녔던 '타고난 양식'[157]과 '건전한 판단력'[158]을 받들어 칭송하기에 여념이 없는 것 같다. "퀸틸리아누스는 순도 높은 이상을 지닌 현명할 뿐 아니라 온화하고 무엇보다 인간미가 넘치는 인상을 남기고 있다."[159] "이 세계는 진리에 대한 명석하고 확고부동한 시야와 불변하는 정신성에 대한 소망과 믿음을 견지한 순수하고 신실한 영혼의 외침들을 망각해서는 안 될 것이다."[160] "퀸틸리아누스의 논고 속에는 … 신이 부여한 풍부한 양식과 학식, 지적인 진솔함, 실제의 경험, 심도 깊은 전문성 들이 한데 융화되어 있다."[161]

『웅변가 육성론 *Institutio oratoria*』을 접하는 현대의 독자들은 고대 수사학 이론의 체계적인 완결을 보여주고 있을 뿐만 아니라 시양 교육의 목표와 방법을 지배해온 로마식 교육제도의 진면목을 충실하게 기술하고 있는 기원 1세기의 역작에 대하여 찬사와 경탄을 금할 수 없을 것이다. 하지만 일부의 독자들은 이 고대의 작가가 견지하고 있던 일련의 입장들에 대하여 피할 수 없는 한계를 느낄 수도 있을 것인데, 그것은 모름지기 문화적 창발성이 결여된 시대

157) H. J. Rose, *A Handbook of Latin Literature* (London, 1949), p.400.

158) J. Wight Duff, *A Literary History of Rome in the Silver Age* (New York, 1930), p.407.

159) H. E. Butler in *O. C. D.*, s.v. "Quintilian."

160) C. E. Bennett, "An Ancient Schoolmaster's Message to Present-Day Teachers," *Classical Journal* 4 (1909), p.164.

161) Donald L. Clark, *Rhetoric in Greco-Roman Education* (New York, 1957), p.14.

의 퀸틸리아누스가 한결같이 고수하고 있던 '복고적 절충주의'로부터 기인하는 바일 것이다. 그리고 이러한 맥락을 두고서 훼이틀리 대주교(Archbishop R. Whately)는 "퀸틸리아누스는 분명 양식과 분별을 가진 인물이었지만 그러한 양식은 자신이 축적하고 있는 전통적 전문지식을 터무니없이 확장시키고자 하는 현학적 취향---아리스토텔레스의 표현법에 따르자면 'alazoneia'---에 물들어 있는 양식이었다"[162]라고 평가했을 것이다. 그는 자신의 전공분야를 외부에서 객관적으로 조망할 수가 없었다. 수사학의 교육 속에서 자라고 생애를 바쳐 수사학을 가르쳐온 그에게 수사학이 지닌 가치는 의심의 여지가 없는 것이었다. 자신이 수고롭게 수행해온 과업만큼 중요하고 경탄할 만한 것은 이 세상 어디에도 없었다. 누군가가 그러한 작업이 기초하고 있는 근거들을 문제 삼기 전까지는 말이다.

'탁월한 교사'(doctor egregius)[163] 퀸틸리아누스에게 복고 지향의 로마 수사학은 인간에게 필요한 모든 지식의 저장소였으며 바람직한 시민교육의 원천이었다. 역사의 검증을 거친 가치로운 고전에 대한 모방과 숭경은 독창성의 문제를 차치하고 라면 역기능을 수행할 가능성이 적은 여러모로 안전하고 편의로운 처방전을 제시해줄 수 있을 것이다. 그러나 플라톤을 거론하고는 있지만 사악한 수사의 계교를 고발하며 정의의 수사술을 역설했던 플라톤을 곡해하는 퀸틸리아누스로 말미암아 수사는 부당하게도 그 자체로 덕이 되었다. 그는 학자라가보다는 변론가이자 노련한 현장의 교사였다. 그가 설령 독창성을 주장하고 있는 곳에서도 독창성은 눈에 띄지 않으며 드물게 발견되는 독창성의 징후에는 불확실한 이해와 분석, 억지스런 궤변들이 둥지를 틀고 있다. 그의 논의 속에는 구체적인 전거가 밝혀지지 않은 그리스의 모범들이 무절제한 혼돈상의 절충을 이루고 있으며 모호한 그의 절충은 궁극에 있어 로마적인 현실감각과

162) R. Whately, *Elements of Rhetoric* (London, 1882), p.5.
163) Cassiodorus가 *De rhetorica*의 10에서 Quintilianus를 칭하여 붙인 이름이다.

결합되었다. 퀸틸리아누스는 기원 1세기의 웅변술의 타락에 대응하기 위하여 선대의 전통에 의거, 장식적 표현법에 대한 과도한 치중과 폭력성, 탐욕적 사리 추구의 비도덕성을 규탄하고자 하였으나 로마인의 지식과 문화에 이렇다 할 상상력과 생동감을 불어넣을 수 없었다. 그가 설파했던 '선한 웅변가'(uir bonus)의 특성 속에는 현실 적응의 '상황윤리적' 내용들이 대거 포함되어 있으며 정권교체의 아비규환과 전제 군주의 폭정 속에서도 자신의 사회적 입지를 돈독히 하였다. 퀸틸리아누스는 아리스토텔레스와 키케로로 이어지는 고대 수사학의 전통을 따라 이성(logos) 및 도덕적 성품(ēthos)에 대한 플라톤의 입론 이외에도 감성적 동요(pathos)에 의한 청중 심리의 조정을 현실적 설득의 중요한 수단(pistis)으로 간주하였다. 그가 키케로를 웅변술의 가장 중요한 전범으로 삼고 키케로를 통하여 선대의 고전들을 받아들인 것은 이론의 여지가 없는 사실이지만 키케로와는 달리 그리스적인 것으로서의 보편 지식과 철학을 주의를 요하는 경계의 대상으로 폄하시키는 경향이 있었으며, 경직된 수사 이론에 대하여 웅변 주체의 능력과 웅변 내용의 신축성을 부각시키고자 했던 키케로의 핵심 주장을 희석시킴으로써 형식적인 이론과 규범적인 준칙들이 상대적인 복권의 기회를 갖도록 이끌었다. 키케로가 이상적인 철학과 현실적인 수사의 균열을 한탄하며 철학에 대한 존중과 배려를 잃지 않는 마음으로 균열의 치유를 주장했던 데 비해, 균열의 복구에는 관심이 없는 퀸틸리아누스는 소극적인 현실 참여와 실용성의 결여를 빌미 삼아 본질학으로서의 철학을 장외로 몰아감으로써 수사학의 패권을 확보하고자 하였다. '수사학 만능주의'(rhetoricism)의 발원지는 소피스테스의 전통을 이어받은 키케로의 수사학이지만 그것에 결정적인 형태를 부여해주었던 것은 퀸틸리아누스의 수사학이었던 것이다.

지금까지의 많은 학자들은 퀸틸리아누스의 수사학 체계가 갖는 지성적 가치의 문제 이외에도 웅변가 육성의 전 교육과정 속에 함축되어 있는 비현실적 측면들에 관심을 집중시켜왔다. 퀸틸리아누스의 정치한 이론체계와 교육과정이 지향하고 있는 목표는 무엇인가? 도덕적인 품성을 구유한 이상적이고 완벽한 웅변가(orator perfectus). 『웅변가 육성론』의 12권에서 우리가 발견하게 되는 대답은 바로 그러한 것이다. 퀸틸리아누스는 선대의 키케로가 비록 통상적인 연설의 방식에 있어 완벽한 수준에 도달해 있었다고 평가될 수 있을망정 최상의 기준들을 충족시키고 있었다고 말할 수는 없으며 우리는 지금까지의 역사를 통하여 그러한 웅변가를 알고 있지 못하지만 언젠가 미래에는 그 자태를 목도하게 될른지도 모른다고 기술한다.[164] 그러한 웅변가는 연설능력 이상의 고결한 도덕적 품성을 지니고 있다. 그는 역사상 유례를 찾아볼 수 없는 독특함과 완전함을 드러내는 숭고한 감성과 기품 있는 표현능력의 소유자이다. 그는 법정의 변론가일 뿐만 아니라 정치가로서 원로원과 민회의 토론에 방향성을 제시하고 온갖 비리와 오류들로부터 벗어나 진실과 정의의 길로 들어서도록 동료 시민들을 계도한다.[165] 하지만 다수의 비평가들은 이 모든 장밋빛 염원 속에서 웅변가-도덕가-정치가에 대한 공허하기 짝이 없는 복고적인 이념만을 발견할 수 있을 따름이다. 그들이 보기에 퀸틸리아누스가 가지고 있었던 최대의 약점은 그가 부르짖었던 웅변가의 이상이 제정 로마 시민들의 삶의 현실과 결코 부합될 수 없는 것이었다는 데 있었다. 도미티아누스(Domitianus)와 같은 전제 군주의 통치하에서 그러한 웅변가가 실제로 나타난들 도대체 무슨 소용이 있단 말인가? 그가 정책이라도 입안할 수가 있다는 말인가? 대관절 어디에서 연설을 행한다는 말인가? 퀸틸리아누스는 그러한 웅변가가 변론가 이상이 되어주기를 바라지만 웅변의 기회를 제공할 만한 곳이 학교와 법정 이외에 따로 있을 수가 있었다는 말인가?[166] 퀸틸리아누스는 플라위우스(Flauius)

164) Quintilianus, *Institutio oratoria*, 12.1.19~21; cf. 10.2.9.
165) *Ibid.*, 12.1.24~26.

왕조가 그에게 특혜를 베풀면서 기대했던 교육개혁의 기획, 정치가가 아닌 전문적 훈련을 받은 직업공무원 육성의 기획 의도를 충실히 이해하지 못했던 것 같다. 시대에 걸맞지 않은 고전적 전통에 붙박여 있었던 그가 마음에 그리고 있었던 것은 기껏해야 도미티아누스 황제와 기분 좋은 화해를 이룬 데모스테네스(Demosthenes)나 키케로였다.[167] 수사학의 탐구자들은 『웅변가 육성론』을 완전히 독파한 연후에야 코르넬리우스 타키투스(Publius Cornelius Tacitus)의 『웅변가들의 대화 *Dialogus de oratoribus*』로 나아가게 마련이지만 이 저작은 우리에게 퀸틸리아누스가 가졌던 결함들을 고스란히 적시해주고 마는데, 그 이유는 퀸틸리아누스가 키케로의 시대 이후 달라진 로마의 정치 현실에 깨어 있지 못했던 반면 타키투스는 현실직시의 역사의식을 가지고서 위대한 웅변의 시대가 종말을 고하게 되었다는 사실을 분명히 알고 있었기 때문이다. 퀸틸리아누스가 역설했던 완벽한 웅변가의 이상은 결국 한갓 꿈으로만 남게 된다. 그러한 인물이 실제로 존재할 수 있으려면 그는 아마도 황제의 신분을 가져야 할 것인데, 퀸틸리아누스의 요구들을 충족시킬 수 있었음직한 유일한 황제, 마르쿠스 아우렐리우스(Marcus Aurelius)마저도 수사학에서 벗어난 것을 축복으로 여기며 수사교육의 옹호자가 그토록 경멸해 마지않았던 철학자들을 자신의 스승으로 선택했으니 말이다.[168]

---

166) 여기에 대한 상세한 설명을 위해서는 E. Patrick Parks, *The Roman Rhetorical Schools as a Preparation for the Courts under the Early Empire*. Baltimore: Johns Hopkins University Press, 1945, pp.54~56을 참조할 것. Quintilianus는 '선한 사람'(uir bonus)은 시민으로서의 의무를 다하기 위해 법정과 협의회, 공중집회 심지어 원로원의 의사진행 과정에서 능변의 기술을 구사하게 된다고 분명히 기술하고 있다. *Institutio oratoria*, 12.2.1.

167) George A. Kennedy, "An Estimate of Quintilian," *The American Journal of Philology*, vol. 83, no. 2 (1962), pp.146.

168) M. L. Clark, *Rhetoric at Rome: A Historical Survey*, 3rd ed., London: Routledge, 1996, pp.118~119. 『웅변가 육성론』의 제1권 1장 24절과 11권 1장 35절, 12권 1장 26절 이하는 황제를 이상적인 웅변가의 후보로 고려하고 있

하지만 논자의 입장은 이들 비평가들과는 다르다. 그리고 입장이 다른 이유는 그들이 현상주의적 관점에 시야를 고정시키고 본질의 지평을 도외시하고 있기 때문이다. 논자가 보기에, 퀸틸리아누스 수사교육학의 '윤리적 이상주의'를 비판하고 있는 사람들이 문학이나 역사학, 고문헌학, 사회학, 정치학, 법학의 전공자들인 것은 어쩌면 지극히 당연한 소치라고밖에 할 수 없는 일인데, 왜냐하면 일반적으로 말해서 그러한 관심들이 현상의 원인으로서의 본질을 추적하는 순수 철학으로 나아가기란 여간해서는 쉽지 않은 일이기 때문이다. 깊이 있는 반성을 통하여 부분적으로나마 순수 철학의 범역으로 진입하고자 하는 문학과 역사학, 고문헌학이 존재하지 않는 것은 아니며 철학의 영역 안에 신뢰할 수 있는 최상의 진실로서 현상주의를 표방하는 부류들이 존재하지 않는 것도 아니지만 말이다. '본질'(noumena)과 '현상'(phainomena)이란 도대체 어떠한 것을 의미하는가? 현상(現象, 現狀)의 개념이 통상적으로 우리에게 감지되는 사태(pragma), 결과, 현실, 실증, 실용, 원리의 적용을 위한 상황의 전제와 관련을 맺고 있다면, 본질(本質)의 개념은 물질과 영혼의 깊은 내면 속에 자리한 진여의 사태, 본성, 원인(aitia), 원리(archē), 목적(telos), 순수 가치, 이상(idea)의 개념들과 관련을 맺고 있다.[169] 서양 고대의 사유에서 소피스테스 운동을 통해 부상하게 되는 현상주의는 세계의 원인이나 진리, 본질 등이 확연히 드러나지 않는 신뢰할 수 없는 것들이며 설령 그러한 본질이 적시되는 경우가 있다 하더라도 현실과 부합되지 않는 허망한 환상이 될 뿐이라고 주장하며 본질을 배척했고, 소크라테스와 플라톤을 중심으로 전개되었던 본질주의는 원초적 욕구와 감각, 감성을 폄하시키면서 왜곡된 본질의 결과로서의 현상을 거부하고 순수 지향의 이상적 본질을 추구하였

는 듯하고 황실 자제들의 개인 교수로서의 그의 지위가 그러한 가능성을 뒷받침해주기도 하지만 텍스트상의 기술은 그다지 명증적이지 못하다.

169) 본고의 p.36~37 또한 참조해보라.

다. 그렇다면 본질 배격의 현상주의가 필연적으로 함축하게 되는 치명적인 문제점이란 무엇인가? 확실성이 결여된 존재의 심연에 대한 난해하기 그지없는 추상적인 탐구들을 믿을 만한 지식으로 받아들일 수 있을까? 현상주의도 본질주의도 다 같이 우주와 세계의 한 측면만을 취급하고 있는 것은 아닐까? 이에 대한 논자의 대답은 부정적인데, 왜냐하면 현상을 넘어선 현상의 원인으로서의 본질 속에 결과로서의 현상의 양태들이 이미 함축되어 있는 것이라는 경험과 학적으로 타당한 전제들이 이미 성립되어 있으며, 예컨대 영혼이나 정신, 신, 우주의 탄생과 전개과정 등의 본질에 대한 탐구가 그 아무리 난해하고 종잡을 수 없는 불확실성을 수반하고 있다고 할지라도 인간의 본성과 그것에 따르는 인간의 삶은 세계관의 정립에 직결되는 그러한 본질 탐구의 과제를 걸고 포기할 수 없는 궁극적인 사명으로 선포하고 있기 때문이다. 본질과 현상이라는 고대의 철학적 개념은 상호간 인과의 관계에 놓여 있으며 결과로서의 현상이 문제가 되는 것은 그것이 특히나 인간의 영혼 및 정신성과 관련하여 결핍되고 왜곡되어 부조화의 상태에 놓여 있는 부분으로서의 악(kakia)의 본질을 반영할 수가 있기 때문이다. 그리고 이렇게 보았을 때, 현상성의 문제는 참되고 선한(agathos) 전체성을 결여한 부분으로서의 원인과 본질의 문제로 환원됨으로써 일반적으로 말해서 본질과 현상이라는 형이상학적 개념은 전체(to holon)와 부분(to meros)이라는 의미심장한 내포를 지니게 되는 것이다. 우리는 언제나 진리와 본질 탐구의 과정을 살고 있으며 설사 당장의 성과가 보잘 것 없는 것이라 할지라도 사명 이행의 노고를 거두어서는 안 될 것이다. 실재론적 자연과학 탐구의 연장선상에서 합리적인 상상력에 의지하여 유비적으로 추구되는 형이상학적 본질의 탐구가 미약한 개연성 정도만을 가지게 되는 것은 지극히 당연한 이치이지만 바로 그러한 사실이 본질 배격의 빌미가 될 수는 없는 것이다. 그러므로 소크라테스와 플라톤의 철학은 고대인다운 이해의 부족과 그

밖의 제약들로 말미암는 불충분함으로 물질(hylē)이나 육체(sōma), 욕구(to epithymētikon), 감각(aisthēsis), 감성(pathos)의 순기능을 부인했던 단점들을 드러내고 있음에도 불구하고 거시적인 진리추구의 지향적 태도에 있어서만은 간과할 수 없는 가치를 지니게 되는 것이다. 플라톤의 제자 아리스토텔레스는 이상과 같은 선대 철학의 대결양상에 주목하고서는 중도적이고 절충적인 입장에서 현상과 본질을 망라하는 총체학으로서의 철학(혹은 학문)의 위상을 정립시키고자 했던 인물이었다. 하지만 아리스토텔레스의 사유는 플라톤적 본질의 전체성과 이상성을 적지 않게 희석시키는 경향이 있었는데, 이러한 측면은 인간의 본질에 대한 플라톤의 입장과 아리스토텔레스의 견해를 서로 비교해볼 때에도 분명하게 드러나게 된다. 소피스테스와 플라톤, 아리스토텔레스의 철학적 사유는 마르쿠스 툴리우스 키케로의 수사이론 속에서 교묘한 실용적 절충을 성취하고 있으며 그러한 학설 일반이 제정 로마 초기의 수사교육서 『웅변가 육성론』의 결정적인 모본(模本)으로 되고 있는 것이다.

인간이 존재의 본질과 이상을 추구하는 것은 지극히 당연한 인간의 본성이다. 다시 말해서, 이상적 본질을 추구하지 않는 인간은 인간다운 인간이 아니다. 우리는 본질적으로 이 세계와 인간의 진면목을 구명하여 이를 적극 구현하고자 한다. 고대의 신화도 종교도 철학도 이와 같은 인간의 본래적인 경향성을 증거해주고 있다. 그것이 아무리 난해하고 불확실하고 혼란스러운 것이라 할지라도 우리의 본성은 그것으로 우리를 인도해간다. 플라톤주의의 감화를 받은 키케로의 다음과 같은 진술, "이상은 눈이나 귀, 그 밖의 어떠한 감각기관으로도 감지될 수가 없는 것이지만 그럼에도 불구하고 우리의 정신과 상상력에 의해 파악될 수 있는 그러한 종류의 것입니다. … 그리하여 조각과 그림의 경우에도 그것에 준거하여 예술작품들을 표상하게 되는, 눈에 드러나지는 않지만 타의 추종을 불허하는 지성적으로 완전한 이상이 존재하듯이, 우리는 정신을 통하여 우리의 청각으로는 단지 그것의 복사물 밖에는 포착할 수 없는 완벽한 능변의 이상을 떠올리게 되는 것입니다"[170]라는 진술은 인간에게 본질적 이상이 의미하고 있는 바를 호소력 짙게 전해주고 있다. 그렇다면 퀸틸리아누스는 어떠했는가? 그의 지식이 넓이에 비하여 깊이를 결여하고 있고 선대의 고전들에 대한 불명확한 절충의 오류를 범하고 있으며 철학에 대한 일반적인 불신과 수사학 중심주의에는 균형감각을 상실한 자기 편향적 사고가 드리워져 있었음에도 불구하고 이 제국의 수사학 교사는 키케로의 전범 속에서 플라톤적 본질주의나 그것의 변형이라 할 스토아학파의 카토르토마(katorthōma), 그 '도덕적 순수성'(honestas)의 지향에 심오한 공명을 가지고서는 그와 같은 이상을 역대의 어떠한 수사가보다 적극적인 방식으로 부가시키기에 여념이 없었다. 이상과 목적과 가치규범은 그들이 비록 현실성을 결여하고 있다고 할지라도 우리에게 궁극적인 행복을 가져다주는 의지의 지향이자 추구로서 여느 조건하에서나 표방될 수밖에 없고 또 표방되어야 마땅한 것이었다. 하지만 그는 로마적인 전통을 숭경하는 전형적인 로마인으로서 현실감각을 결여하고 있던 인물이 결코 아니었다. 본문에서 지적했던 바와 같이 'uir bonus'(선한 웅변가)의 특성들에 대한 그의 기술은 소피스테스적이고 아리스토텔레스적이며 키케로적인 상황윤리의 현상성과 더불어 스토아적인 의미에서의 카테콘(kathēkon)과 중도적 의무(medium officiium)의 '실용성'(utilitas)을 충분히 발휘하고 있었으며, 도덕적 순수성의 주장 또한 밀고자(delator)로 활동하고 있던 당대 웅변가들의 극에 달한 언어의 폭력과 광기, 파렴치한 권력의지의 비도덕성에 대한 현실적인 견제의 장치로서 모색되었을 가능성이 큰 것일 뿐만 아니라, 스스로 종신 감찰관(censor perpetua)에 취임하여 질녀와 그 남편의 기독교 신앙을 징계하고 미성년자의 매춘과 동성애를 엄격히 금지시키면서 제국의 사회기강을 쇄신시키고자 했

170) Marcus Tullius Cicero, *Orator*, 3.pr.8~9.

던 도미티아누스(Domitianus) 황제의 정책노선과도 무리 없이 부합하는 면모를 갖추고 있었다. 퀸틸리아누스는 정권교체의 아비규환(阿鼻叫喚)과 전제군주의 폭정 속에서도 자신의 사회적 입지를 돈독히 하였으며, 동시대의 역사가 타키투스에 의해 '괴물'과 같은 독재자의 혹평을 받았던 황제에 대해서는 그의 학식과 문학적 재능, 수사교육에의 원조 등과 관련하여 아첨에 가까운 찬사들을 쏟아내고 있다. 요컨대 소크라테스적이고 플라톤적인 것으로서의 도덕적 이상주의는 『웅변가 육성론』의 이론적 체계 속에서 현실성 내지 정황적 유용성과의 가능한 균형을 이루어내고 있었던 것이다.

논자가 이의를 제기하고자 하는 부분은 오히려 퀸틸리아누스 수사교육학의 현상성과 실용성이다. 실천적 삶을 영위해가는 우리의 사고 속에 현실과 이상이 공존해야 한다는 것은 자명한 사실이다. 토끼를 잡으려 뒤쫓는 아이들은 토끼가 도망치는 방향을 예의 주시해야 하지만 동시에 돌부리에 걸려 넘어지는 일이 없도록 한시도 경계를 늦추어서는 안 될 것이다. 현실의 삶 속에서 우리는 이렇듯 흡사 사팔뜨기와 같은 시야를 확보하고 있어야 한다. 한 눈은 본질과 이상을 바라보고, 또 다른 눈은 현상과 현실에 깨어 있는. 그러나 그러한 삶의 영역이 교육(paideia)의 장을 가리키게 될 때는 어떠한가? 교육은 인간 형성의 토대를 구축하는 우선성을 갖는다. 교육의 본질은 후천적이지만 인간성의 선험적 요소들을 유효적절하게 조율하기가 어려울 뿐만 아니라 통시적인 인류 진화의 역사로 볼 때 선험적인 가능요소들 또한 후천적인 경험을 통하여 현실화되며 교육만큼 바람직하고 체계적인 경험의 학습이 따로 있을 수 없는 이상, 우리의 총체적인 삶에 무엇보다 우선적이고 선행적인 영향력을 행사한다. 우리 삶의 나머지 영역들, 정치・경제・사회・문화는 모두 교육에 비해 후행적이며 따라서 교육의 영향을 입게 되는 결과적인 현상들이라 말할 수 있다. 이상과 현실이 차이가 난다고 했을 때, 그러한 현실을 조성해낸 주체는 바로 우리 자신이다. 인간의 생각과 말과 행위가 바뀐다면 이 세계의 현실도 달라질 수가 있다. 전인적 인간을 형성시키며 생각과 말과 행위를 본질적인 윤리의 이상에 맞추어 고양시킬 수 있는 것이 교육인 것이다. 교육은 새로운 것을 고안해내어 그들을 주입시키는 것이 아니라 생산적인 자유토론 속에서 인간이 스스로의 전체적인 본질, 그 이상적 형상을 인식하도록 이끌고 이를 구현함으로써 참된 행복에 도달할 수 있도록 만드는 숭고한 배려의 행위가 되어야 한다. 우리가 교육의 현장에서 인간 현상의 불가항력(不可抗力)을 인식시켜야 하는가? 그럴 필요는 없다고 논자는 생각한다. 교육현장에서 굳이 사회현상의 실연성(實然性)을 강조하지 않더라도 우리는 도덕 현실의 불완전한 상황들을 충분히 인지할 수가 있다. 교육의 현장에서 암울한 현실의 비극이 지적될 수는 있고 그것은 또한 필요한 일이 될 것이다. 하지만 교육자임을 자임하는 이가 상황이 요구한다면 거짓말도 할 수 있는 것이라는 '부분적 현상의 윤리'를 가르치거나 공동선에의 기여를 빌미로 자기이익의 증폭을 위한 교언영색(巧言令色)의 삶을 일관하는 사이비 정치가들을 육성해내서는 안 될 것이며, 오히려 세속을 지배하는 구조적인 이데올로기나 현실 상황 그 자체의 변화 가능성을 일깨워주어야 할 것이다. 그것이 쉽지 않다면 최소한 이상적인 가치규범과 '전체적 본질의 윤리'에 무게 중심이 맞추어져야 할 것이다. 가장 강렬한 진화의 현장은 인간이며, 그러한 진화를 가능케 하는 원동력은 교육이다. 교육은 현상이나 현실, 불미스러운 수단의 모색이 아닌 이상과 가치, 본질, 목적, 순수 철학의 자발적인 토론장 및 학습장으로 기능함으로써 인류 진화를 위한 점진적인 현실 타개의 발판으로 자리하여야 할 것이다. 교육의 현장에서 정치·경제·문화적인 이데올로기와 전략·전술·처세의 학습들은 최대한 배제되어야 할 것이다. 이상과 같은 맥락을 전제한다면, 2000년 이상의 역사 속에서 서구 교육의 토대를 형성해온 『웅변가 육성론』과 그것에 유입되어 있는 소피스테스-아리스토텔레스-키케로적 영향력에 대한 음미는 필자로 하여금 실로 비관적인 허무함을 지울 수 없게 한다. 우리는 그 동안 너무도 많은 행복의 가능성들을 상실해온 것이 아닐까? 우리는 과단성 있는 현실 개혁을 통하여 전체의 참된 본질과 이상에 다가서기보다는 깨어 있지 않고 고뇌하지 않으며 노력하지 않는 인간에게 가까운 결여된 본질의 왜곡되고 부조화된 결과들, 그 암담하기 그지없는 현실과 현상들에 무기력한 굴종의 적응만을 지속해온 것은 아닐까? 수사술이 인간 사회의 전면에서 맹위를 떨치기 시작하던 소피스테스 시대의 이데올로기와 자본주의 무한경쟁의 비인간적 논리 사이에는 대관절 어떠한 근본적인 차이가 개재하고 있는가? 변함없는 권력과 소유와 자기이익과 쾌락의 투쟁이 옹호되고 있는 것은 아닐까? 경쟁이 우리에게 진정한 의미에서의 발전과 행복을 가져다줄 수 있는가? 누구를 위한 발전이고 무엇을 위한 발전인가? '선의의 거짓말'과 '선의의 경쟁', 바로 이러한 것들이야 말로 나약하고 부도덕한 우리의 자화상을 은폐하기 위한 모순과 자탁(藉託)과 가식의 수사법은 아닐런지. 소크라테스는 교육을 '영혼에 대한 배려'라고 했다. 지순한 인간 본질의 이상을 지향했던 소크라테스와 플라톤의 철학 언어는 그들이 가졌던 고대인으로서의 한계들에도 불구하고 소멸치 않는 그 대화편의 함축적인 행간을 통하여 언제나 재음미될 필요가 있는 것 같다. 본질과 이상이 지배하지 않는 인간의 교육은 우리의 미래를 구원케 할 현실 개혁의 가녀린 싹을 짓밟아버리는 것이기에.

참고문헌

1. 아가멤논과 아킬레우스의 갈등과 화해의 수사학

Aeschylos, *Agamemnon*, Loeb Classical Library.

Barbu, Z., *Problems of Historical Psychology*, 임철규 역, 『역사심리학』, 창작과비평사, 1983.

Bremmer, J.N., *The Early Greek Conception of Soul*, Princeton University Press, 1983.

Calhoun, G.M., *The Growth of Criminal Law in Ancient Greece*, Berkeley, 1927.

Cohen, David, "The Theodicy of Aeschylus: Justice and Tyranny", in the Cornford, F.M., *From Religion to Philosophy: A Study in the Origins of Western Speculation*, New York, Harper & Row Publishers, 1957.

Dodds, E.R., *The Greek and the Irrational*, Los Angeles, California University, 1951.

Flacelire, R., *La Vie quotidienne on Grce au Sicle de Pricls*, 심현정 역, 『고대 그리스의 일상생활』, 우물이 있는 집, 2003.

Frankfort, H., *The Intellectual Adventure of Ancient Man*, 이성기 역, 『고대 인간의 지적 모험』, 대원사, 1996.

Frnkel, H., *Dichtung und Philosophie das frhen Griechentums*, New York, C.H.Beck, 1993

Gagarin, M., *Aeschylean Drama*, Berkeley, 1976.

Guerrero, J.A.H., *Tejera, M. del C., Historia Breve de la Retorica*, 강필운 옮김, 『수사학의 역사』, 문학과 지성사, 2001.

Hesiodos, *Theogony*.

Homeros, *Iliad*.

Homeros, *Odyssey*.

Honneth, A., *Kampf um Anerkennung*, 문성훈 옮김, 『인정투쟁』, 서울, 동녘, 1996

Kitto, H.D.E., *Greek Tragedy*, London, 1976.

Lesky, A., "Decision and Responsibility in the Tragedy of Aeschylus", *Journal of Hellenic Studies*, Vol. 86, 1996.

Lloyd－Jones, H., *The Justice of Zeus*, Berkely, 1976.

Macdowell, D.M., "Hybris in Athens", *Greece & Rome*, Vol. 23, 1976.

Mulgan, R., "Liberty in Ancient Greece", Pelezinski and Gray(ed.), *Conception of Liberty in Political Philosophy*, New York, 1984.

Murray, G., *A History of Ancient Greek Literature*, Chicago, 1956.

Snell, B., *The Discovery of the Mind: The Greek Origins of European Thought*, New York, Harper & Row, 1960(김재홍 역, 『정신의 발견』, 까치, 1994).

Vernant, J.P., *The Origins of Greek Thought*, Cornell University Press, 1982.

김재홍, 「호메로스의 시가를 통해 본 자아와 행위의 문제」, 『철학』 37집, 한국철학회, 1992,

2. 이소크라테스의 교육수사학과 범그리스주의의 이념

Isokrates, Isocrates, in three Volumes, with an english translation by George Norlin, Harvard Univ. Press, 1966

김봉철, 『이소크라테스, 전환기의 지식인』(도서출판 신서원, 2004)

김봉철, 「이소크라테스의 교육과 '필로소피아'」, 『인문논총』 8(아주대 인문과학연구소, 1997), 21-51쪽

Adams, W.L. & Borza, E.N., Philip II, *Alexander dte great and the Makedonian Hertage*, Washington D.C., 1982

Alexiou, E., *Ruhm und Ehre: Studien zu Begriffen*, Werten und Motivierungen bei Isokrates, Heidelberg, 1955

Bringmann, K., *Studien zu den politischen Ideen des Isokrates*, Goettingen, 1965

Dobesch, G., *Der panhellenische Gedanke im 4Jh. v. Chr. und der "philippos"*, des Isokrates, Wien, 1968

Ekratina, V. H. & Benson, T. W., *Logos and Power in Isocrates and Aristotle*, Univ. of South Carolina Press, 2004

Erbse, H., "Platons Urteil uebr Isokrates", *Hermes 99*(1971), pp 183-97

Euken, C., *Isokrates, Seine Positionen in der Auseinandersetzung mit den zeitgenoessischen Philosophen*, Berlin, 1983

Guthrie, W.K.C., *The Sophists*, Cambridge Univ. Press, 1971

Mikkola, E., *Isokrates. Seine Anschauungen im Lichte seine Schriften*, Helsinki, 1954

Poimtner, F., *Die Verfassungstheorie des Isokrtes*, Muenchen, 1965

Preuss, S., *Index Isocrateus*, Hildesheim, 1963

Roth, P., *Der Panathenaikos des Isokrates: Uebersetzung und Kommentar*, Muenchen

Schmitz-Kahlmann, G., *Das Beispiel der Geschichte im politischen Denken des Isokretes*, Leipzig, 1939

Seck, F., *Isokrates*, Darmstadt, 1976

Wilms, H., *Techne und Paideia bei Xenophon und Isokrates*, Stuttgart, 1955

Zajons, S., Isokrates' Enkomion auf Helena: ein Kommentar, Goettingen, 2002

3. 소피스트 계몽주의와 '정치적 로고스(politikos logos)'로서의 수사학

<국내문헌>

게르트 위딩, 『고전 수사학』, 박성철 옮김, 동문선, 2003.

빅터 에렌버그, 『그리스 국가』, 김진경 옮김, 민음사, 1991.

승계호, 『직관과 구성』, 나남출판, 1999.

아리스토텔레스, 『소피스트적 논박』, 김재홍 역, 한길사, 1999.

앤토니 앤드류스, 『고대 그리스사』, 김경현 옮김, 이론과 실천, 1991.

양승태, 『앎과 잘남-희랍 지성사와 교육과 정치의 변증법』, 책세상, 2006.

이준웅, "설득의 윤리적 문제: 고르기아스와 소크라테스", 『한국언론학보』 제45-2호(2001), pp.349~386.

정혜신, 『그리스 문화 산책』, 민음사, 2003.

조지 커퍼드, 『소피스트 운동』, 김남두 옮김, 아카넷, 2003.

<국외문헌>

Adkins, A.W.H., *Merit and Responsibility*, Oxford: Clarendon Press, 1960.

Guthrie, W. K. C., *A History of Greek Philosophy*, vol. 3, Cambridge : Cambridge University Press, 1969.

______, *A History of Greek Philosophy*, vol. 4, Cambridge : Cambridge University Press, 1975.

Schiappa, Edward, *Protagoras and Logos*, South Carolina, 1991.

Vaner Waerdt, P. A., ed., *The Socratic Movement*. Ithaca and London : Cornell University Press, 1994.

Wardy, R., *The Birth of Rhetoric*, London and New York: Routledge, 1996.

H. Diels/ W. Kranz, *Die Fragemente der Vorsokratiker*, Bd. II, Berlin 1952(6판).

M. Untersteiner, *Sofisti, Testimonianze e frammenti I-IV*, Florenz 1949.

De Romilly, J., (Tr. Lloyd, J.), *The Great Sophists in Periclean Athens*, Oxford -New York 1992.

Friedländer, P., *Platon II, Die platonischen Schriften, Erste Periode*, Berlin 1964(4판).

Gomperz, H., *Sophistik und Rhetorik*, Stuttgart 1912.

Havelock, E. A., *The Greek Concept of Justice*, Cambridge 1978.

Heinimann, F., *Nomos und Physis, Herkunft und Bedeutung einer Antithese im griechischen Denken des 5.* Jahrhunderts, Basel 1945.

Jaeger, W., *Paideia; Die Formung des griechischen Menschen*, Berlin 1973.

Kerferd, G. B., *The Sophistic Movement*, Cambridge 1981.

4. 플라톤의 수사학

강필운, 『수사학의 역사』, 문학과 지성사, 2002 서울
김욱동, 『수사학이란 무엇인가』, 민음사, 2002 서울
박우수, 『수사학과 철학』, 고려대 출판부, 2001 서울
양태종, 『수사학 이야기』, 동아대 출판부, 1999 부산
제임스 크로스화이트, 『이성의 수사학 - 글쓰기와 논증의 매력』, 고려대학교 출판부, 2001 서울
츠베탕 토트로프, 김정란 옮김, 『제유, 수사학』, 문학과 지성사, 1985 서울
Benardetes, S, *The Rhetoric of morality and philosophy: Platos Gorgias and Phaedrus*, University of Chicago Press, 1991 Chicago
Black, E. Plato's view on rhetoric. *The Qualiterly Journal of Speech.* 44 361-374, 1958
Burger, R. *Plato's Phaedrus: A defence of philosophical writing*, University of Alabama Press, 1980 Alabama
Dodds, E. R., *Plato: Gorgias*, Calrendon Press, 1959 Oxford
Ferrari, G. R. F., *Listening to the cicadas: A study of Plato' Phaedrus*, Cambridge University Press, New York
Hamilton, E., *The collected dialogues of Plato*, Princeton University Press, 1961 Princeton
Poulakas, J., Toward definition of rhetoric, *Philosophy and Rhetoric*. 16, 35-48, 1982
Weaver, R., *The ethics of rhetoric*, Henry Regnery Co, 1958 Chicago
White, D., *Rhetoric and reality in Plato's Phaedrus*, NY State University of New York, 1993 Albany

5. 아리스토텔레스의 수사학에서 감정의 역할: 인지주의적 해석

구스타프 르 봉(2005), 『군중심리』, 이상봉 옮김, 간디서원, 2005.
Aristotle, *The Art of Rhetoric*, trans. by H. C. Lawson-Tancred, Penguin Books, London, 1991.
Berlant, Lauren(2004), (ed.) *Compassion: The Culture and Politics of Emotion*,

Routledge: New York and London.

Danto, Arthur(1981), *The Transfiguration of the Commonplace*, Harvard UNiversity Press, Boston.

Freese, John H.(1926), trans. *Aristotle, The Art of Rhetoric*. Cambridge: Loeb Classical Library. Harvard University Press: Boston, MA.

Garver, Eugene(2004), *For the Sake of Argument*, University of Chicago, Chicago and London.

Kennedy, George A.(1991), *Aristotle on Rhetoric*, Oxford University Press: Oxford & New York.

Leighton R., Stephen(1996), "Aristotle and the Emotions", in *Essays on Aristotle's Rhetoric*, (ed.) Amelié Oksenberg Rorty, University of California Press: Berkeley.

Nussbaum, Martha Craven(1996), "Aristotle on Emotions and Rational Persuation", in *Essays on Aristotle's Rhetoric*, (ed.) Amelié Oksenberg Rorty, University of California Press: Berkeley.

________, *Poetic Justice*, Beacon Press: Boston.

Oakley, Justin(1992), *Morality and the Emotions*, Routledge: London and New York.

Oatley, Keith(2000), "The Sentiments and Beliefs of Distributed Cognition", (eds.) Nico H. Frijda et al., *Emotions and Beliefs*, Cambridge University Press: Cambridge.

Rorty, Amelié Oksenberg(1996), "Structuring Rhetoric", in *Essays on Aristotle's Rhetoric*, (ed.) Amelié Oksenberg Rorty, University of California Press: Berkeley.

Weiner, Bernard(1986), *An Attributional Theory of Motivation and Emotion*, Springer-Verlag, New York.

6. 키케로의 《웅변가에 대하여》에 나타난 정치수사학의 성격

<원전>

Courbaud, E., Bornecque, H. *Cicéron. De l'orateur*. Collection des Universités de France. 3 volumes; Paris: Les belles lettres, 1922~1930.

Kumaniecki, K., ed. *M. Tulli Ciceronis, Scripta quae manserunt omnia, fasc. 3: De oratore*. Bibliotheca Scriptorum Graecorum et Romanorum Teubneriana. Leipzig: Teubner, 1969; repr. Stuttgart-Leipzig: Teubner, 1995.

Wilkins, A. S., ed. *M. Tulli Ciceronis Rhetorica tomus Ⅰ: libros De oratore tres continens*. Oxford Classical Texts. Oxford: Clarendon Press, 1902.

<주석서>

Leeman, A. D., Pinkster, H. (et al.) *M. Tullius Cicero. De oratore libri III. Kommentar*. Heidelberg: Universitätsverlag, vol. Ⅰ, 1981; vol Ⅱ (H. L. W. Nelson 참여), 1985; vol. Ⅲ (E. Rabbie 참여), 1989; vol. Ⅳ (J. Wisse 참여), 1996; vol. Ⅴ (J. Wisse, M. Winterbottom, A. D. Leeman 주도의 영문판), 2003.

Wilkins, A. S., ed. *M. Tulli Ciceronis De oratore libri tres*. Oxford 1892; repr. Amsterdam: Hakkert, 1962; Hildesheim: Olms, 1965.

Piderit, K. W., Harnecker, O. *Cicero De oratore, für den Schulgebrauch erklärt*. Leipzig: Teubner, 1886~1890; repr. Amsterdam: Hakkert, 1965

<번역서>

Courbaud, E., Bornecque, H. *Cicéron. De l'orateur*. Collection des Universités de France. 3 volumes; Paris: Les belles lettres, 1922~1930.

May, J. M. & Wisse, J. *Cicero. On the Ideal Orator (De oratore)*. New York-Oxford: Oxford University Press, 2001.

Merklin, H. *Marcus Tullius Cicero. De oratore. Über den Redner*. Stuttgart: Reclam, 1997.

Sutton, E. W., Rackham, H. *De oratore* (vol. 1: Books Ⅰ, Ⅱ; vol. 2: Book Ⅲ, *De fato, Paradoxa Stoicorum, De partitione oratoria* 포함). Loeb Classical Library, Cicero vols. Ⅲ, Ⅳ. London: Heinemann; Cambridge, Mass.: Harvard University Press, 1942.

Watson, J. S. *Cicero on Oratory and Orators*. Orig. 1848; repr. Carbondale etc.: Southern Illinois University Press, 1970.

<연구서>

von Arnim, H. "Sophistik, Rhetorik, Philosophie in ihrem Kampf um die Jugendbildung." In *Leben und Werke des Dio von Prusa* (Berlin: Weidmann 1898), 1~114.

Barnes, J. "Is Rhetoric an Art?" *darg Newsletter* (Discourse Analysis Research Group of the University of Calgary) vol. 2, no. 2 (1986), 2~22.

Barwick, K. *Das rednerische Bildungsideal Ciceros*. Abhandlungen der Sächsischen Akademie der Wissenschaften zu Leipzig 54, 3. Berlin: Akademie-Verlag, 1963.

Classen, C. J. "Ciceros orator perfectus: ein vir bonus dicendi peritus?" In *Commemoratio: Studi di filologia in ricordo di Riccardo Ribuoli*, edited by S. Prete (Sassoferrato 1986), 43~55 = *Die Welt der Römer* (Berlin-New York: De Gruyter 1993), 155~167.

Conley, T. M. *Rhetoric in the European Tradition*. New York-London: Longman, 1990; Chicago-London: University of Chicago Press, 1994.

Fortenbaugh, W. W. "Benevolentiam conciliare and animos permovere: Some Remarks on Cicero's *De oratore* 2.178~216." *Rhetorica* 6 (1988), 259~273.

__________, "Cicero's Knowledge of the Rhetorical Treatises of Aristotle and Theophrastus." In *Cicero's Knowledge of the Peripatos*, edited by W. W. Fortenbaugh, P. Steinmetz. Rutgers University Studies in Classical Humanities 4 (New Brunswick-London: Transaction Publishers 1989), 39~60.

Glucker, J. *Antiochus and the Late Academy*. Hypomnemata 56 Göttingen: Vandenhoeck & Ruprecht ,1978, 31~64.

Görler, W. "From Athens to Tusculum: Gleaning the Background of Cicero's *De oratore*". *Rhetorica* 6 (1988), 215~235.

Grant, W. L. "Cicero on the Moral Character of the Orator." *Classical Journal*

38 (1943), 472~478.

Hall, J. C. R. "Persuasive Design in Cicero's *De oratore*." *Phoenix* 48 (1994), 210~225.

Hubbell, H. M. "The *Rhetorica* of Philodemus: Translation and Commentary." *Transactions of the Connecticut Academy of Arts and Sciences* 23 (1920), 364~382.

Kennedy, George A. *The Art of Rhetoric in the Roman World*, 300 B.C.~A.D. 300. Princeton: Princeton University Press, 1972.

Kroll, W. "Studien über Ciceros Schrift De oratore." *Rheinischen Museum* 58 (1903), 552~597.

Leeman, A. D. "The Structure of Cicero's De oratore Ⅰ." In *Ciceroniana. Hommages à Kazimierz Kumaniecki*, éd. par A. Michel, R. Verdière (Leiden: Brill 1975), 140~149.

Leeman, A. D., Pinkster, H. (et al.) *M. Tullius Cicero. De oratore libri III. Kommentar*. Heidelberg: Universitätsverlag, vol. Ⅰ, 1981; vol Ⅱ (H. L. W. Nelson 참여), 1985; vol. Ⅲ (E. Rabbie 참여), 1989; vol. Ⅳ (J. Wisse 참여), 1996; vol. Ⅴ (J. Wisse, M. Winterbottom, A. D. Leeman 주도의 영문판), 2003.

May, J. M. *Trials of Character: The Eloquence of Ciceronian Ethos*. Chapel Hill-London: University of North Carolina Press, 1988.

May, J. M. & Wisse, J. *Cicero. On the Ideal Orator (De oratore)*. New York-Oxford: Oxford University Press, 2001.

Merklin, H. "System und Theorie in Ciceros '*De oratore*'." *Würzburger Jahrbücher für die Altertumswissenschaft* NF 13 (1987), 149~161.

Solmsen, F. "Aristotle and Cicero on the Orator's Playing upon the Feelings." *Classical Philology* 33 (1938), 390~404 = Solmsen (1968), 216~230.

_______, "The Aristotelian Tradition in Ancient Rhetoric." *American Journal of Philology* 62 (1941), 35~50, 169~190 = Solmsen (1968), 178~215.

_______, *Kleine Schriften*, vol. 2. Hildesheim: Olms, 1968.

Tarrant, H. *Scepticism or Platonism? The Philosophy of the Fourth Academy*. Cambridge: Cambridge University Press, 1985.

Wisse, J. *Ethos and Pathos from Aristotle to Cicero*. Amsterdam: Hakkert, 1989.

_____, "Greeks, Romans, and the Rise of Atticism." In *Greek Literary Theory after Aristotle: A Collection of Papers in Honour of D. M. Schenkeveld*, edited by J. G. J. Abbenes, S. R. Slings, I. Sluiter (Amsterdam: VU University Press 1995), 65~82.

7. 퀸틸리아누스의 수사교육학과 윤리의 두 차원

<원전 및 주해>

Adamietz, Joachim, ed. and comm. *M. F. Quintiliani Institutionis Oratoriae Liber Ⅲ.* Munich: Wilhelm Fink, 1966.

Ahlheid, Fraus. *Quintilian, the Preface to Book Ⅷ and Comparable Passages in the Institutio oratoria.* Amsterdam: B. R. Gruner, 1983.

Austin, R. G., ed. and comm. *Quintiliani Institutionis Oratoriae Liber Ⅻ* Oxford: Clarendon Press, 1948.

Butler, H. E., trans. *The Institutio oratoria of Quintilian*. 4 vols. Cambridge: Harvard University Press, 1921.

Colson, F. H., ed. and comm. *Quintilian's Institutio Oratoria*, Book Ⅰ. Cambridge: Cambridge University Press, 1924.

Cousin, Jean, ed. and trans. *Quintilien, Institution oratoire*. 7 vols. Paris: Les Belles Lettres, 1975~80.

______, *Études sur Quintilien*. Paris: Les Belles Lettres, 1936.

Griffin, M. T., Atkins, E. M., eds. and trans. *Cicero on Duties*. Cambridge: Cambridge University Press, 1991.

Heydenreich, W. *De Quintiliani Institutionis Oratoriae Libro Ⅹ*. Erlangen, 1900.

Jahn, O., Kroll, W., eds. *M. Tulli Ciceronis Orator*. Berlin: Weidmann, 1913.

Leeman, A. D., Pinkster, H. (et al.) *M. Tullius Cicero. De oratore libri Ⅲ. Kommentar*. Heidelberg: Universitätsverlag, vol. Ⅰ, 1981; vol Ⅱ (H.

L. W. Nelson), 1985; vol. Ⅲ (E. Rabbie), 1989; vol. Ⅳ (J. Wisse), 1996; vol. Ⅴ (J. Wisse, M. Winterbottom, A. D. Leeman), 2003.

Nichols Jr., J. H., trans. *Plato: Phaedrus*. Ithaca: Cornell University Press, 1998.

Peterson, William, ed. and comm. *M. Fabi Quintiliani Institutionis Oratoriae Liber Decimus*. Oxford: Clarendon Press, 1891,

Ramus, Petrus. *Arguments in Rhetoric against Quintilian*, ed. by J. J. Murphy and trans. by Carole Newlands. De Kalb: Northern Illinois University Press, 1986.

Sussman, Lewis A. *The Major Declamations Ascribed to Quintilian: a Translation*. New York: Peter Lang, 1987.

Usener, H., Radermacher, L,, eds. *Dionysii Halicarnassei Quae Exstant*. 6 vols. Leipzig: Teubner, 1965.

Waterfield, R., trans. *Plato: Gorgias*. Oxford: Oxford University Press, 1994.

Winterbottom, Michael. *M. Fabi Quintiliani Institutionis Oratoriae Libri Duodecem*. 2 vols. Oxford: Clarendon Press, 1970.

__________, trans. *Seneca the Elder, Controversiae and Suasoriae*. Cambridge: Harvard University Press, 1974.

__________, ed. *The Minor Declamations Ascribed to Quintilian*. New York: De Gruyter, 1984.

<연구서>

Angermann, Otto. *De Aristotele rhetorum auctore*. Leipzig, 1904.

Appel, Benedikt. *Das Bildungserlebnis und Erziehungsideal Quintilianus nach der Institutio Oratoria*. Donauwörth: Auer, 1914.

Arnim, H. von, ed, *Stoicorum Veterum Fragmenta*. 4 vols. Leipzig: Teubner, 1905~1924.

Atkins, J. W. H. *Literary Criticism in Antiquity*. 2 vols. Gloucester, Mass.: Peter Smith, 1961.

Bonnell, Edward, ed. *Lexicon Quintilianeum*. Leipzig: Teubner, 1834.

Blass, Friedrich. *Die Griechische Beredsamkeit in dem Zeitraum von Alexander bis auf Augustus*. Berlin, 1865.

Bonner, S. F. *Roman Declamation in the Late Republic and Early Empire*. Los Angeles: University of California Press, 1949.

______, *Education in Ancient Rome: From the Elder Cato to the Younger Pliny*. London: Methuen and Company, 1977.

Bury, J. B. *A History of the Roman Empire from its Foundations to the Death of Marcus Aurelius* (27 a.C.~180 d.C.). London, 1913.

Carcopino, Jerome. *Daily Life in Ancient Rome*, ed. by E. O. Lorimer. New York: Bantam Books, 1971.

Clark, D. L. *Rhetoric in Greco-Roman Education*. New York: Columbia University Press, 1957.

Clarke, M. L. *Rhetoric at Rome: A Historical Survey*, rev. by D. H. Berry. London -New York: Routledge, 1996.

Dorey, T. A., ed. *Empire and Aftermath: Silver Latin II*. London-Boston: Routledge & Kegan Paul, 1975.

Evans, Lewis, ed. and trans. *The Satires of Juvenal, Persius, Sulpicia, and Lucilius*. London: George Bell & Sons, 1895.

Gwynn, Aubrey. *Roman Education from Cicero to Quintilian*. Oxford: Clarendon Press, 1926.

Halm, Carolus, ed. *Rhetores Latini Minores*. Leipzig: Teubner, 1863; repr. Dubuque, Iowa: Wm. C. Brown; Frankfurt: Minerva, 1964.

Henderson, B. W. *Five Roman Emperors: Vespasian, Titus, Domitian, Nerva, Trajan, A.D. 69~117*. New York: Barnes & Noble, 1969.

Homo, Léon. *Vespasien, l'empereur du bon sens*. Paris: Les Belles Lettres, 1949.

Kennedy, George A. *The Art of Persuasion in Greece*. Princeton: Princeton University Press, 1963.

______, *Quintilian*. New York: Twayne Publishers, 1969.

______, *The Art of Rhetoric in the Roman World, 300 B.C.~A.D.* 300. Princeton: Princeton University Press, 1972.

______, trans. *Aristotle On Rhetoric: A Theory of Civic Discourse*. New

York: Oxford University Press, 1991.

Lausberg, Heinrich. *Handbuch der Literarischen Rhetorik. Munich, 1960.*

Leeman, Anton. Orationis Ratio: The Stylistic Theories and Practice of the Roman Orators, Historians, and Philosophers. 2 vols. Amsterdam: Hakkert, 1963.

Little, Charles E. *Quintilian the School Master.* 2 vols. Nashville: George Peabody College for Teachers, 1951.

Long, A. A. *Hellenistic Philosophy.* London: Duckworth, 1974.

Mailloux, S., ed. *Rhetoric, Sophistry, Pragmatism.* Cambridge: Cambridge University Press, 1995.

Marrou, Henri-Irenée. *A History of Education in Antiquity*, trans. by George Lamb. London: Sheed and Ward, 1956.

Murphy, James J., ed. *Quintilian on the Teaching of Speaking and Writing: Translations from Books One, Two, and Ten of the Institutio oratoria.* Carbondale: Southern Illinois University Press, 1987.

Murphy, James J., Katula, Richard A. (et al.) *A Synoptic History of Classical Rhetoric.* Davis: Hermagoras Press, 1995.

Norden, Eduard. *Antike Kunstprose vom VI. Jahrhunderts vor Christus bis in die Zeit der Renaissance.* 2 vols. Leipzig: Teubner, 1909; repr. Stuttgart: Teubner, 1958.

Parks, Edilbert P. *The Roman Rhetorical Schools as a Preparation for the Courts under the Early Empire.* Baltimore: Johns Hopkins University Press, 1945.

Pohlenz, Max. *Die Stoa.* Göttingen, 1948.

Russell, Donald A. *Criticism in Antiquity.* London: Duckworth, 1981.

______, *Greek Declamation.* Cambridge: Cambridge University Press, 1983.

Spence, Sarah. *Rhetorics of Reason and Desire: Virgil, Augustine, and the Troubadors.* Ithaca: Cornell University Press, 1988.

Syme, Ronald. The Roman Revolution. Oxford: Clarendon Press, 1939.

_____, *Tacitus.* 2 vols. Oxford: Clarendon Press, 1958.

White, L. T. *The Transformation of the Roman World: Gibbon's Problems after Two Centuries*. Berkeley: University of California Press, 1966.

Zeller, Eduard. *The Stoics, Epicureans, and Sceptics*, trans. by O. J. Reichel. London: Longmans, 1870.

<논문>

Atherton, Catherine. "Hand over Fist: The Failure of Stoic Rhetoric." *The Classical Quarterly* 38 (1988), 392~427.

Bardon, H. "Dialogue des Orateurs et Institution oratoire." *Revue des Études Latines* 19 (1941), 113~131.

Bennett, C. E. "An Ancient Schoolmaster's Message to Present-Day Teachers." *Classical Journal* 4 (1909), 162~179.

Brandenburg, Earnest. "Quintilian and the Good Orator." *Quarterly Journal of Speech* 34 (1948), 23~29.

Brinton, Alan. "Quintilian, Plato, and the Vir Bonus." *Philosophy and Rhetoric* 16 (1983), 167~184.

Carver, P. L. "Quintilian's Approach to Literature." *University of Toronto Quarterly* 7 (1937), 77~94.

Colson, F. H. "Quintilian Ⅰ.9. and the 'Chria' in Ancient Education." *The Classical Review* 35 (1921), 150~154.

Cranz, F. Edward. "Quintilian as Ancient Thinker." *Rhetorica* 13 (1995), 219~230.

Caplan, Harry. "The Decay of Eloquence at Rome in the First Century." *Studies in Speech and Drama in Honor of A. M. Drummond*. Ithaca: Cornell University Press, 1944, 319~332.

Clarke, M. L. "Quintilian: A Biographical Sketch." *Greece & Rome* 14 (1967), 24~37.

_____, "Quintilian on Education." In *Empire and Aftermath: Silver Latin Ⅱ*, edited by T. A. Dorey (London-Boston: Routledge & Kegan Paul 1975), 98~118.

Dienel, R. "Quintilian und der Rednerdialog des Tacitus." *Wiener Studien* 37 (1915), 239~271.

Erickson, Keith. "Quintilian's Institutio oratoria and Pseudo-Declamations." *Rhetoric Society Quarterly* 11 (1981), 45~62.

Fantham, Elaine. "Imitation and Decline: Rhetorical Theory and Practice in the First Century after Christ." *Classical Philology* 73 (1978), 102~116.

Greer, W. J. "Quintilian and the Declamation." *The Classical Weekly* 19 (1925), 27~31.

Guengerich, R. "Der Dialogus des Tacitus und Quintilians Institutio Oratoria." *Classical Philology* 46 (1951), 159~164.

Harding, H. F. "Quintilian's Witnesses." *Speech Monographs* 1 (1934), 1~20.

Hermann, L. "Quintilien et le Dialogue des orateurs." *Latomus* 14 (1955), 349~369.

Holtsmark, Erling B. "Quintilian on Status: A Progymnasma." *Hermes* 96 (1968), 356~368.

Kennedy, George A. "An Estimate of Quintilian." *The American Journal of Philology* 83 (1962), 130~146.

_______, "Forms and Functions of Latin Speech." *Medieval and Renaissance Studies* 10 (1984), 45~73.

Lang, G. J. "Quintilian the Schoolmaster." *Classical Journal* 15 (1920), 513~534.

Leddy, J. F. "Tradition and Change in Quintilian." *Phoenix* 7 (1953), 47~56.

Meador, Prentice A. "Speech Education at Rome." *Western Speech* 31 (1966), 9~15.

______, "Quintilian's Vir Bonus." *Western Speech* 34 (1970), 162~169.

Mendelson, Michael. "Quintilian and the Pedagogy of Argument." *Argumentation* 15 (2001), 277~293.

Morgan, Teresa. "A Good Man Skilled in Politics: Quintilian's Political Theory." *Ideas in Context* 12 (1998), 245~262.

Morr, J. "Poseidonios von Rhodos über Dichtung und Redekunst." *Wiener Studien* 45 (1926), 47~63.

Murphy, James J. "Roman Writing Instruction as Described by Quintilian." In *A Short History of Writing Instruction*. Davis: Hermagoras Press, 1990,

19~76.

Nadeau, Raymond. "Hermogenes' *On Stases*: A Translation with an Introduction and Notes." *Speech Monographs* 31 (1964), 361~424.

Schimmels, Cliff. "Quintilian and the Great Ideas Concept: Cultural Regressivism as an Educational Alternative in a Crisis Culture." Ph. D. dissertation, University of Oklahoma, 1974.

Sihler, E. G. "Quintilian of Calagurris." *American Journal of Philology* 41 (1920), 203~219.

Stewart, Donald C. "The Legacy of Quintilian." *English Education* (1980), 103~117.

Toynbee, J. M. C. "Dictators and Philosophers in the First Century A.D." *G. & R.* 13 (1944), 45~58.

Wilamowitz-Moellendorff, U. von. "Asianismus und Atticismus." *Hermes* 35 (1900), 1~52.

Winterbottom, Michael. "Quintilian and the Vir Bonus." *The Journal of Roman Studies* 54 (1964), 90~97.

__________, "Quintilian and Rhetoric." In *Empire and Aftermath: Silver Latin II*, edited by T. A. Dorey (London-Boston: Routledge & Kegan Paul 1975), 79~97.

Woodside, M. St. A. "Vespasian's Patronage of Education and the Arts." *Transactions and Proceedings of the American Philological Association* 73 (1942), 123~129.

Wormser, G. "Le Dialogue des Orateurs et l'Institution oratoire." *Revue Philologique* 36 (1912), 179~189.

필자소개

박규철

연세대학교 철학과를 졸업하고 같은 대학교 대학원에서 『플라톤 고르기아스편에 나타난 정의의 수사술』로 박사학위를 취득하였다. 현재 아세아연합신학대학교 교양학부 교수이다. 한국체육철학회 이사 및 한국동서철학회 연구이사이기도 하다. 주요 저서로는 『플라톤의 국가』와 『그리스 철학, 영화로 이해하기』 등이 있으며, 주요 논문으로는 「플라톤 철학 전통에 대한 패러다임적 변형으로서의 플로티노스의 일자 형이상학」 등이 있다.

김은중

연세대학교 철학과를 졸업하고 같은 대학교 대학원에서 『플라톤 이데아의 실재성 비판』으로 박사학위를 취득하였다. 연세대학교 철학연구소 전문연구원을 거쳐 현재 연세대학교 인문한국(HK) 지원사업 연구원으로 있다. <고불총림 무차선회> 기획위원과 <디지털-미래의 도서관> 기획자를 역임하였다. 주요 저서로는 『디지털 직지』(공저)가 있으며, 주요 논문으로는 「호메로스의 영웅들의 행위를 통해 본 자유와 책임」 등이 있다.

김혜련

연세대학교 철학과를 졸업하고 미국 뉴욕주립대학교에서 『미적 수반과 예술작품의 존재론』으로 박사학위를 취득하였다. 백석대학교 기독교철학연구소 전임연구원 및 연세대학교 인문한국(HK) 지원사업의 연구원이다. 주요 저서로는 『예술과 사상』과 『아름다운

가짜: 대중문화와 센티멘털리즘』 등이 있으며, 주요 역서로는 『일상적인 것의 변용』 등이 있다. 주요 논문으로는 「아리스토텔레스의 수사학에서 감정의 역할」 등이 있다.

최양석

연세대학교 철학과를 졸업하고 독일 뷔르쯔부르크 대학에서 『믿음의 확정으로서의 철학적 사유』로 박사학위를 취득하였다. 현재 연세대학교 철학연구소 전문연구원으로 있으면서 강릉대학교와 광운대학교에 출강하고 있다. 주요 논문으로는 「세계철학의 두 유형: 야스퍼스와 플로티노스」, 「플라톤의 폭력에 대한 이해」, 「전쟁과 폭력: 정의로운 전쟁은 가능한가」 그리고 「플로티노스에게서 전회의 개념」 등이 있다.

김덕천

연세대학교 철학과를 졸업하고 같은 대학교 대학원에서 『아리스토텔레스 형이상학의 실체적 통일체론』으로 박사학위를 취득하였다. 현재 연세대학교 철학연구소 전문연구원으로 있으면서 연세대학교와 광운대학교에 출강하고 있다. 주요 논문으로는 「아리스토텔레스 형이상학에 나타난 실체와 본질의 동일성」, 「아리스토텔레스 형이상학에 나타난 실체 개념의 개별성 문제」 그리고 「아리스토텔레스의 학적 인식이란 무엇인가」 등이 있다.